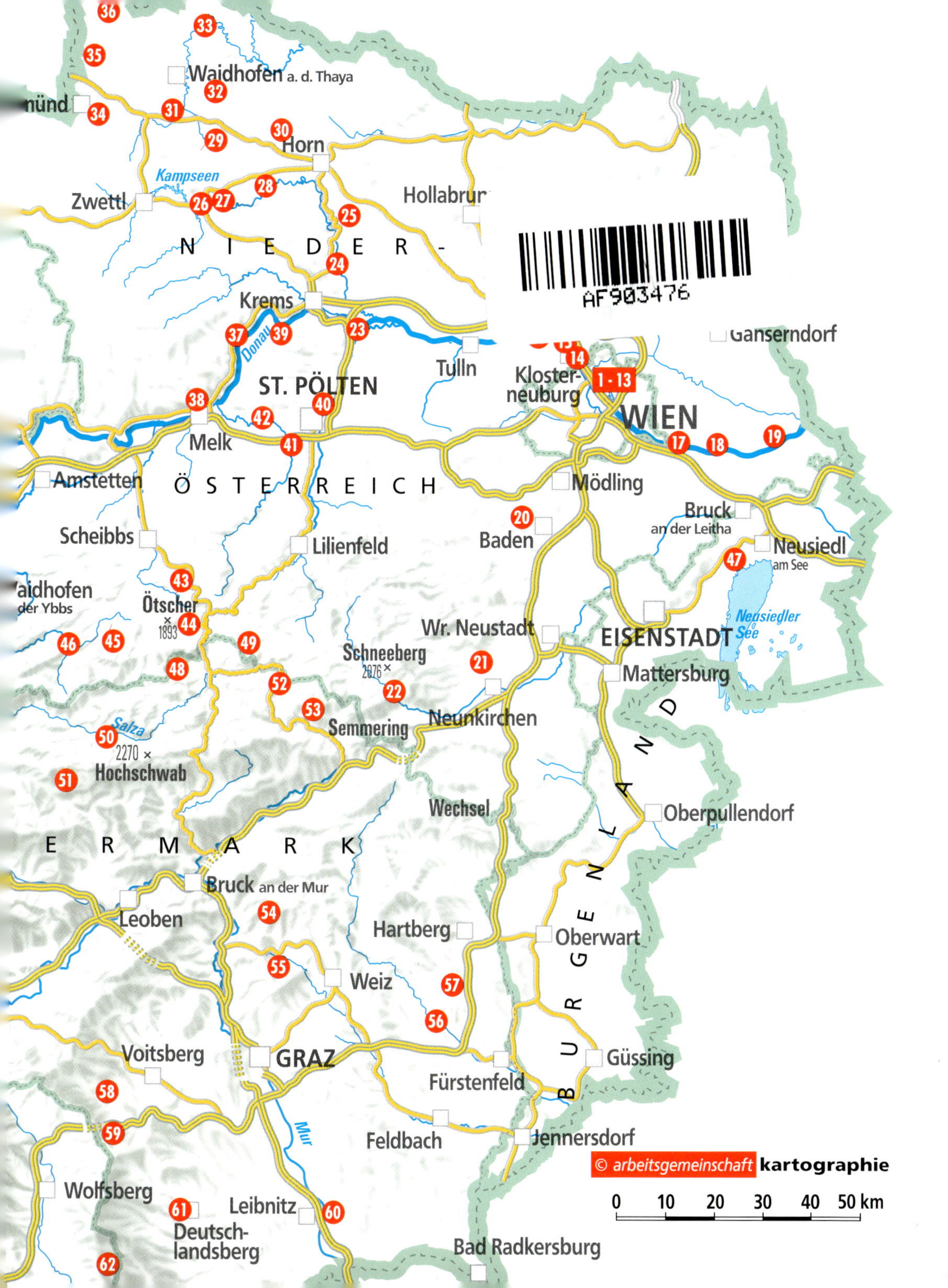
36
33
35
Waidhofen a. d. Thaya
32
münd
34
31
30
29
Horn
Kampseen
28
Zwettl
26
27
Hollabrur
25
N I E D E R -
24
Krems
37
Donau
39
23
Tulln
14
Kloster-neuburg
1 - 13
Gänserndorf
ST. PÖLTEN
40
38
42
Melk
41
WIEN
17
18
19
Amstetten
Ö S T E R R E I C H
Mödling
Bruck an der Leitha
Neusiedl am See
47
Scheibbs
Lilienfeld
20
Baden
aidhofen der Ybbs
43
Ötscher 1893
44
46
45
49
Wr. Neustadt
Schneeberg 2076
21
EISENSTADT
Neusiedler See
Mattersburg
48
52
22
53
Semmering
Neunkirchen
Salza
50
2270
Hochschwab
51
Wechsel
Oberpullendorf
E R M A R K
B U R G E N L A N D
Bruck an der Mur
54
Leoben
Hartberg
Oberwart
55
Weiz
57
56
Voitsberg
GRAZ
Güssing
Fürstenfeld
58
59
Mur
Feldbach
Jennersdorf
© arbeitsgemeinschaft kartographie
0 10 20 30 40 50 km
Wolfsberg
61
Leibnitz
60
Deutschlandsberg
Bad Radkersburg
62

Wildbadeplätze

MARION GROSSSCHÄDL, NATHALIE GROSSSCHÄDL

WILDBADEPLÄTZE

Wien | Niederösterreich | Burgenland | Steiermark

FALTER VERLAG

Überarbeitete Neuauflage

ISBN 978-3-85439-687-1

1011 Wien, Marc-Aurel-Straße 9
T: +43/1/536 60-0, F: +43/1/536 60-935
E: bv@falter.at, service@falter.at
W: faltershop.at
4. Auflage Juni 2025

Autorinnen: Nathalie Großschädl und Marion Großschädl
Fotos: Marion Großschädl
außer: Coverfoto, Autorinnenfoto Klappe hinten, Fotos Seite 18, 47–49, 82, 83 unten, 204, 222–225: Christopher Mavrič
Seite 148 groß: shutterstock/Sergey Fedoskin,
Seite 217: shutterstock/Pecold,
Seite 218: shutterstock/Lunghammer
Karten: arbeitsgemeinschaft kartographie
Lektorat: Helmut Gutbrunner
Umschlagdesign, grafisches Konzept,
Layout und Bildbearbeitung: Marion Großschädl
Druck: Florjančič tisk d.o.o., SL 2000 Maribor

FSC
www.fsc.org
MIX
Aus verantwortungs-vollen Quellen
FSC® C106954

Dieses Buch erhebt keinen Anspruch auf Vollständigkeit. Obwohl wir versucht haben, so gründlich wie möglich zu sein, können wir Änderungen bei aktuellen Angaben wie Öffnungszeiten, Telefonnummern etc., die sich nach Erscheinen des Buchs ergeben haben, nicht ausschließen. Bitte haben Sie dafür Verständnis, dass wir keine inhaltliche Haftung übernehmen.

Wir haben bei diesem Buch im Sinne der Umwelt auf die Verpackung mit Plastikfolie verzichtet.

Inhalt

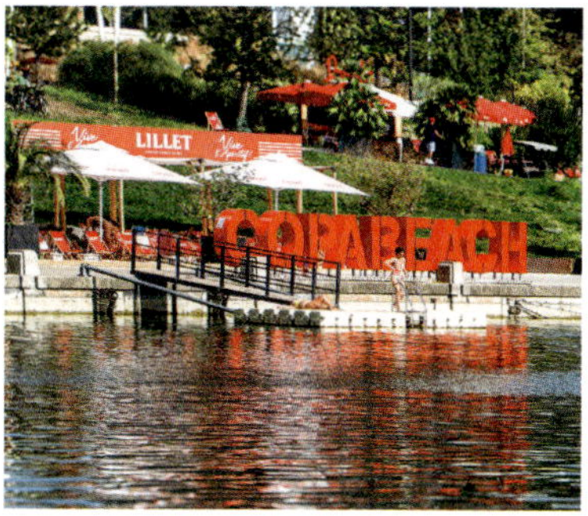

Schon von weitem lockt der Schriftzug „CopaBeach“

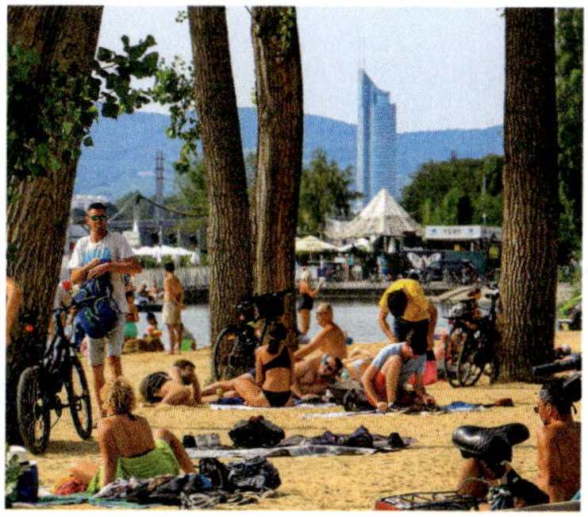

Seit 2021 gibt es die Pirat Bucht, der größte Sandstrand Wiens an der Neuen Donau

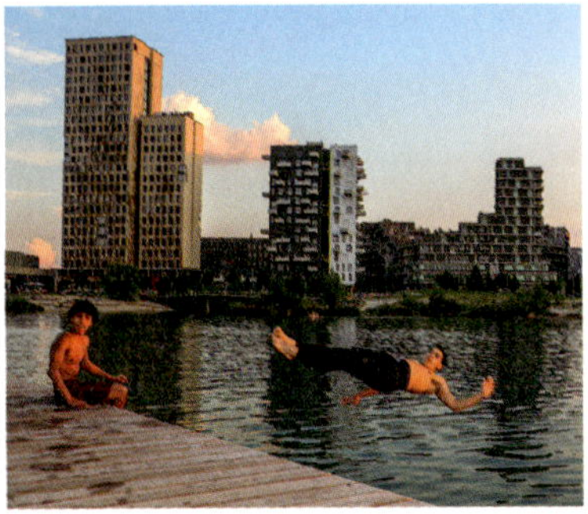

Urbanes Wildbaden im neuen Stadtteil der Seestadt Aspern

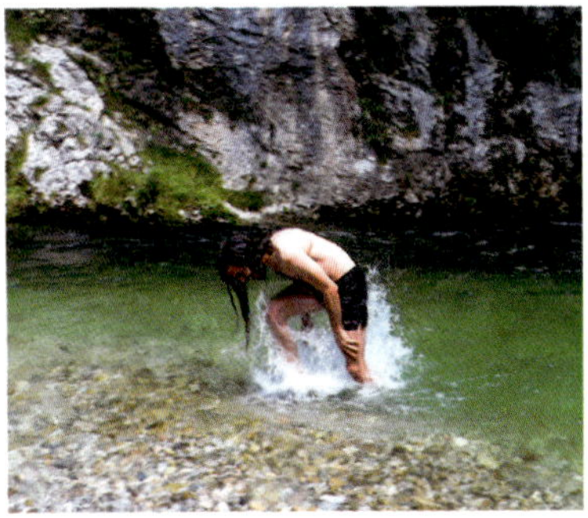

Erfrischend ist die Schwarza im Höllental

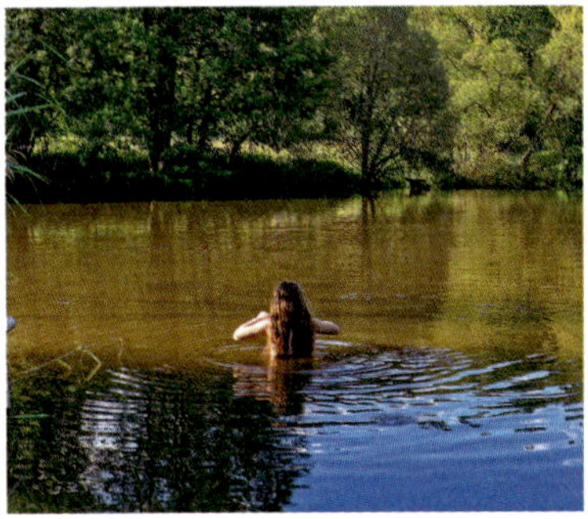

Die Thaya am Wildbadeplatz in Drosendorf

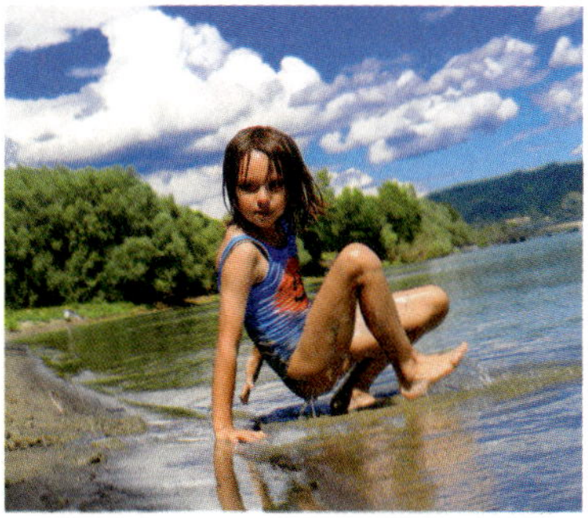

Ein herrlicher Sandstrand befindet sich in Luberegg in der Wachau

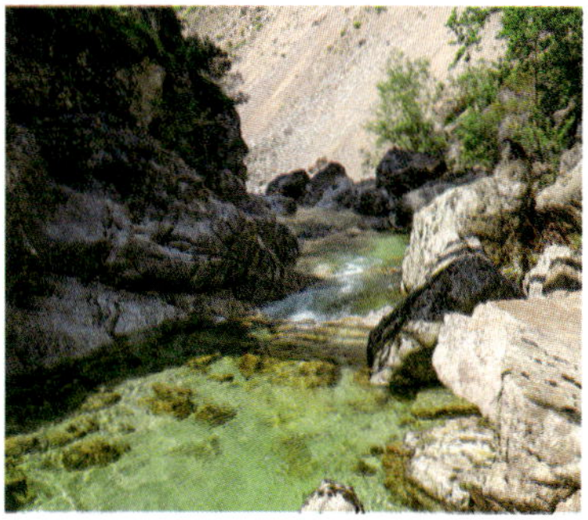

Kaltes, glasklares und türkisgrünes Wasser zum Wildbaden in der Erlauf

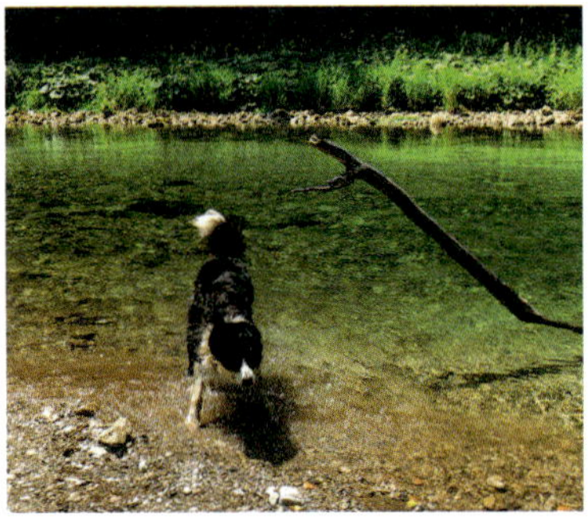

Die Salza im Klausgraben erfreut nicht nur Vierbeiner mit eiskaltem Wasser

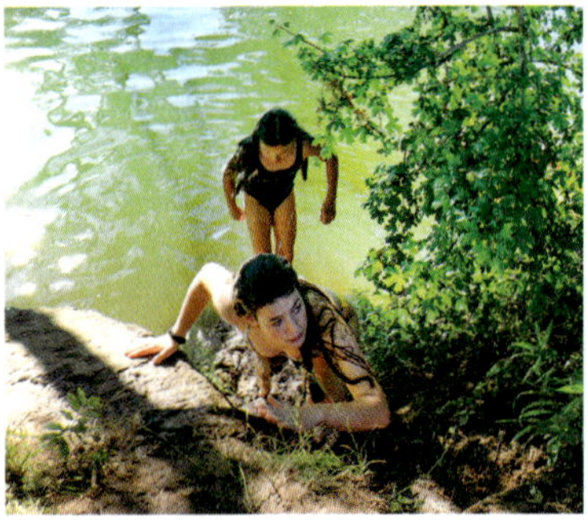

Das einzige Flussbad in der Südsteiermark: Sulmbad Zur Steinernen Wehr

Vorwort

Abtauchen ins seidige, sich oft mit einem Blau- oder Türkisstich, aber immer ohne Chlorgeruch präsentierende Wasser, Schwimmen in der Abenddämmerung oder früh am Morgen vor einer Kulisse, die einem mit ihrer Schönheit beinahe den Atem raubt. Das erste Mal einen Eisvogel sehen oder spüren, wie ein Fisch an den Zehen knabbert und Kaulquappen in Ufernähe umherflitzen. Das ist nicht jedermanns Sache. Wir beide mochten das aber schon immer lieber als bloßes Baden mit vielen Leuten im Schwimmbad, wo der Geruch nach Pommes und Sonnenmilch in der Luft hängt.

In den letzten drei Jahren haben wir uns immer wieder aufgemacht und über sechzig Naturgewässer aufgesucht, sind in Seen, Flüsse und Teiche gesprungen. Wir erzählen in diesem Buch, warum es sich lohnt, gerade hier zu baden. Beinahe alle Wildbadeplätze, Flussbäder und Badestellen sind kostenlos zugänglich. Sie liegen im Osten Österreichs – im Einzugsgebiet von Wien, Graz oder St. Pölten – und sind immer auch mit öffentlichen Verkehrsmitteln oder dem Rad erreichbar.

Sobald die Außentemperaturen auf über 25 Grad kletterten, haben wir nicht nur die Badesachen, sondern auch Familien und Freunde eingepackt und sind losgezogen. Oft lag die Temperatur des Wassers unter zwanzig Grad. Mit der Zeit wurden wir abgehärtet. Während wir zu Beginn unserer Recherche bei 18 Grad kaltem Wasser noch die Augenbrauen hochgezogen und gezögert haben, setzten wir uns gegen Ende unseres Projektes schon bei 13 Grad der Kraft des Flusses aus und ließen uns mitziehen. Und wir genossen es. Wir passten auf die Strömung und unsere Kinder auf und kamen mit Menschen ins Gespräch, die uns Besonderheiten der Plätze verrieten, Anekdoten ausplauderten oder kulinarische Einkehrtipps gaben.

Ja, es wird uns schwerfallen, je wieder in ein öffentliches Schwimmbad zu gehen. Zu toll, idyllisch und teilweise auch einsam sind die Badeplätze an der Alten Donau, der Donauinsel oder in den Donauauen, da machen uns auch die kontaktfreudigen Gelsen nichts mehr aus. Oder raus aus der Stadt zum Strombad Kritzendorf mit seinen

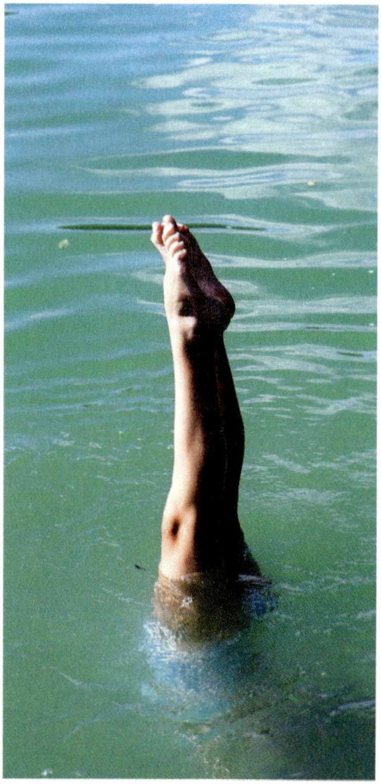

Es wird uns schwerfallen, je wieder in ein öffentliches Schwimmbad zu gehen. Zu toll, idyllisch und teilweise auch einsam sind die wilden Badeplätze, die wir entdeckt haben

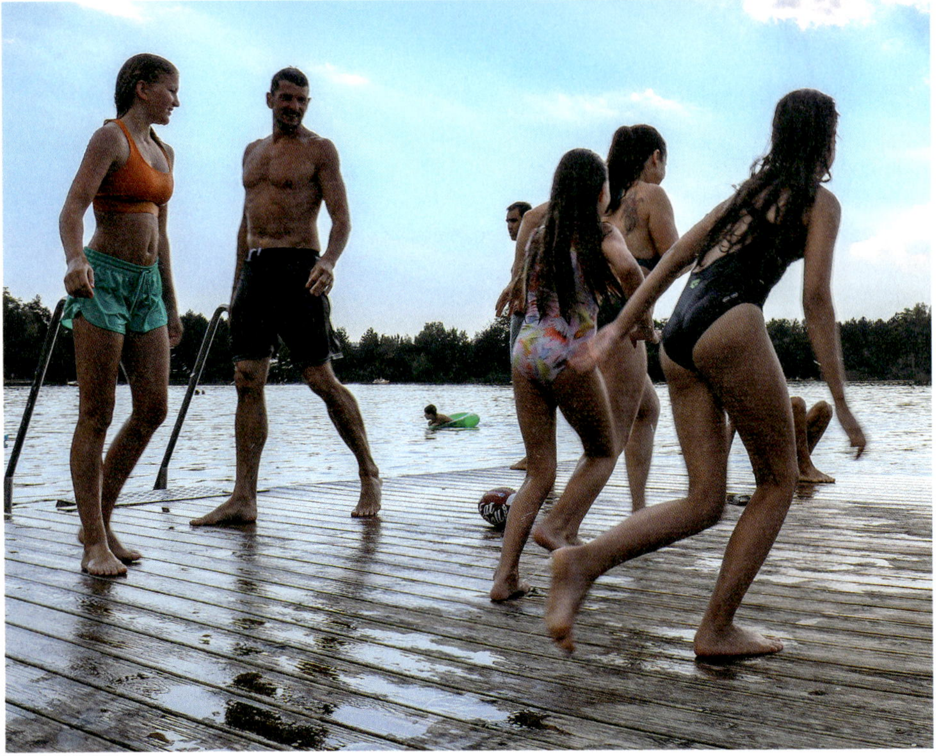

Wenig Lust auf Chlor und Eintrittzahlen im Schwimmbad, sondern auf seidiges Wasser und Natur? Dann ist es höchste Zeit für Wildswimming

Architekten-Häuschen, zu einem der Waldviertler Teiche oder zum romantischen Hubertussee, um eine ausgiebige Schwimmrunde zu drehen. Wir können Ihnen in der Mürz die Stelle zeigen, wo Peter Alexander mit sogenannten Fliegen fischte, oder jene an der Pielach, wo früher Pferde und nun Kühe für die Landschaftspflege im Naturschutzgebiet zuständig sind. Wir köpfelten in blaugrüne Bergseen, besuchten eine Badestelle, die „Karibik“ heißt, mit einem Sandstrand, der Vergleiche mit den Stränden Balis nicht zu scheuen braucht. In diesem Wildbadebuch nehmen wir Sie mit auf die Reise zu unseren 62 Lieblingsgewässern mit ihren unterschiedlichen Badeplätzen. Manchmal sind es bekannte Orte, dann wieder Geheimtipps.

Haben Sie und ihre Lieben auf alle Fälle viel Spaß im und am Wasser. Es entspannt.

Herzlichst, Marion und Nathalie Großschädl

Besuchen Sie uns auf Instagram: @wildbaden und treten sie unserer Facebook-Gruppe: @Wildbadeplätze. Österreich bei, um auf dem Laufenden zu bleiben.

Darauf sollten Sie beim Wildbaden achten

Es kann herrlich entschleunigend wirken, einen Sommertag an einem Naturgewässer zu verbringen. Es gibt viele Seen, Teiche und Flussbäder, die annähernd oder genauso gut ausgestattet sind wie klassische Schwimmbäder. Sie können, was Sanitäranlagen, Komfort und Gastronomie betrifft, gut mit öffentlichen Bädern mithalten. Viele davon haben seichte Wasserbereiche und keine Strömung, so dass es auch Kindern, die noch nicht schwimmen können, möglich ist, gefahrlos zu planschen. Oft sind die Areale mit Spielplätzen, Sportstätten und Bootsverleihen ausgestattet.

Ganz woanders liegen die Vorzüge bei natürlichen Fließgewässern. Das Gefühl der Schwerelosigkeit – das nicht zuletzt den Reiz des Schwimmens ausmacht – wird durch die Strömung des Flusses, der einen fortträgt, noch intensiver. Das Naturerlebnis und die Ruhe sind Gründe, warum man Fischteiche, Wasserfälle, einsame Seebuchten und Bachgumpen aufsucht und die Plansch-Infrastruktur eher meidet. Vereinzelt gibt es sogar ausgewiesene Nacktbadebereiche, was nicht sehr überrascht, gelten die Österreicher*innen doch als FKK-Weltmeister*innen. Das Baden in wilden Gewässern verlangt mehr Vorbereitung, als das in konventionellen Freibädern nötig ist.

Wir haben über hundert Wildbadeplätze zusammengetragen, ihre Besonderheiten beschrieben, sie fotografiert, Informationen gesammelt sowie Eigenheiten und Gefahren aufgelistet. Ein übersichtliches Leitsystem am Seitenrand liefert auf einen Blick Adressen, QR-Codes der GPS-Daten, Wegbeschreibungen, Radwege, öffentliche Verkehrsmittel, Parkmöglichkeiten, Campingplätze, Gastronomiebetriebe, Kleinkindertauglichkeit, Schwimmeignung, sanitäre Einrichtungen, Hundeerlaubnis und Wassertemperaturen. So können Sie rasch individuell und nach den eigenen Bedürfnissen entscheiden, welcher Badeplatz für Sie der perfekte Place-to-be an einem heißen Sommertag ist.

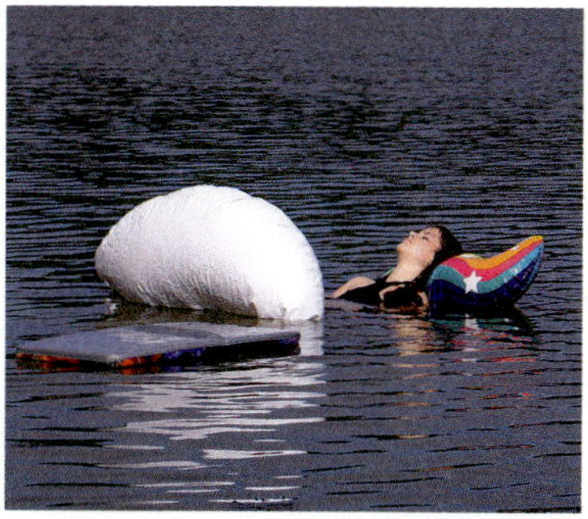

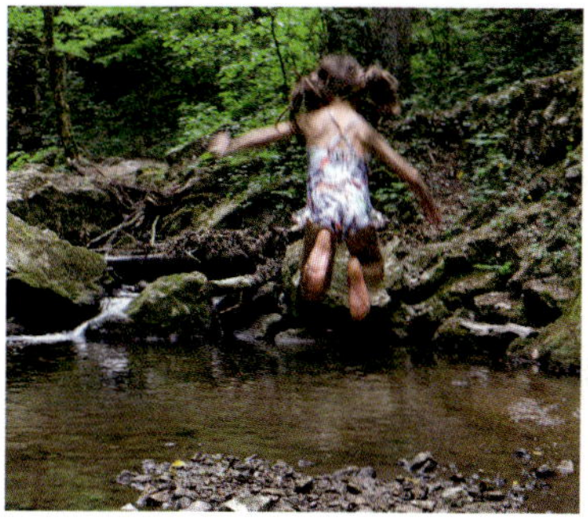

Ganz oben: Naturgewässer können zur Ruheoase werden und Schwimmen hat eine meditative Wirkung

Oben: Seien Sie immer auf Augenhöhe mit der Natur: Hinterlassen Sie also nichts als Fußspuren und nehmen Sie nichts mit als Fotos, wenn Sie den natürlichen Badeplatz wieder verlassen

Ein Badeausflug mit kleinen Kindern, Haustieren oder als Rollstuhlfahrer*in stellt andere Anforderungen, als wenn man zum Beispiel mit gleichaltrigen Freunden zum Schwimmen geht. Da kann die Stimmung schnell kippen, wenn sich herausstellt, dass auf der Liegewiese überraschenderweise Hundeverbot herrscht oder die Strömung im Wasser zu stark ist, um Kinder unbeschwert planschen zu lassen.

Ein Badetag an einem natürlichen Gewässer lässt sich gut mit einem Ausflug zu einer Burg oder einem Tierpark verbinden, die Abkühlung in einem Bergsee gut mit einer Wanderung. So sehr wir uns auch bemüht haben, alle Eventualitäten zu berücksichtigen, können wir doch nicht voraussagen, mit welchen Niederschlagsmengen in den kommenden Sommern zu rechnen ist und wie sich diese letztlich auf Wassertiefen und Strömungen auswirken. Wir können die Verhältnisse nur so beschreiben, wie wir sie vorgefunden haben und wie sie üblicherweise dort anzutreffen sind. Wir sind uns natürlich bewusst, dass unsere Angaben nicht in Stein gemeißelt sind. Und Wildbaden heißt schließlich auch, verantwortungsbewusst und vorausschauend zu agieren und die Natur zu respektieren. Hinterlassen Sie also nichts als Fußspuren und nehmen Sie nichts mit außer Fotos, wenn Sie den natürlichen Badeplatz wieder verlassen.

Wir haben ein paar wichtige Regeln und Verhaltensweisen zusammengestellt, damit Wildbaden zu einem Vergnügen wird und die Natur keinen Schaden nimmt:

≈ **Badeverbote sind zu beachten.** Sie wurden meist aus Gründen des Naturschutzes ausgesprochen, um die dort vorkommende, vielleicht einzigartige Fauna und Flora nicht zu gefährden.

≈ **Sucht man auf eigene Faust einen Wildbadeplatz, sollte man sich vorher informieren, ob der See, Fluss oder Teich zugelassene Badestellen hat.** Dies erfährt man auf regionalen Web- und Tourismusseiten.

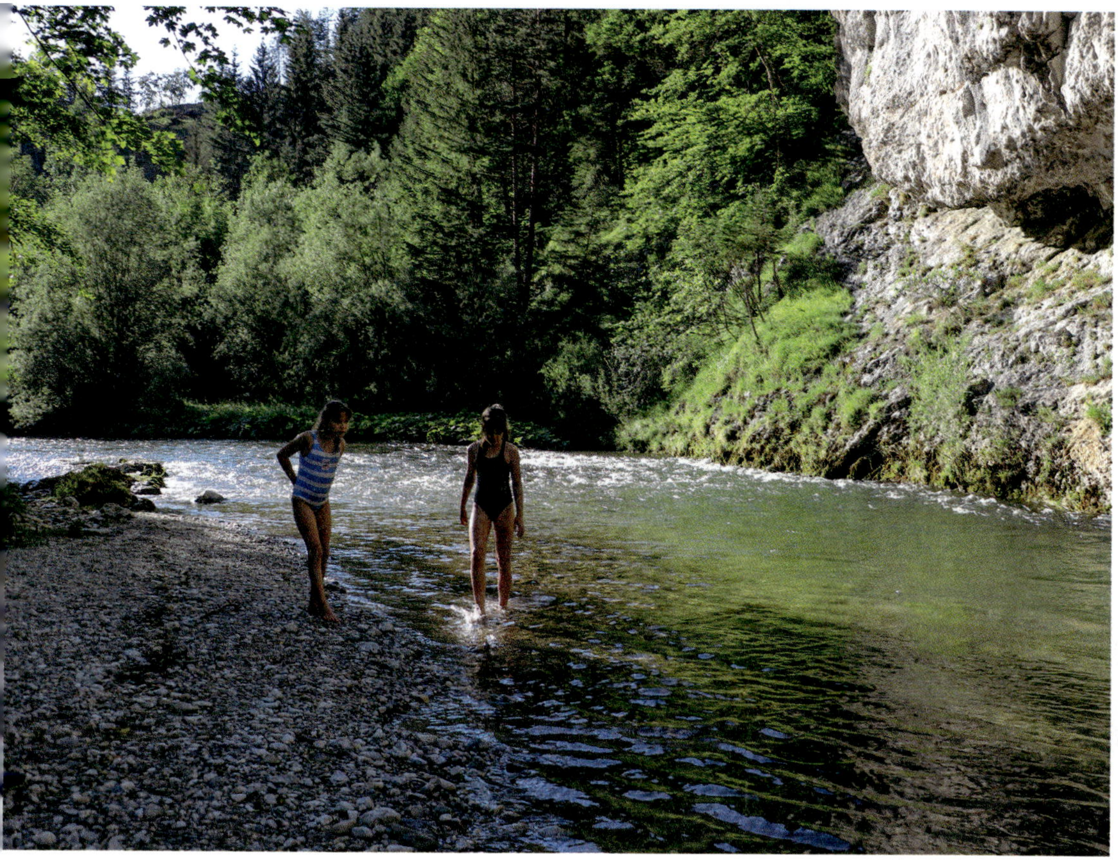

Stürzen Sie sich niemals Hals über Kopf ins Wasser! Überprüfen Sie die Tiefe und Richtung der Strömung

≈ **Nie zu nahe an Wasserkraftwerken, Staudämmen, Wehren und Schleusen schwimmen**, das kann lebensbedrohlich sein. Auch Brückenpfeiler, Treibgut, sumpfiger Untergrund und Felsen können eine große Gefahr sein.

≈ **Reger Schiffsverkehr macht das Durchqueren von Flüssen sehr gefährlich, wenn nicht gar unmöglich.** Auch bei Zusammenstößen mit kleineren Booten kann es zu schlimmen Verletzungen kommen.

≈ Die **Strömung von Flüssen nie unterschätzen.** Auch in seichten Gewässern kann sie stellenweise erheblich sein und selbst für Kinder, die gut schwimmen können, zur Gefahr werden. Kleinkinder nie aus den Augen lassen und sie niemals als Erste ins Wasser gehen lassen.

≈ **Wo es steil rein geht, geht es auch steil wieder raus.** Immer vorher prüfen, ob der Ausstieg leicht zu bewerkstelligen ist.

≈ **Nie in Gewässer springen, deren Tiefe und Untergrund man nicht kennt.** Sprünge aus großer Höhe in zu seichtes Wasser können lebensgefährlich sein, Felsen unüberwindbare Hindernisse.

≈ **Temperaturgefälle beachten und sich nicht überschätzen.** Das Schwimmen in kaltem Wasser muss langsam angegangen und geübt werden. Da können schon kurze Schwimmdistanzen anstrengend und riskant sein. Sich vor und nach dem Schwimmen aufwärmen!

≈ **Sich über die aktuelle Wasserqualität vorab informieren.** Die AGES überprüft in regelmäßigen Abständen die Wasserqualität von Seen und Flussbädern. Die Ergebnisse sind online in der Badegewässerdatenbank abrufbar (ages.at/themen/umwelt/wasser/badegewaesser/). Es gibt auch eine Badegewässer-App der AGES mit aktuellen Messwerten zu Wasserqualität, Sichttiefe & Temperatur der meisten österreichischen Gewässer.

≈ **Bei natürlichen Badestellen ohne Aufsicht nie alleine ins Wasser gehen.** Im Notfall sollte jemand helfen oder einen Notruf absetzen können.

≈ **Nie nach Überschwemmungen oder nach starken Niederschlägen in Flüssen schwimmen.** Bei Gewitter unbedingt raus aus dem Wasser, der Blitzstrom breitet sich im Wasser über sehr große Flächen aus.

≈ **Kinder nie unbeaufsichtigt lassen.** Schon seichte Fließgewässer können für kleine Kinder sehr gefährlich werden. Flache Stellen werden für sie schnell tief. Vorsicht mit Luftmatratzen und anderen Schwimmhilfen, zu leicht werden sie abgetrieben oder verlieren unbemerkt Luft.

≈ **Die Mittagshitze meiden und auf Sonnenschutz nicht vergessen.** Kreislaufprobleme, Hitzeschlag oder Sonnenstich können unangenehme Folgen sein.

≈ **Wildes Campieren ist in Österreich verboten.** Campingplätze und Beherbergungsbetriebe für jedes Börserl sind oft vor Ort vorhanden. An einigen der von uns vorgestellten Badestellen ist ein Campingplatz angeschlossen.

≈ **Private Stege und Badeplätze dürfen nicht benutzt werden.** Auch wenn sie vernachlässigt und unbenutzt erscheinen, darf man sich ihrer nicht bemächtigen. Anzeigen drohen!

≈ **Wildtiere in ihrer natürlichen Umgebung zu erleben kann wunderbar und ein unvergessliches Erlebnis sein.** Aber es soll beim Beobachten und Sehen bleiben. Nicht umsonst werden sie „Wild"tiere genannt. Sie fühlen sich in ihrer natürlichen Umgebung gestört. Kindern erklären, warum man die Tiere in Ruhe lassen muss. Dass selbst Erwachsene versuchen, Wildtiere zu fangen oder gar zu streicheln, ist erstaunlich und ein absolutes No-Go.

≈ **Wasserpflanzen können das Badevergnügen stören und werden oft als lästig empfunden.** Sie sagen zwar nichts über die Wasserqualität aus, können aber trotzdem eine Gefahr beim Schwimmen sein. Also versuchen, cool zu bleiben und nicht in Panik zu geraten, wenn man sich in ihnen verfängt. Kräftig mit den Armen paddeln!

≈ **An vielen Badestellen und insbesondere in niederschlagslosen, längeren Wärmeperioden ist offenes Feuer verboten.** Diese Anordnungen erfolgen nie ohne Grund und sind ausnahmslos zu befolgen.

≈ **Wir verlassen den Badeplatz so, wie wir ihn vorgefunden haben.** Unseren Müll nehmen wir mit und die so genannten „Sackerl fürs Gackerl" haben Hundebesitzer immer dabei.

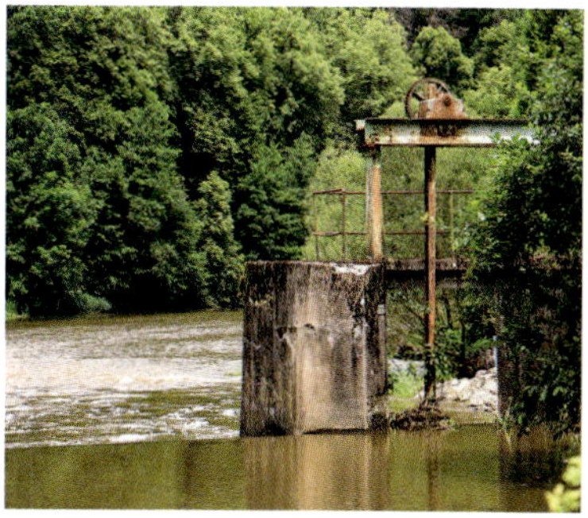

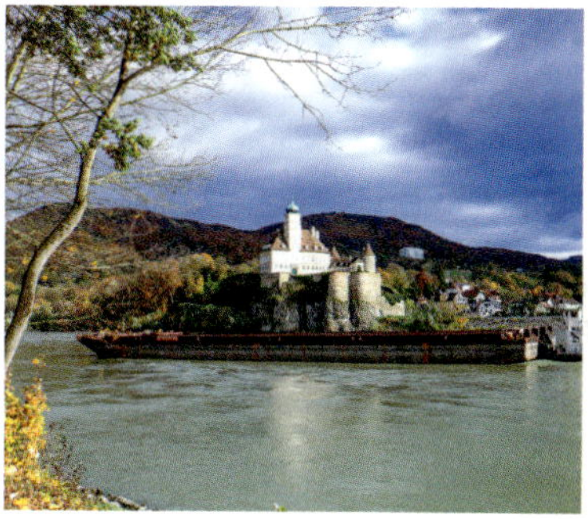

Ganz oben: Zu nahe an Schleusen, Wehren und Staudämmen zu schwimmen kann schnell gefährlich werden

Oben: Reger Schiffsverkehr macht das Durchqueren von Flüssen manchmal unmöglich

≈ **Wir fahren sicher nicht mit unserem tollen Geländewagen mitten in den Fluss** und posten das dann auch noch auf unseren Instagram- und Facebook-Accounts. Unsere digitalen Freunde würden uns vielleicht sogar dafür beklatschen, aber meinen sie es ehrlich? Ein solches Verhalten schadet der Natur. Natürlich gehen wir das letzte Stück zum Fluss immer zu Fuß, auch wenn es Kilometer sind. Bewegung ist ja bekanntlich gesund.

Hier noch ein paar Dinge, die in die Badetasche gehören, wenn man zum Badetag aufbricht:

≈ **Sonnenschutz nie vergessen!** Sonnencremen sind meist unerlässlich. Auch eine Kopfbedeckung sollte man mithaben, um sich vor der prallen Sonne zu schützen, denn nicht immer gibt es Schattenplätze. Modische Kappen und Hüte liegen ohnedies im Trend. Sonnenschirm oder Sonnenhörnchen für die Kinder einpacken.

≈ **Für ausreichend Getränke sorgen**. Viele Badestellen haben nicht einmal eine kleine Imbisshütte, also besser auch Essen einpacken. Es gibt kaum etwas Entspannenderes, als gemeinsam in der Natur zu jausnen.

≈ **Auf gutes Schuhwerk achten**, einige unserer Badestellen erreicht man nur nach einer kleinen Wanderung oder über holprige Wege. Flipflops kann man ja trotzdem einpacken, sie benötigen nicht viel Platz.

≈ **Genügend Badetücher und eine Picknickdecke** sollte man dabeihaben. Der Untergrund ist öfter feucht und da ist eine Decke mit wasserundurchlässiger Seite wichtig.

≈ **Zur klassischen Ausrüstung gehören** natürlich **Schwimmkleidung** und vielleicht auch eine **Schwimmbrille sowie Ersatzkleidung für die Kinder**. Manche Schwimmer packen auch eine Schwimmboje ein, einen luftgefüllter Sack, den man beim Schwimmen hinter sich herzieht. So wird man sichtbarer für den Boots- und Schiffsverkehr, und sollte man einen Krampf bekommt, kann man sich daran festhalten.

≈ **Wasserschuhe einpacken**, wenn der Untergrund spitz und steinig ist. Auch besonders kaltes Wasser lässt sich mit Schuhen besser ertragen und man kann ausgedehntere Flusswanderungen unternehmen.

≈ **Gelsenschutz** ist gerade in der Nähe von Auwäldern und stehenden Gewässern enorm wichtig. Sonst droht vielleicht ein überstürzter Abbruch des Badeausflugs – weil man als Futter für eine ganze Kolonie gilt. Das Schauspiel eines Sonnenuntergangs am Wasser findet dann ohne uns statt.

≈ **Plastiksackerl für nasse Kleidung und Müll**, den man wieder mitnimmt.

≈ Der **Akku des Handys muss aufgeladen sein**, und bitte vorher checken, ob und wo man Empfang hat. Niemand will den Teufel an die Wand malen, aber ist Gefahr in Verzug, braucht es ein Handy, um Hilfe zu holen. Auch so manche Badestelle lässt sich ohne GPS-Daten nicht leicht finden.

≈ **Auf Schwimmhilfen sollte man sich nie hundertprozentig verlassen**, sie sind aber trotzdem für Nichtschwimmer unverzichtbar.

≈ Wenn man mit Stand-up-Paddles und Schlauchbooten unterwegs ist, **Schwimmweste nicht vergessen.**

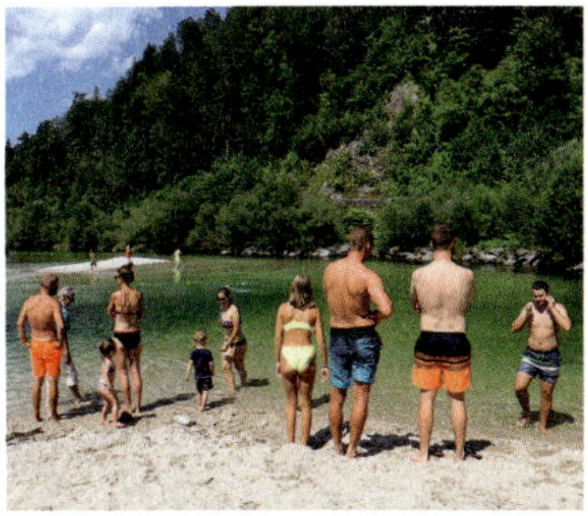

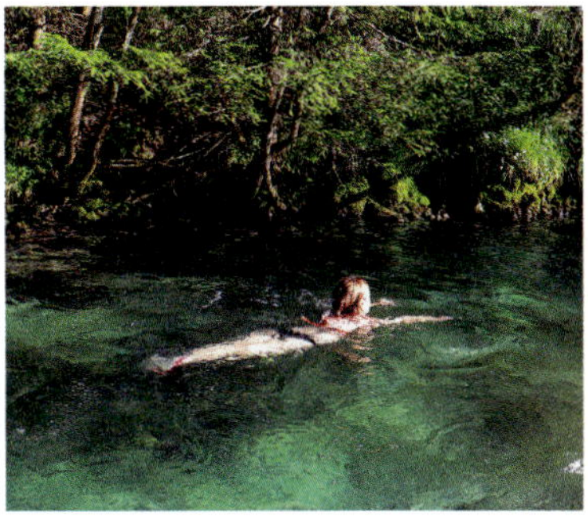

Ganz oben: Im kalten Wasser zu schwimmen muss langsam angegangen und geübt werden. Lieber einmal die Lage checken, wie am Foto

Oben: Wasserschuhe einpacken, wenn der Untergrund spitz und steinig ist

ZEICHENERKLÄRUNG:

SCHWIMMFAKTOR UND KLEINKINDGERECHT:

* = nicht geeignet
** = eher nicht geeignet
*** = geeignet
**** = gut geeignet
***** = hervorragend geeignet

Wildbadeplätze in Wien

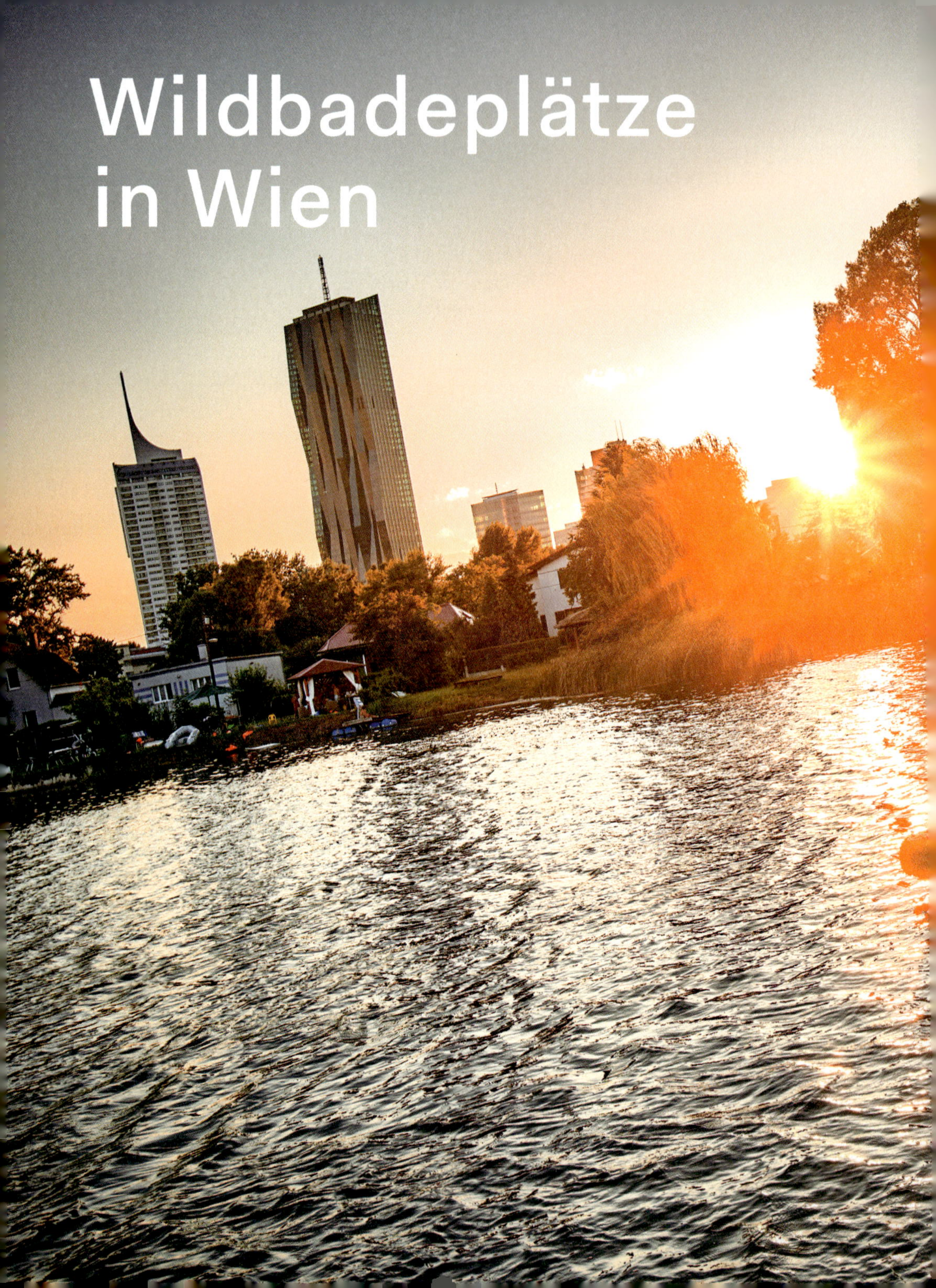

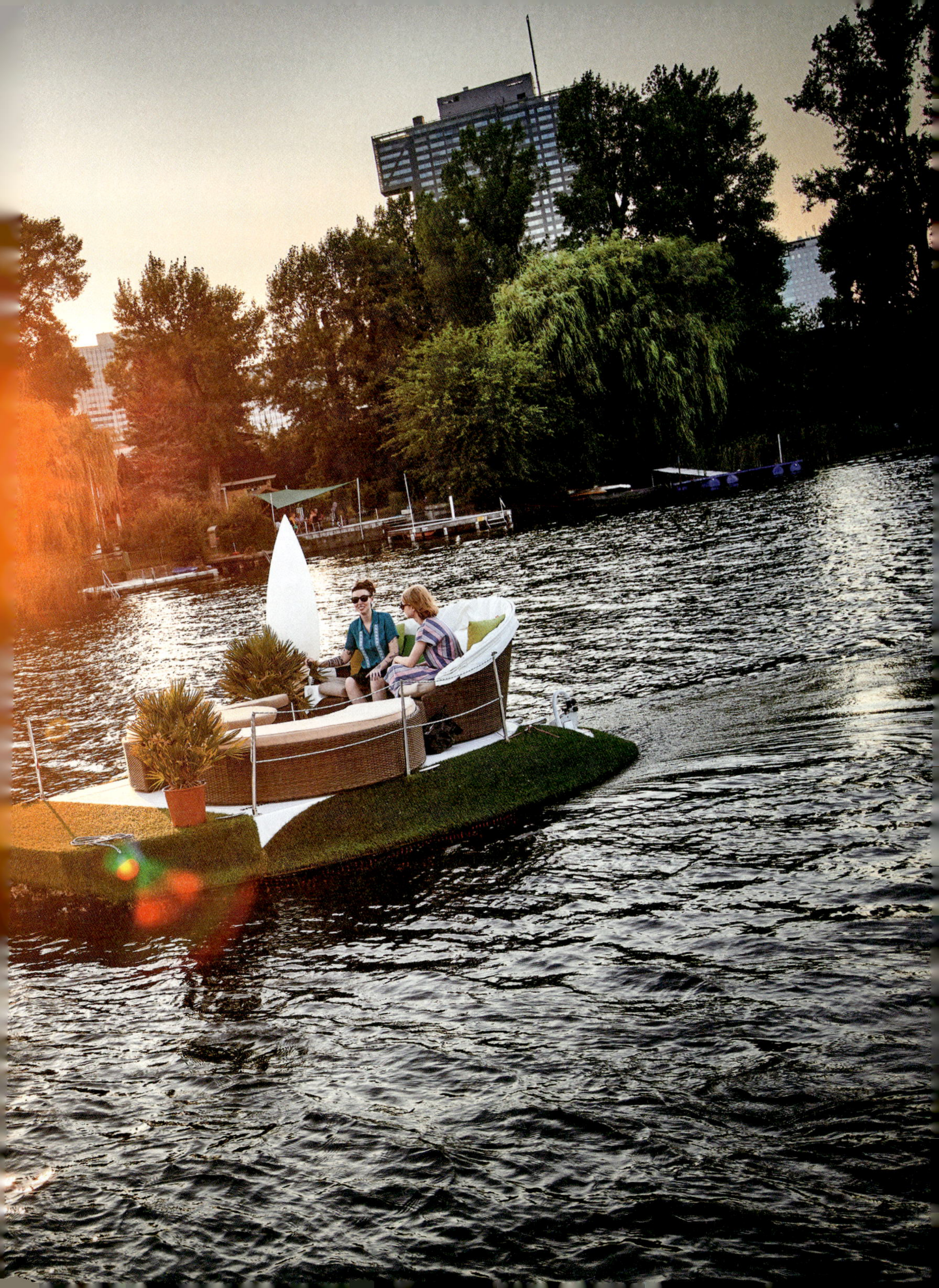

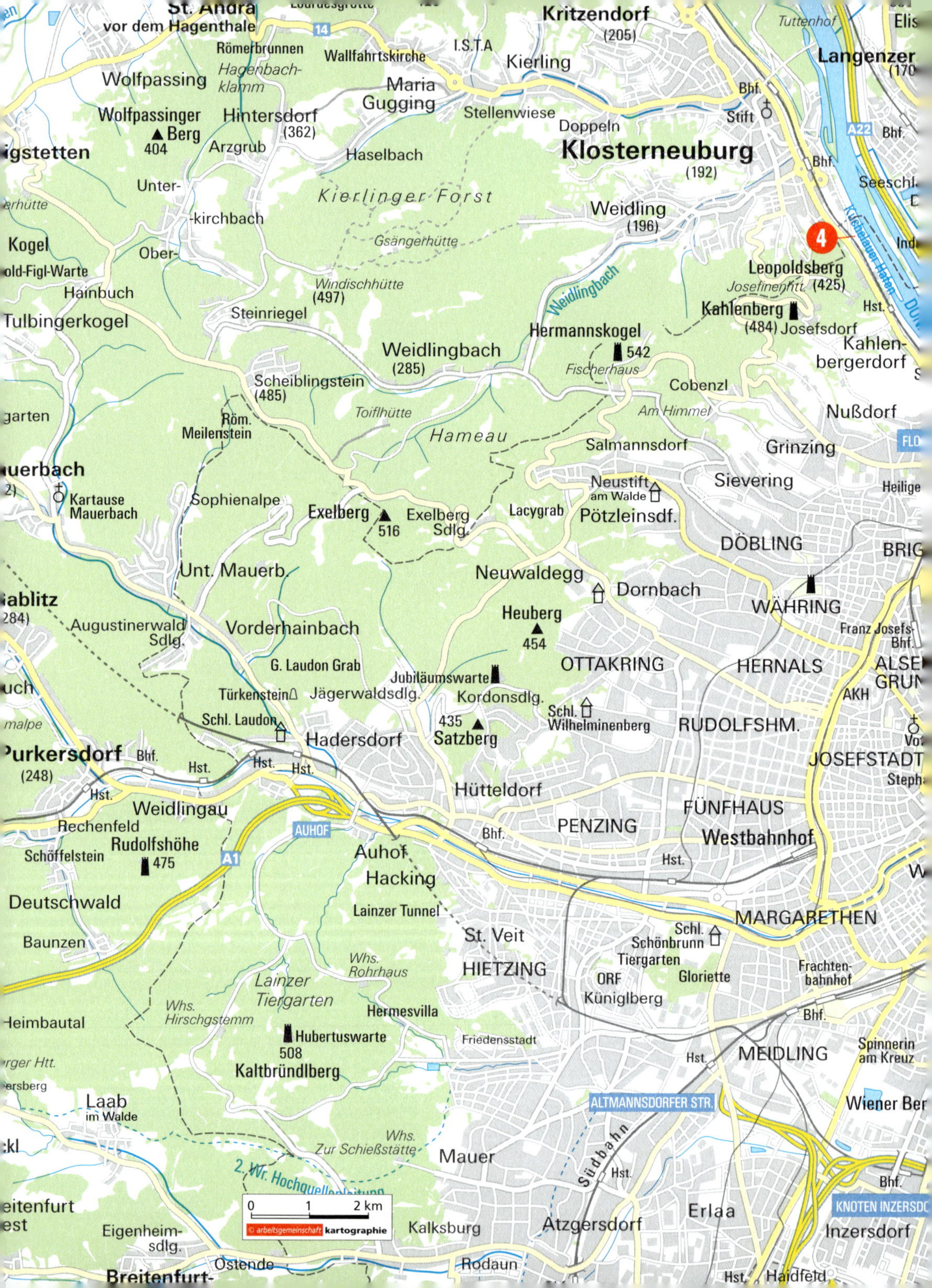
St. Andrä vor dem Hagenthale
Kritzendorf (205)
Tuttenhof
Langenzer
Römerbrunnen
Wallfahrtskirche
I.S.T.A.
Kierling
Wolfpassing
Hagenbach-klamm
Maria Gugging
Wolfpassinger Berg 404
Hintersdorf (362)
Stellenwiese
Doppeln
Stift
Bhf.
Klosterneuburg (192)
Arzgrub
Haselbach
Unter-kirchbach
Ober-
Kierlinger Forst
Weidling (196)
Gsängerhütte
Kogel
Hainbuch
Windischhütte (497)
Leopoldsberg (425)
Josefinenhtt.
Kahlenberg (484)
Josefsdorf
Kahlen-bergerdorf
Tulbingerkogel
Steinriegel
Weidlingbach
Weidlingbach (285)
Hermannskogel 542
Fischerhaus
Scheiblingstein (485)
Cobenzl
Am Himmel
Nußdorf
Toiflhütte
Röm. Meilenstein
Hameau
Salmannsdorf
Grinzing
Sievering
Kartause Mauerbach
Sophienalpe
Neustift am Walde
Pötzleinsdf.
Exelberg 516
Exelberg Sdlg.
Lacygrab
DÖBLING
Unt. Mauerb.
Neuwaldegg
Dornbach
WÄHRING
Augustinerwald Sdlg.
Vorderhainbach
Heuberg 454
Franz Josefs-Bhf.
G. Laudon Grab
OTTAKRING
HERNALS
Jubiläumswarte
Türkenstein
Jägerwaldsdlg.
Kordonsdlg.
AKH
Schl. Laudon
Schl. Wilhelminenberg
RUDOLFSHM.
435 Satzberg
Hadersdorf
Purkersdorf (248)
Bhf.
Hst.
JOSEFSTADT
Hütteldorf
Weidlingau
Rechenfeld
FÜNFHAUS
AUHOF
PENZING
Westbahnhof
Rudolfshöhe 475
Schöffelstein
A1
Auhof
Hacking
Deutschwald
Lainzer Tunnel
MARGARETHEN
St. Veit
Schl. Schönbrunn
Baunzen
Whs. Rohrhaus
HIETZING
Tiergarten
Lainzer Tiergarten
ORF
Gloriette
Frachten-bahnhof
Küniglberg
Whs. Hirschgstemm
Hermesvilla
Heimbautal
Hubertuswarte 508
Friedensstadt
Spinnerin am Kreuz
MEIDLING
Kaltbründlberg
Laab im Walde
ALTMANNSDORFER STR.
Wiener Berg
Südbahn
Whs. Zur Schießstätte
Mauer
2. Wr. Hochquellenleitung
KNOTEN INZERSDORF
0 1 2 km
© arbeitsgemeinschaft kartographie
Eigenheim-sdlg.
Kalksburg
Atzgersdorf
Erlaa
Inzersdorf
Ostende
Rodaun
Breitenfurt-
Haidfeld
4
A22
Kuchelauer Hafen
Donau
14

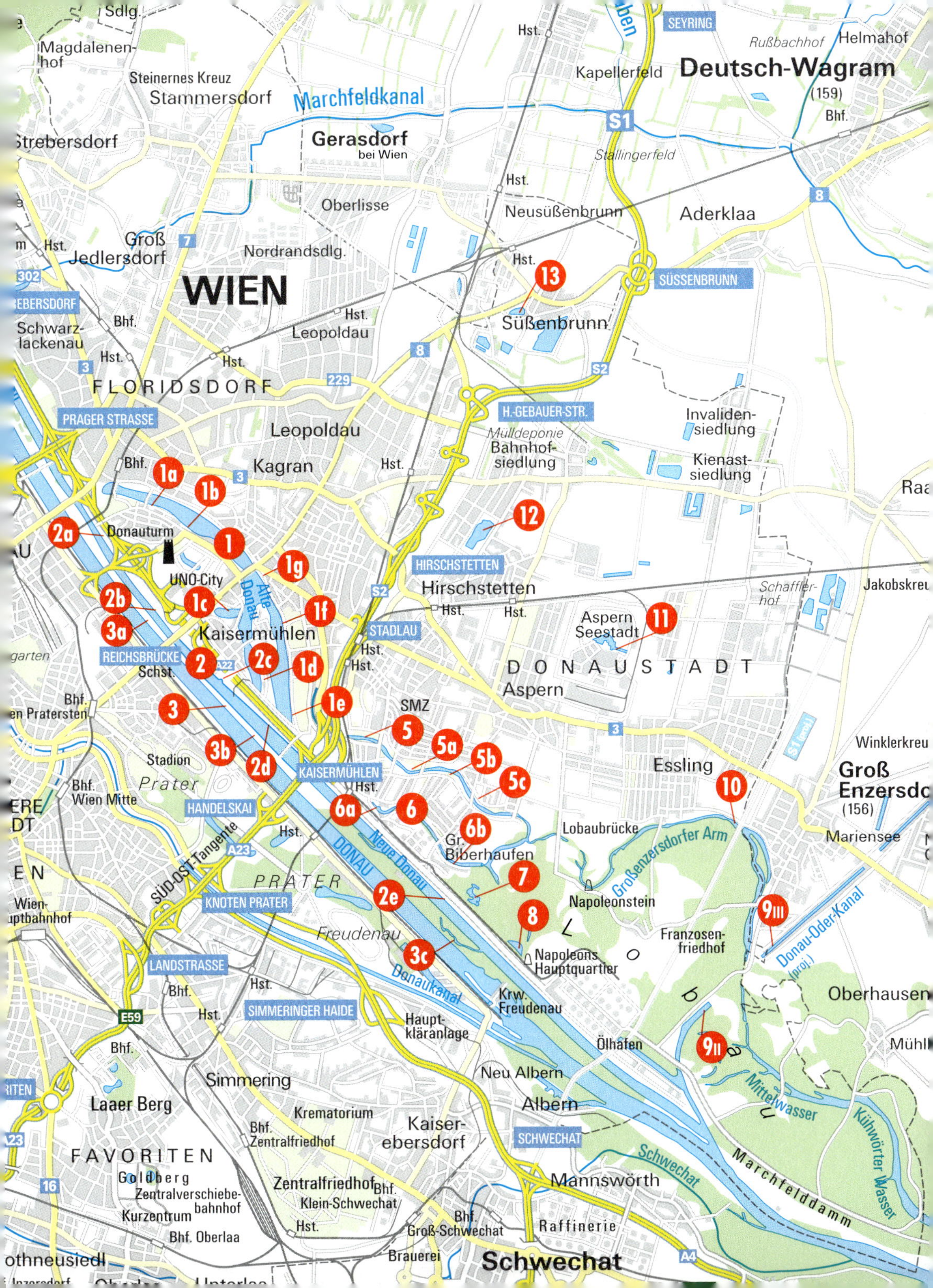

Sdlg.
Magdalenen-hof
Steinernes Kreuz
Stammersdorf
Marchfeldkanal
SEYRING
Rußbachhof
Helmahof
Kapellerfeld
Deutsch-Wagram
(159)
Bhf.
S1
Strebersdorf
Gerasdorf
bei Wien
Stallingerfeld
Hst.
Oberlisse
Neusüßenbrunn
Aderklaa
8
Groß Jedlersdorf
7
Nordrandsdlg.
302
WIEN
13
SÜSSENBRUNN
Süßenbrunn
Schwarz-lackenau
Bhf.
Leopoldau
3
FLORIDSDORF
229
S2
PRAGER STRASSE
Leopoldau
H.-GEBAUER-STR.
Mülldeponie
Bahnhof-siedlung
Invaliden-siedlung
Kienast-siedlung
Kagran
1a
1b
12
2a
Donauturm
1
UNO-City
1g
HIRSCHSTETTEN
Hirschstetten
Schaffler-hof
Jakobskreu
2b
1c
Alte Donau
1f
Aspern Seestadt
11
3a
Kaisermühlen
STADLAU
REICHSBRÜCKE
2
Schst.
A22
2c
1d
DONAUSTADT
Aspern
garten
Bhf.
Pratersten
3
1e
SMZ
5
5a
5b
5c
Stadion
3b
2d
KAISERMÜHLEN
Winklerkreu
Essling
10
Groß Enzersdo
(156)
Bhf. Wien Mitte
Prater
HANDELSKAI
6a
6
6b
Gr. Biberhaufen
Lobaubrücke
Großenzersdorfer Arm
Mariensee
SÜD-OST-Tangente
A23
DONAU
Neue Donau
PRATER
7
Napoleonstein
9III
Wien-ptbahnhof
KNOTEN PRATER
2e
8
Franzosen-friedhof
Donau-Oder-Kanal (proj.)
Freudenau
3c
Napoleons Hauptquartier
Lobau
LANDSTRASSE
Donaukanal
Krw. Freudenau
Oberhausen
Bhf.
E59
SIMMERINGER HAIDE
Haupt-kläranlage
Ölhafen
9II
Simmering
Neu Albern
Mittelwasser
Laaer Berg
Albern
Krematorium
Kaiser-ebersdorf
Bhf. Zentralfriedhof
SCHWECHAT
Schwechat
Kühwörter Wasser
FAVORITEN
Goldberg
Zentralverschiebe-bahnhof
Kurzentrum
Zentralfriedhof
Bhf. Klein-Schwechat
Mannswörth
Marchfelddamm
16
Bhf. Oberlaa
Bhf. Groß-Schwechat
Raffinerie
Brauerei
A4
Schwechat
othneusiedl

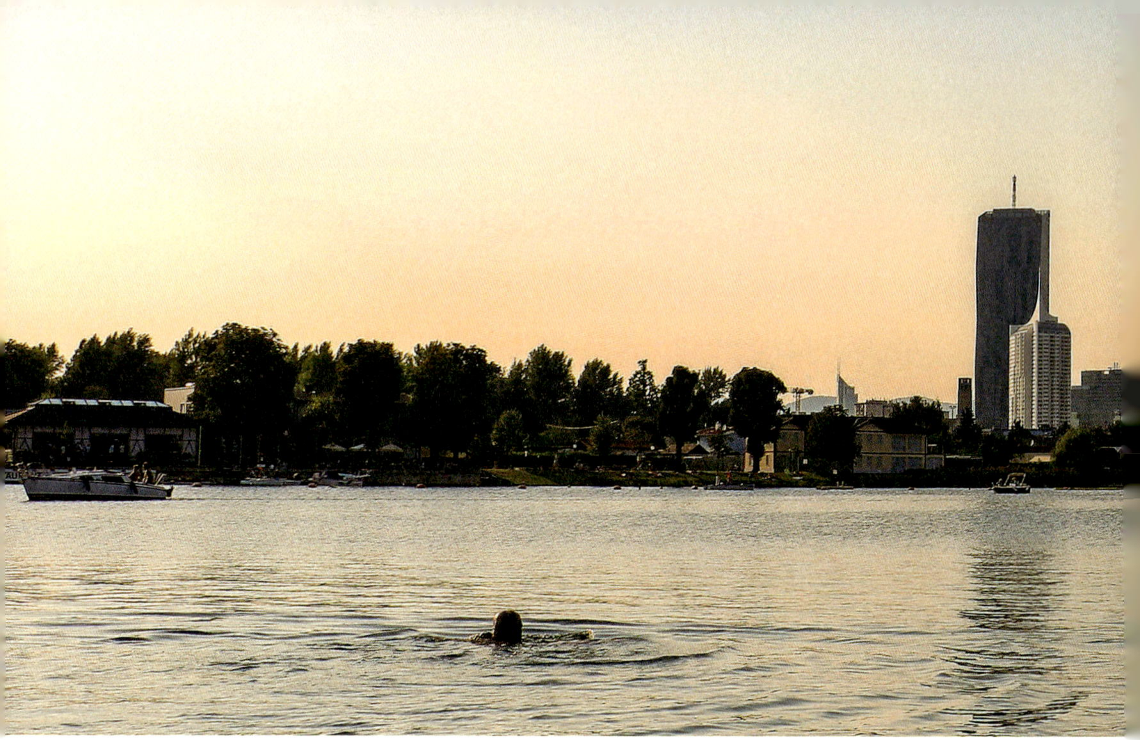

1 Alte Donau

INFOS UND ÜBERSICHTSPLÄNE: alte-donau.info, wien.gv.at/umwelt/gewaesser/pdf/plan-alte-donau.pdf

MIT DEM RAD: Radwege rund um die Alte Donau, alle Naturbadeplätze sind unkompliziert erreichbar

MIT DEM AUTO: Lieber auf das Auto verzichten, Parkplätze sind im Sommer an der Alten Donau rar. Am ehesten noch beim großen Gratis-Parkplatz Arbeiterstrandbadstraße/Ecke Donauturmstraße oder kostenpflichtig P+R Donaustadtbrücke

Mitten in Wien liegt das Erholungsgebiet Alte Donau. Nur wenige U-Bahn-Stationen trennen den Stephansdom in der Innenstadt von dem beeindruckenden Naturraum mit seinen Badestränden. Gemeinsam mit der Donauinsel ist der Altarm bei den Stadtbewohnern sehr beliebt und natürlich längst kein Geheimtipp mehr.

In der Sommersaison frequentieren mehr als eine Million Gäste die zahlreichen Badeplätze entlang der 17 Kilometer Uferlänge. Im Frühsommer locken noch angenehme Wassertemperaturen, im Hochsommer erwärmt sich das Wasser aber auf nahezu Badewannenniveau. Wer Ende Juli noch Abkühlung sucht, sollte lieber auf die Neue Donau oder die Donau selbst ausweichen. Angenehm ist, dass es hier keinen Schiffsverkehr mit großen Ausflugsbooten oder Frachtschiffen gibt, nur Tret-, Ruder-, Segel- und Exotisches wie Drachenboote ziehen ihre Runden. Unbestritten ist der Donauarm wohl einer der lebendigsten Orte

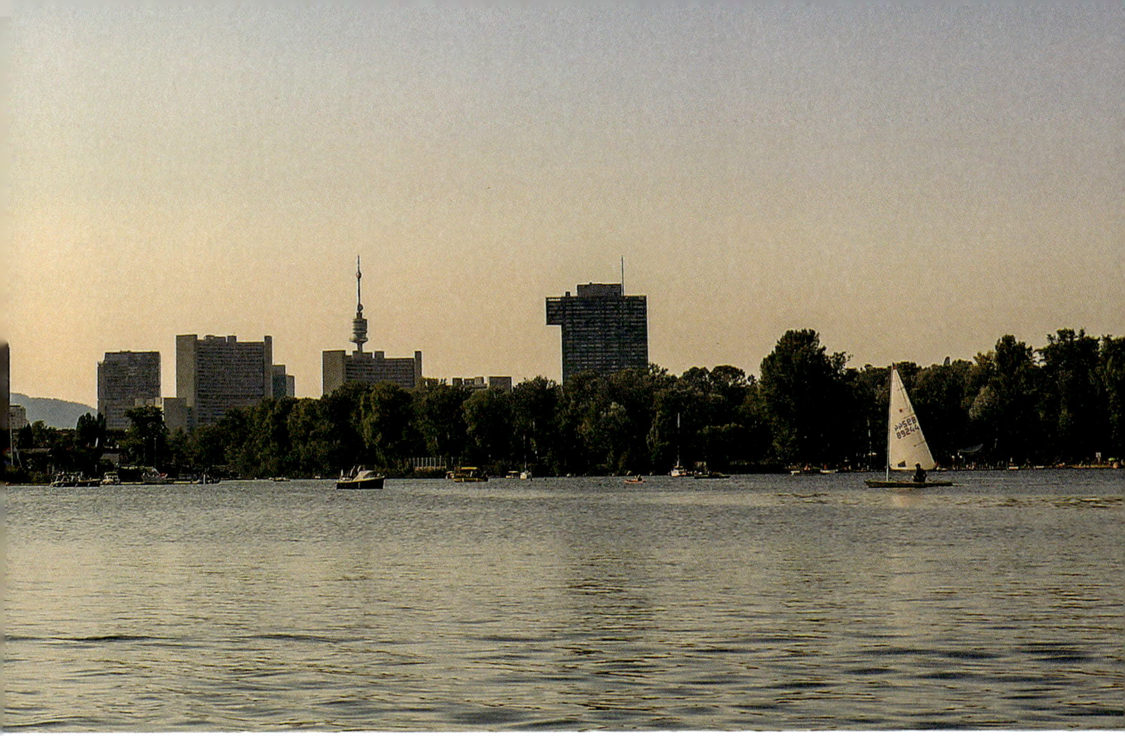

Alte Donau: Besonders reizvoll ist die Aussicht auf die Skyline der Donau-City bei Sonnenuntergang

Wiens und an heißen Sommertagen für viele ein absoluter Place-to-be.

Das Wasser der Alten Donau ist blau, da keine Strömung den Untergrund aufwühlt. Die mittlere Tiefe liegt bei 2,5, die tiefste Stelle misst 6,8 Meter. Geübte Schwimmer durchschwimmen die Alte Donau ohne großen Aufwand. Die Wasserqualität ist bestens. Die geringe Strömung lässt zwar Wasserpflanzen prächtig gedeihen, die aber auch für eine hervorragende Wasserqualität sorgen. Da die Pflanzen beim Schwimmen als störend empfunden werden und obendrein den Bootsverkehr behindern, wird mehrmals in der Saison von der MA 45 gemäht.

Im 18. Jahrhundert floss die Donau flussabwärts in fünf Armen durch Wien, der Hauptfluss war die heutige Alte Donau. Bis 1875 wurde aufgrund permanenter Überschwemmungsgefahr reguliert. Seitdem fließt der Strom in seinem heutigen Flussbett. Der frühere reißende Hauptarm ist nun beinahe ein stehendes Gewässer, die Alte Donau gleicht eher einem See als einem Fluss. Eine begehrte

SCHWIMMFAKTOR: *****

KLEINKINDGERECHT: *****

HUNDE ERLAUBT:
eigener Hundebadestrand, 1210 Wien, Ferdinand-Kaufmann-Platz, neben dem Angelibad

WASSERTEMPERATUR SOMMER: bis zu 28 Grad

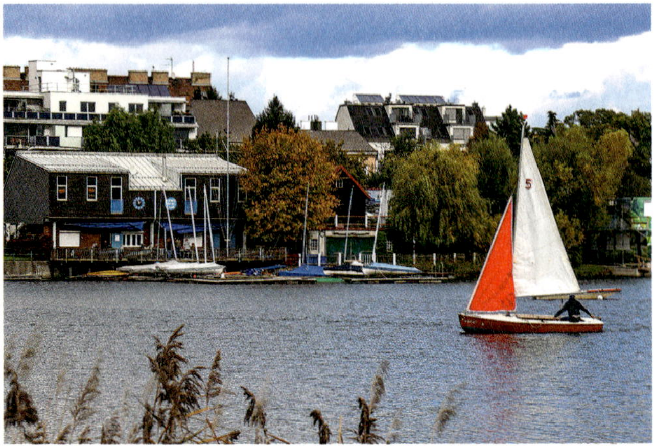

Rechts: Blick von der Romawiese auf ein Segelboot

Unten: Der Zugang ins strömungslose Wasser ist flach

LAGERWIESEN AM ROMAPLATZ

ADRESSE: 1210 Wien, Sintiweg 10

ÖFFENTLICH: U6/Neue Donau, Bus 20A/Angelibad oder 20B/Josef-Melichar-Gasse

SCHWIMMFAKTOR: *****

KLEINKINDGERECHT: ****

HUNDE ERLAUBT: nein

GASTRONOMIE: Strandgasthaus Birner, 1210 Wien, An der oberen Alten Donau 47, Tel. +43 1 2715336, gasthausbirner.at

SANITÄRANLAGE: ja

UMKLEIDEKABINEN: nein

Freizeitgegend, in der geschwommen, gerudert, gesegelt, gesurft und stand-up-gepaddelt wird. Bootsverleihe, Segel- und Surfschulen bieten flächendeckend ihre Dienste an, zahlreiche Gastronomiebetriebe liegen direkt oder nah am Wasser. Ein Übersichtsplan und alle Informationen zu Bootsverleihern, gastronomischen Betrieben und laufenden Veranstaltungen finden sich unter alte-donau.info.

Eindrucksvoll wie ein Postkartenmotiv präsentiert sich die Alte Donau bei Sonnenuntergang. Von Holzstegen oder Restaurantterrassen können die beleuchteten und auch abends mietbaren Boote dabei beobachtet werden, wie sie lautlos übers Wasser gleiten, die untergehende Sonne taucht alles in goldenes Licht.

Einheimische haben am städtischen Naturgewässer bestimmt ihre Lieblingsplätze, aber auch Ortsunkundige finden an der Alten Donau einfach Bademöglichkeiten.

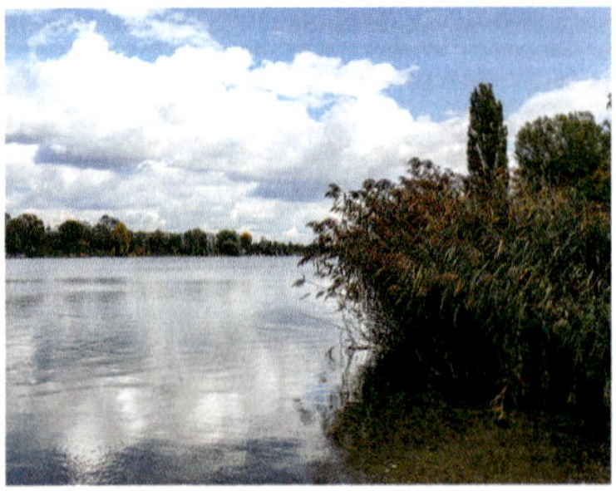

1a Lagerwiesen am Romaplatz (Romawiese und Angeliwiese)

Wir starten am rechten Ufer der Donau. Die zwei Lagerwiesen am Romaplatz erreicht man von der U6-Station Neue Donau über die Arbeiterstrandbadstraße nach einem zehnminütigen Spaziergang. Für Gehfaule bietet sich der Bus 20A oder 20B bis Angelibad bzw. Josef-Melichar-Gasse an. Direkt neben dem Angelibad und der Parkanlage Dragonerhäufel gelegen, präsentiert sich der Badeplatz gepflegt und einladend. Große, alte Bäume spenden Schatten,

flache Zugänge ermöglichen es auch kleineren Kindern, ins Wasser zu gelangen. Mit einem Trinkwasserbrunnen, WC, Tischen, Bänken, Beachvolleyballplatz, Basketballkorb und Imbissstand gleich in der Nähe sind die Badewiesen fast so gut ausgestattet wie ein Schwimmbad.
Die Romawiese in Floridsdorf wird gerne von Familien aufgesucht, am Wochenende kann es voll werden.

Über den Birnersteig erreicht man das alteingesessene und bekannte Strandgasthaus Birner mit seiner schönen Terrasse, wo es auch Eis im Stanitzel zum Mitnehmen gibt.

1b ArbeiterInnenstrand

Nur zehn Minuten Fußweg von der Romawiese entfernt liegt der ArbeiterInnenstrand. Das Gelände des ehemaligen Arbeiterstrandbads wurde im Jahre 2015 zum Naturbadeplatz umgestaltet und kostenlos für die Freizeitnutzung zur Verfügung gestellt. Der Altbaumbestand ist dabei erhalten geblieben, Tische und Bänke machen die Liegewiese komfortabel. Der Strand ist 23.000 Quadratmeter groß, bietet Uferzonen mit Schilf, zwei flache Wasserzugänge, Sanitäranlagen und eine wunderbare Aussicht auf den Donauturm. Das Publikum ist bunt gemischt, ein großer Parkplatz fin-

ARBEITERINNENSTRAND

ADRESSE: 1220 Wien, Höhe Arbeiterstrandbadstraße 89

ÖFFENTLICH: Bus 20A oder 20B/Arbeiterstrandbad

MIT DEM AUTO: großer Parkplatz Arbeiterstrandbadstraße/Ecke Donauturmstraße

SCHWIMMFAKTOR: *****

KLEINKINDGERECHT: ****

HUNDE ERLAUBT: nein

GASTRONOMIE: Drunter & Drüber, 1210 Wien, Arbeiterstrandbadstraße 122c, Tel. +43 699 11713819, drunterunddrueber.at

SANITÄRANLAGE: ja

UMKLEIDEKABINEN: nein

Liegewiese am ArbeiterInnenstrand, der sich in unmittelbarer Nähe zum Strandbad Alte Donau befindet

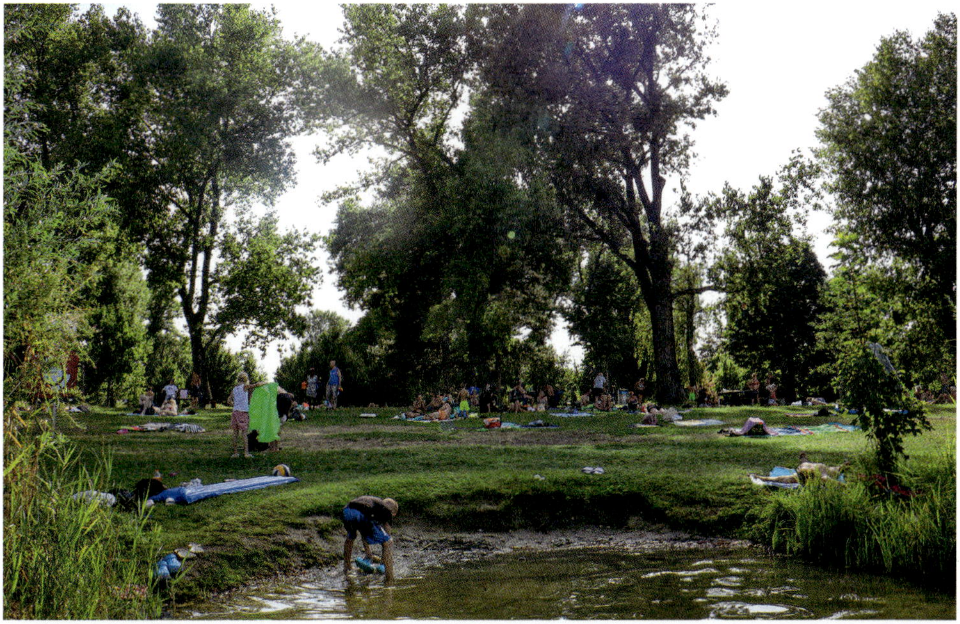

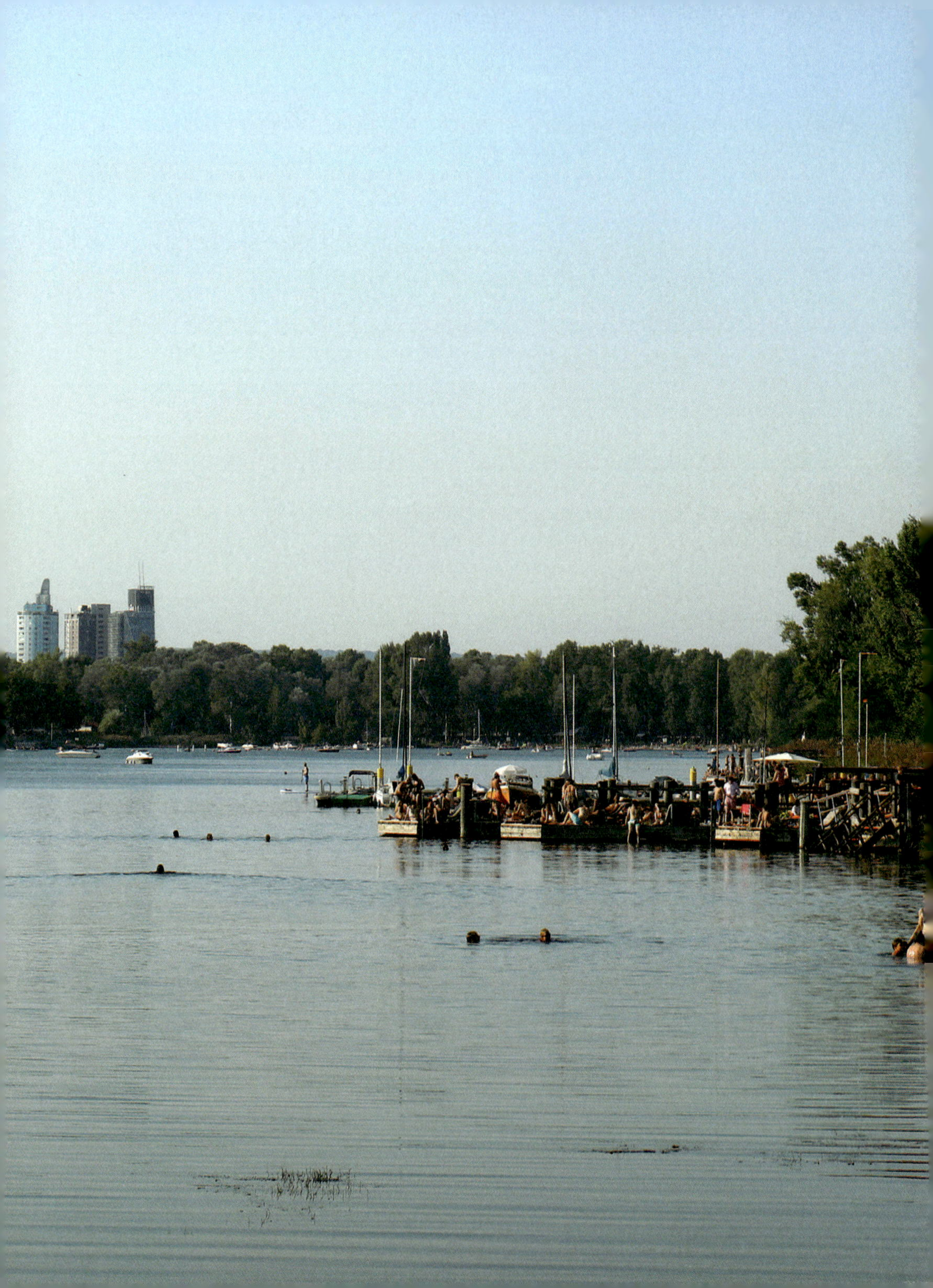

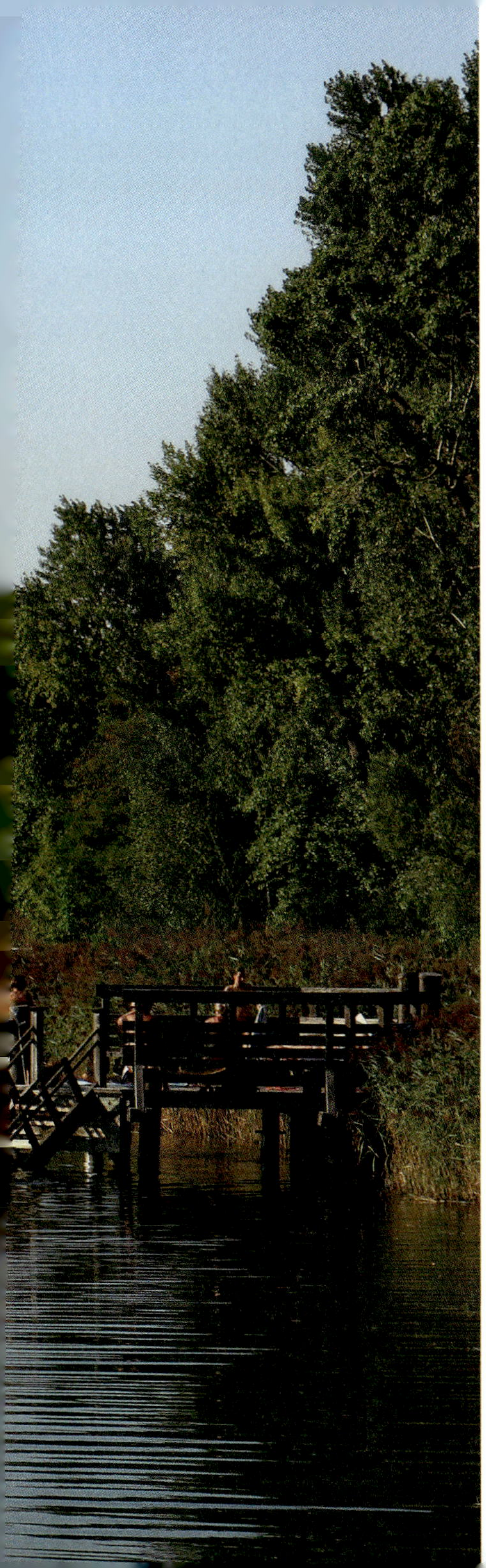

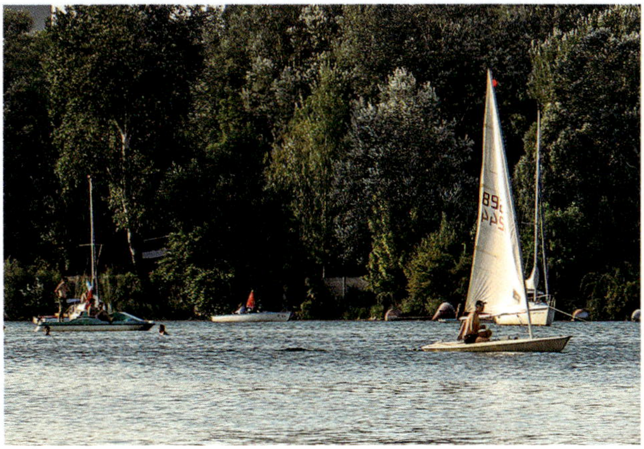

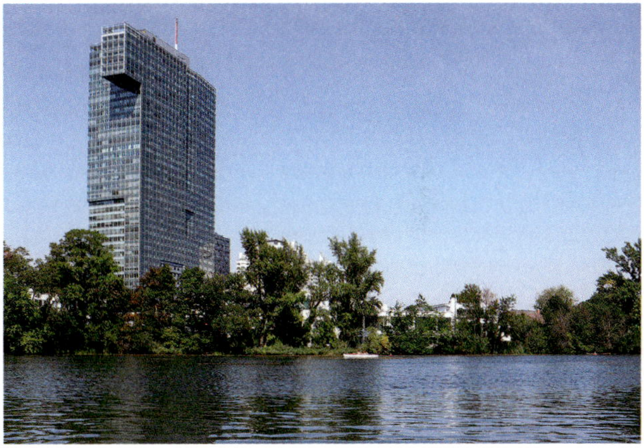

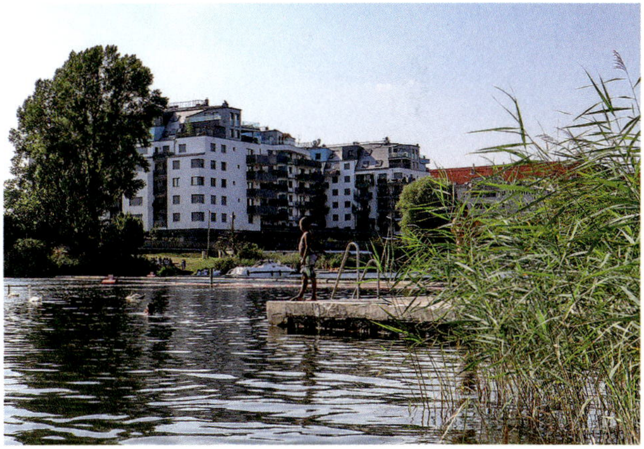

Links: Zahlreiche Holzstege an der Donaupromenade sind ein beliebter Place-to-be an warmen Sommerabenden

Von oben nach unten: Boote und Badespaß an der Alten Donau. Blick auf den IZD Tower vom Kaiserwasser aus. Strombucht: Nach dem Sprung ist meist vor dem Sprung

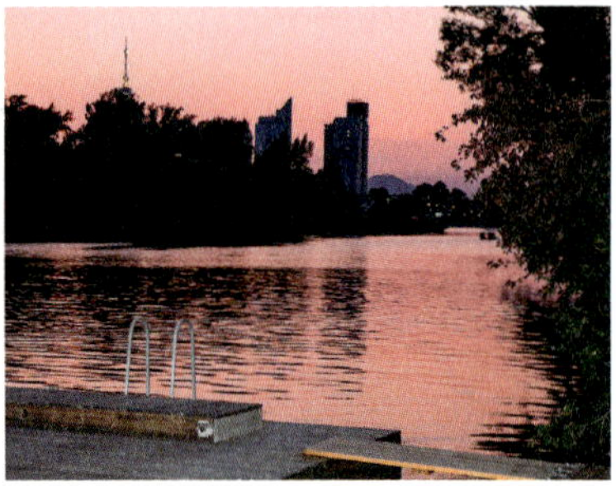
Sonnenuntergang de luxe

det sich direkt gegenüber an der Arbeiterstrandbadstraße, ebenso Gratis-Tennisplätze und das Restaurant Drunter & Drüber mit Minigolfanlage und dazugehörendem Außenbuffet im Sommer.

Die vielen Schwäne auf der Alten Donau können hier leider zur Plage werden, da sie den Badeplatz mit Kot verunreinigen. Und Vorsicht sei vor allem den Kindern angeraten: Mit Schwänen ist nicht zu spaßen. Man sollte sie lieber nicht anlocken oder gar versuchen, sie zu berühren. Die prächtigen Vögel sind für ihr aggressives Verhalten bekannt und verteidigen schon mal fauchend und mit vollem Körpereinsatz ihren Nachwuchs.

1c Kaiserwasser

KAISERWASSER

ADRESSE: 1220 Wien, Kaiserwasser

ÖFFENTLICH: U1/Kaisermühlen

SCHWIMMFAKTOR: ***

KLEINKINDGERECHT: ****

HUNDE ERLAUBT: ja

SANITÄRANLAGE: öffentliche Toiletten Kaiserwasser

UMKLEIDEKABINEN: nein

Die große Liegewiese am Kaiserwasser ist öffentlich mühelos mit der U1 (Station Kaisermühlen) zu erreichen. Bei der U-Bahn-Station links gehen, durch eine kleine Unterführung, die Wagramer Straße überqueren, ein Fünf-Minuten-Fußweg führt zum Kaiserwasser, in direkter Nachbarschaft zum Hotel Arcotel. Noch entspannter ist die Anreise mit dem Rad, dem geeignetsten Fortbewegungsmittel an der Alten Donau. Vom Auto ist abzuraten, zu rar sind die Parkplätze, zu viele probieren es trotzdem.

Das urbane Hochhauspanorama der Donaucity bildet einen tollen Kontrast zum ruhig gelegenen Badewasser, einem kleinen Seitenarm der Alten Donau. Das Wasser ist hier noch strömungsärmer und wärmer als in der übrigen Alten Donau, der Untergrund sehr schlammig. Dunkelgrün und seicht ist das Wasser besonders für kleine Kinder ideal zum Baden, allerdings reich an Fischen und Wasserpflanzen, wenn nicht gerade gemäht wurde.

Stammgäste aus der Nachbarschaft machen den Großteil der Besucher*innen aus. Sie sonnen sich und picknicken auf der großen Liegewiese unter Schatten spendenden Bäumen, es gibt Tischtennistische und Holzbänke. Der Altbaumbestand wurde teilweise zum Naturdenkmal erklärt und 2002 dementsprechend etikettiert. Eine öffentliche Toilette befindet sich beim Arcotel-Hotel und ein Themenspielplatz ergänzt das Freizeitangebot.

1d Strombucht

Früher von der Kultur- und Sportvereinigung Wienstrom als Freibad betrieben, dann lange geschlossen, wurde die Strombuch 2016 dank EU-Förderung von der Stadt Wien als kostenloser Badeplatz wiedereröffnet und zur frei zugänglichen Liegewiese mit Pappeln und Weiden als Sonnenschutz umgestaltet. Tische, Bänke, Wasserspender und eine mobile Toilette sorgen für Komfort und zwei flache Wasserzugänge für einen einfachen Ein- und Ausstieg. Ein betoniertes Podest provoziert förmlich einen Kopfsprung, mit dem man andere Badegäste beeindrucken könnte. Weniger Mutige gelangen über eine Metallleiter in die Alte Donau.

Der Badeplatz erscheint entspannt, das Publikum ist großteils im Studentenalter, aber auch Jungfamilien schätzen den Kieselstrand und das ruhige Wasser. Es ist viel klarer und tiefer als das Kaiserwasser, weniger schlammig und hat kaum Strömung. Die Ufer sind auch hier schilfbewachsen, Umkleidekabinen und Gastronomie sucht man vergeblich, dafür herrscht eine angenehme und lockere Badeatmosphäre und es ist weniger los als auf den anderen Liegewiesen an der Alten Donau.

STROMBUCHT

ADRESSE: 1220 Wien, Dampfschiffhaufen 10

ÖFFENTLICH: U2/Donaustadtbrücke, Bus 92A oder 92B, Dampfschiffhaufen

MIT DEM RAD: Am Kaisermühlendamm, dann Dampfschiffhaufen bis Strombucht

SCHWIMMFAKTOR: *****

KLEINKINDGERECHT: *****

HUNDE ERLAUBT: nein

SANITÄRANLAGE: mobile Toilette

UMKLEIDEKABINEN: nein

1e Badeareal an der Promenade der unteren Alten Donau

Hierher lockt der Fluss ein junges oder junggebliebenes Publikum. Von früh bis spät herrscht aufgeregtes Treiben auf den elf Holzsteganlagen, von denen man direkt in die Alte Donau springen oder über Leitern hinabsteigen kann. Ein frohes, buntes Fest, ein friedliches Feierabendabhängen.

Hier wird gesonnt, gebadet und geflirtet. Je später der Nachmittag, umso ausgelassener die Stimmung. Man trifft sich mit Freund*innen an den Holzstegen, bringt Getränke mit und genießt den Sommer, den Abend, die schöne Aussicht. Schließlich gibt es immer etwas zu feiern.

Auch tagsüber ist dieser Abschnitt der Alten Donau gut besucht. Die Große Bucht Aussichtsplattform, eine Steganlage, die 2013 eröffnet wurde, zieht in erster Linie Kinder

BADEAREAL AN DER PROMENADE DER UNTEREN ALTEN DONAU

ADRESSE: 1220 Wien, Areal Höhe Große Buchtstraße bis Kaisermühlenstraße

ÖFFENTLICH: Bus 93A/Siedlung Einigkeit bis Fischergrund, Bus 92A/Kaisermühlenstraße

MIT DEM RAD: entlang der Straße An der unteren Alten Donau

SCHWIMMFAKTOR: *****

KLEINKINDGERECHT: ***

HUNDE ERLAUBT: nicht auf den Stegen

GASTRONOMIE: Strandbeisl Selbstverständlich, An der unteren Alten Donau 159, strandbeisl.at; Imbiss zum Seestern, An der unteren Alten Donau 132

SANITÄRANLAGE: mobile Toiletten

UMKLEIDEKABINEN: nein

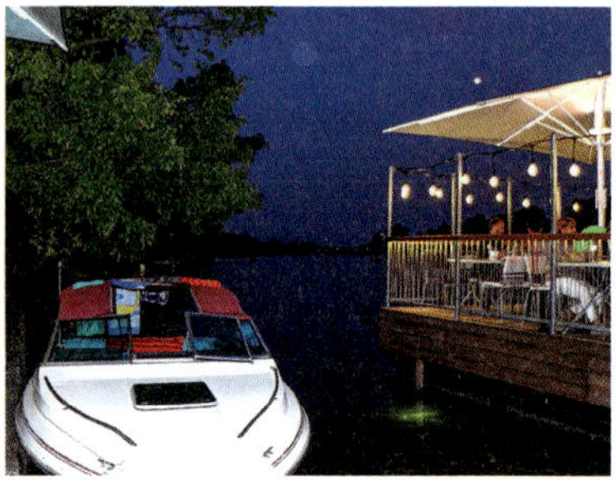

Den Tag ausklingen lassen auf der Terrasse des Bootshauses

und Jugendliche an, die von hier ins Wasser springen. Wer keinen Platz auf dieser großzügigen Steglandschaft ergattert oder noch zu klein für spektakuläre Sprünge ins Wasser ist, hat die Möglichkeit, gemütlich am Kiesstrand mit sanft abfallendem Ufer den Badetag zu genießen. Kleine und größere Stege mit Holzliegemöbeln und Sitzgelegenheiten wechseln sich mit kleinen Wiesenflächen in Wassernähe ab.

Wer sich auf einer der begehrten Holzliegen ausstrecken möchte, sollte schon frühmorgens hierherkommen. Wem ein kleines Plätzchen am Steg genügt, findet aber meistens eine kleine, freie Stelle für sein Badetüchlein.

1f Lagerwiesen Alte Donau und Rehlacke

LAGERWIESE ALTE DONAU UND LAGERWIESE REHLACKE

ADRESSE: 1220 Wien, links und rechts vom Lagerwiesenweg, gegenüber dem Gänsehäufel

ÖFFENTLICH: Bus 93A/ Benatzkygasse, U1/Kagran, Straßenbahn 25/ Arminenstraße

SCHWIMMFAKTOR: *****

KLEINKINDGERECHT: *****

HUNDE ERLAUBT: nein

GASTRONOMIE: Das Bootshaus, An der unteren Alten Donau 61, Tel. +43 1 24100811, dasbootshaus.at

SANITÄRANLAGE: am Areal

UMKLEIDEKABINEN: nein

Spaziert man die Promenade an der unteren Alten Donau weiter nach Norden, erreicht man zwei Liegewiesen. Die kleine Lagerwiese Alte Donau und ihre große Schwester, die Lagerwiese Rehlacke. Wir befinden uns auf der Höhe des Strandbads Gänsehäufel, einer Institution mit langer Wiener Badetradition.

Auf den Wiesen ist alles vorhanden, was einen Badetag angenehm und komfortabel macht. Breite Steinstufen erleichtern den Einstieg ins Wasser, kleine Holzstege laden zum Dösen am Wasser ein. Das Badepublikum kommt aus der Umgebung, die Wiese ist gepflegt und mit gutem Altbaumbestand ausgestattet. Ein Kiosk sorgt für Erfrischungen und Cocktails. An heißen Sommertagen ist viel los, trotzdem geht es entspannt, aber doch sehr urban zu. Manche bringen ihre Musik selbst mit und lassen es ein bisschen brummen. Es gibt viel zu sehen und zu beobachten, sei es vor oder im Wasser.

Leider stehen all den Badegästen nur zwei Toiletten zur Verfügung, es kommt immer wieder zu Warteschlangen. Hinter der Lagerwiese befindet sich ein großer Spielplatz mit Tischtennistischen, Sandkiste und allerlei Spielgeräten, Rutschen und Klettergerüsten. In der Nähe der Lagerwiese Alte Donau (An der untere Alten Donau 87) steht ein mobiles Eisstandl von Trento Bortolotti, ein Betrieb mit langer Eistradition im 22. Bezirk.

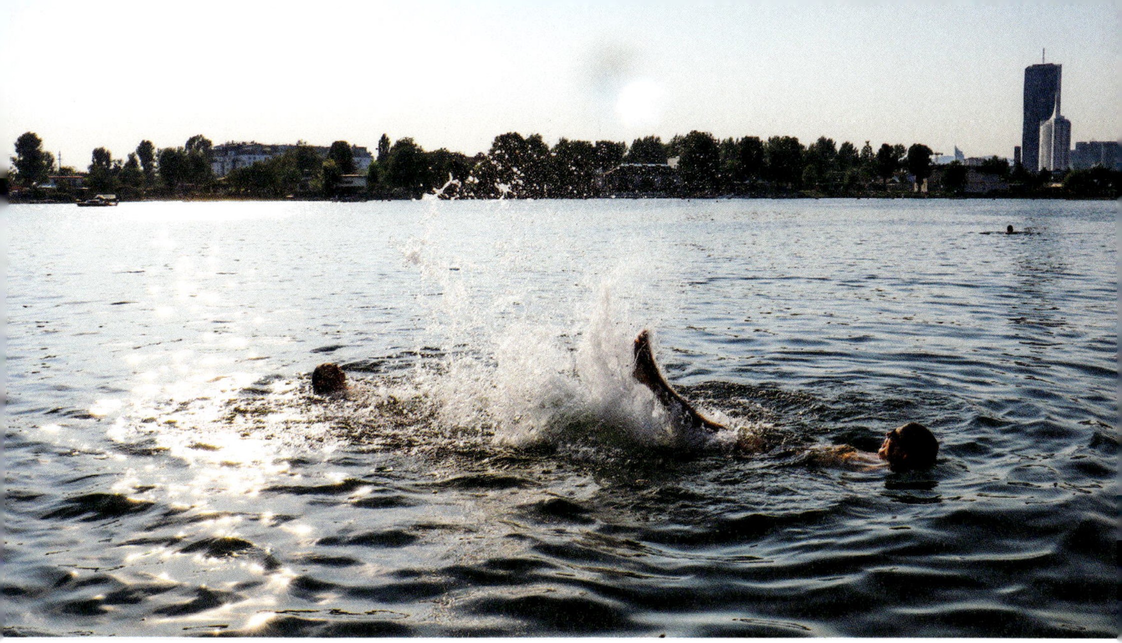

Hier fühlt sich Wien wie Urlaub an

Den Abend könnte man im nahen Bootshaus verbringen. Das Restaurant, nur fünf Minuten von der Rehlacke entfernt, besticht mit schöner Terrasse, toller Aussicht und moderner Speisekarte. Viel schöner als hier mit Fish and Chips und einem kühlen Drink kann der Tag nicht ausklingen. Okay, der Sonnenuntergang und die beleuchteten Sofapartyschiffe sind richtig kitschig, aber was soll's, Urlaubsfeeling wie am Meer ist hier garantiert!

1g Kagraner Uferplatz

Die terrassenartig angelegte Grasfläche Kagraner Uferplatz eignet sich perfekt zum Sonnenbaden und Abhängen. Angeschlossen ist ein Holzbadesteg mit zwei Metallleitern ins Wasser. Die nicht vor allzu langer Zeit gepflanzten Bäume verfügen noch über kein üppiges und schattenspendendes Blätterdach. Also ideal für richtige Sonnenanbeter. Oberhalb der Terrassen befindet sich eine kleine Liegewiese mit Sitzmöglichkeiten. Dieser Schwimmspot ist geeignet für die schnelle Abkühlung und nicht unbedingt für einen langen Badetag gedacht.

KAGRANER UFERPLATZ

ADRESSE: 1220 Wien, bei der Kagraner Brücke

ÖFFENTLICH: Bus 25A oder 93A/Kagraner Brücke

SCHWIMMFAKTOR: ****

KLEINKINDGERECHT: **

HUNDE ERLAUBT: nein

SANITÄRANLAGE: mobile Toilette neben der Liegefläche

UMKLEIDEKABINEN: nein

2 Neue Donau

INFOPLAN: www.wien.gv.at/umwelt/gewaesser/donauinsel/pdf/plan-donauinsel.pdf

MIT DEM RAD: durchgehender Asphaltweg

SPORTANGEBOTE: Basketball- und Beachvolleyballplätze, Segelhafen Nord, Surfbrettverleih

WASSERSKILIFT: 1220 Wien, Am Wehr 1, Schleusenbrücke, Tel. +43 676 5182711, wakeboardlift.at

HUNDE ERLAUBT: im Bereich der Kaisermühlenbrücke Hundezone, sonst Leinen- und Maulkorbpflicht

Mit der Neuen Donau, die im Zuge der zweiten Wiener Donauregulierung bis 1988 als Entlastungsgewässer für den Hochwasserschutz konzipiert wurde, ist ein weiteres Naherholungsgebiet mit vielen Bade- und Sportmöglichkeiten geschaffen worden. 21 Kilometer entlang der Donauinsel verläuft das stehende Gewässer parallel zum Hauptstrom. Fließend wird es nur bei Hochwasser, wenn die drei Wehren geöffnet werden. Die Neue Donau ist tiefer als die Donau selbst, nämlich von 1,60 bis 6,30 Meter. Im Mittel ist sie rund 200 Meter breit.

Stiegen und Stege erleichtern Schwimmer*innen den Einstieg ins erfrischende Nass, Schwimmpontons laden zum Sonnenliegen und Ins-Wasser-Springen. Voraussetzung dafür ist, dass man schwimmen kann, die Donau wird auch in Ufernähe schnell tief. Das Wasser ist wesentlich frischer als das der Alten Donau und bietet somit auch an Hochsommertagen eine willkommene Abkühlung.

Die asphaltierten Wege werden gerne von Radfahrer*innen und Skater*innen zur sportlichen Ertüchtigung genutzt. Nahe dem Wasser finden sich Sportplätze für Beachvolley-, Fuß- und Basketballer*innen sowie Kinderspielplätze.

Mehrere Restaurants und Imbissbuden liegen auch abseits des Freizeitareals CopaBeach nahe am Wasser. Der Eismann dreht seine Runden und hält außer dem gängigen Eissortiment kühle Erfrischungen bereit. Mehrere Bootsverleihe und eine Wasserskianlage zum Wakeboarden in der Nähe der Donaustadtbrücke locken Wassersportler*innen.

2a Familienbadestrand Neue Donau

FAMILIENBADESTRAND NEUE DONAU

ADRESSE: 1210 Wien, Arbeiterstrandbadstraße 7

GPS: 48.242972, 16.396803

Direkt an der U6-Station Neue Donau gelegen und besonders für Familien mit kleinen Kindern interessant, ist der flache Kieselbadestrand in Floridsdorf. Durch kleine, vorgelagerte Inseln liegt er geschützt. Die maximale Wassertiefe beträgt einen Meter. Kleinkinder planschen hier im Wasser und feilen mit Hilfe von Erwachsenen an ihrer

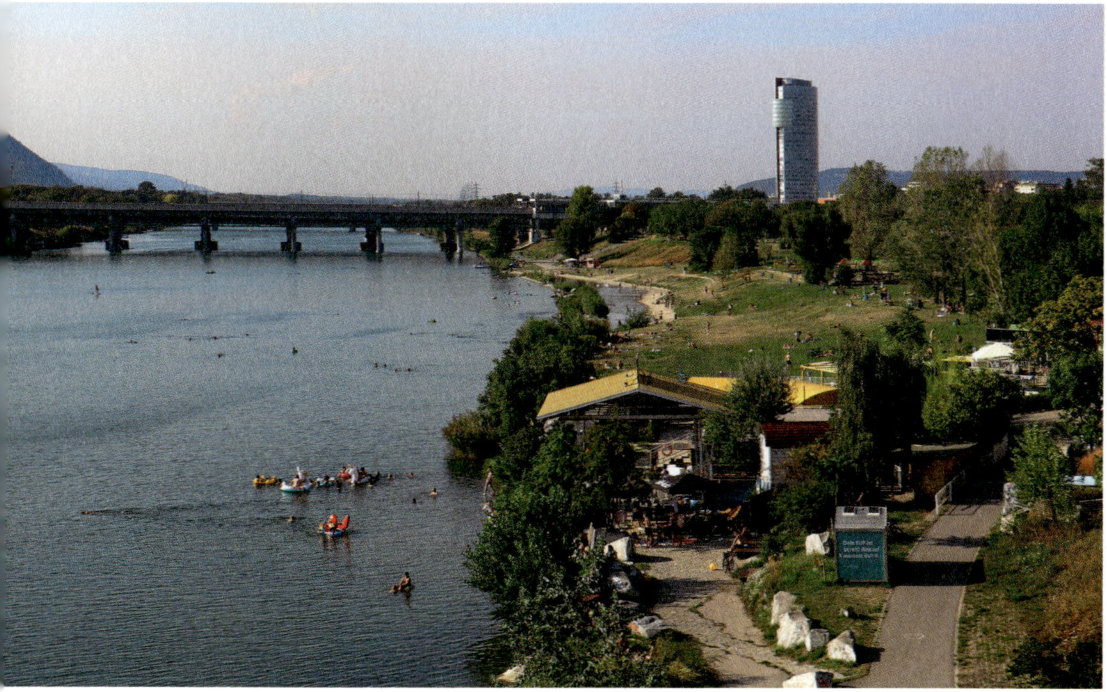

Blick von der Brigittenauer Brücke auf das Usus am Wasser und den Familienbadestrand Neue Donau

Schwimmtechnik. Die großzügige Liegewiese ist sanft abfallend und auch bei Bobos und Studenten beliebt. Seit es das Usus am Wasser als direkten Nachbarn gibt, ist Hipness an die Neue Donau gezogen. Die Location stand lange leer und wurde 2020 endlich wiedereröffnet. Die Sonnenuntergänge können nun mit Liveprogramm, gutem Essen und kühlen Drinks genossen werden. Tagsüber bekommt man am Kiosk Snacks (auch vegetarisch), kühle Getränke und natürlich Eis. Die blitzblaue Rutsche glänzt noch immer verheißungsvoll aus der Ferne, ist aber leider nicht mehr funktionstüchtig.

Gebüsch sorgt im oberen Bereich der Liegewiese für Schatten, der größte Teil liegt aber direkt in der Sonne. Also Sonnenschirm oder zumindest Kopfbedeckung nicht vergessen! Ein umzäunter Kinderspielplatz samt Sandkiste und Spielgeräten aus Holz lockt Kinder jeden Alters. Einen Beachvolleyballplatz gibt es gleich nebenan. Kein Wunder, dass es an schönen Sommertagen hier nur so wuselt und das fröhliche Kindergeschrei schon von weitem zu hören ist. Hunde sind nicht erlaubt.

ÖFFENTLICH: U6/Neue Donau

MIT DEM AUTO: 48.242309, 16.399035, im Sommer meistens voll

SCHWIMMFAKTOR: ***

KLEINKINDGERECHT: *****

HUNDE ERLAUBT: nein

GASTRONOMIE: Usus am Wasser, An der Neuen Donau 1, amwasser.wien

SANITÄRANLAGE: ja

UMKLEIDEKABINEN: nein

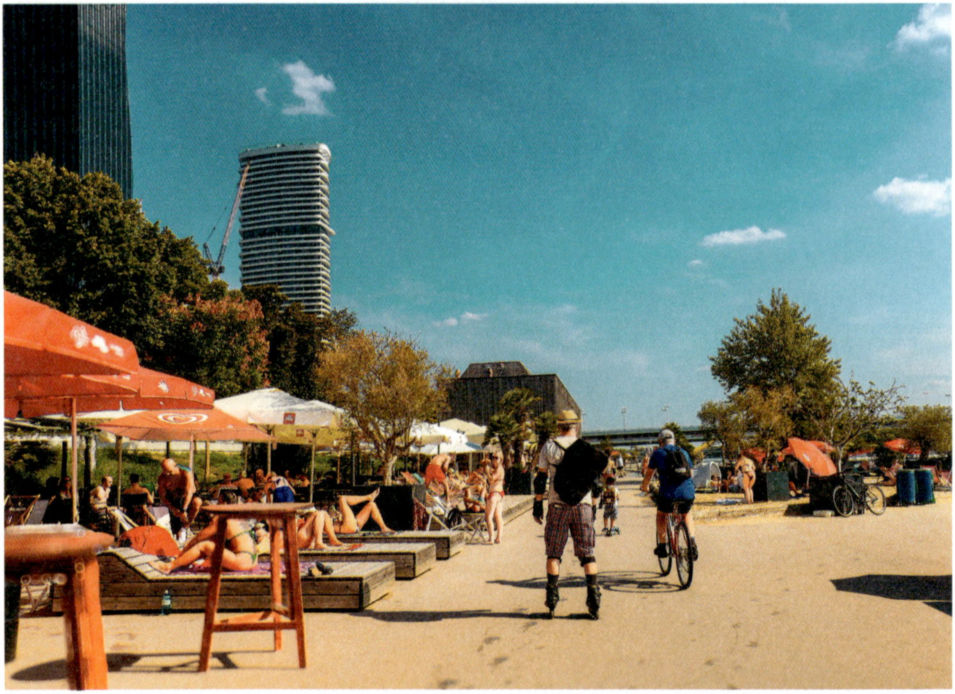

2b CopaBeach

ADRESSE: 1220 Wien, zwischen Reichsbrücke und Fußgängerbrücke Ponte Cagrana

ÖFFENTLICH: U1/Donauinsel

MIT DEM AUTO: Garage Reichsbrücke, Wagramer Straße 2

SCHWIMMFAKTOR: ****

KLEINKINDGERECHT: ***

HUNDE ERLAUBT: nein

SPORTANGEBOTE: Danube Jumping, Am Hubertusdamm, Tel. +43 660 5237748, danubejumping.at; Kletterpark Donauinsel, Rudolf-Nurejew-Promenade/ Ecke Isidro-Fabela-Promenade, Tel. +43 660 5326262, kletterpark-donauinsel.at

SANITÄRANLAGE: ja

UMKLEIDEKABINEN: nein

Das als Partymeile schon seit Jahrzehnten bekannte Freizeitareal bei der Reichsbrücke, die ehemalige Copa Cagrana, bekam vor über zehn Jahren eine Neugestaltung und damals auch einen neuen Namen: CopaBeach. Seitdem wird es laufend renoviert.

Unterschiedliche Zonen wie frei benutzbare Grün- und Sandflächen, betonierte Liegetreppen, Schwimminseln aus Kunststoff und eine Vielfalt an kulinarischen Angeboten wurden geschaffen. Auch der Skatepark beim U1-Ausgang Donauinsel erhielt eine Runderneuerung. Obwohl die Zone konsumfrei ist, klingt das gastronomische Angebot mehr als vielversprechend: Raffinierte Drinks, köstliches Streetfood und exzellente Küche aus Österreich und der ganzen Welt.

Eine Fußgängerbrücke führt direkt von hier zur Donauinsel, ein Kletterpark liegt im Umkreis, genauso eine große Trampolinanlage direkt am Wasser. E-Scooter, Kinderkanus, Boards und Stand-up-Paddle-Boards kön-

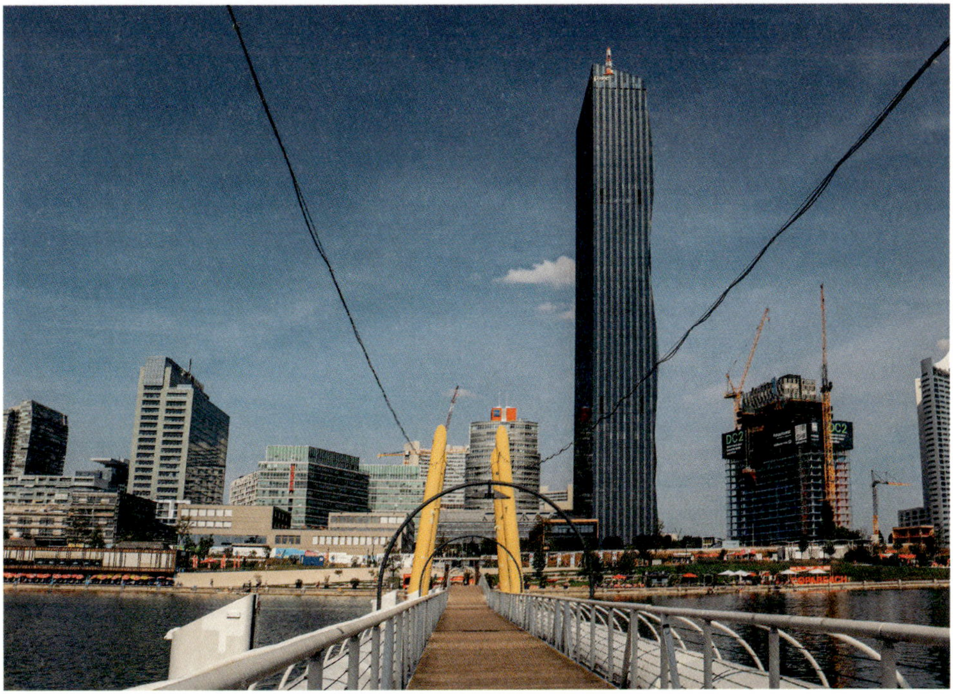

Links und oben: Früher Copa Cagrana nun CopaBeach

nen ausgeborgt werden. Der Platz wird schon von jeher von jungen Erwachsenen sehr gerne besucht. Jeder laue Sommerabend kann hier zur Party werden. Das Publikum ist international, viele Touristen verlaufen sich hierher.

2c Arena Beach

Die Kaisermühlenbucht wurde als „Arena Beach“ umgestaltet und mit 1100 Quadratmetern feinsten Sandstrand im Mai 2024 wiedereröffnet. Ein herrliches Platzerl für alle Großstädter*innen, die in Wien am „Strand“ liegen möchten, ohne hunderte Kilometer dafür fahren zu müssen.

Hier am linken Ufer stromabwärts der Neuen Donau entstand so mithilfe von 4000 Kubikmeter Sand eine einladende Schwimmmöglichkeit mit einer kleinkinderfreundlichen Flachwasserzone für junge Wasserpritschler*innen.

Der Uferbereich sieht mit seinen absteigenden Terrassen nach wie vor wie ein Amphitheater aus. Acht be-

ARENA BEACH

ADRESSE: 1220 Wien, Kaisermühlenbucht

GPS: 48.223188, 16.422117

ÖFFENTLICH: U1 Station Kaisermühlen, Bus 92A Harrachgasse

SCHWIMMFAKTOR: ****

KLEINKINDGERECHT: *****

HUNDE ERLEUBT: nein

SANITÄRANLAGE, UMKLEIDEKABINEN: nein

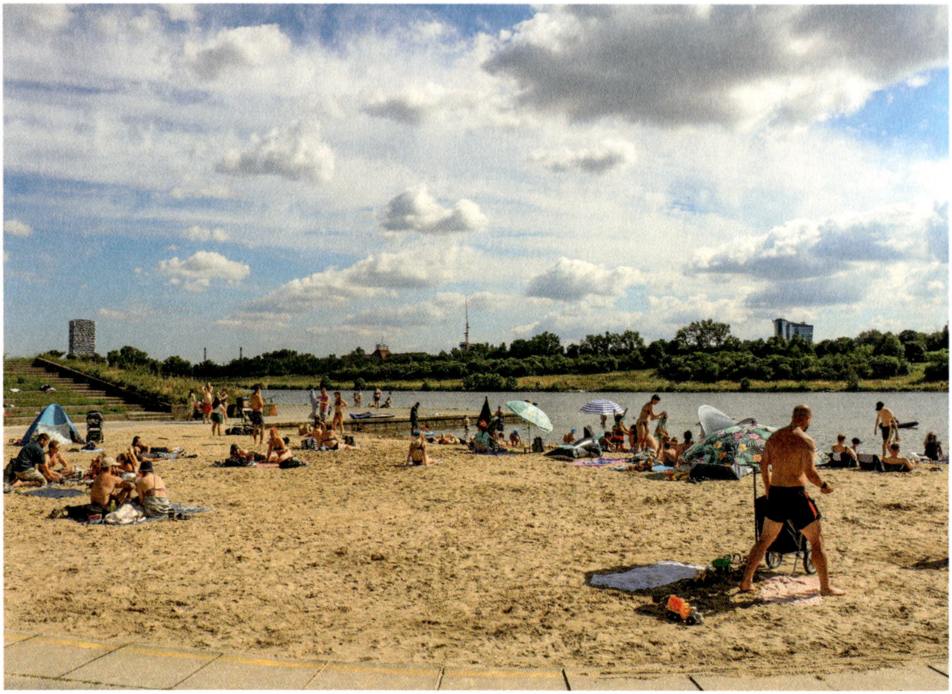

Viele Familien aus der Umgebung nutzen die neu geschaffene Arena Beach

grünte Etagen führen zum frischen Tauchbecken hinab. Die kürzlich gepflanzten Bäume sollen irgendwann für reichlich Schatten sorgen. Seit 2025 gibt es allerdings auch einen kostenlosen Sonnenschirmverleih der Stadt Wien.

PIRAT BUCHT

ADRESSE: 1220 Wien, Kaisermühlenbucht

GPS: 48.216196, 16.432272

ÖFFENTLICH: U1 Kaisermühlen, Bus 92A oder 92B bis Neue Donau Mitte

SCHWIMMFAKTOR: *****

KLEINKINDGERECHT: ***

HUNDE ERLAUBT: nein

SANITÄRANLAGE, UMKLEIDEKABINEN: nein

2d Pirat Bucht

Zwischen Vienna City Beach Club und Wakeboardlift befindet sich seit 2021 der größte Sandstrand der Stadt Wien, der Flussstrand Pirat Bucht. An heißen Sommertagen genießt ein junges Publikum zwischen hohen Pappeln das 3500 Quadratmeter große Sandareal entlang des Kaisermühlendamms. Viele kommen mit dem Rad. Es wird Fußball gespielt, geflirtet, zusammen Bier getrunken und manchmal lässt ein Besucher auch alle anderen Sonnenanbeter an seinem Musikgeschmack aus der eigenen mitgebrachten Musikbox teilhaben. Hier werden stolz die fitnessgestählten Körper zur Schau gestellt. Wer trainiert, hat nichts zu verstecken, lautet die Devise.

Der Uferbereich ist 200 Meter lang, die Zugänge sind anfangs seicht, Kinder sollten allerdings schwimmen können, wenn sie in die Neue Donau gehen, sie wird auch hier schnell tief.

Nicht nur das Planschen an der Pirat Bucht ist herrlich, auch im Wasser selbst tut sich einiges: Stylische Wakeboarder werden von einer Seilbahn über den Fluss gezogen oder springen spektakulär über Rampen.

Vereinzelt gibt es Sitzgelegenheiten aus Holz, doch wer keinen Picknickkorb dabei hat, kann in den benachbarten Strandbars wakeup und City Beach Club Gambas oder Flammkuchen speisen.

2e Obere Lobau

Der Badeabschnitt an der Neuen Donau ab Steinspornbrücke bis zum Ölhafen wird allgemein als Obere Lobau bezeichnet. Über die Raffineriestraße einfach zu erreichen, führen immer wieder Wege zum Wasser. Ab Höhe Panozzalacke (auch Richterspitz, Bodenmarkierung U5) bis zum Wehr 2 ist die Badegegend ein ausgewiesenes und beliebtes FKK-Gebiet.

ADRESSE: 1220 Wien, Steinspornbrücke bis Schleusenbrücke Wehr 2

ÖFFENTLICH: U2/Donaustadtbrücke, Bus 92B/Raffineriestraße, Biberhaufenweg, Panozzalacke oder Lobgrundstraße

MIT DEM RAD: Raffineriestraße oder direkt am asphaltierten Weg entlang der Neuen Donau

MIT DEM AUTO: Parkplätze an der Raffineriestraße und Finsterbuschstraße bis Ölhafen

SCHWIMMFAKTOR: *****

KLEINKINDGERECHT: **

HUNDE ERLAUBT: mit Leine

GASTRONOMIE: mehrere Restaurants an der Raffineriestraße

SANITÄRANLAGE: ja

UMKLEIDEKABINEN: nein

Bequem mit dem Rad zur Pirat Bucht, einer der hippen Sandstrände an der Neuen Donau

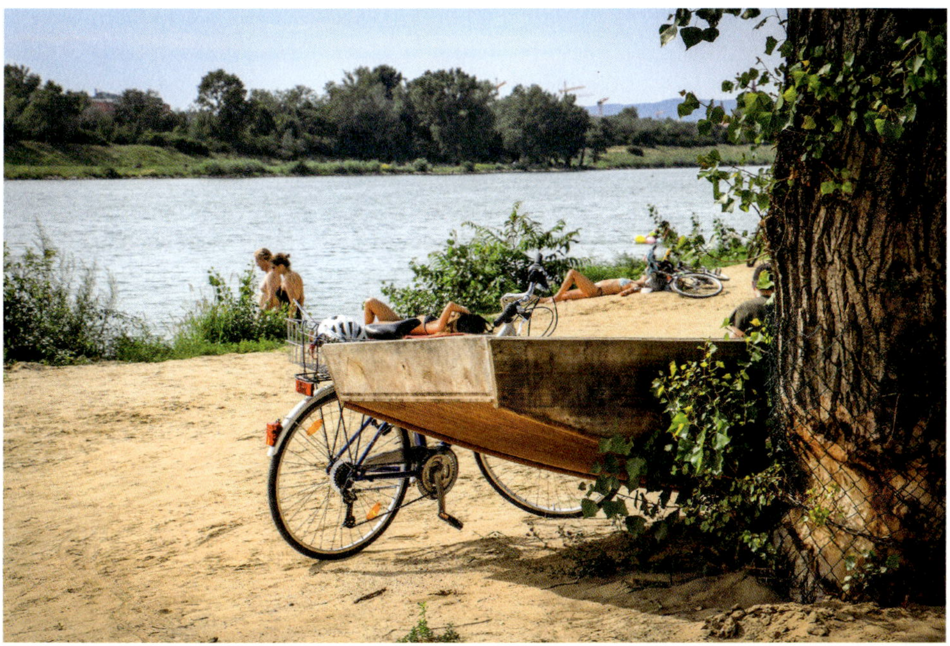

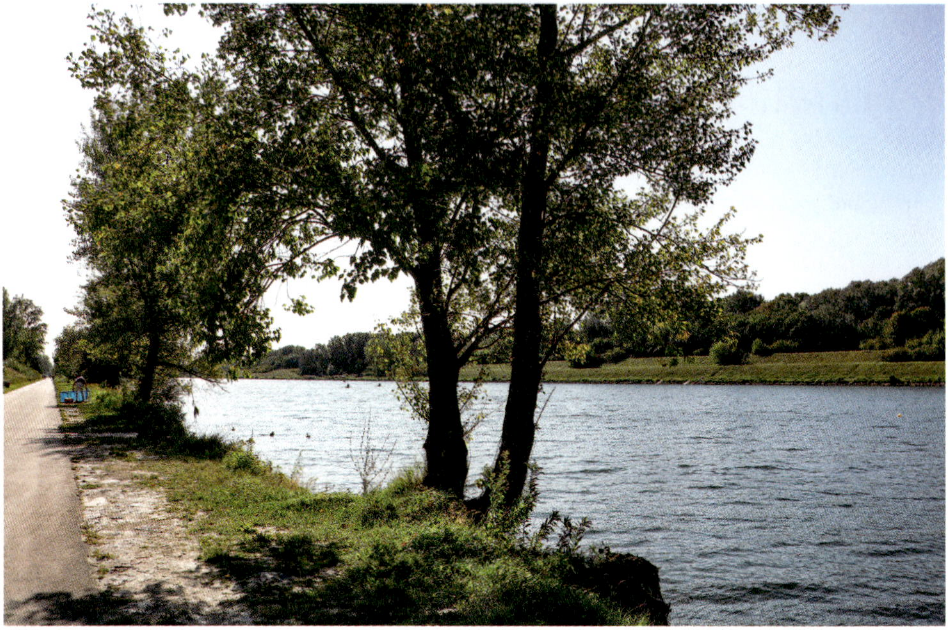

Asphaltierte Radwege zum Sporteln und Wiesen zum nahtlosen Bräunen in der Lobau

Hier lässt es sich ungestört in der Wiese liegen, für Abkühlung sorgt die Neue Donau. Auch im Hochsommer bleibt es ruhig, das Badepublikum ist zum größten Teil erwachsen, Kinderfreudengeschrei beim Planschen ist hier rarer als in einem Wiener Schwimmbad oder an der Alten Donau. Neuankömmlinge ereilt schnell das Gefühl, dass strenge Regeln und Disziplin beim größtenteils älteren Stammpublikum herrschen könnten. Wagt man sich auf eine der Schwimminseln, die eigentlich schon von einem Sonnenhungrigen im Adamskostüm besetzt ist, und springt dort etwa mit viel Radau ins Wasser, darf man sich über die bösen Blicke und zur Ruhe mahnenden Worte nicht wundern. Aber es lohnt sich, pure Erholung, Ruhe und viel Platz, um eine nahtlose Bräune zu ergattern, sind einem gewiss.

Splitterfasernackt bis auf die Schuhe flitzen sogar Skater*innen und Läufer*innen vorbei, mehrere Imbissstände und Restaurants von der Steinspornbrücke bis zum Ölhafen, Sanitäranlagen, Trinkwasserbrunnen und Duschen stehen bereit. Holzbänke und Tische erleichtern das Picknicken in der Natur, ein Kinderspielplatz nach der Walulisobrücke Richtung Ölhafen erfreut die wenigen Kinder, die sich hierher verirren.

3 Donauinsel

Entstanden ist die Donauinsel im Zuge eines Donauhochwasserschutzprojektes, mit dem Bau wurde im Jahre 1969 begonnen. Der Wiener Ingenieur August Zottl initiierte, dass dreißig Millionen Kubikmeter Erde zu einer 21 Kilometer langen künstlichen Insel aufgeschüttet wurden. Er ließ ein Entlastungsgerinne anlegen und aus der ausgehobenen Erde eben die Insel formen, die später zum unbebauten Naherholungsgebiet der Wiener werden sollte. Eröffnung war schließlich 1988.

Heute ist die 21 Kilometer lange Donauinsel mit bis zu 190.000 Besuchern täglich das Bade-, Sport- und Entspannungsparadies der Wiener*innen. Zwischen Brigittenauer Brücke und Kaisermühlenbrücke ist die Insel parkähnlich angelegt, zu den Inselenden hin wird sie wilder und einsamer. Auf asphaltierten Wegen kurven Radfahrer und Inlineskaterinnen. Zur Orientierung sind im Abstand von hundert Metern Bodenmarkierungen auf den Wegen, mit Kilometerangaben und Kürzeln für die Position.

Am besten, man kommt mit dem Rad oder mit einer der drei U-Bahn-Linien, zehn Brücken führen über beide Stromarme der Donau. Auf der zur Stadt hingewandten Seite fließt die Donau, die Neue Donau trennt die Insel vom 21. und 22. Wiener Gemeindebezirk.

ADRESSE: zwischen Donau und Neuer Donau im Stadtgebiet von Wien und Klosterneuburg

INFO: www.wien.gv.at/umwelt/gewaesser/donauinsel/pdf/plan-donauinsel.pdf (detailreicher Übersichtsplan). „Inselinfo", 350 Meter stromabwärts der Reichsbrücke, Tel. +43 1 4000-96500

ÖFFENTLICH: U1/Donauinsel, U2/Donaustadtbrücke, U6/Neue Donau, Straßenbahn 31/Floridsdorfer Brücke

MIT DEM RAD: zehn Brücken führen über beide Stromarme der Donau und auf die Donauinsel, auf der Insel asphaltierte Wege

MIT DEM AUTO: Parkplatz auf der Insel bei der Floridsdorfer Brücke

Blick auf die Franz-von-Assisi-Kirche am Mexikoplatz in der Leopoldstadt

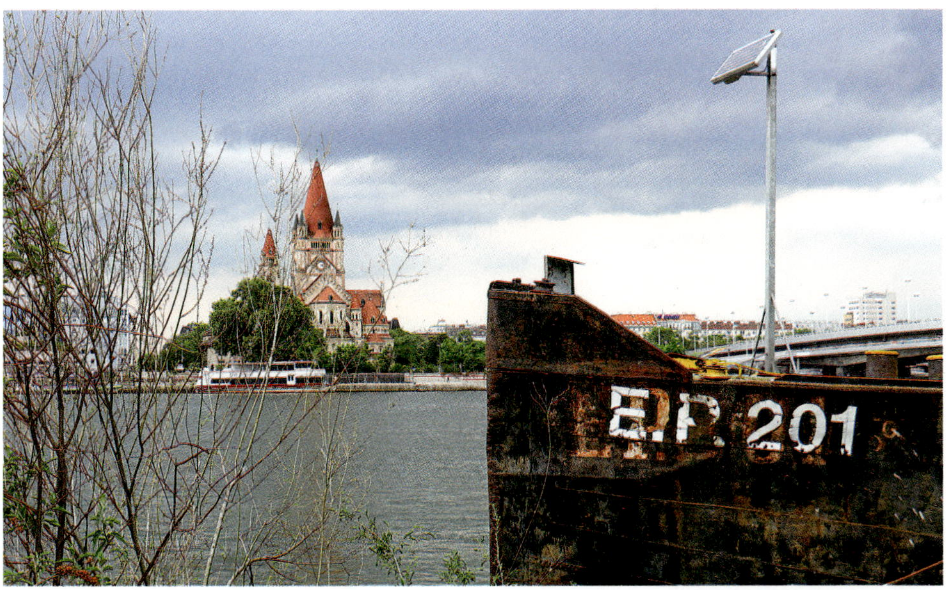

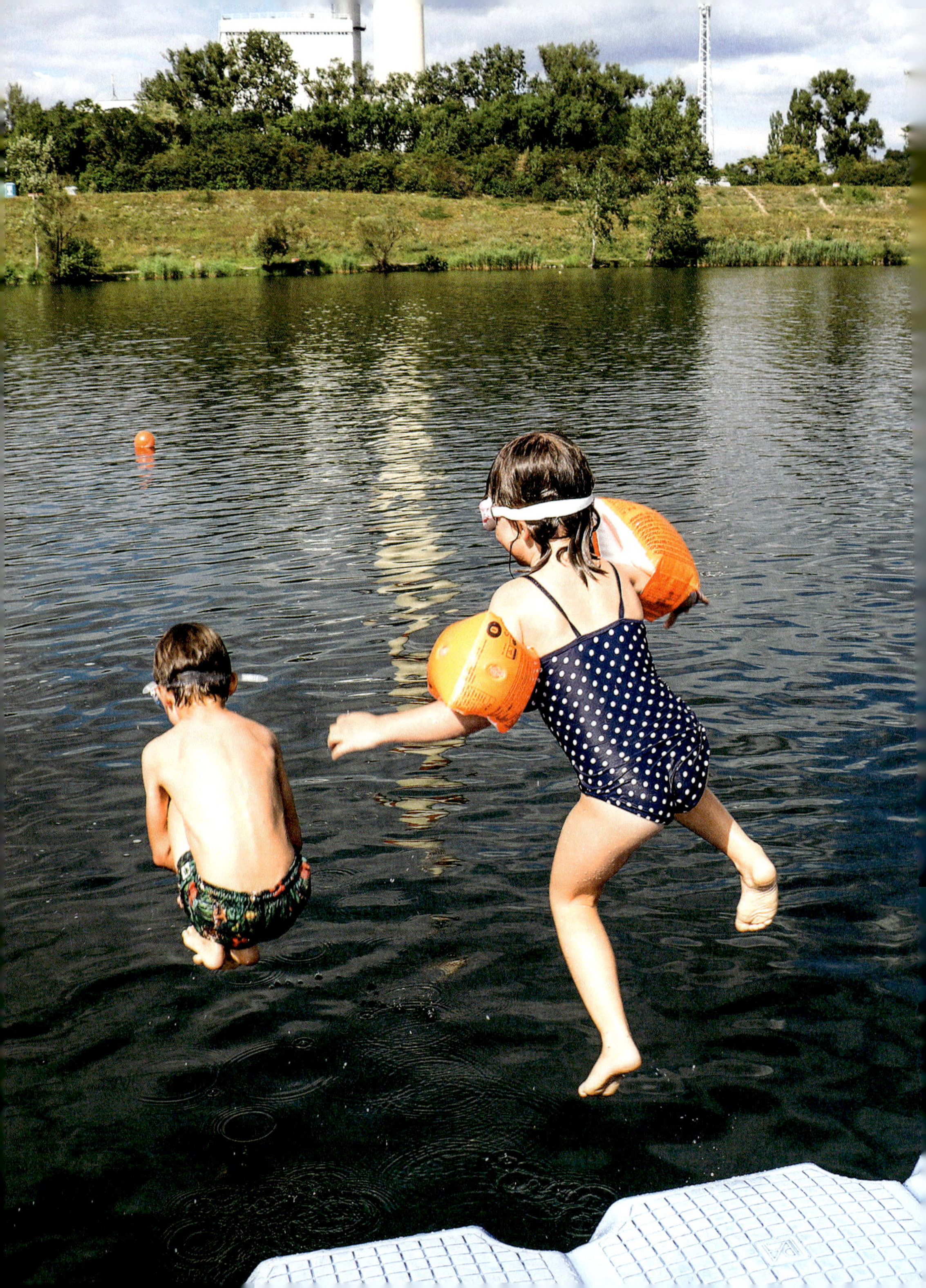

Die Inselseite zur Neuen Donau hin ist die beliebtere, die Neue Donau ist strömungsärmer und wärmer als die Donau. Alle Wasserzugänge sind frei, die Strände flach, Uferstiegen erleichtern den Einstieg ins Wasser. Die Schwimmpontons sind heiß begehrt, unzählige Wiesenabschnitte und Schattenplätze befinden sich in Ufernähe. Von Zeit zu Zeit fährt ein Eisverkäufer vorbei.

Auf der ganzen Insel verteilt befinden sich Sanitäranlagen wie WCs (auch behindertengerechte) und Duschen sowie Trinkwasserbrunnen, außer von der Nordbrücke bis zum nördlichen Spitz der Donauinsel. Ein Wasserspielplatz, erreichbar nach einem zehnminütigen Spaziergang flussabwärts von der U-Bahn-Station Donauinsel, und drei gut ausgestattete Kinderspielplätze, einer bei der Kaisermühlenbrücke, der zweite in der Nähe des Schulschiffs (zwischen Floridsdorfer Brücke und Georg-Danzer-Steg), der dritte nahe dem Eissalon da Ponte (nördlich der Floridsdorfer Brücke), sind bei Familien mit kleineren Kindern sehr beliebt.

Nahtlose Bräune, viele Gleichgesinnte und Bewegungsfreiheit für alle Teile des Körpers versprechen zwei Inselabschnitte, die gut sichtbar mit „FKK" am Asphalt markiert sind. Sie befinden sich im Süden zwischen Kilometer 2,1 und 5,1, im Norden von Kilometer 17,7 bis 19,5. Die schiefen Liegewiesenstreifen des Südzipfels werden stärker frequentiert als der Norden, wahrscheinlich aufgrund der besseren Infrastruktur und der Nähe der U2-Station Donaustadtbrücke.

Die Strömung der Donau und der Schiffsverkehr machen auf der der Donau zugewandten Seite ein weites Rausschwimmen unmöglich. Hier wird gerne gefischt, gepicknickt und in Ufernähe gechillt. Grasflächen und kleine, schattige Waldplätze wechseln sich mit natürlich entstandenen Sandbuchten am Wasser ab. Umgefallene Bäume und große Steine am Ufer verstärken den Eindruck von Wildnis trotz Sicht auf den stetigen Schiffsverkehr und die urbane Stadt.

Übrigens: Auf der Insel grasen siebzig Krainer-Steinschafe, sogenannte Mäh-Schafe. Im Schnitt lassen sie sich rund 10 Hektar Wiesenfläche schmecken, das entspricht rund 15 Fußballfeldern.

SCHWIMMFAKTOR: *****

KLEINKINDGERECHT: ****

HUNDE ERLAUBT: zwischen Floridsdorfer- und Nordbrücke Hundeauslaufplatz, sonst Leinen- und Maulkorbpflicht

GASTRONOMIE: beim Pier 22 in der Nähe der Reichsbrücke, Outdoor-Café, temporäre Foodtracks auf der Insel verteilt, Eissalon, mobiler Verkauf von Getränken und Eis mit kleinen Lastenrädern

GRILLZONEN: drei Grillzonen mit 15 Holzkohlegrillstellen, Reservierung: www.wien.gv.at/umwelt/gewaesser/donauinsel/freizeit/grillen.html, Tel. 01/4000-96496

SANITÄRANLAGE: in regelmäßigen Abständen (auch behindertengerechte) Duschen, Trinkwasserbrunnen

SPORTANGEBOTE: Rad- und Inlineskatesverleih, Fußball-, Basketball- und Beachvolleyballplätze, Ruderbootverleih

WASSERTEMPERATUR SOMMER: die Donau sorgt auch im Hochsommer noch für Erfrischung, die Neue Donau ist angenehm warm

PIER 22

GPS: 48.229849, 16.408897

SANITÄRANLAGE: ja

UMKLEIDEKABINEN: nein

Links: Schwimmen und Planschen mit Kindern

Nächste Doppelseite: Großstadtwildnis

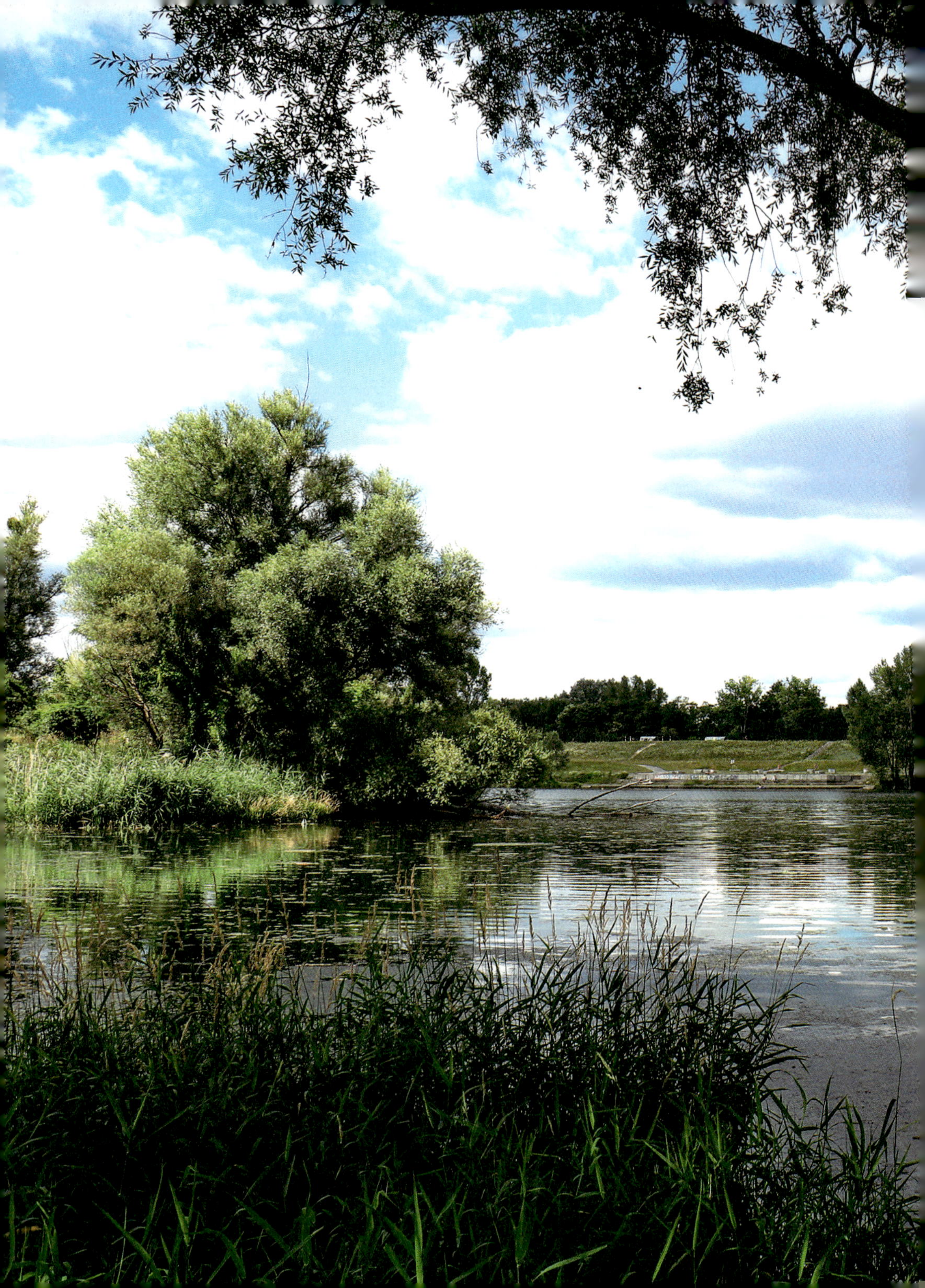

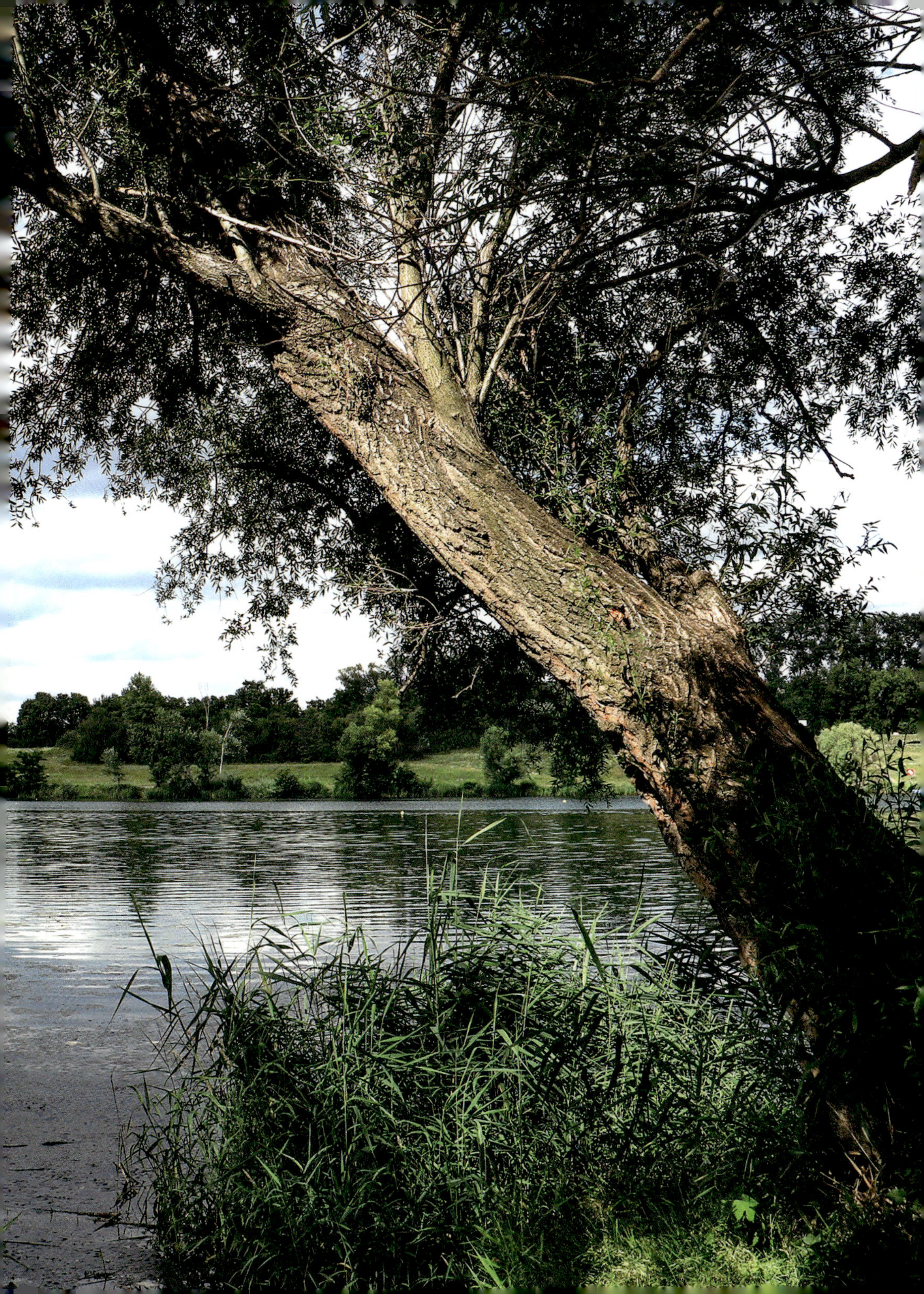

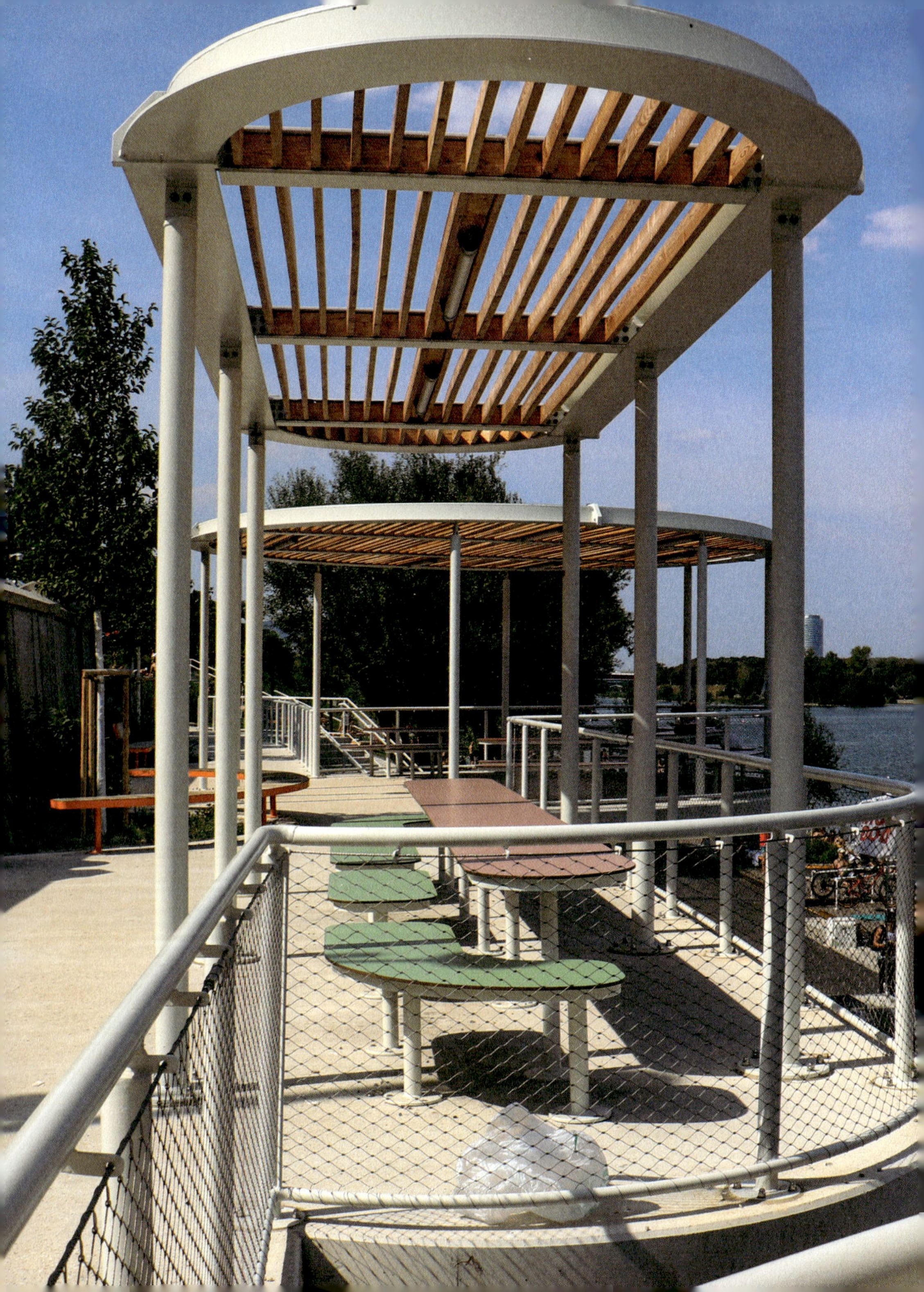

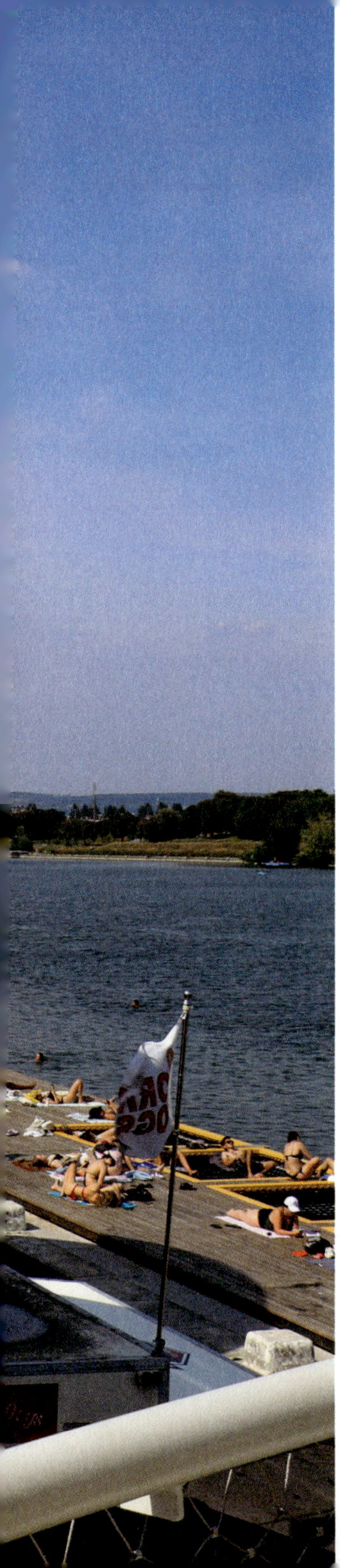

Zwischen Floridsdorfer- und Nordbrücke gibt es einen Hundeauslaufplatz, sonst gilt ohne Ausnahme Leinen- und Maulkorbpflicht, wobei die Verordnung leider oftmals nicht eingehalten wird.

Zwei frei zugängliche Grillzonen mit 15 voll ausgestatteten Holzkohlegrillplätzen können entweder online oder übers Grilltelefon kostenpflichtig reserviert werden. Sie sind sehr begehrt und oft schon bei Saisonstart ausgebucht.

Es ist wohl etwas Wahres dran am Ausspruch eines Wiener Freundes, der meinte: „Jeder ist arm, der im Sommer in einer anderen Stadt als Wien wohnt und keine Donauinsel hat!"

3a Pier 22

Die frühere Sunken City wird neu gestaltet, und zwar nach und nach, Sommer für Sommer. Der nördlichste Abschnitt ist seit Juni 2024 fertig, der zweite folgte nun im Juni 2025, der dritte und letzte soll 2026 entstehen. Der urbane Pier 22 am rechten Ufer der Donauinsel entpuppt sich als einladendes, konsumfreies Chill- und Badeareal mit hipper Architektur. Insgesamt beträgt die Fläche 13.000 Quadratmeter. Sie liegt gleich bei der U-Bahn-Station Donauinsel und verläuft von der Reichsbrücke entlang der Neuen Donau bis zu einem Bootsverleih etwas nördlich der Fußgänger-Pontonbrücke.

Der Pier 22 wirkt wie ein Stück Moderne, umrahmt von grünen Hügeln, Badezugängen, Liegeflächen und einer Fitnesslandschaft. Auf zwei im Stil von Wellen überdachten Pergulen gibt es stylische Sitzmöglichkeiten in Pastellfarben und Schatten, der ansonsten noch rar ist. Hier kann die eingepackte Jause sogar auf einem langen Bartisch verzehrt werden. Der Blick auf die Donau, die gegenüberliegende Skyline und die Uferfläche vis-à-vis, die CopaBeach, sind beeindruckend. Soweit, so konsumfrei. Wer nichts dabeihat, Foodtrucks und Lokale bieten Köstliches.

Der Pier 22 ist wahrscheinlich schöner als die meisten Wiener Schwimmbäder. Das Areal ist barrierefrei, es gibt Spinde, in denen man während des Schwimmens die Wertsachen unterbringen kann, und Toiletten. Besonders interessant sind die über das Wasser gespannten Netze, die zum Abhängen und Sonnenbaden einladen. Wer braucht da in Wien schon das Meer?

3b Nähe Donaustadtbrücke

NÄHE DONAUSTADTBRÜCKE

GPS: 48.215110, 16.429945

Von der U2-Station Donaustadtbrücke kann man in fünf Minuten die Donauinsel erreichen. Vorbei am Wakeboardlift und über die Schleusenbrücke Wehr 1.

Von der Liegewiese mit den schönen, alten Bäumen (circa bei Kilometer 10,5) hat man eine gute Sicht auf den Wasserskilift und die Wakeboarder*innen. Draufgängerisch und sportlich werden sie vom Lift übers Wasser gezogen und führen allerlei Tricks und Sprünge vor.

Hier treffen sich vor allem sehr junge Leute zum Baden. Zwischen den Bäumen lassen sich Hängematten aufhängen. Der Einstieg ist flach, das Wasser der Neuen Donau strömungsarm. Gute Schwimmer*innen können von hier aus ans andere Ufer schwimmen.

Auf Fans von Superbräune warten Plätzchen in der prallen Sonne auf den Wiesenböschungen. Je weiter weg man von der U-Bahn-Station ist, umso mehr Radfahrerinnen, Inlineskater und, wenn auch nicht so zahlreich, Fußgänger sind anzutreffen.

3c Toter Grund

TOTER GRUND

GPS: 48.183133, 16.475113

Sucht man Ruhe und unberührte Natur, dann sollte man die nicht so stark frequentierten Enden der Donauinsel fernab der U-Bahn-Stationen oder das Naturschutzgebiet Toter Grund aufsuchen. Das Wasser im Naturschutzgebiet ist rund zwei Meter tief und es lassen sich Graureiher, Feldhasen, Kormorane oder gar Eisvögel beobachten.

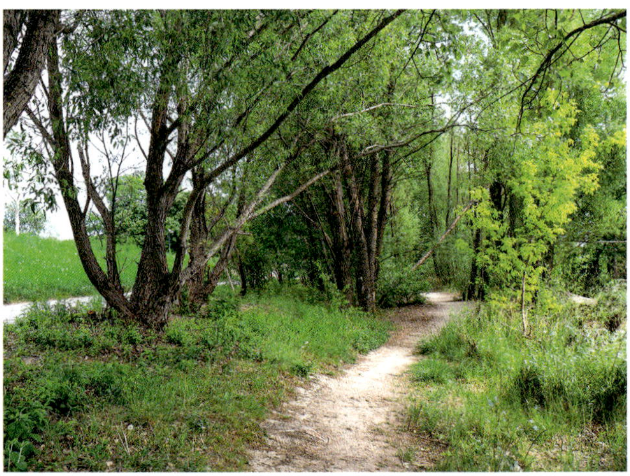

Schattige Plätze an verschlungenen Waldpfaden versprechen die nicht so stark frequentierten Enden der Insel

Vorherige Seite: Raumschifffeeling am Pier 22

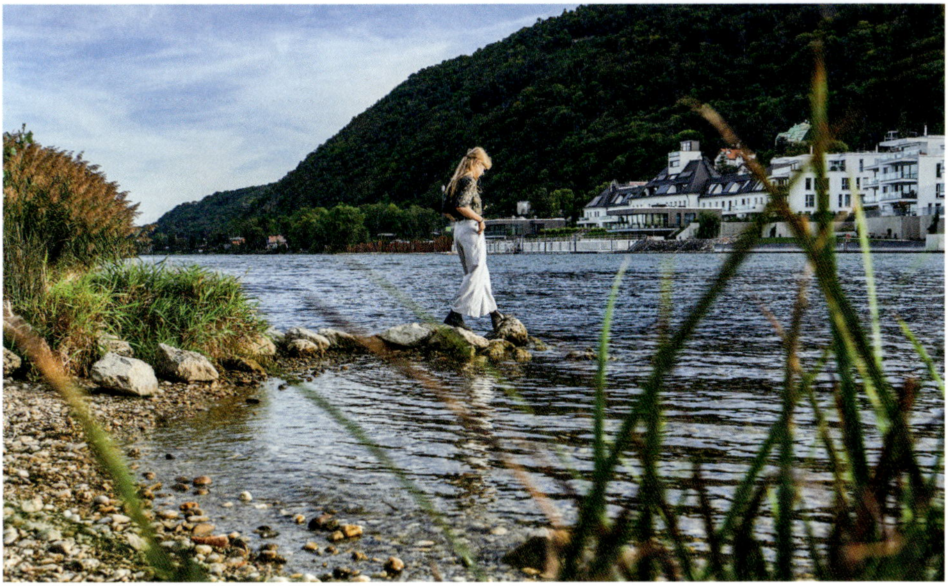

4 Kuchelauer Hafen

Am Anfang des 20. Jahrhunderts wurde der Kuchelauer Hafen errichtet. Man schüttete einen Damm auf, der das Hafenbecken von der Donau trennte, gedacht war er als Wartehafen für Schiffe, die die Schleuse bei Nussdorf Richtung Donaukanal befahren wollten. Der Name Kuchelau leitet sich von den damals hier bestandenen Kuchelgärten (Küchengärten) des Stiftes Klosterneuburg ab. Um einen Hafen handelt es sich beim nördlichsten Teil am rechten Donauufer aber längst nicht mehr.

Die frei zugänglichen Naturbadeplätze in der Kuchelau werden aber leider immer weniger. Die Hafenstraße, die am Kuchelauer Hafen liegt, wird mehr und mehr mit exklusiven Wohnhausanlagen verbaut. Eine kleine Wiese mit Zugang zum Wasser liegt in der Nähe des Restaurants Flamingo. Gegenüber befindet sich der Spielplatz Lagerwiese. Spaziert man die Kuchelauer Hafenstraße in Richtung Innenstadt die Neue Donau entlang, vorbei an den vielen kleinen Kleingärten, sind alle Zugänge zum Wasser privat. Der Abschnitt wird gerne als Laufstrecke genutzt.

Mehr Platz hat man auf der rund zwei Kilometer langen Landzunge, erreichbar über die Donaustraße. In der

ADRESSE: 1190 Wien, Donaustraße 19 (schmale Landzunge in der Donau) oder Kuchelauer Hafenstraße 56 (kleine Wiese)

GPS: 48.289161, 16.346523

ÖFFENTLICH: Bus 400/Donauwarte

MIT DEM RAD: Kuchelauer Hafenstraße

SCHWIMMFAKTOR: *****

KLEINKINDGERECHT: **

HUNDE ERLAUBT: ja

SANITÄRANLAGE UND UMKLEIDEKABINEN: nein

WASSERTEMPERATUR SOMMER: bis zu 24 Grad

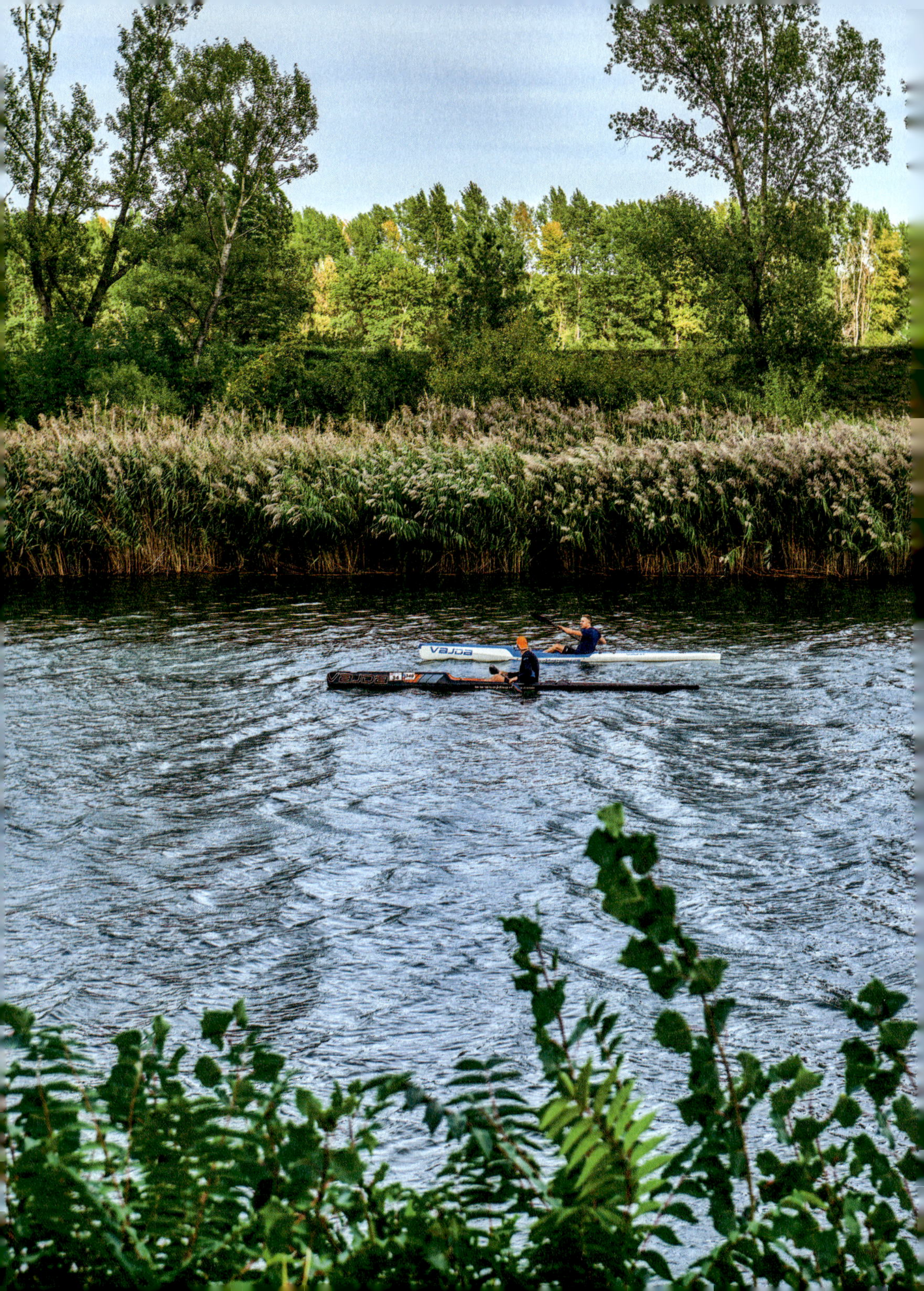
vajda
vajda

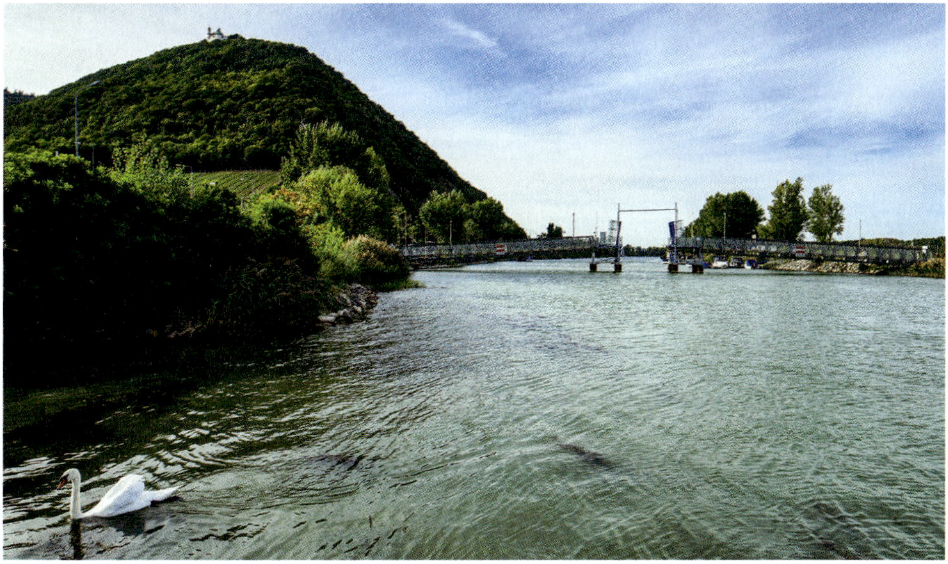

Nähe der Bierhütte Walchshofer (Donaustraße 19), an der Grenze zu Niederösterreich, beginnt ein Treppelweg mit Drehkreuz, der die schmale Halbinsel entlangführt. Immer wieder gelangt man über kleine Buchten zum Wasser, auch hier sind die Ufer schilfbewachsen. Der ehemalige Hafen sei besonders eifrigen Schwimmern ans Herz gelegt, er ist völlig strömungslos. Einzig die Wassersportler*innen spornen sich hier zu Höchstleistungen an, Hunde müssen an die Leine. Eine Fußgängerbrücke verbindet den Spitz der Landzunge wieder mit dem Festland. Ein schöner Blick auf das Kahlenbergerdorf und die Weinberge ist garantiert.

Dass der Kuchelauer Hafen einer der schönsten Orte wäre, um in der Donau zu schwimmen, wie manche Zeitungen schrieben, ist wohl ein bisschen zu dick aufgetragen. Da gibt es an der Alten Donau, auf der Donauinsel oder in der Lobau romantischere und naturnahere Plätze mit weniger Industrie und Bautätigkeit. Aber er ist sicher noch ein Geheimtipp und hat ein ganz spezielles Flair zwischen Gstätten und Urbanität, das durchaus seinen Reiz hat.

Für Wassersportler*innen ist es wahrscheinlich schon ein kleines Paradies. An der Hafenstraße befinden sich ein Yachthafen, ein Ruderverein, ein Kanuzentrum und ein Paddelsportklub, auf der schmalen Landzunge der Motor Yacht Club Austria.

Vorherige Seite: Aus der früheren Tegetthoff-Kaserne wurde eine schicke Wohnhausanlage

Links: Bade- und Sportvergnügen am Kuchelauer Hafen

Oben: Ein Schwan zieht gemächlich seine Runden, im Hintergrund der Leopoldsberg

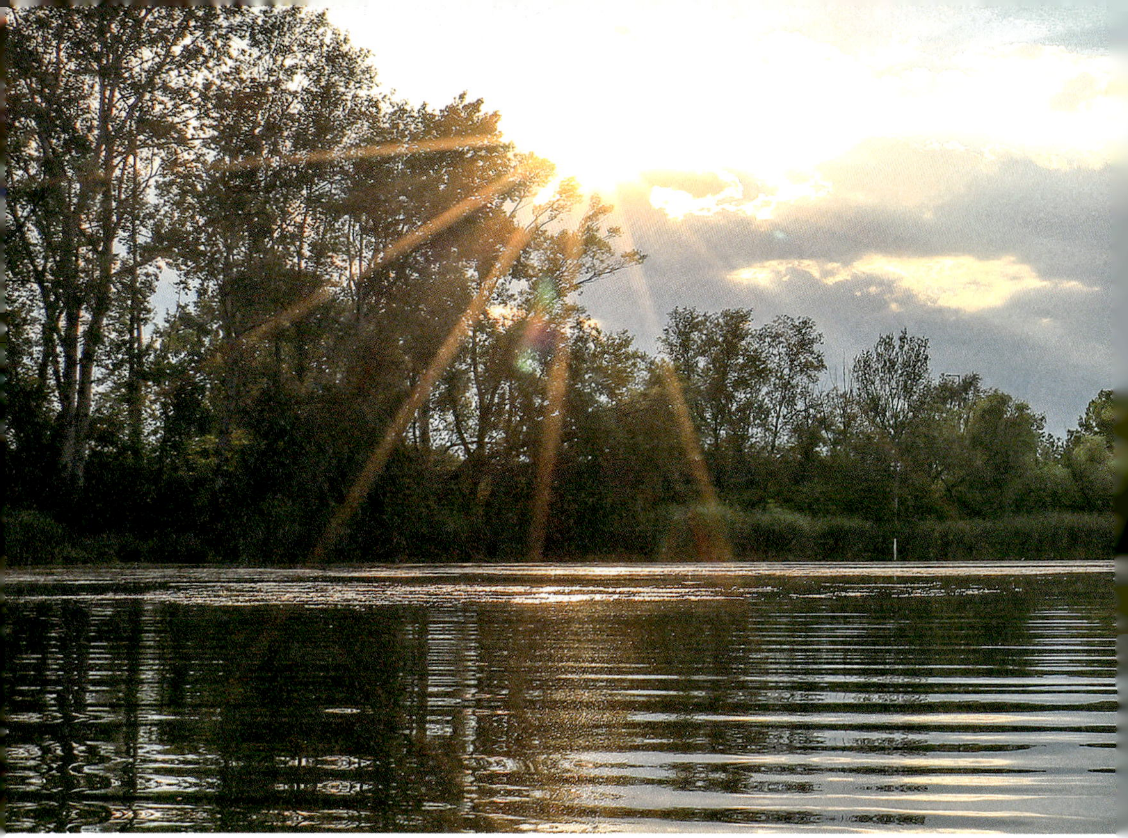

5 Mühlwasser

ADRESSE: 1220 Wien, Oberes Mühlwasser: westlich der S- und U-Bahn-Station Stadlau an der Donaustadtstraße, die zur Praterbrücke führt. Unteres Mühlwasser: östlich der Ostbahnstrecke nach Stadlau

MIT DEM RAD: über die Wege und Straßen beidseits der Gewässer

SCHWIMMFAKTOR: *****

KLEINKINDGERECHT: ****

HUNDE ERLAUBT: mit Leine

Ursprünglich war die Gegend eine Aulandschaft, durch die die unregulierten Arme der Donau flossen. Durch die Regulierung wurden die vom neuen Flussbett abgetrennten Donauarme aber zu großteils stehenden Gewässern.

Bis auf das städtische Strandbad Stadlau bei der Hardeggasse ist das rund zehn Meter breite Mühlwasser überall frei zugänglich. Das Gewässer hat trotz minimaler Strömung so etwas wie Flusscharakter und eine maximale Tiefe von drei Metern. Die genaue Zuordnung, ob man sich jetzt am Oberen oder Unteren Mühlwasser befindet, ist nicht ganz einfach. Aber laut Stadt Wien verläuft das Obere Mühlwasser westlich der S- und U-Bahn-Station Stadlau an der Donaustadtstraße und das Untere Mühlwasser befindet sich östlich der Ostbahnstrecke nach Stadlau. Es zer-

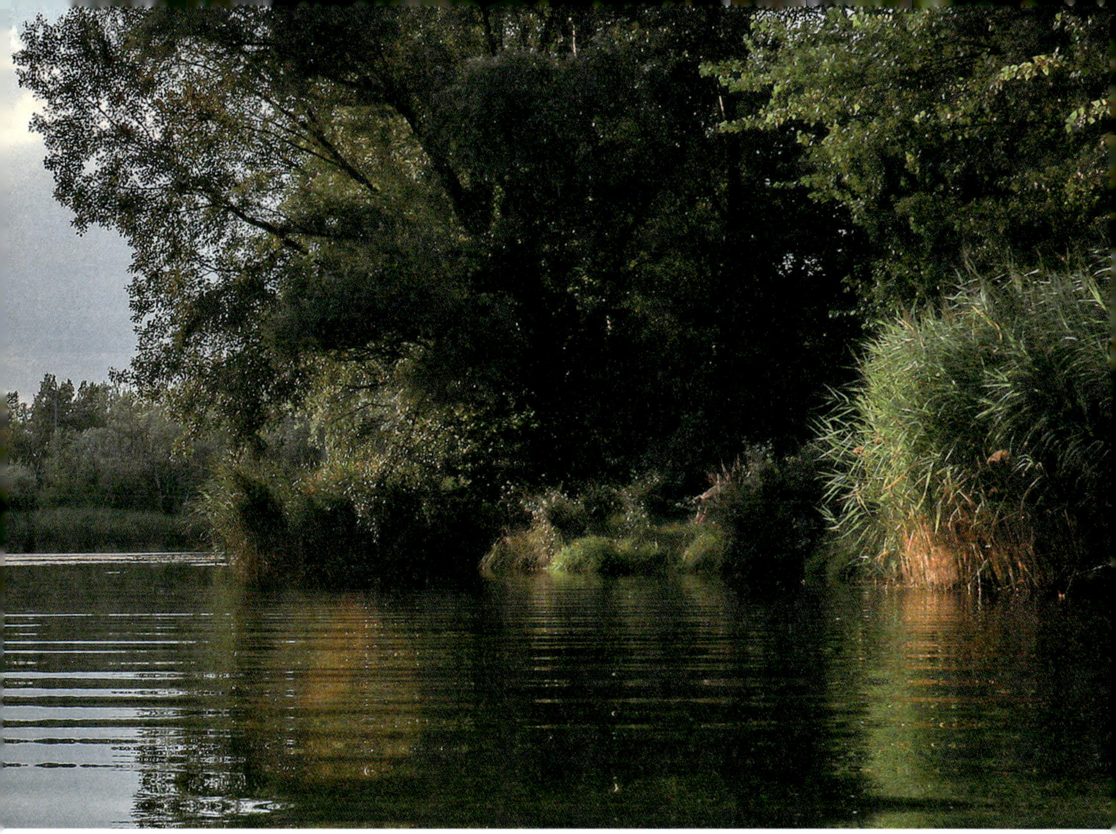

Am frühen Abend ist es an der Mühlwasserpromenade besonders idyllisch

fällt hier in mehrere nicht mehr zusammenhängende Teile und wird neben vier anderen Querungen vom Biberhaufenweg gekreuzt.

Der ehemalige Arm der Donau in der Donaustadt zeigt sich im Gegensatz zum Donaufluss blauer, an manchen Stellen sogar smaragdgrün. Ein breiter Schilfgürtel trennt und verbindet Wasser und Land. Seerosen finden sich am Rand, für eine gute Wasserqualität sorgen Makrophyten, höhere Unterwasserpflanzen oder Algen. Über fünf Kilometer finden sich immer wieder Badestellen und verborgene Plätze. Die Wassertemperatur beträgt im Sommer bis zu 25 Grad. Am Ufer schwirren Libellen und Angler sitzen still am Wasser und hoffen, dass die Fische anbeißen. Wie schon zu Kaisers Zeiten begegnen einem hier hin und wieder Reiter*innen. Rund um das Gewässer werden mehrere Reitställe betrieben. Wenig erinnert an die nahe Großstadt.

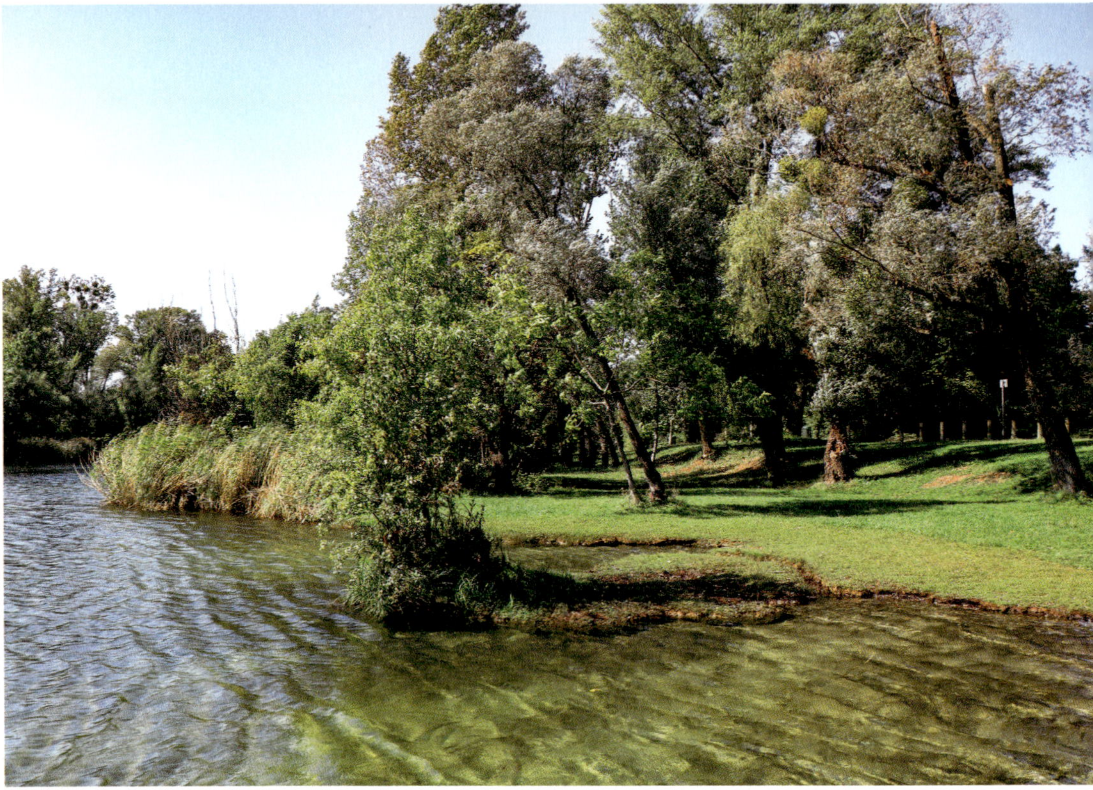

Beim Binsenweg geht die Liegewiese beinahe nahtlos ins Wasser über

ADRESSE: 1220 Wien, Unteres Mühlwasser, Binsenweg 23

GPS: 48.209189, 16.463638

ÖFFENTLICH: Bus 95A/ Binsenweg

MIT DEM AUTO: Ecke Binsenweg: 48.210655, 16.465322

SANITÄRANLAGE: mobile Toilette

UMKLEIDEKABINEN: nein

5a Unteres Mühlwasser Stadlau, beim Binsenweg

Parkähnlich und sehr aufgeräumt wirkt die Liegewiese gleich bei der 95A-Autobus-Station Binsenweg. Gerade für Familien mit kleinen Kindern ist dieser Wildbadeplatz optimal. Hohe, alte Weiden spenden Schatten, die Einstiege sind sehr seicht, der Übergang vom Wasser zur Wiese ist fast nahtlos. Der Wasseruntergrund ist weich und sandig und das gegenüberliegende Ufer nah. Man muss kein außergewöhnlich guter Schwimmer sein, um zur anderen Seite zu gelangen. Links und rechts von der Brücke führen Wege das Mühlwasser entlang. Ein mobiles WC und genügend Abfalleimer sind am Badeplatz vorhanden, die Wege werden auch gerne von Läufern und Spaziergängern genutzt. Proviant sollte eingepackt werden, hier kann man weit und breit nirgendwo einkaufen.

5b Entlang des Schilfweges

Ein größerer Parkplatz mit mobiler Toilette befindet sich beim Schilfweg/Untere Konrathsiedlung. Von dort führen mehrere Pfade durch die meist trockene Wiese und das niedrige Gestrüpp zum Wasser.

Ein stilles Idyll für Erholungsuchende und Naturfreunde, das weitgehend naturbelassen und wild geblieben ist. Das Wasser ist so klar, dass man den Untergrund und kleine Fische sieht. In dem bei Anglern geschätzten Gewässer schwimmen Karpfen, Hecht und Wels ebenso wie Zander, Aal und Barsch. Tische und Bänke finden sich auf der Wiese entlang des Ufers, ein kleiner Weg führt durch das Dickicht. Seichter Einstieg ins Wasser, auch für kleinere Kinder gut geeignet, kaum Wasserpflanzen auf der Oberfläche. Immer wieder kleine, von Sträuchern abgegrenzte Schattenplätze am Wasser. Außer dem Rauschen der Blätter im Wind, Vogelgezwitscher und Entengeschnatter ist nicht viel zu hören. Hier wird auch nackt gebadet.

Bis Schilfweg/Ecke Schillochweg immer wieder kleine Parktaschen und schöne Zugänge zum Mühlwasser. Viele kommen mit dem Rad. Auf Höhe Otto-Weber-Gasse

ADRESSE: 1220 Wien, Schilfweg 58

GPS: 48.209503, 16.470344

ÖFFENTLICH: Bus 92A, 93A, 96A/Kanalstraße, 95A/Binsenweg, 93A, 95A/Mühlwasser

MIT DEM AUTO: Schilfweg, Parkplatz Untere Konrathsiedlung: 48.208742, 16.470658

SANITÄRANLAGE: mobile Toilette

UMKLEIDEKABINEN: nein

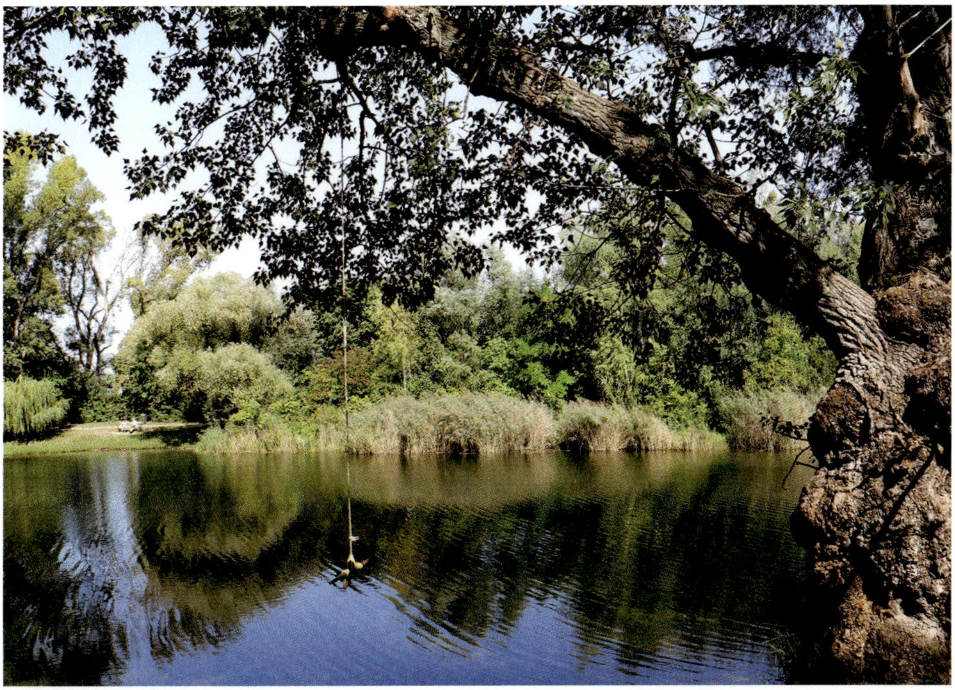

Affenschaukel auf Höhe der Otto-Weber-Gasse

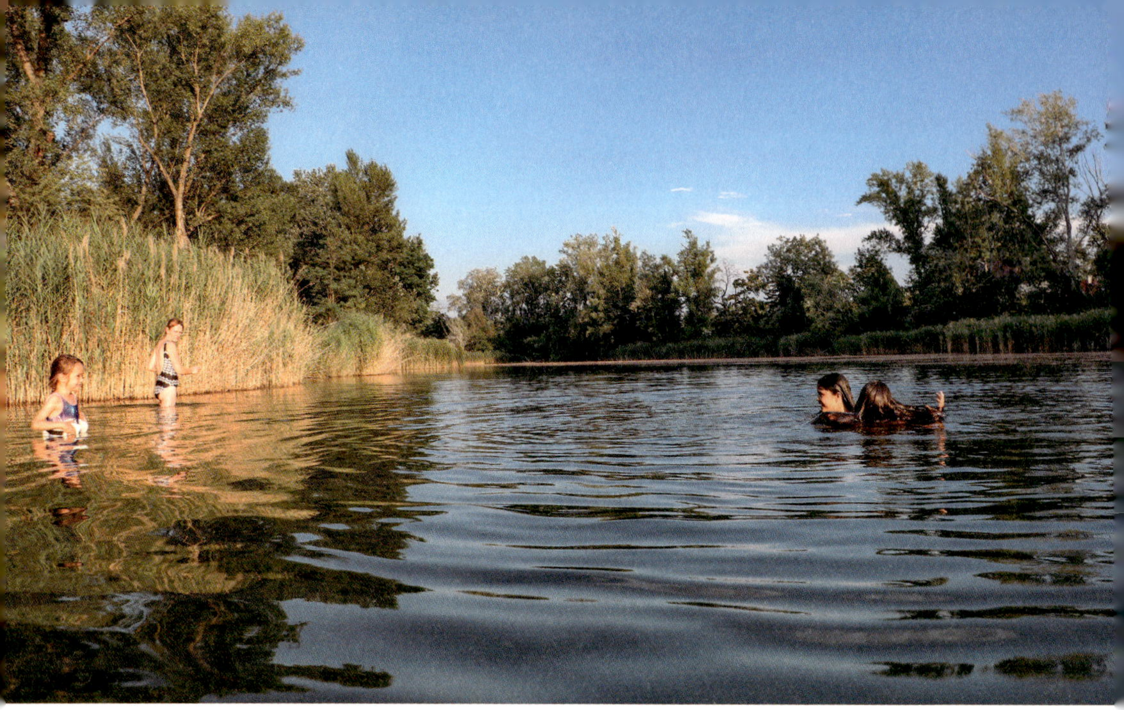

Ein breiter Schilfgürtel trennt das Wasser vom und verbindet es mit dem Land

und Schillochweg hängt eine Affenschaukel auf einer großen Schwarzpappel, an der man sich mit viel Schwung ins kühle Nass befördern kann. Man muss aber einen gewagten Sprung nach vorne machen, um wirklich im Wasser zu landen.

5c Mühlwasser Aspern, An der Mühlwasserpromenade

ADRESSE: 1220 Wien, An der Mühlwasserpromenade

GPS: 48.204701, 16.478885

ÖFFENTLICH: Bus 93A und 95A/Mühlwasser

MIT DEM RAD: über die Wege und Straßen beidseits der Gewässer

MIT DEM AUTO: Parkplatz bei der Mühlwasserpromenade

Zwischen Imbiss Husek und Gelsenstüberl befindet sich an der Mühlwasserpromenade eine größere Liegewiese mit eigenem Parkplatz. Sonnenhungrige und Wasserratten aus der nahen Umgebung benutzen den Badeplatz. Das Wasser ist weniger seicht, man spürt die Wasserpflanzen beim Schwimmen. Das Mühlwasser wird nicht gemäht. Das Publikum hier ist erwachsener als jenes bei der Wildbadestelle Binsenweg. Am schönsten ist es am frühen Abend dank der romantischen Lichtspiegelungen am Wasser. Es lässt sich herrlich auf der Wiese sitzen, faulenzen, picknicken oder der Sonne beim Untergehen zusehen. Sogar Stand-up-Paddler drehen hier manchmal ihre Runden.

6 Schillerwasser und Alte Naufahrt

Dieser Arm der Alten Donau hat seinen Anfang in Stadlau mit dem „Kleinen und Großen Schilloch". Die Fortsetzung ist das Schillerwasser und ab der Biberhaufenwegbrücke die Alte Naufahrt.

6a Schillerwasser

Die Badestelle, umgeben von Auwald und Schilf, präsentiert sich ruhig und strömungslos, ist aber schwer zugänglich. Das Wasser ist bei Fischern beliebter als bei Badegästen, da die Ufer meist steil und mit Röhricht verwachsen sind. Kleine, versteckte Buchten in Ufernähe lassen sich trotzdem finden, das Wasser schimmert grün mit üppiger Wasservegetation auf der Oberfläche. Der Untergrund ist schlammig, das Seegras wird nicht gemäht.

Der Naturbadeplatz ist besonders für Badende geeignet, die dem städtischen Trubel entfliehen möchten und keine Angst vor einer funktionierenden Fauna und Flora im Wasser haben. So mancher Besucher genießt die Abkühlung im Adamskostüm. Das Schillerwasser ist wilder und trüber als das nahe Mühlwasser und gut mit öffentlichen Verkehrs-

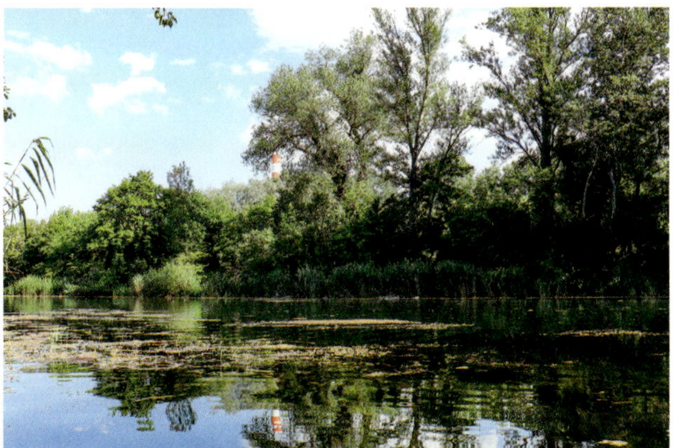

Auwald säumt das Schillerwasser, das nicht überall leicht zugänglich ist

SCHWIMMFAKTOR: *****

KLEINKINDGERECHT: **

HUNDE ERLAUBT: ja

GASTRONOMIE, SANITÄRANLAGE UND UMKLEIDEKABINEN: nein

WASSERTEMPERATUR SOMMER: bis zu 25 Grad

SCHILLERWASSER

ADRESSE:
1220 Wien, Schillwasserweg

MIT DEM AUTO:
Naufahrtweg, Steinspornweg

ÖFFENTLICH:
Bus 93A/Schillwasserweg

MIT DEM RAD: Raffineriestraße, dann Kierischitzweg und Schillwasserweg

ALTE NAUFAHRT

ADRESSE:
1220 Wien, Naufahrtweg

GPS: 48.194984, 16.474033

MIT DEM RAD: Biberhaufenweg, dann die Luitpold-Stern-Gasse entlang

MIT DEM AUTO:
kleiner Parkplatz

GASTRONOMIE:
Zum Knusperhaus, 1220 Wien, Luitpold-Stern-Gasse 54

mitteln erreichbar, es gibt sogar eine eigene 93A-Bushaltestelle (Schillwasserweg). Mit dem Rad fährt man am besten über die Raffineriestraße und nimmt dann den Kierischitzzweg. Verpflegung sollte mitgenommen werden, da es in unmittelbarer Nähe keine Einkaufsmöglichkeiten gibt. Auch sonst gibt es keine Infrastruktur, man ist hier an einem der am wenigsten frequentierten Naturbadeplätze Wiens.

6b Alte Naufahrt

Entlang der Luitpold-Stern-Gasse in der Nähe des Restaurants Zum Knusperhaus lässt es sich herrlich schwimmen und sonnenbaden. Ein schmaler Pfad mit versteckten Badestellen führt entlang des Wassers, Fischer sind hier auch sehr aktiv, eine mobile Toilette ist vorhanden. Eine neue Holzbrücke am Naufahrtweg führt über das idyllische Altwasser auf die andere Seite. Das Wasser ist wesentlich klarer als das Schillerwasser, Seerosen, viel Schilf in Ufernähe und die kleine Holzbrücke geben dem Platz eine sehr romantische Note und machen ihn auch im Herbst und Winter für Spaziergänger attraktiv.

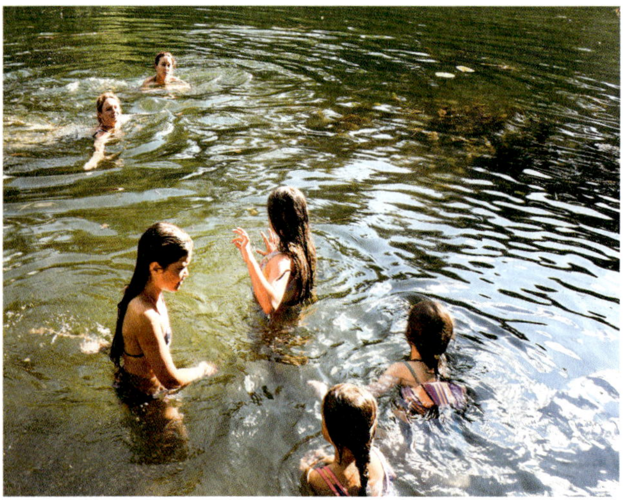

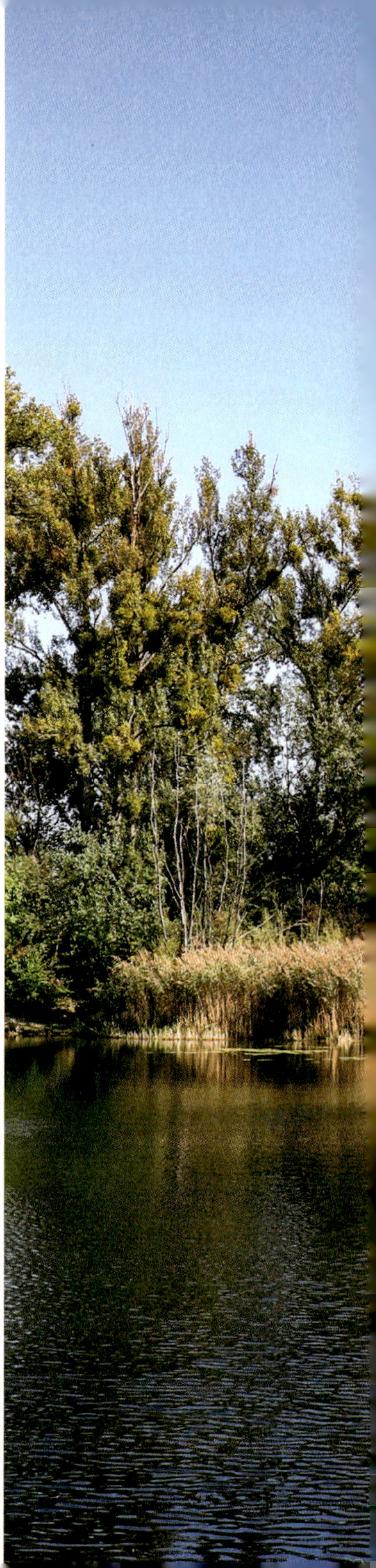

Oben: Wasserpflanzen sorgen für beste Wasserqualität

Rechts: Ein schöner Holzsteg führt über das Altwasser

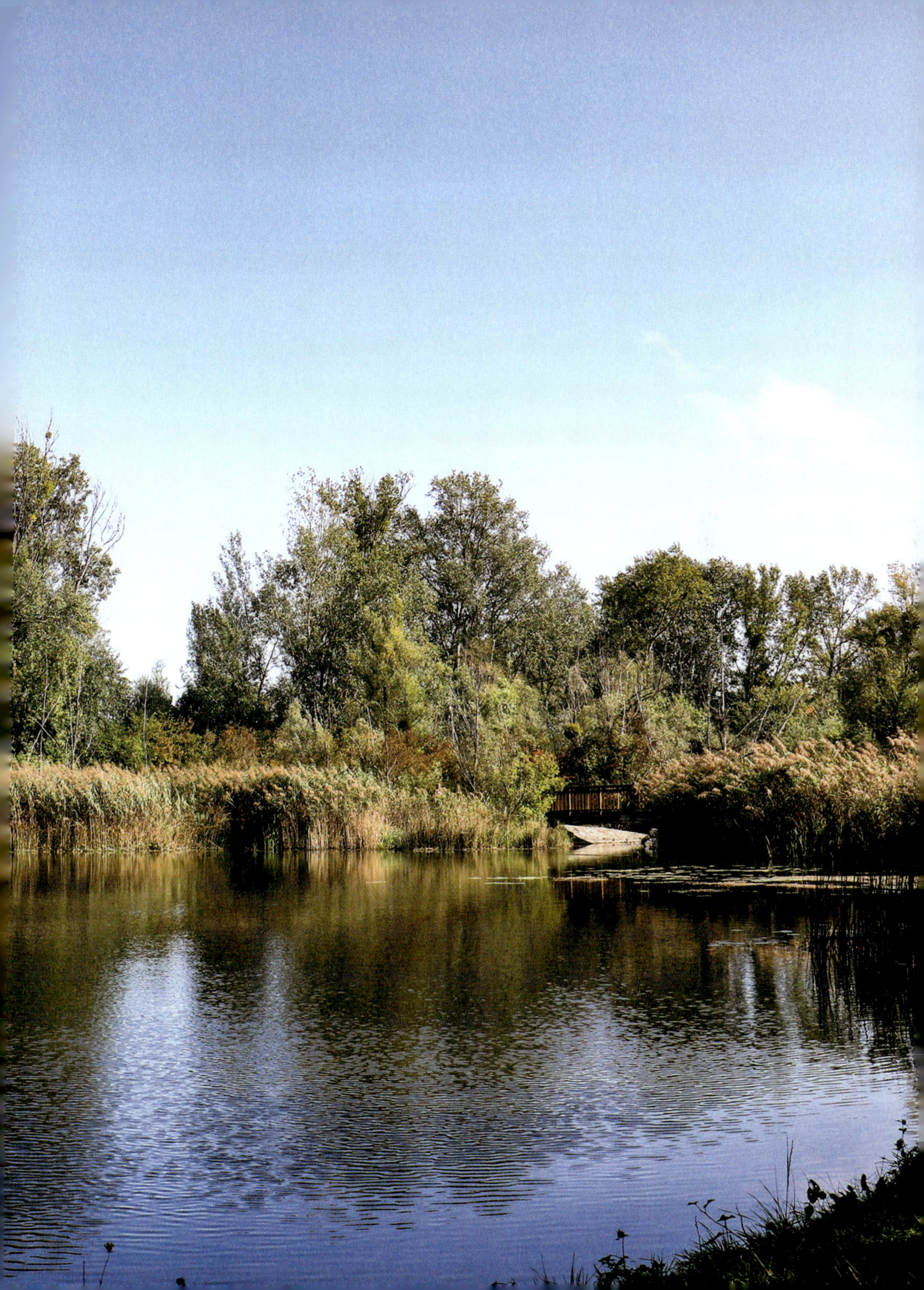

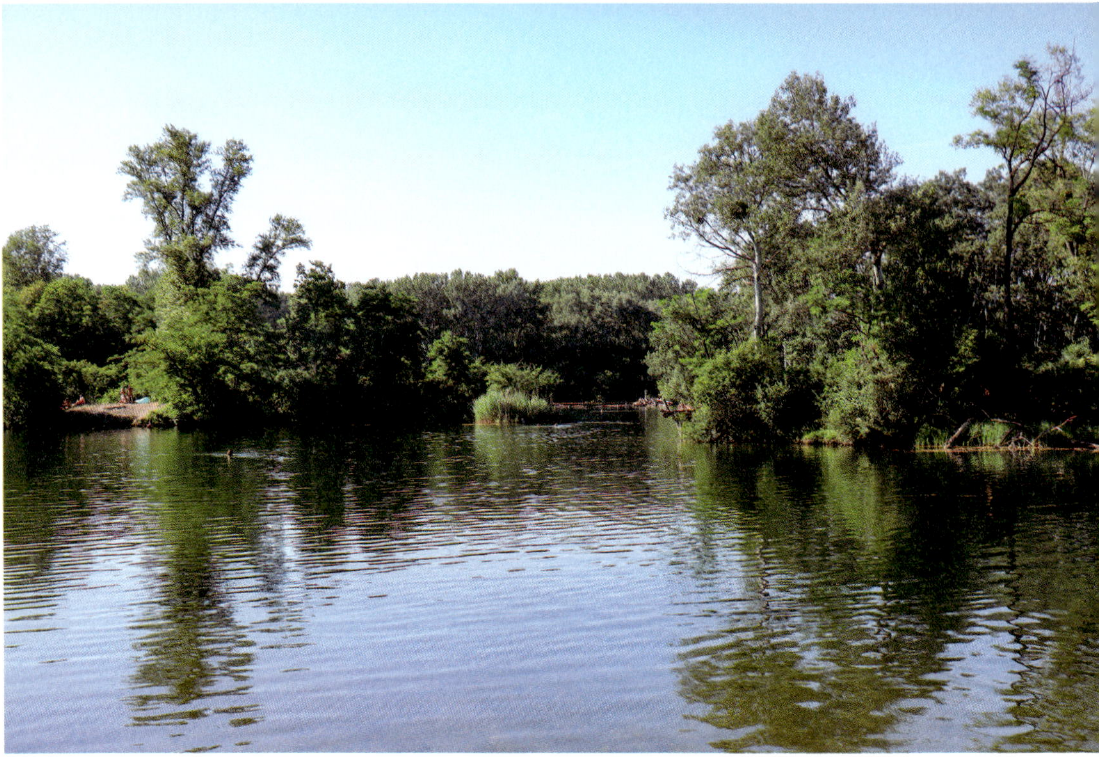

7 Dechantlacke

ADRESSE: 1220 Wien, Obere Lobau, Raffineriestraße bis zum Biberhaufenweg

ÖFFENTLICH: U2/Donaustadtbrücke, dann Bus 92B/Raffineriestraße/Biberhaufenweg, von dort circa 15 Minuten Fußweg

MIT DEM RAD: Lobauradweg oder über Biberhaufenweg

MIT DEM AUTO: Parkplätze gegenüber dem Restaurant Roter Hiasl oder beim Nationalparkhaus Lobau

WEGZEIT ZUR BADESTELLE: 15 Minuten

Am Anfang der Oberen Lobau im Nationalpark Donau-Auen befindet sich die Dechantlacke. Ortsunkundige starten am besten beim Nationalparkhaus Wien-Lobau. Ein Waldweg führt nach 15-minütiger Gehzeit direkt ans Wasser. Der reizvolle Teich, der von der Donau gespeist wird, liegt mitten im Auwaldgebiet. Überraschend ist, dass diese Naturlandschaft zum Stadtgebiet, konkret zur Donaustadt, gehört.

Im klaren Wasser tummeln sich gutgenährte Karpfen. Fast überall entlang des Teichs und auf der Halbinsel gibt es sanfte Einstiegsmöglichkeiten ins naturbelassene Gewässer. FKK-Pflicht besteht keine, aber gerade im hinteren, bewaldeten Teil der Lacke sieht man ausschließlich Badende, die der Freikörperkultur huldigen. Am Wiesenstreifen „südlich" des Teichs, wo Familien mit Kindern das Badevergnügen suchen, wird auch mit Badekleidung gesonnt und geschwommen. Die Halbinsel ist sehr begehrt.

Nur mit viel Glück oder zeitig am Morgen lässt sich auf der schmalen Landzunge ein Platz ergattern.

Obwohl der Naturbadeplatz mit einem Fußmarsch verbunden ist, ist die Dechantlacke kein Geheimtipp. An heißen Wochenendtagen spielt es sich hier ab. Trotzdem bleibt es meist ruhig und familiär, Hippie-Feeling inklusive. Viele Stammgäste drängen Sommer für Sommer hierher. Die kleinen Badebuchten am Wasser scheinen Fixplätze mit Gewohnheitsrecht zu sein.

In der Mitte des Sees hat man eine umfassende Perspektive, ist ganz von Landschaft umgeben. Nachmittags spiegeln sich der Schlot des Kraftwerks Donaustadt und die Flora der Lobau auf der Seeoberfläche wider.

Das Wasser ist angenehm warm und klar, man könnte darin endlos schwimmen. Jahr für Jahr wird die Wasserqualität getestet und sogar zu Sommerende noch mit einem „Gut" bewertet. Auf Proviant sollte nicht vergessen werden, einen Imbissstand sucht man hier ebenso vergebens wie Sanitäranlagen und Umkleidekabinen.

Hunde sind erlaubt, obwohl das Gewässer kein ausgewiesener Hundebadeplatz der Stadt Wien ist. Sie sollten aber an der Leine geführt werden. Einzig die lästigen Stechmücken am späten Nachmittag und frühen Abend könnten die Idylle stören.

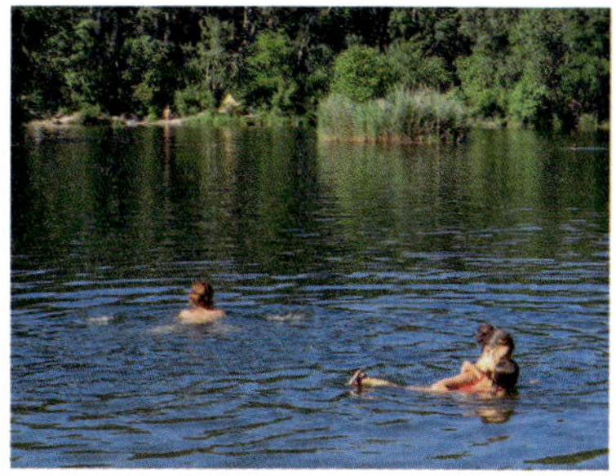

Bis zu 25 Grad warm ist das Wasser der Dechantlacke

SCHWIMMFAKTOR: *****

KLEINKINDGERECHT: ***

HUNDE ERLAUBT: ja

SANITÄRANLAGE, UMKLEIDEKABINEN, GASTRONOMIE: nein

WASSERTEMPERATUR SOMMER: bis zu 26 Grad

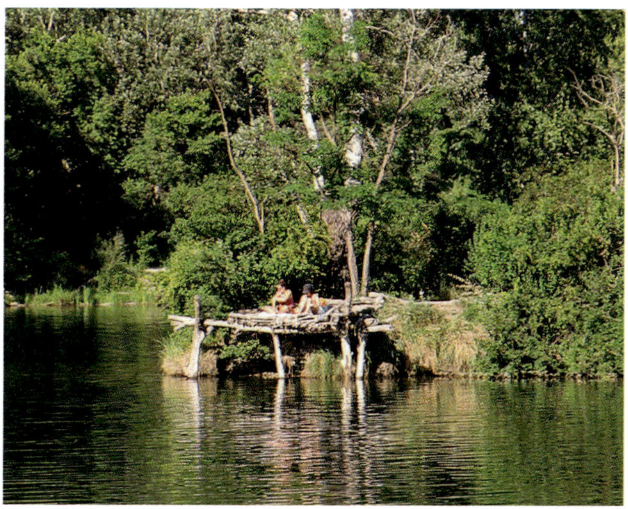

Auf der kleinen Halbinsel sind die Plätze begehrt

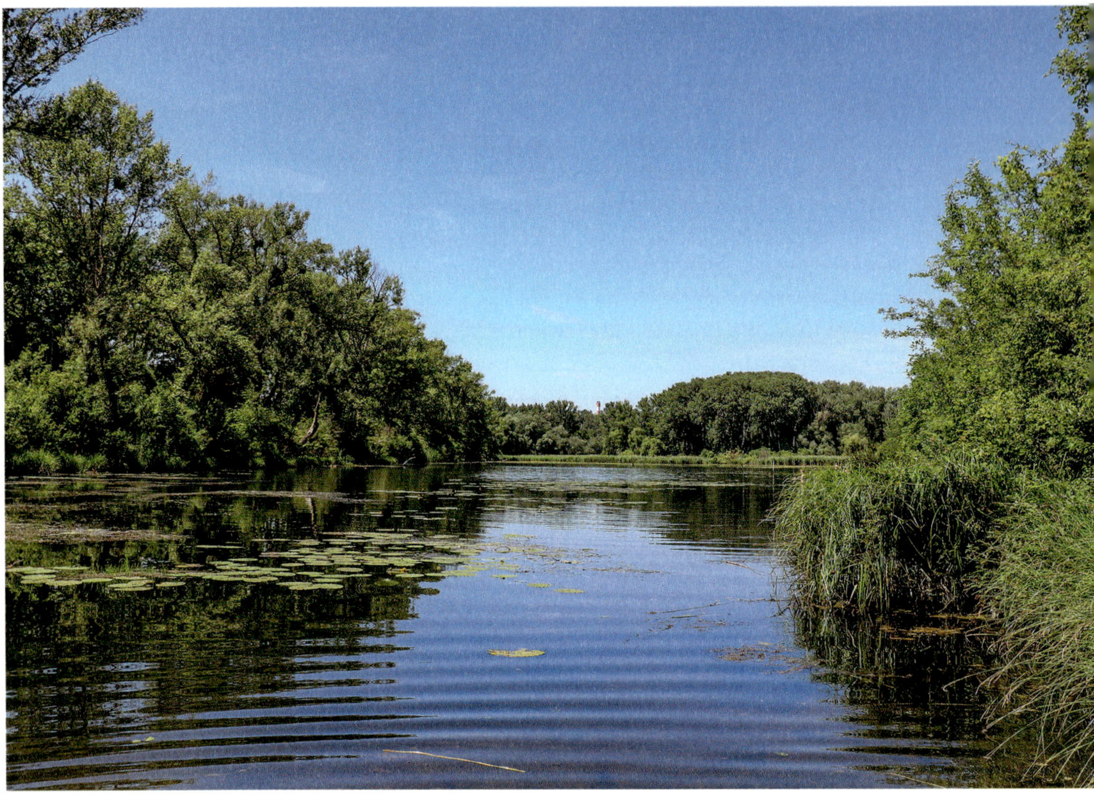

8 Panozzalacke

ADRESSE: 1220 Wien, Lobgrundstraße

GPS: 48.181011, 16.487970

ÖFFENTLICH: U2/Donaustadtbrücke, dann Bus 92B

MIT DEM RAD: über Raffineriestraße und Lobgrundstraße oder durch die Lobau

MIT DEM AUTO: eigener Parkplatz Panozzalacke

WEGZEIT ZUR BADESTELLE: zehn Minuten

Von der Lobgrundstraße geht es links zum Parkplatz Panozzalacke, von hier führt ein zehnminütiger Spaziergang auf einem Schotterweg zum kleinen Teich. Leider ist der Weg zur Panozzalacke, dem nördlichen Rest eines Donauarmes, nicht durch Schilder ausgewiesen.

Versteckt im Wald liegt der Wildbadeplatz, an seinen flachen Ufern finden sich verborgene Nischen im sonst dichten Gestrüpp. An heißen Sommertagen ist der Andrang größer und man muss schon ein bisschen suchen, bevor man sein Badehandtuch ausbreiten kann.

Der Teich ist nicht groß, mit achtzig Besuchern unmittelbar am Wasser wird es schon voll. Manche gehen auch nackt baden, der Naturbadeplatz ist aber kein ausgewiesenes FKK-Gebiet.

Familien kommen hierher, Kinder tummeln sich mit allerlei Schwimmhilfen im Wasser. Der Einstieg ist seicht und das Wasser nicht besonders tief. Die Panozzalacke ist eine hundefreundliche Badestelle. Die Vierbeiner sind erlaubt und häufig anzutreffen.

Die Wassertemperatur ist im Hochsommer angenehm warm und übersteigt die 25-Grad-Marke ohne weiteres. Geübte Schwimmer erreichen ohne großen Aufwand die gegenüberliegende Seite des 1,8 Quadratkilometer großen Teichs. Das südwestliche Ufer hat keinen Ausstieg, ist durch sein dicht wachsendes Gestrüpp schwer zugänglich und steil abfallend.

Es summt und brummt um den natürlich anmutenden Teich. Wunderschöne blaue Libellen, die sogenannten Azurjungfern, erkunden das Naturparadies, aus dem Schilf quakt es munter. Fische schwimmen so nah am Ufer, dass man glaubt, sie mit der Hand fangen zu können.

Bei unseren Recherchen haben wir auch eine kleine Schildkröte gesichtet. Die Freude war groß, wir vermuteten, dass es sich um eine Europäische Sumpfschildkröte handelte. Das Team des Nationalparks Donau-Auen klärte uns aber auf: Es handele sich um eine Schmuckschildkröte, die wahrscheinlich von ihren Besitzern ausgesetzt worden sei. Böse! Denn diese sogenannten invasiven Arten verdrängen oft heimische und breiten sich ungehindert aus.

Umkleidekabinen und Sanitäranlage gibt es am Ufer der Panozzalacke keine, dafür einen nur fünf Minuten entfernten Imbiss namens Zum Knusperhäuschen.

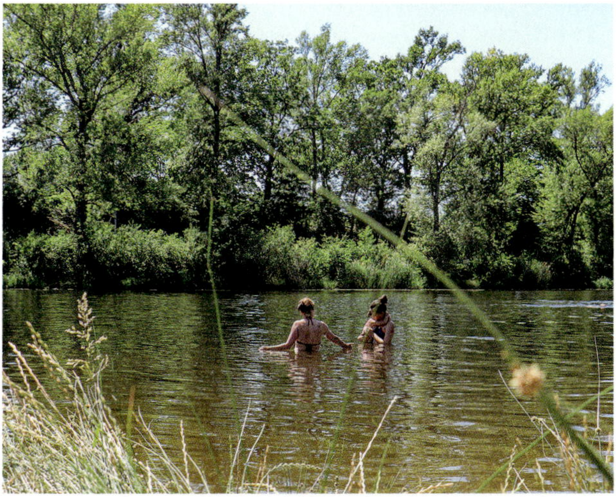

SCHWIMMFAKTOR: *****

KLEINKINDGERECHT: *****

HUNDE ERLAUBT: ja

GASTRONOMIE:
Zum Knusperhäuschen,
1220 Wien, Raffineriestraße

SANITÄRANLAGE: öffentliches WC Raffineriestraße/ Ecke Lobgrundstraße

UMKLEIDEKABINEN: nein

WASSERTEMPERATUR SOMMER: bis zu 27 Grad

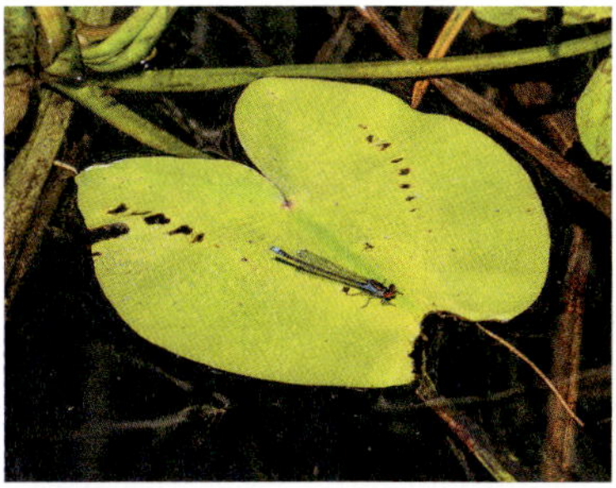

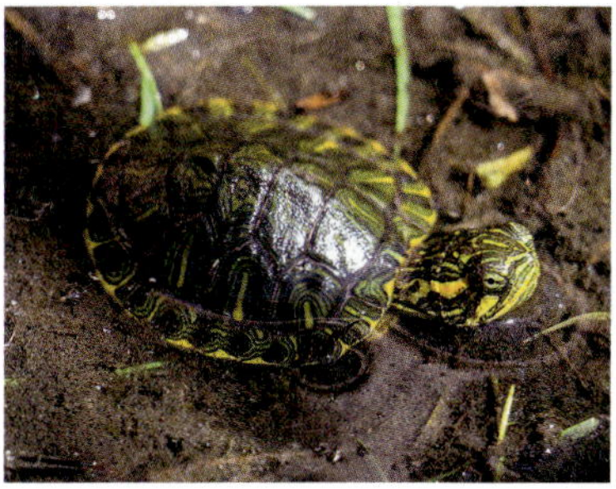

Ganz oben: Seerosenblatt mit Libelle im herrlich warmen Wasser der Lacke

Oben: Eine ausgesetzte Schmuckschildkröte

Links: Das Wasser im See ist nicht besonders tief

Nächste Doppelseite: Hübsche Holzboote liegen friedlich im stillen Wasser

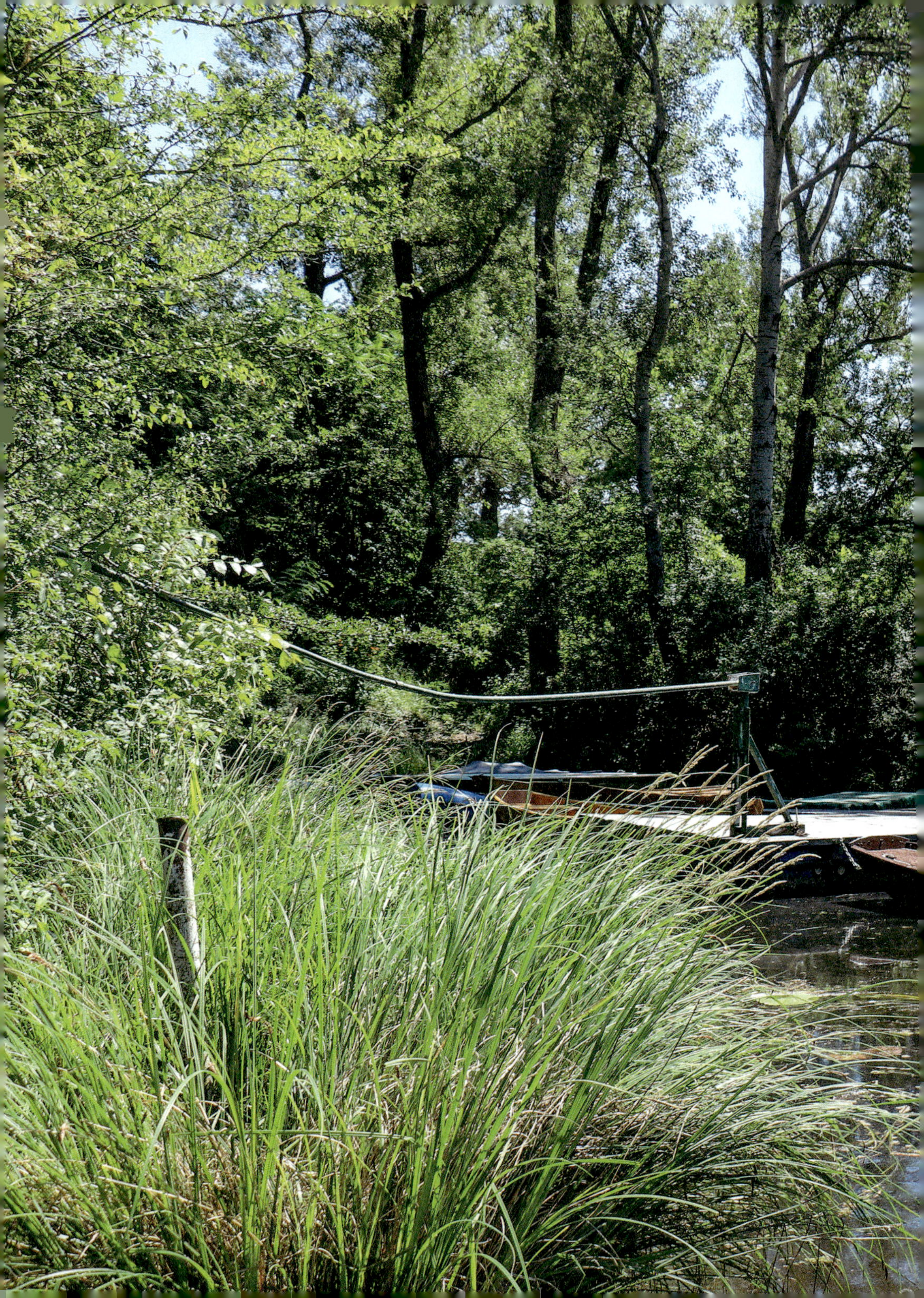

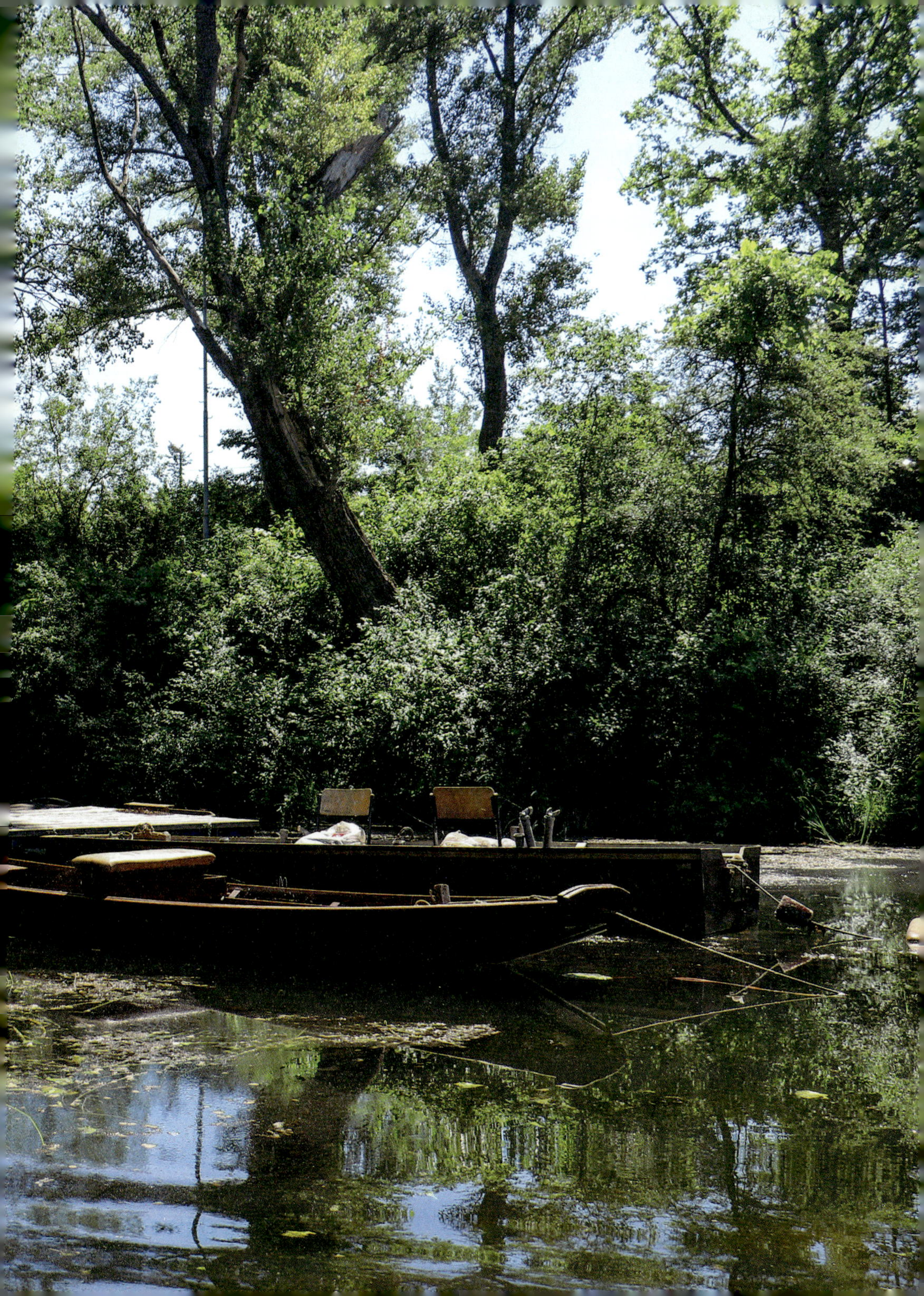

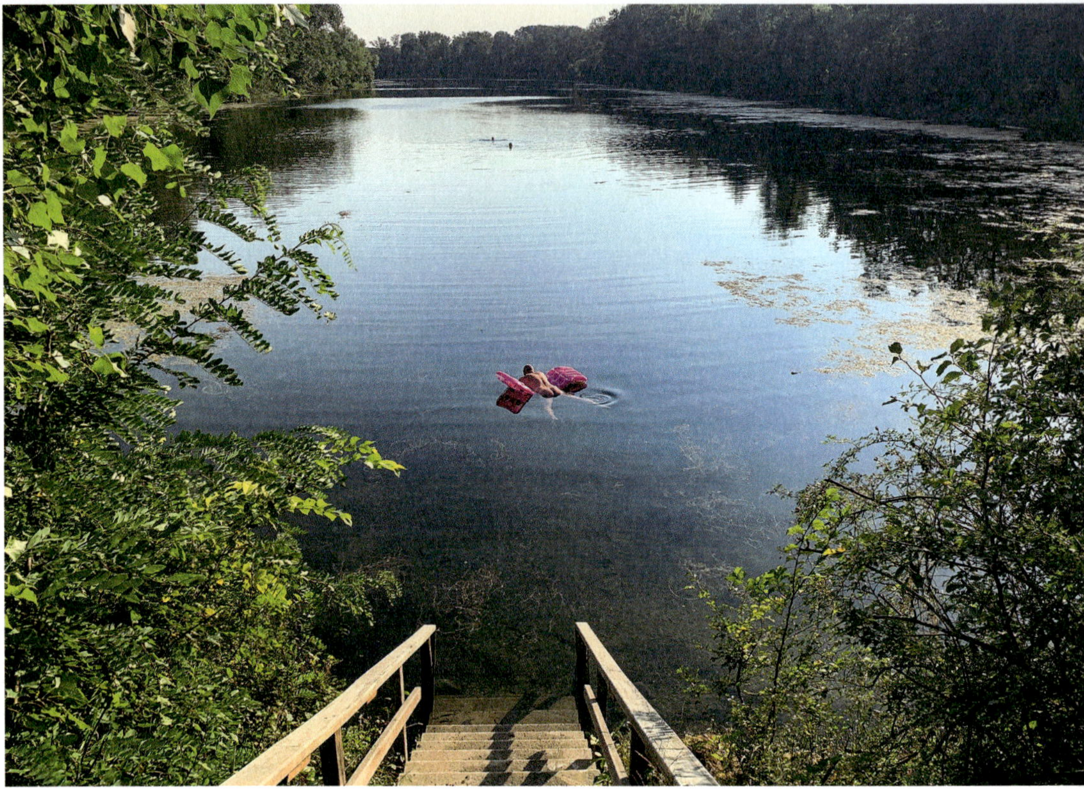

FKK-Fans können hier nahtlos braun werden

9 Donau-Oder-Kanal

ADRESSE: 1220 Wien, Lobau

GPS: Kanal II: 48.174882, 16.529070,

Kanal III: 48.181550, 16.540185

ÖFFENTLICH: Bus 92B/ Finsterbuschstraße/Öllager

MIT DEM RAD: Raffineriestraße oder direkt am asphaltierten Weg entlang der Neuen Donau

Wenn man im klaren Wasser des 1,2 Kilometer langen und bis zu 150 Meter breiten Naturidylls seine Schwimmrunden dreht, kann man sich kaum vorstellen, dass das Gewässer aus der Kriegszeit stammt. Im Jahre 1939 wurde mit dem Bau des Donau-Oder-Kanals (DOK) begonnen. Das Ziel war, die Donau mit der Oder zu verbinden und somit eine Schifffahrtsroute zu schaffen. Das Kriegsende brachte aber das Aus für die geplante Wasserstraße, die eine Länge von 329 Kilometern haben sollte.

Geblieben sind vier Abschnitte, wobei nur die Kanalbecken II und III zum Baden freigegeben sind. Im Kanalbecken III ist nur das Südende für die Öffentlichkeit zugänglich, der große Rest ist von Kleingärten umgeben.

Man startet beim Ufergasthaus Staudigl am Ende der Lobaustraße und geht dann, je nachdem, welches Kanalbecken man aufsuchen möchte, in Richtung Osten zu Kanal III oder in Richtung Süden zu Kanal II.

Der schönere Wildbadeplatz ist das Kanalbecken II. Umgeben von Auwald führt eine geschotterte, in manchen Abschnitten auch asphaltierte Straße um den Kanal und immer wieder Treppen und viele kleine Zugänge ins Wasser hinein. Die abgestellten Räder vor den kleinen Buchten lassen gut erkennen, ob diese schon besetzt sind.

Ein weiteres Plus der Wildbadestelle: Auch in der ärgsten Sommerhitze ist es hier niemals überfüllt und man hat wirklich so etwas wie Privatsphäre.

Die Lobau ist der Lieblingsplatz der Nudisten. Seit mehr als hundert Jahren wird in der letzten großen Aulandschaft Mitteleuropas nackt gebadet. So beschaulich wie Adam und Eva einst im Paradies wandeln hier die FKK-Fans ins Naturbadewasser. Unter den Gästen sind auch einige in Badekleidung. Es sind die jüngeren Besucher, die zu gschamig sind, in der Öffentlichkeit die Hüllen fallen zu lassen.

Blickt man ins glasklare Wasser, sieht man bis auf den Grund, inklusive Spiegelungen des uralten Auwaldes. Im Naturgewässer wachsen überall Makrophyten. Von den Schlingpflanzen darf man sich aber nicht stören lassen. Ausweichen oder einfach durchschwimmen. Gemäht wird nicht, beherzte Badegäste zupfen die Pflanzen bestenfalls aus, um ein besseres Durchkommen zu schaffen.

Das Wasser ist relativ warm, immer wieder spürt man kältere und wärmere Strömungen. Es gibt ein Tixi-Klo (versteckt im Wald am Weg, kurz bevor man das Gewässer erreicht). Hunde sind nicht verboten, müssen aber an die Leine.

MIT DEM AUTO: über Großenzersdorf, die Lobaustraße bis zu deren Ende fahren, Parkplatz beim Nationalparkcamp Lobau

WEGZEIT ZUR BADESTELLE: Kanal II: zehn Minuten zu Fuß Richtung Süden. Kanal III: fünf Minuten zu Fuß Richtung Osten

SCHWIMMFAKTOR: *****

KLEINKINDGERECHT: ***

HUNDE ERLAUBT: mit Leine

GASTRONOMIE: Ufergasthaus Staudigl, 2301 Großenzersdorf, Lobaustraße 85, Tel. +43 2249 2733

SANITÄRANLAGE: mobile Toilette

UMKLEIDEKABINEN: nein

WASSERTEMPERATUR SOMMER: um die 25 Grad

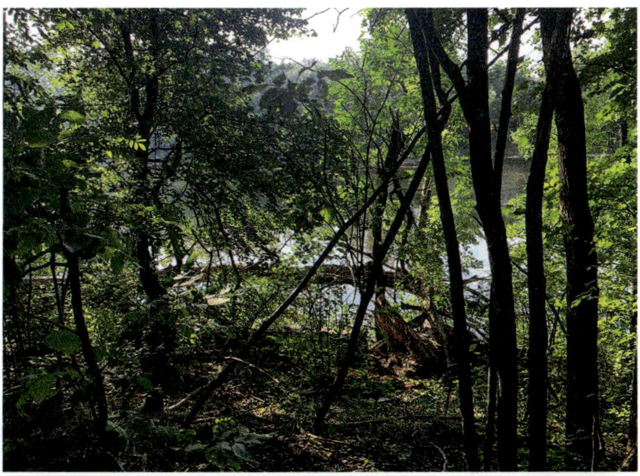

Dichter, uralter Auwald säumt den Kanal

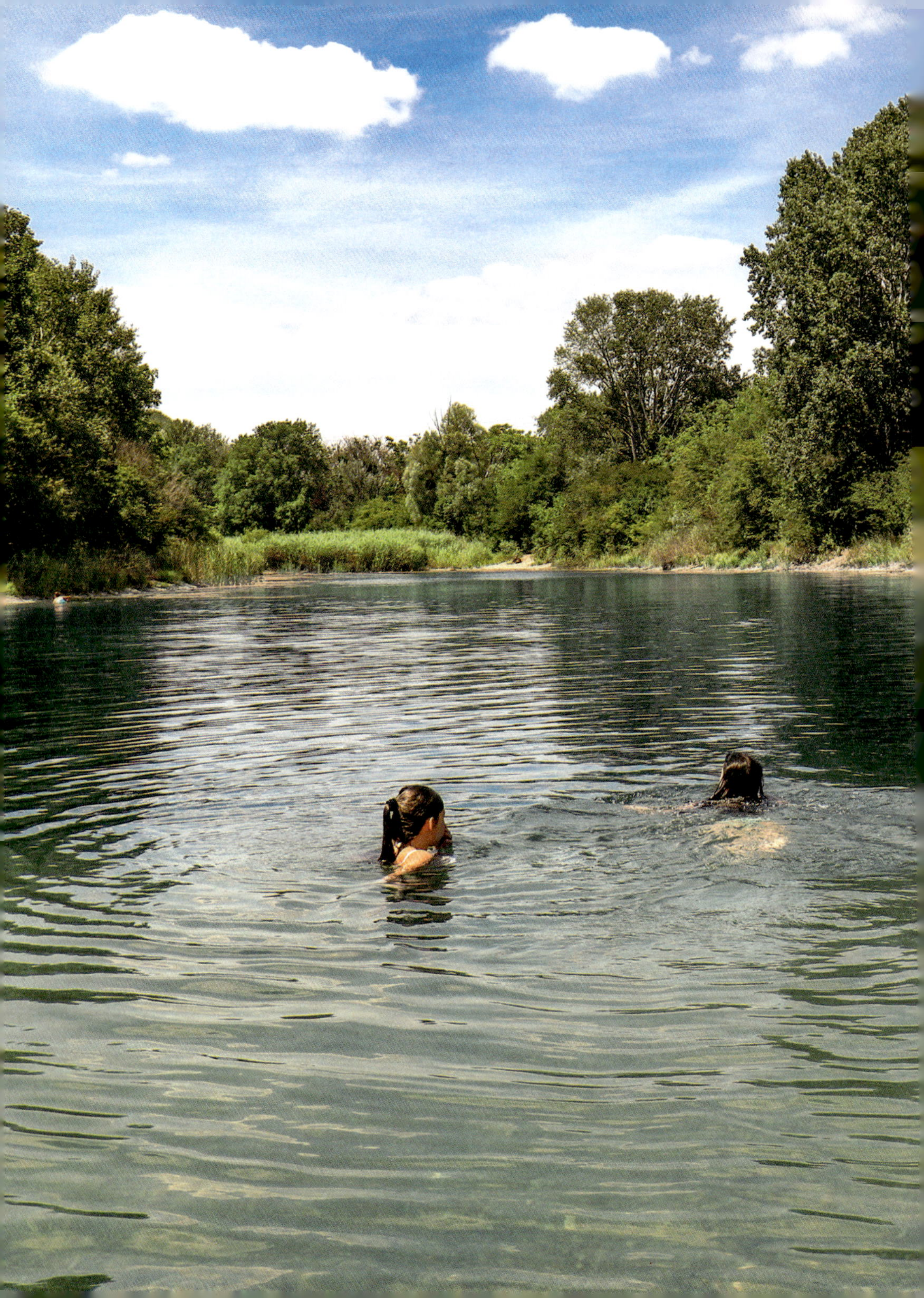

10 Stadler Furt

Mitten in der Lobau und gerade noch in Wien liegt die Stadler Furt. Mit dem Rad oder Auto fährt man über Groß-enzersdorf zum Wildbadeplatz, mit öffentlichen Verkehrsmitteln ist die Furt leider etwas umständlich zu erreichen. Hat man die Mühsal aber auf sich genommen, wird man mit einem herrlichen, ruhigen Naturbadeplatz fernab der Massen belohnt.

Eine kleine Wiese mit Schotterstrand ist den Sonnenhungrigen vorbehalten, wer lieber im Schatten sitzt, kann links und rechts der Furt entlangspazieren und nach einem geeigneten Plätzchen im Niederwald Ausschau halten, es sind genügend davon vorhanden.

Vom Strand ins Wasser ist der Einstieg flach und gut für kleinere Kinder geeignet, gute Schwimmer*innen kommen trotzdem auf ihre Kosten. Der Untergrund ist schottrig, Badeschuhe sind von Vorteil, aber nicht zwingend notwendig. Das grün schimmernde Wasser ist glasklar. Treibholz schwimmt auf dem Wasser und regt die Fantasie der Kinder für Naturspiele an. Hunde sind erlaubt und werden vom Badepublikum gerne mitgenommen.

Das Wasser kann auch im Sommer noch frisch sein, nicht zu vergleichen mit der Badewannentemperatur der Alten Donau oder Panozzalacke.

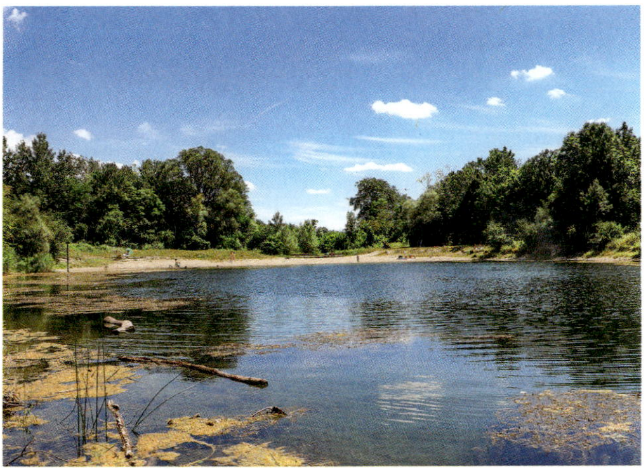

ADRESSE:
1220 Wien, Weidlinger Damm

GPS: 48.200617, 16.535963

ÖFFENTLICH: Bus 26A oder 88A/Englisch-Feld-Gasse, 88B/Wien Mühlhäufel, jeweils 15 Minuten Fußweg

MIT DEM RAD:
über Großenzersdorf, entlang der Badgasse

MIT DEM AUTO:
2301 Großenzersdorf, Badgasse 9, kleiner Parkplatz

WEGZEIT ZUR BADESTELLE:
fünf Minuten Fußweg

SCHWIMMFAKTOR: *****

KLEINKINDGERECHT: ****

HUNDE ERLAUBT: mit Leine

GASTRONOMIE, SANITÄRANLAGE, UMKLEIDEKABINEN: nein

WASSERTEMPERATUR SOMMER: auch im Sommer mehr Abkühlung als in der Alten Donau

Ganz links: Einladender Badeplatz fernab der Massen, wo Schwimmer*innen auf ihre Kosten kommen

Links: Am sonnigen Badestrand lässt sich gut eine Auszeit genießen

11 Asperner See

ADRESSE: 1220 Wien, Seestadt Aspern

ÖFFENTLICH: U2/Seestadt

MIT DEM AUTO: kaum Parkplätze, nur Tiefgaragen im Seestadt-Gebiet

SCHWIMMFAKTOR: *****

KLEINKINDGERECHT: ****

HUNDE ERLAUBT: eigener Hundebereich östlich der U-Bahn-Station, sonst Hundeverbot am See

GASTRONOMIE: tschau tschau am See, Janis-Joplin-Promenade 26

SANITÄRANLAGE: öffentliches WC am östlichen Seezugang, nahe der U2

UMKLEIDEKABINEN: nein

WASSERTEMPERATUR SOMMER: angenehm warm

Vor der Errichtung der Seestadt Aspern lag das Gelände des ehemaligen größten Flughafens Wiens jahrelang brach. Mit dem Herzstück des Geländes, dem circa 54.000 Quadratmeter großen Landschaftsteich Asperner See wurde im Sommer 2010 begonnen, 2015 wurde der Teich offiziell eröffnet und steht seitdem allen Badegästen und Erholungsuchenden zur Verfügung.

Am Südufer gibt es zwei angelegte Kieselstrände. Nur hier ist das Baden erlaubt. In der Nähe des östlichen Seezugangs, nahe der U2 und Wegebrücke, befinden sich ein Seespielplatz, der Skateplatz „Rollinsel“ und öffentliche Toiletten. Der westliche Kieselstrand hat ebenfalls einen Seezugang. Es herrscht kein Strandbadbetrieb, es gibt keine Badeaufsicht und auch keinen Nichtschwimmerbereich, es ist also ein echter Wildbadeplatz. Um die Wasserqualität zu erhalten, kann sogar übergangsweise ein Badeverbot verhängt werden.

Rund um den See stehen Holzliegen und türkisfarbene, betonierte Sitzgelegenheiten zur Verfügung, schattenspendende Bäume wachsen fleißig. Luftmatratzen sind erlaubt, mit dem Floß oder Kanu darf aber nicht über den See gepaddelt werden. Das Wasser ist blau, einladend und

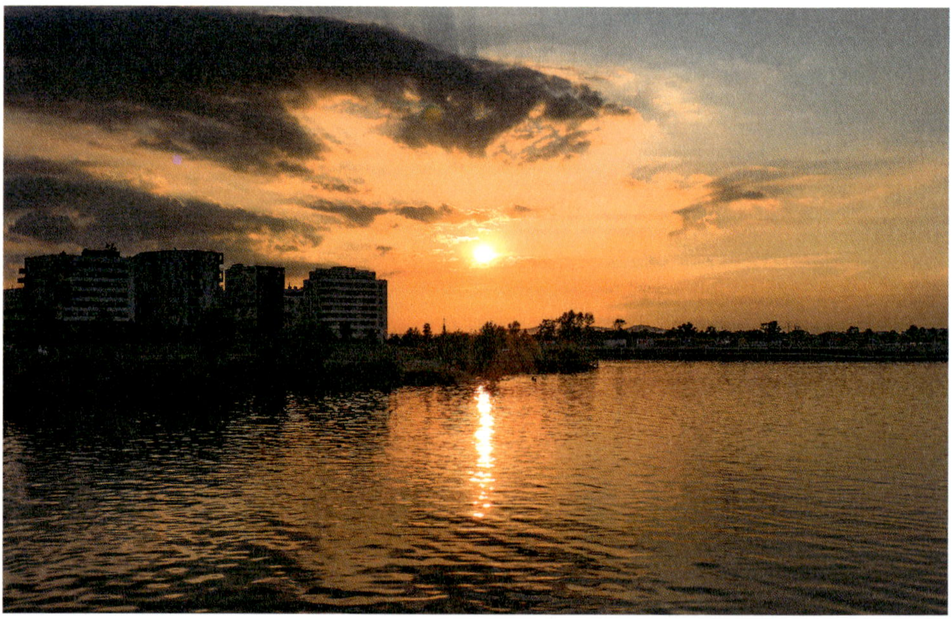

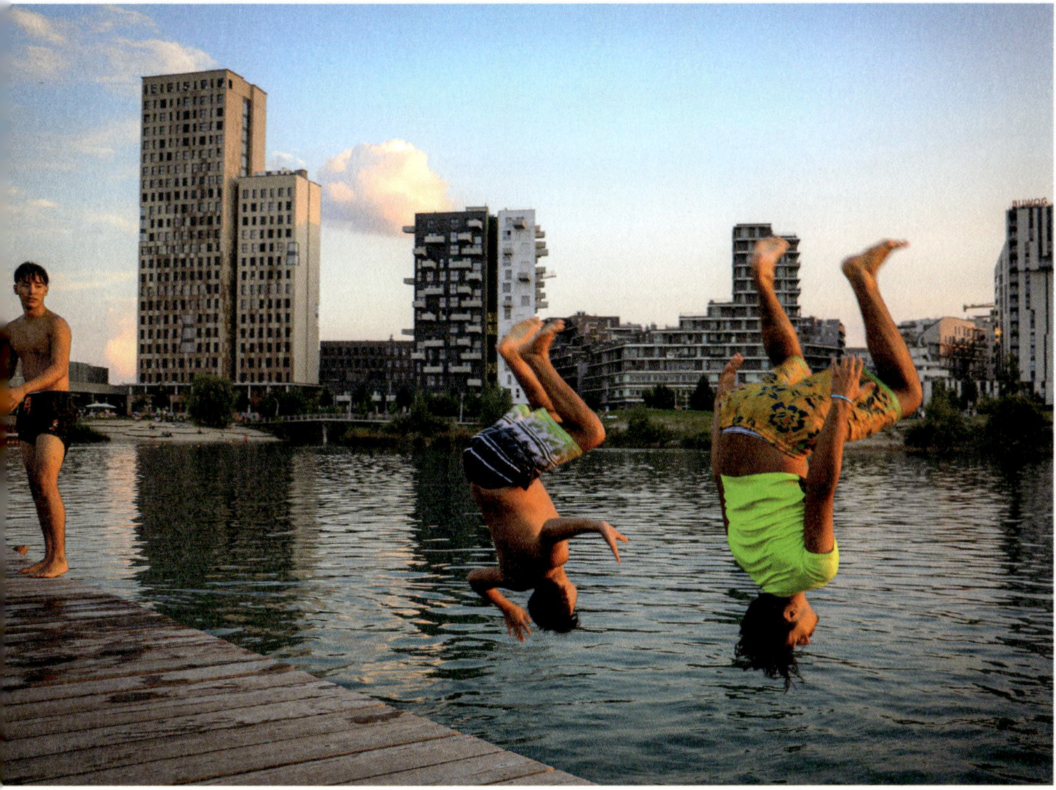

Oben: Hier treffen sich viele Jugendliche zum Schwimmen und Spaßhaben

Links: Sonnenuntergang deluxe am Asperner See

wird von Grundwasser gespeist. Mancherorts wird noch fleißig gebaut, stellenweise versprüht das Areal ein bisschen den Charme einer unaufgeräumten Gstätten, aber großteils wirkt der neue Stadtteil fertig und einladend. Bei der charmanten Bar tschau tschau lässt sich der Feierabend am See herrlich genießen.

Das Badepublikum setzt sich aus Familien und Jugendlichen aus der Seestadt und ihrer Umgebung zusammen, es gibt seichte Stellen für kleinere Kinder, der See ist aber tief genug zum Schwimmen.

Im Seepark besteht in den Uferbereichen und im Wasser Hundeverbot, die Hundezone mit Wasserzugang befindet sich östlich der U-Bahn-Station. Man sollte keinesfalls mit dem Auto anreisen, Parkmöglichkeiten für Autos oder Motorräder gibt es so gut wie keine, außerdem liegt der See direkt an der U-Bahn-Station. Sicher der urbanste und künstlichste Badeplatz Wiens.

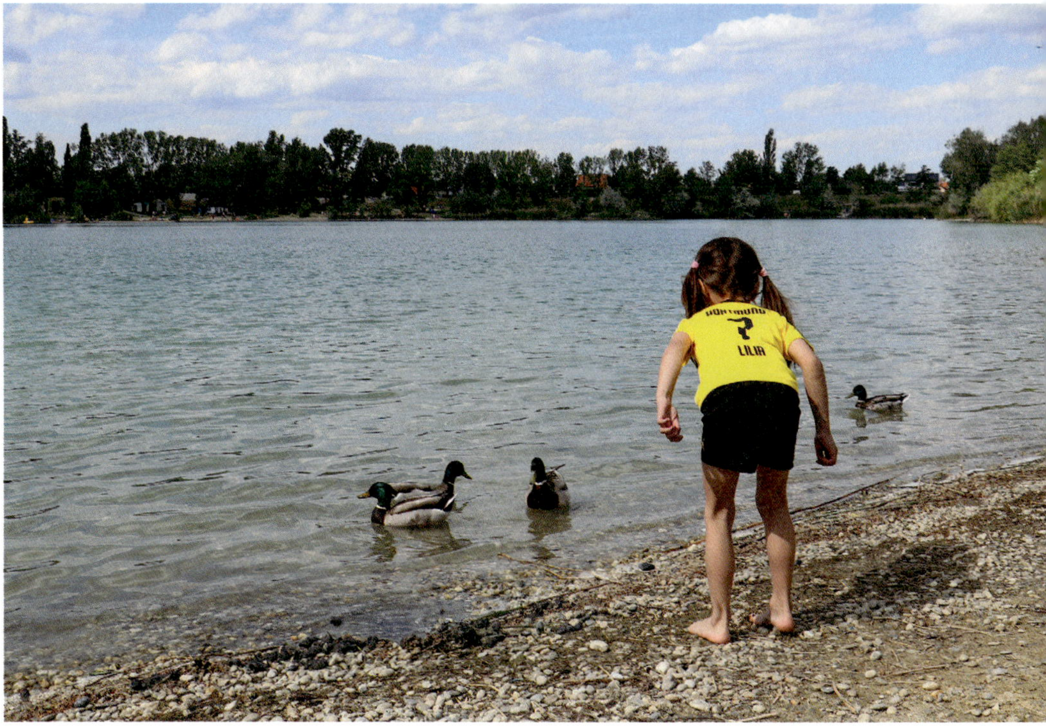

Der See ist groß genug für Mensch und Tier

12 Badeteich Hirschstetten

ADRESSE: 1220 Wien, Zugang über Spargelfeldstraße, Bibernellweg oder Ziegelhofstraße

ÖFFENTLICH: Bus 85A (Bibernellweg, Karl-Badnarik-Gasse, Badeteich Hirschstätten), Straßenbahn 26 (Ziegelhofstraße)

MIT DEM AUTO: am ehesten noch in der Ziegelhofstraße freie Parkplätze

SCHWIMMFAKTOR: *****

KLEINKINDGERECHT: *****

Entstanden aus einer ehemaligen Schottergrube, bei der man auf Grundwasser stieß, entwickelte sich ab Mitte der 1960er-Jahre der Teich zu einem beliebten Naturbadeplatz.

Der Badeteich ist ganzjährig und ganztägig geöffnet, somit frei zugänglich. Sobald die Außentemperatur zwanzig Grad erreicht, wird im 128.000 Quadratmeter großen Teich geschwommen. Es sind vor allem Donaustädter, die im Hirschstettner Naherholungsgebiet Ruhe suchen. Im Sommer stoßen an sehr warmen Tagen und am Wochenende viele Badetourist*innen dazu. Wer nicht will, muss hier aber nicht in der Sonne braten, viele hohe Bäume und schattige Büsche säumen rundum das Ufer.

Eng wird es kaum, zumindest nicht im Wasser und im Frühsommer. Der Badeteich inmitten von Einfamilienhäusern und Stadtentwicklungszone hat eine Breite von 280 und eine Länge von 540 Metern. Die maximale Tiefe beträgt etwa zehn Meter. Ab der Hälfte der Spargelfeldstraße Richtung Bibernellweg bis zum Bereich längs der Ziegelhofstraße ist Hundeverbot.

Bei der Ziegelhofstraße/Ecke Bibernellweg (im Norden des Sees) befindet sich ein großräumiger Kinderspielplatz mit riesigem Holzschiff, Schaukeln, Edelstahlrutsche, Sanitäranlagen und naheliegendem Buffet. Der schöne Sandstrand und der flache Einstieg ins Wasser, besonders für Familien mit kleinen Kindern geeignet, ist der lauteste und am stärksten frequentierte Teil des Sees.

Am Südwestufer im unteren Bereich der Spargelfeldstraße befindet sich die Hundezone, sie macht gut ein Drittel des Teichs aus. Wasservögel dürfen wegen der Wasserqualität nicht gefüttert werden. Das Grillen ist verboten. Das Badekleinod mit seinen Liegewiesen und Buchten hält auch einen Beachvolleyballplatz und viele Sitzbänkchen bereit. Die Seezugänge – auch für Hunde – sind seicht und die Burger im Restaurant Laguna bei der Ziegelhofstraße beliebt. Ein Würstelstand in der Hundezone und ein Imbiss bei der Babybucht vervollständigen das kulinarische Angebot.

Einzig das Umweltbewusstsein der Besucher lässt zu wünschen übrig, immer wieder achtlos weggeworfener Müll im Gebüsch und neben den Bänken und unzählige Zigarettenstummel in der Liegewiese schmälern das Badevergnügen des sonst wunderschönen Teichs.

HUNDE ERLAUBT: der Badeteich ist getrennt in einen Hunde- und einen Hundeverbotsbereich, im Hundebereich auch ohne Leine

GASTRONOMIE:
Laguna am Ziegelhofteich, Ziegelhofstraße 66, laguna-wien.at (Stand-up-Paddle-Verleih); Imbisse bei der Babybucht und beim Beachvolleyballfeld

SANITÄRANLAGEN:
bei der Babybucht und in der Ziegelhofstraße nahe dem Südwestufer

WASSERTEMPERATUR SOMMER: angenehm warm

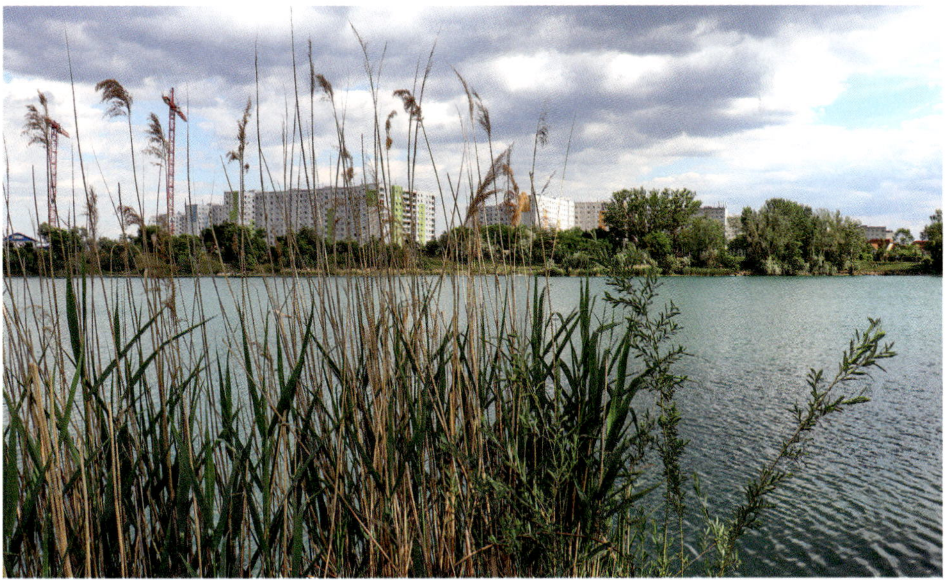

Badeteich Hirschstetten: inmitten der Stadtentwicklungszone und überaus beliebt

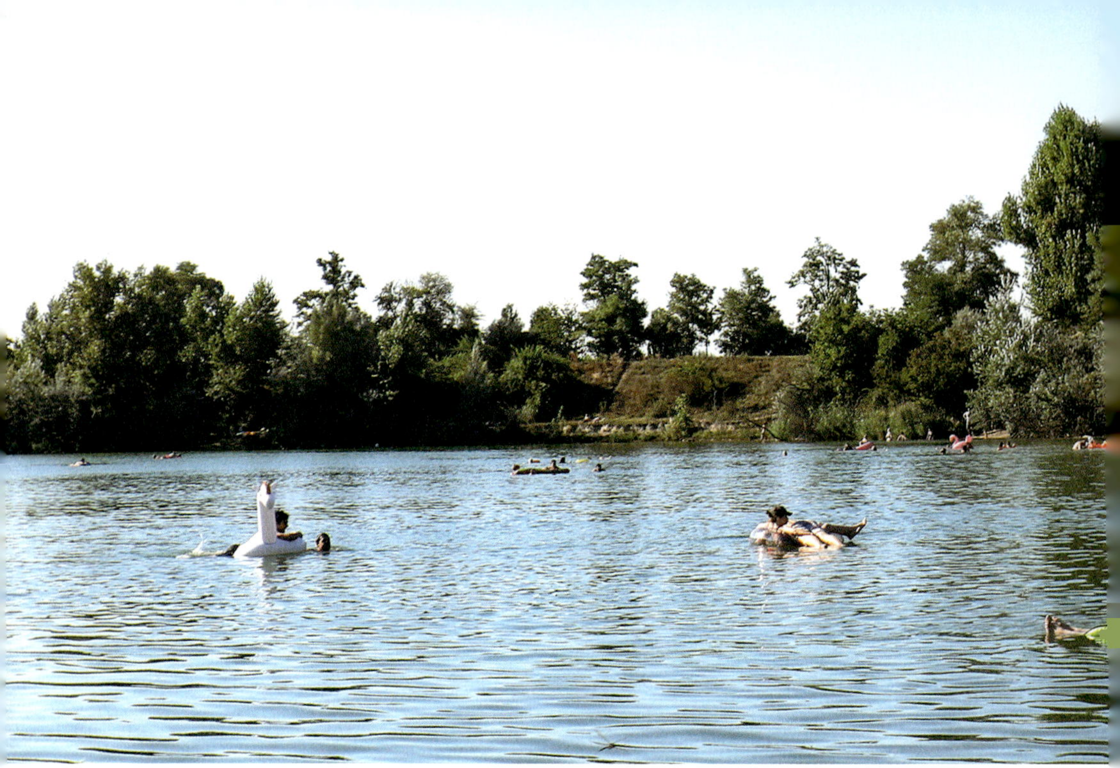

Die Wasseroberfläche ist weitläufig genug, um auf überdimensionierten Plastikeinhörnern durch das ruhige Gewässer zu gleiten

13 Badeteich Süßenbrunn

ADRESSE: 1220 Wien, Wagramer Straße 269

ÖFFENTLICH: Bus 25A/ Badeteich Süßenbrunn

MIT DEM RAD: Wagramer Straße, kein eigener Radweg

MIT DEM AUTO: großer Parkplatz

SCHWIMMFAKTOR: *****

KLEINKINDGERECHT: ****

Grundbesitzer des Badeteichs Süßenbrunn ist die Stiftung Theresianische Akademie. 2016 wäre es fast zur Schließung des Teichs gekommen, es konnte aber rechtzeitig vor der Badesaison eine Einigung über dessen Erhalt mit der MA42, der Donaustadt und dem Besitzer erzielt werden.

Eine weitere Veränderung fand im Jahre 2019 statt. Da es immer wieder zu Unstimmigkeiten zwischen Hundebesitzern und anderen Badegästen kam, wurde der ehemalige Schotterteich in zwei Zonen geteilt. Die große Liegewiese und der nahegelegene Kinderspielplatz wurden mit einem Hundeverbot belegt, der südliche Teil des Sees mit seinen steilen Böschungen hingegen zur Hundezone erklärt. Der Wasserzugang für Hunde ist nur mehr vom Südufer aus gestattet. Der Badeteich selbst verfügt über eine große Liegewiese mit Altbaumbestand und Kinderspielplatz. Es gibt mehrere Möglichkeiten, in den See zu gelangen, wobei die

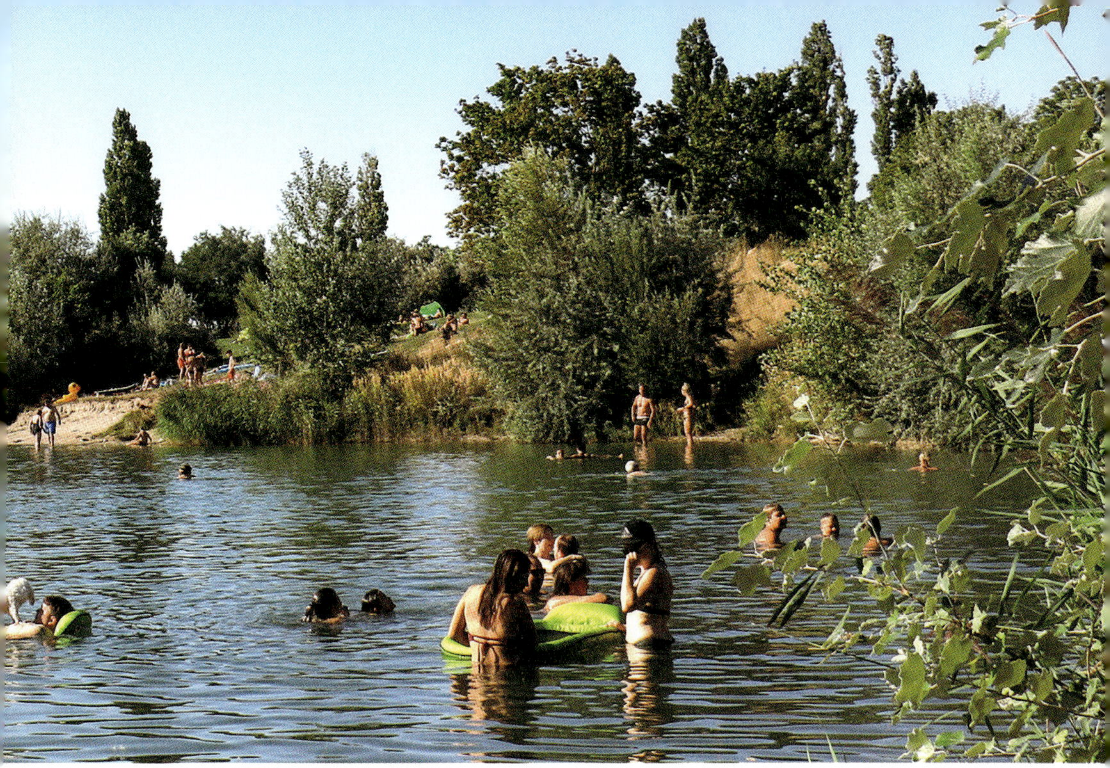

Zugänge in der Hundezone wesentlich steiler sind. Die Ufer bestehen aus Kies, das Wasser ist angenehm warm und klar, aber kälter als die Alte Donau zur selben Zeit. Der Teich eignet sich sehr gut zum Schwimmen, auch große Schwimmtiere können unbesorgt mitgenommen werden. Die Wasserfläche ist groß genug, um auf überdimensionierten Plastikeinhörnern und -flamingos durch das ruhige Gewässer zu gleiten.

Obwohl der Parkplatz vor dem Badesee ausreichend ist und die Bushaltestelle quasi vor der Haustüre, wird es auch an heißen Sommerwochenenden meistens nicht richtig voll. Die Fahrt an die Grenzen Wiens scheint doch einigen zu beschwerlich. Die Wasserqualität wird dreimal jährlich geprüft und noch im August mit „ausgezeichnet" eingestuft.

Mobile Toiletten sind auf dem Areal vorhanden, ein Imbissstand beim Eingang zum See bietet das gängige Versorgungsprogramm mit Getränken, Eis und Snacks. Holzbänke und -tische sowie ein weiteres WC (Schlüssel beim Imbiss) stehen ebenfalls zur Verfügung.

HUNDE ERLAUBT: eigener Hundebereich

GASTRONOMIE: Imbissstand am Eingang zum Badeteich

SANITÄRANLAGE: mobile Toiletten

UMKLEIDEKABINEN: nein

WASSERTEMPERATUR SOMMER: angenehm warm

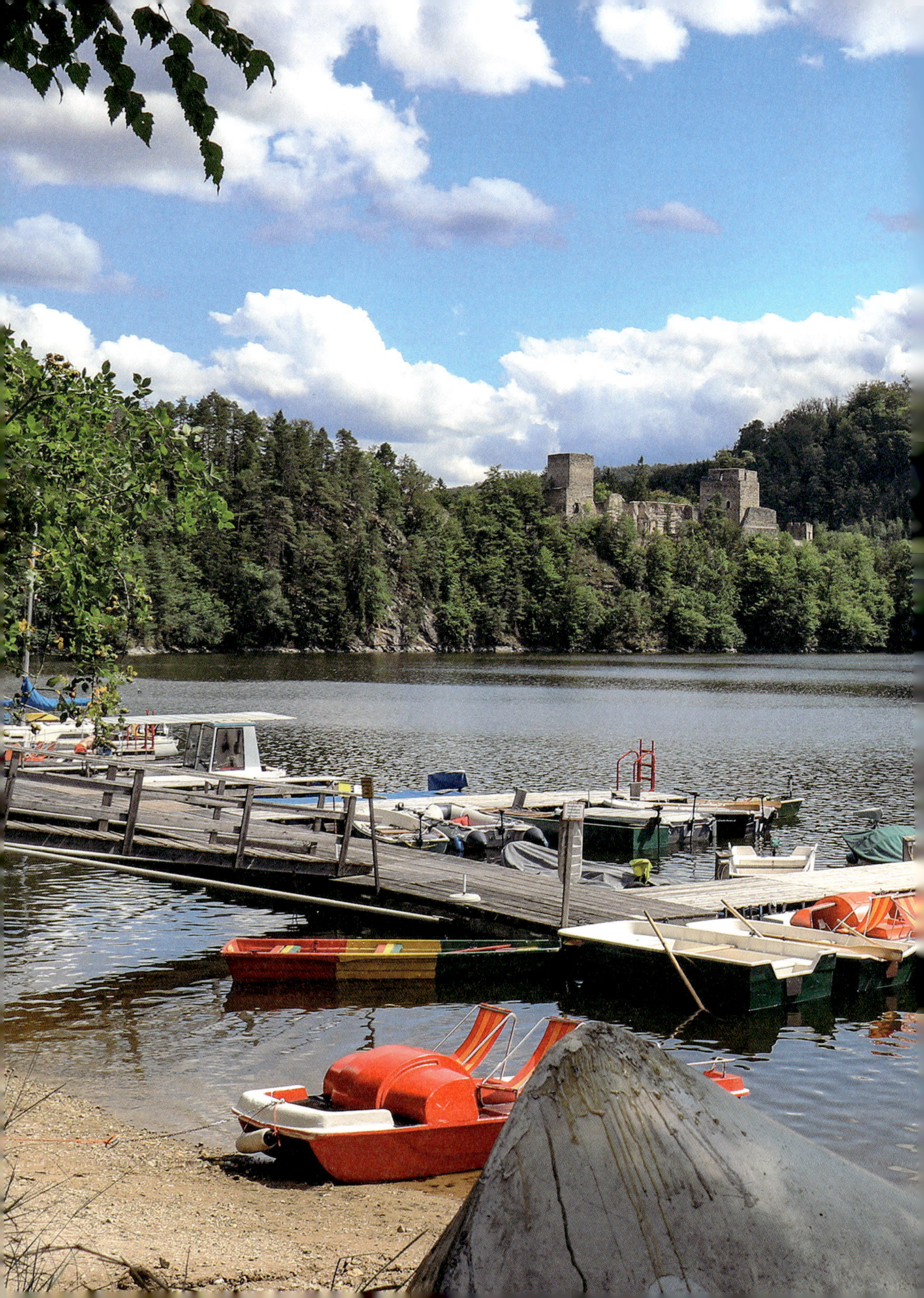

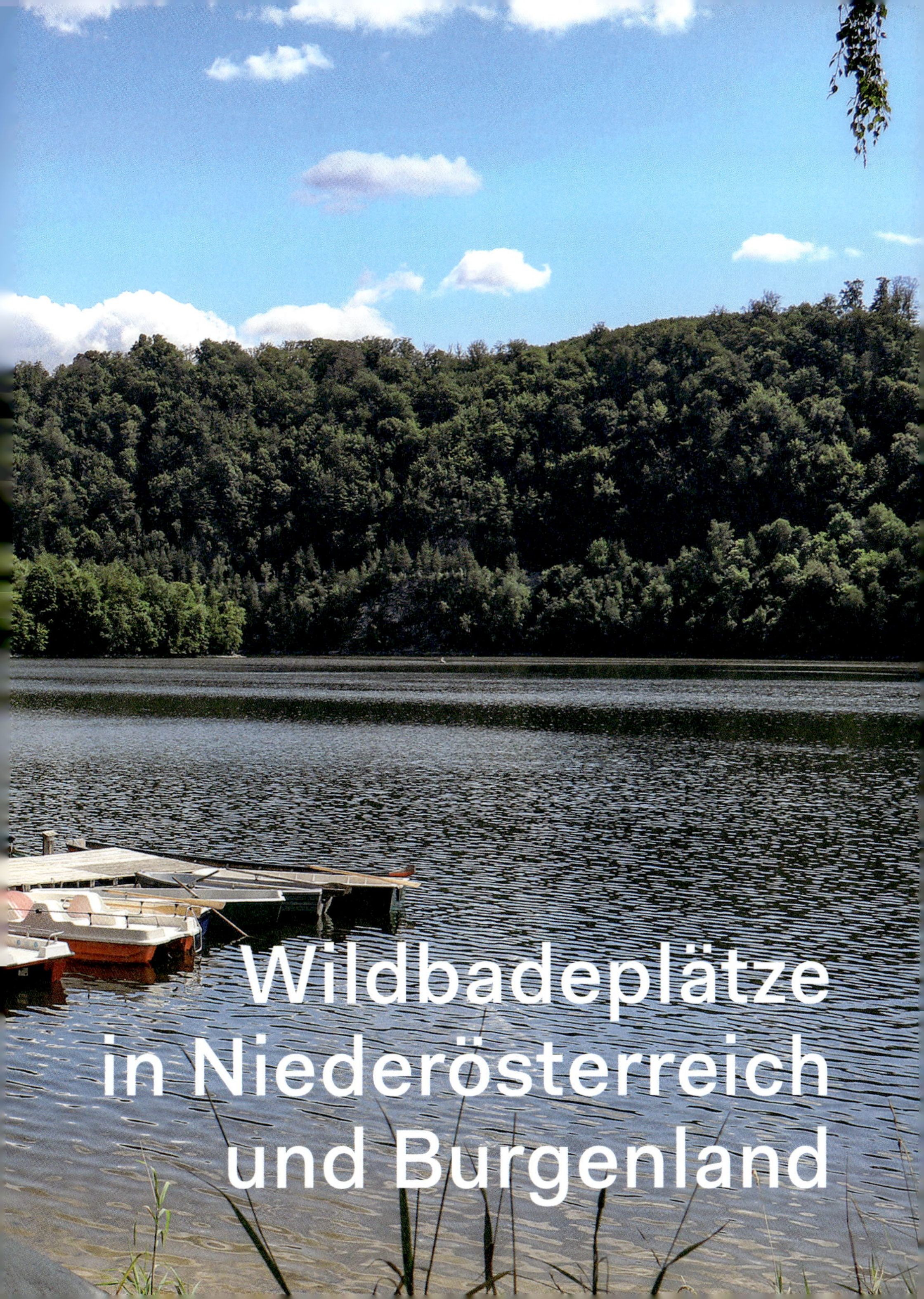
Wildbadeplätze
in Niederösterreich
und Burgenland

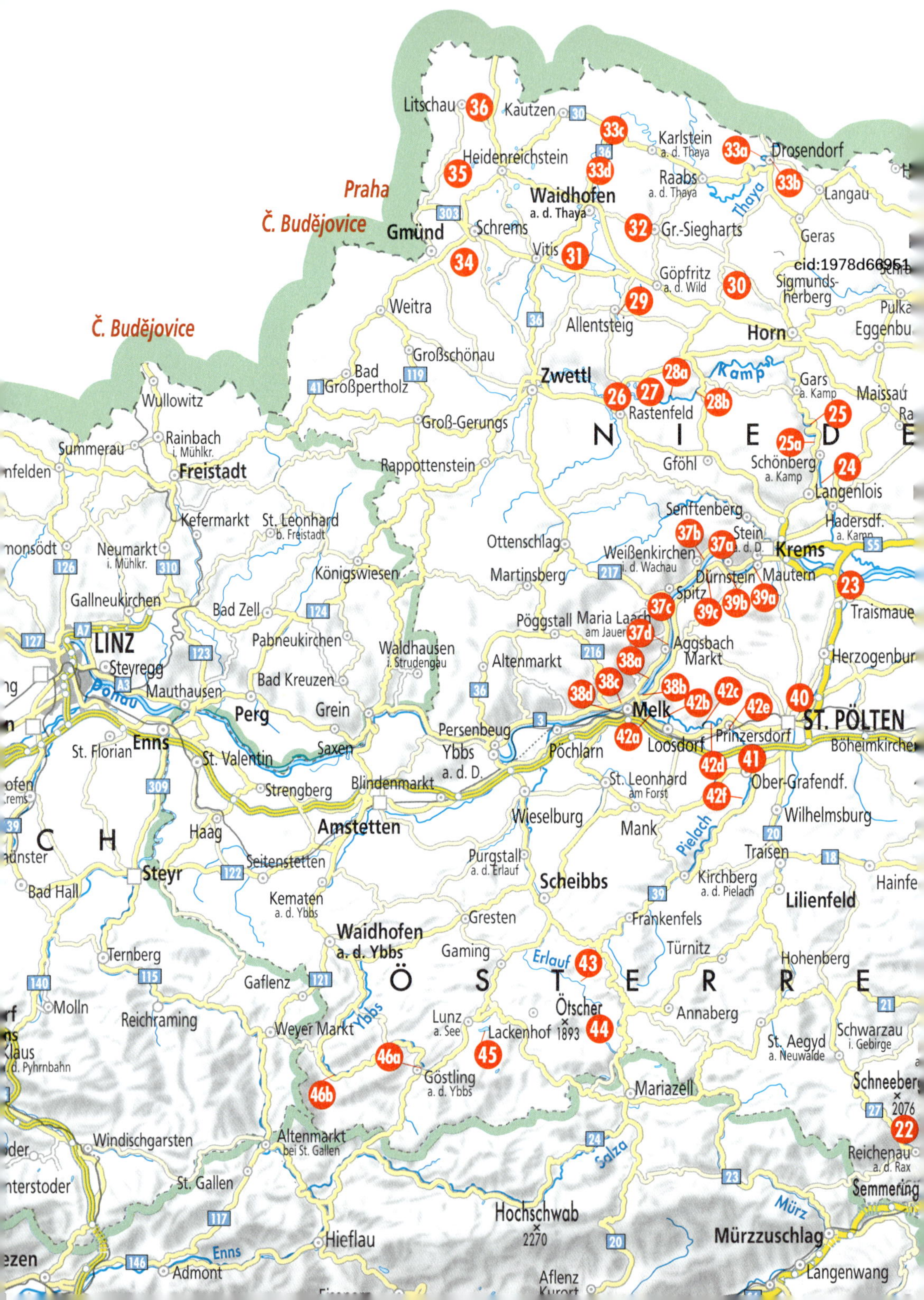
Litschau
36
Kautzen
30
33c
Karlstein
a. d. Thaya
33a
Drosendorf
Heidenreichstein
36
33d
35
Raabs
a. d. Thaya
33b
Langau
Praha
Waidhofen
a. d. Thaya
Thaya
303
Č. Budějovice
Gmünd
Schrems
32
Gr.-Sieghart
Geras
Vitis
31
34
Göpfritz
a. d. Wild
30
Sigmunds-
herberg
Weitra
29
Pulka
Č. Budějovice
36
Allentsteig
Horn
Eggenbu
Großschönau
Bad
Großpertholz
41
119
Zwettl
28a
Kamp
Gars
a. Kamp
Maissau
Wullowitz
26
27
28b
Rastenfeld
25
Groß-Gerungs
N
I
E
D
E
Summerau
Rainbach
i. Mühlkr.
25a
Schönberg
a. Kamp
Rappottenstein
Gföhl
24
nfelden
Freistadt
Langenlois
Kefermarkt
St. Leonhard
b. Freistadt
Senftenberg
Hadersdf.
a. Kamp
37b
Stein
a. d. D.
monsödt
Neumarkt
i. Mühlkr.
Ottenschlag
37a
Krems
Weißenkirchen
i. d. Wachau
S5
126
310
Königswiesen
Martinsberg
217
Dürnstein
Mautern
23
Spitz
Gallneukirchen
Bad Zell
124
37c
39c
39b
39a
Traismaue
Pöggstall
Maria Laach
am Jauerl
A7
37d
127
LINZ
Pabneukirchen
Aggsbach
Markt
Waldhausen
i. Strudengau
216
Steyregg
123
Altenmarkt
Herzogenbur
38a
A3
Bad Kreuzen
Donau
38b
42c
Mauthausen
36
38d
38c
40
Perg
Grein
42b
42e
Melk
ST. PÖLTEN
3
Persenbeug
42a
Prinzersdorf
St. Florian
Enns
Saxen
Ybbs
Pöchlarn
Loosdorf
Böheimkirche
St. Valentin
a. d. D.
42d
41
ofen
Krems
309
Blindenmarkt
St. Leonhard
am Forst
Ober-Grafendf.
Strengberg
42f
Wilhelmsburg
39
Haag
Amstetten
Wieselburg
C
H
Mank
Pielach
20
ünster
Seitenstetten
Purgstall
a. d. Erlauf
Traisen
18
Steyr
122
Kirchberg
a. d. Pielach
Hainfe
Bad Hall
Scheibbs
Kematen
a. d. Ybbs
39
Lilienfeld
Gresten
Frankenfels
Waidhofen
a. d. Ybbs
Türnitz
Ternberg
Gaming
Erlauf
43
Hohenberg
140
115
121
Ö
S
T
E
R
R
E
Gaflenz
Molln
Ybbs
Ötscher
1893
21
Reichraming
Lunz
a. See
44
Annaberg
Schwarzau
i. Gebirge
Weyer Markt
Lackenhof
St. Aegyd
a. Neuwalde
Klaus
a. d. Pyhrnbahn
46a
45
Göstling
a. d. Ybbs
46b
Mariazell
Schneeberg
2076
27
22
Windischgarsten
Altenmarkt
bei St. Gallen
24
Salza
Reichenau
a. d. Rax
23
St. Gallen
Semmering
nterstoder
Mürz
117
Hochschwab
2270
Hieflau
Mürzzuschlag
Enns
20
146
Admont
Aflenz
Kurort
Langenwang

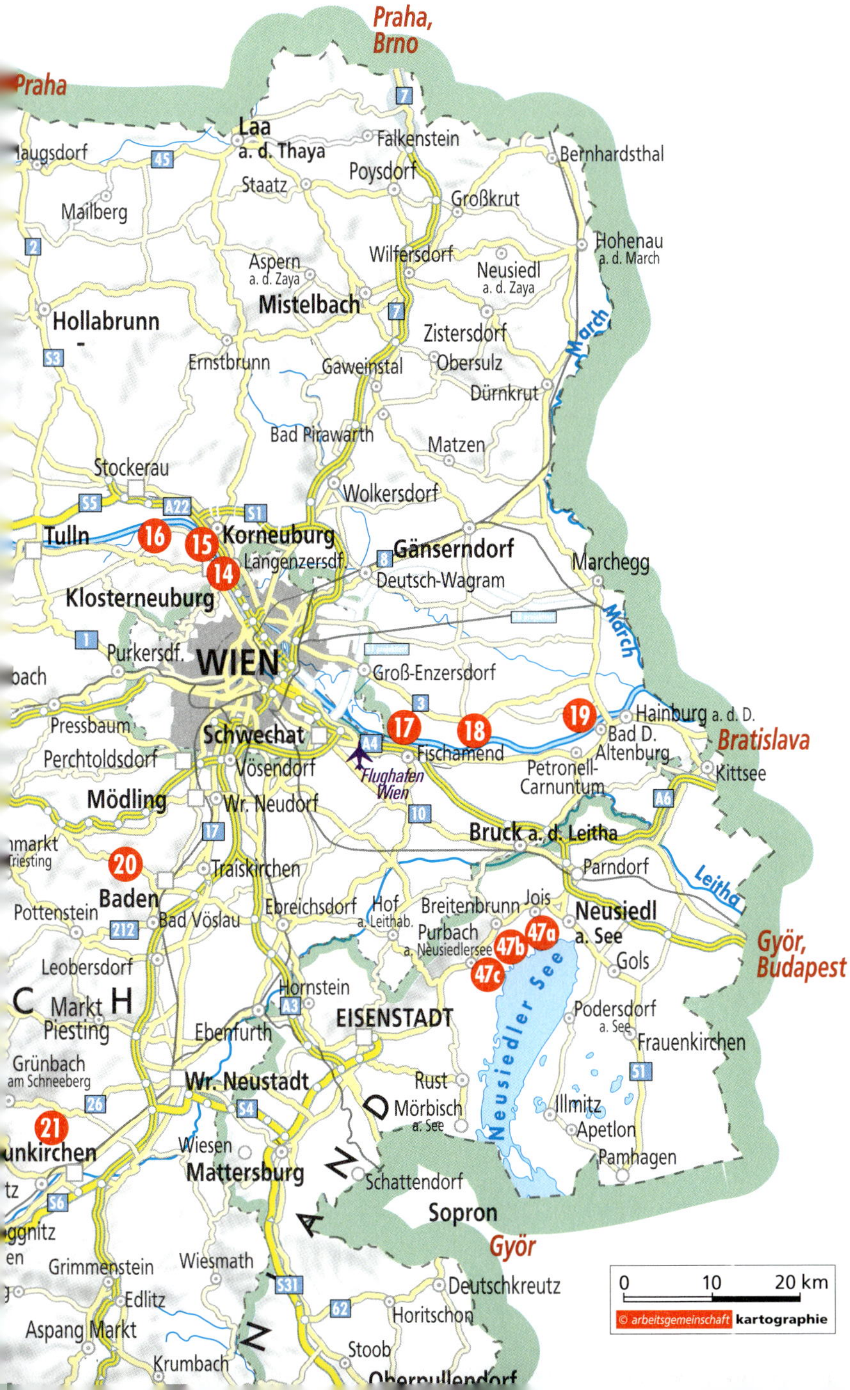
Praha, Brno
Praha
Laa a. d. Thaya
Falkenstein
Bernhardsthal
Poysdorf
Staatz
Großkrut
Mailberg
Hohenau a. d. March
Aspern a. d. Zaya
Wilfersdorf
Neusiedl a. d. Zaya
Hollabrunn
Mistelbach
Zistersdorf
Ernstbrunn
Gaweinstal
Obersulz
Dürnkrut
March
Bad Pirawarth
Matzen
Stockerau
Wolkersdorf
Tulln
Korneuburg
Gänserndorf
Langenzersdf.
Marchegg
Deutsch-Wagram
Klosterneuburg
Purkersdf.
WIEN
Groß-Enzersdorf
Pressbaum
Schwechat
Hainburg a. d. D.
Bad D. Altenburg
Bratislava
Perchtoldsdorf
Vösendorf
Fischamend
Petronell-Carnuntum
Kittsee
Flughafen Wien
Mödling
Wr. Neudorf
Bruck a. d. Leitha
Traiskirchen
Parndorf
Leitha
Baden
Pottenstein
Bad Vöslau
Ebreichsdorf
Hof a. Leithab.
Breitenbrunn
Jois
Neusiedl a. See
Purbach a. Neusiedlersee
Gols
Győr, Budapest
Leobersdorf
Hornstein
Markt Piesting
EISENSTADT
Podersdorf a. See
Ebenfurth
Frauenkirchen
Grünbach am Schneeberg
Wr. Neustadt
Rust
Neusiedler See
Mörbisch a. See
Illmitz
Apetlon
Wiesen
Mattersburg
Pamhagen
Schattendorf
Sopron
Győr
Grimmenstein
Wiesmath
Deutschkreutz
Edlitz
Horitschon
Aspang Markt
Stoob
Krumbach
Oberpullendorf
UNGARN
CH
0 10 20 km
© arbeitsgemeinschaft kartographie
14 15 16 17 18 19 20 21 47a 47b 47c

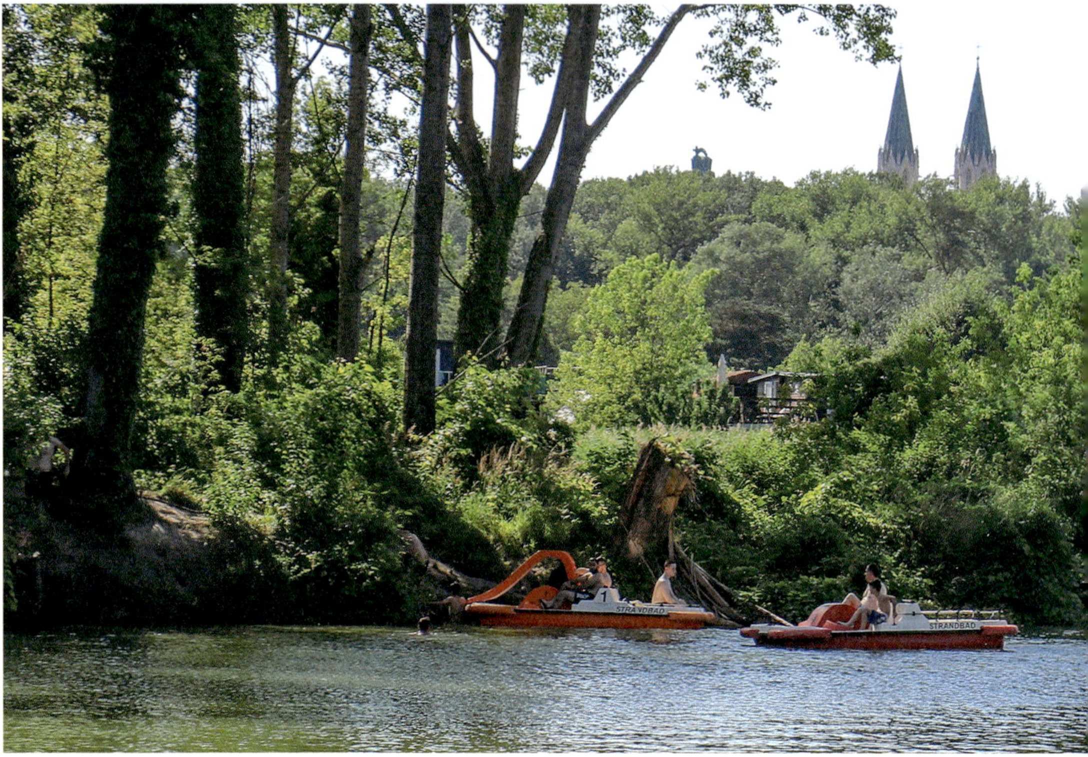

Vom Süden aus gesehen liegt die Pionierinsel auf der linken Seite an einem Nebenarm der Donau

14 Pionierinsel

ADRESSE: 3400 Klosterneuburg (gegenüber dem Strandbad Klosterneuburg

GPS: 48.297720, 16.341391 (südliches Ende)

ÖFFENTLICH: S40/Klosterneuburg-Weidling, zwanzig Minuten Fußweg

MIT DEM RAD: Donauradweg

MIT DEM AUTO: in der Magdeburggasse oder Schüttaustraße parken

Eigentümer der drei Kilometer langen Pionierinsel ist das Stift Klosterneuburg. Die dicht bewachsene Auenlandschaft liegt genau vis-à-vis vom Strandbad Klosterneuburg und trennt die Donau von seinem Seitenarm. Über einen Treppelweg, der über die ganze Insel und durch den Wald führt, sind Badestellen leicht auszumachen und bequem zu erreichen.

Die Insel bietet Liegeflächen mit kieseligem Untergrund und viele kleinere und größere Buchten mit fast weißem, feinem Sand. Handtuch an Handtuch muss man hier nicht liegen, auch der Wald bietet wunderschöne, beinahe karibisch anmutende Sandplätze.

Fühlt sich an wie ein Kurzurlaub, den Tag mit Freunden oder der Familie hier zu genießen und den Platz nur zu verlassen, um sich im Wasser abzukühlen. Vom Süden aus gesehen liegt die Pionierinsel auf der lin-

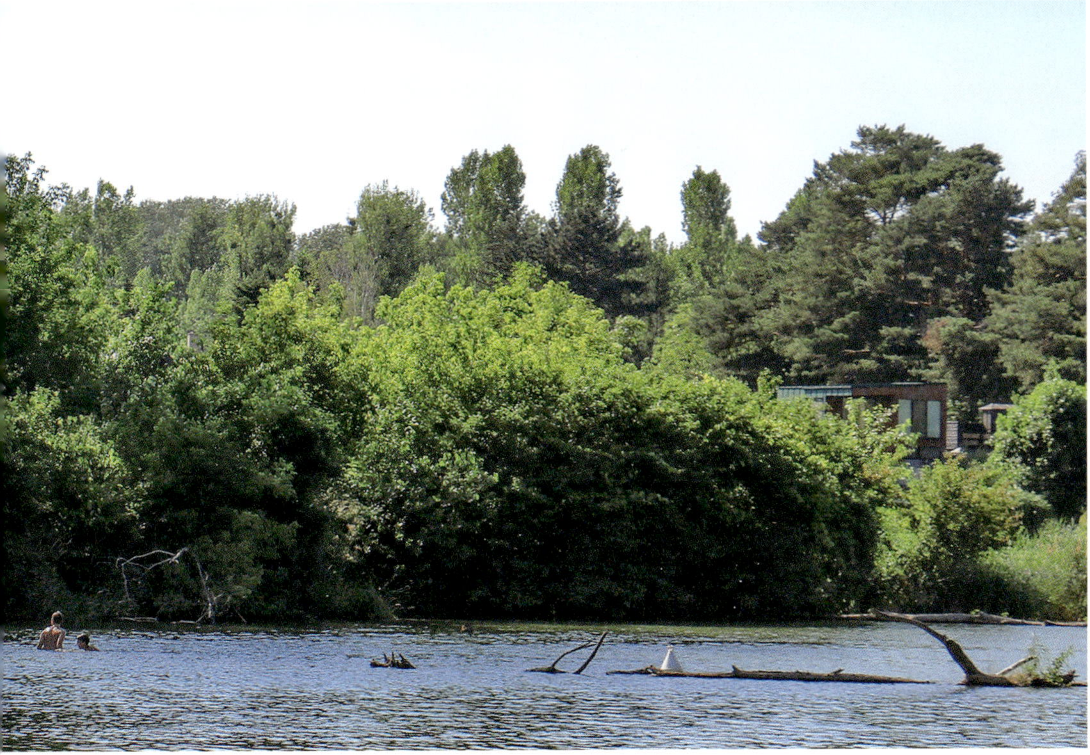

ken Seite an einem Nebenarm der Donau. Ist es im Frühsommer warm, erreicht das Wasser hier schnell angenehme Badetemperaturen. Auf der rechten Seite grenzt sie an die Donau, die im Hochsommer nie mehr als 23 Grad erreicht. Vorsicht, hier herrscht reger Schiffsverkehr und starke Strömung, lieber in der Nähe des Kiesufers schwimmen und auf Kleinkinder achtgeben.

Die Insel wird gerne von Hundehaltern samt ihren Vierbeinern besucht. Hunde sind erlaubt, es besteht keine Leinen- und Beißkorbpflicht! Offiziell duldet man das Freilaufen in bestimmten Bereichen, wenn die Hunde in Sichtweite des Besitzers und abrufbar sind. Am großen Sandstrand donauseitig dürfen sie auch im Wasser planschen. Der Strand gegenüber dem Strandbad ist hingegen deutlich als Hundeverbotszone ausgewiesen. Radfahren, offenes Feuer und Campen ist nicht erlaubt. Der hintere Teil der Insel Richtung Kritzendorf ist mit Ferienhäusern verbaut.

WEG ZUR BADESTELLE: Im Süden Zugang über die Magdeburggasse oder Am Durchstich und Strandbadsiedlung/Wasserstraße auf die Pionierinsel. Im Norden: Pioniertraverse, mindestens zehn Minuten Wegzeit

SCHWIMMFAKTOR: *****

KLEINKINDGERECHT: ****

HUNDE ERLAUBT: ja, sehr beliebt bei Hundehaltern

GASTRONOMIE, SANITÄRANLAGE, UMKLEIDEKABINEN: nein

WASSERTEMPERATUR SOMMER: Donauseite: auch im Hochsommer frisch, höchstens 23 Grad. Nebenarm der Donau: warm, bis 27 Grad

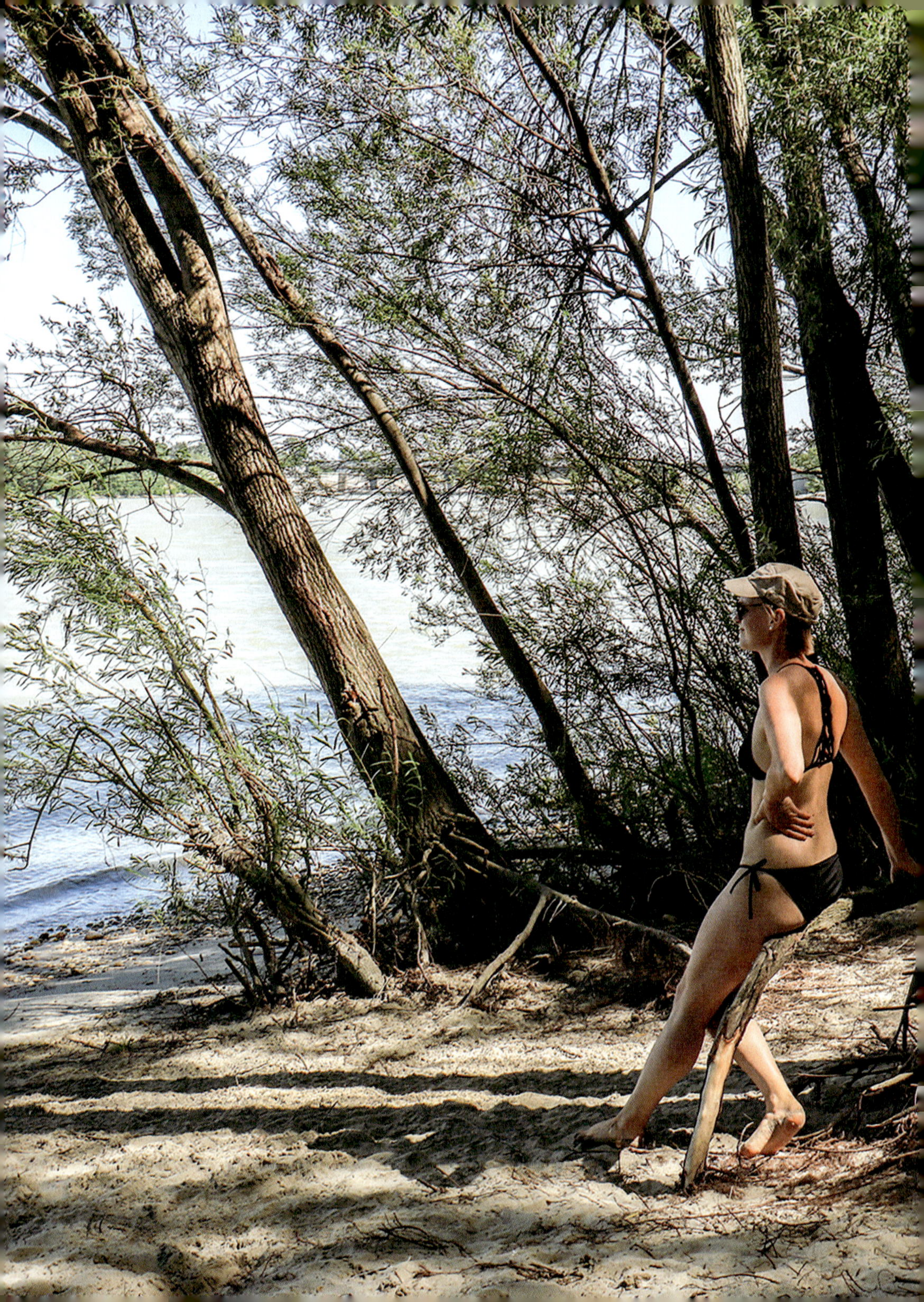

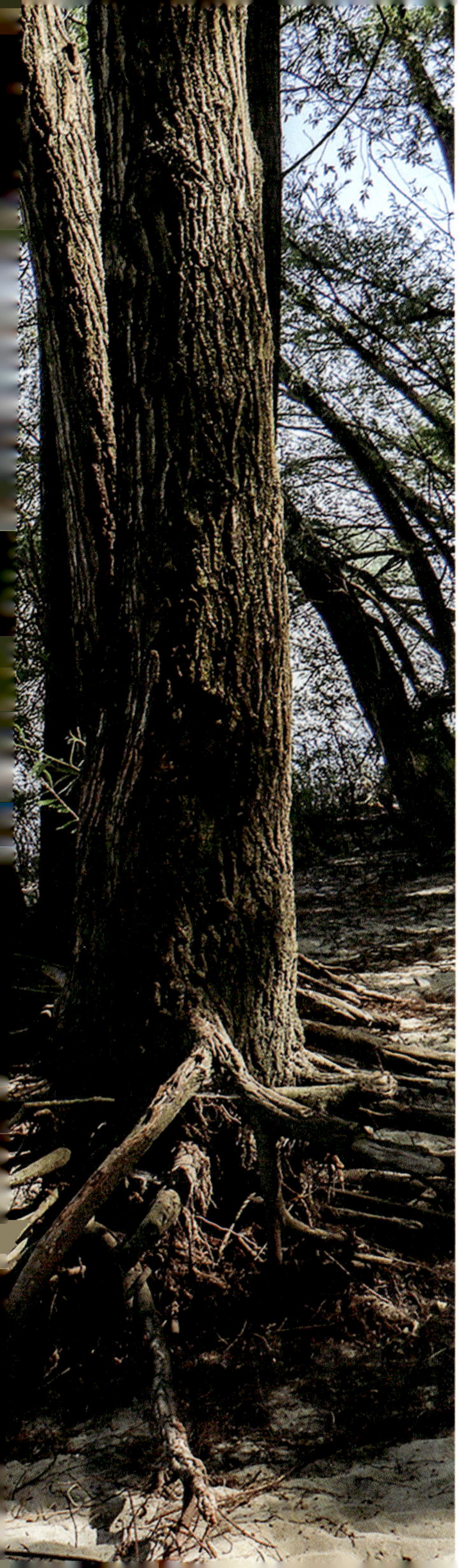

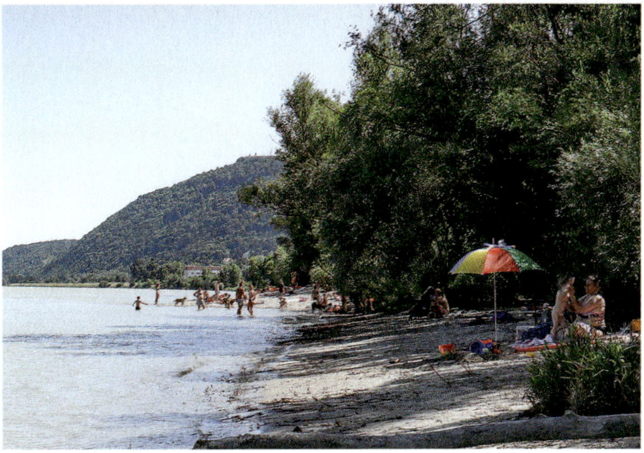

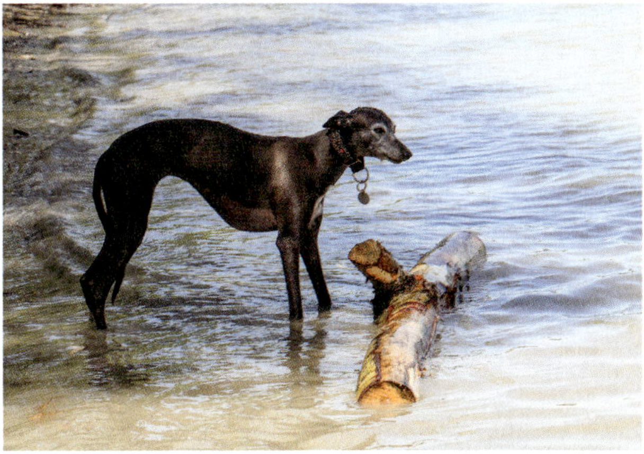

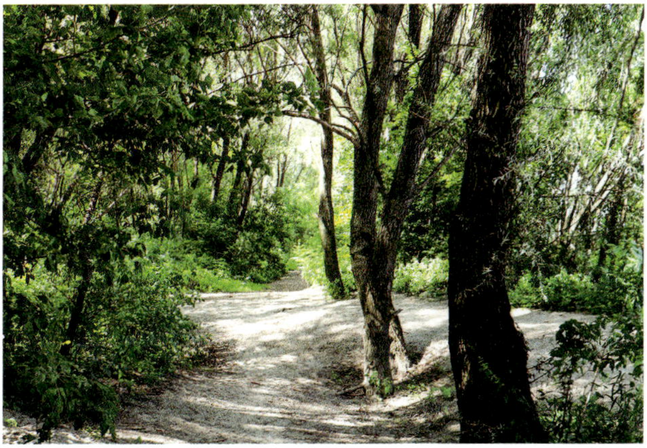

Links: Karibisches Flair in Klosterneuburg

Von oben nach unten: Im Sommer ist viel los. Die Sandbänke im Wald locken auch viele Hundehalter*innen mit ihren Vierbeinern an

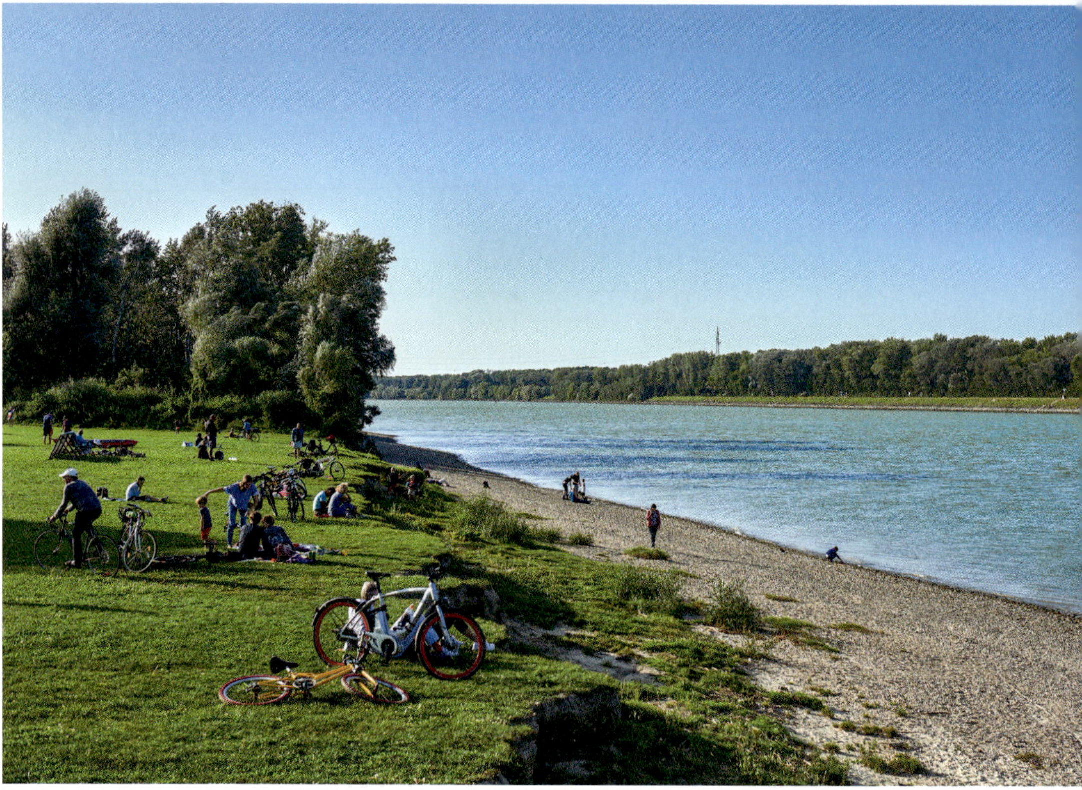

Die Strandwiese zieht an schönen Wochenenden viele Besucher*innen aus Wien an

15 Strombad Kritzendorf

ADRESSE: 3420 Klosterneuburg, Strombad Rondeau 30

GPS: 48.340268, 16.305779

ÖFFENTLICH: S40/Kritzendorf, über die Überführung gehen, über eine kleine Brücke und dann geradeaus, zehn Minuten Gehzeit

MIT DEM RAD: Donauradweg

MIT DEM AUTO: großer Parkplatz vor dem Strombad

SCHWIMMFAKTOR: ****

Das Strombad Kritzendorf war eines der ersten öffentlichen Freiluftbäder Österreichs und bereits im Jahre 1903 herrschte Badebetrieb. Besonders in den 1930ern war es quer durch alle sozialen Schichten beliebt. An schönen Sommerwochenenden sollen es bis zu 12.000 Besucher gewesen sein, die hier am Donauufer faulenzten und badeten. Friedrich Torberg erwähnt es in seinem Buch „Die Tante Jolesch", die stilvollen Häuschen wurden zum Teil von berühmten Architekten wie Adolf Loos, Felix Augenfeld oder Heinz Rollig geplant. Die glorreichen Zeiten sind zwar längst vorbei, dafür kostet das Strombad, einst als Riviera der Donau bekannt, heute keinen Cent mehr.

Es geht entspannt zu, obwohl die Liegewiese mit Kastanienbäumen im Besonderen von jungen Bobo-Familien aus Wien immer noch gerne besucht wird. Die Jahrhundertwende-Architektur macht das Badevergnügen eine Spur mondän. Hunde sind zwar auf der Wiese verboten, aber etwas stromauf- und -abwärts erlaubt.

Um weit rauszuschwimmen, ist die Strömung der Donau zu stark. Gute Schwimmer waten bei niedrigem Pegelstand flussaufwärts am Ufer hinein und werden von der Strömung aufgenommen. Vorbei an der Liegewiese gehen sie am Ende des sandigen Strands wieder an Land. Der Sandstrand taucht übrigens nur bei niedriger Donau auf, bei hohem Pegelstand reicht das Wasser bis zum Schotterstrand oder sogar bis zur Wiese.

Auch im Hochsommer kostet es manche Besucher ein wenig Überwindung, in die Donau zu gehen, sie bleibt auch bei großer Hitze eine Abkühlung. Vorbeiziehende Schiffe und Motorboote sorgen immer wieder für ordentlichen Wellengang. Einige glückliche Stadtbewohner haben im Donaustrandbad ihre Kabanen – kleine, aneinandergereihte Holzhütten. Das zwölf Kilometer entfernte Wien ist in Kritz-les-Bains auf alle Fälle schnell vergessen.

Überhaupt seit Ostasien in unmittelbarer Nähe mit der „Fischerin" eingezogen ist, ist das Flair noch internationaler geworden. Hier isst man thailändisch so gut wie selten wo, die Aussicht ist grandios und das Interieur und die Holzterrasse geschmackvoll und modern.

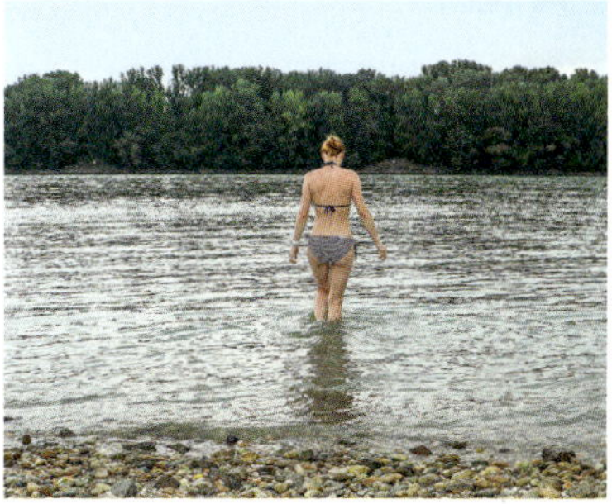

Oben: Wie stark die Strömung ist, hängt vom Pegelstand der Donau ab

Unten: Durchgang zu den begehrten Kabanen

KLEINKINDGERECHT: ***

HUNDE ERLAUBT: stromaufwärts und -abwärts von der Liegewiese

GASTRONOMIE: Kiosk Ludwig Ehrenstrasser im Strombad; Donau Riviera, Neue Badstraße 11, Tel. +43 2243 28742, donaurestaurantkritzendorf.com; Die Fischerin, Strombad Donaulände 15, Tel. +43 2243 32350, diefischerin.at

SANITÄRANLAGE, UMKLEIDEKABINEN: ja

WASSERTEMPERATUR SOMMER: höchstens 23 Grad

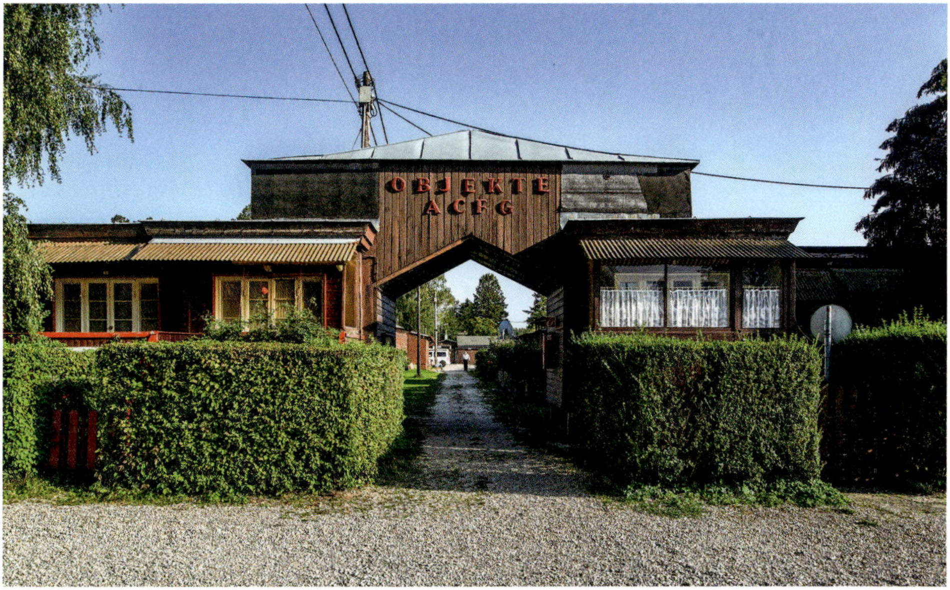

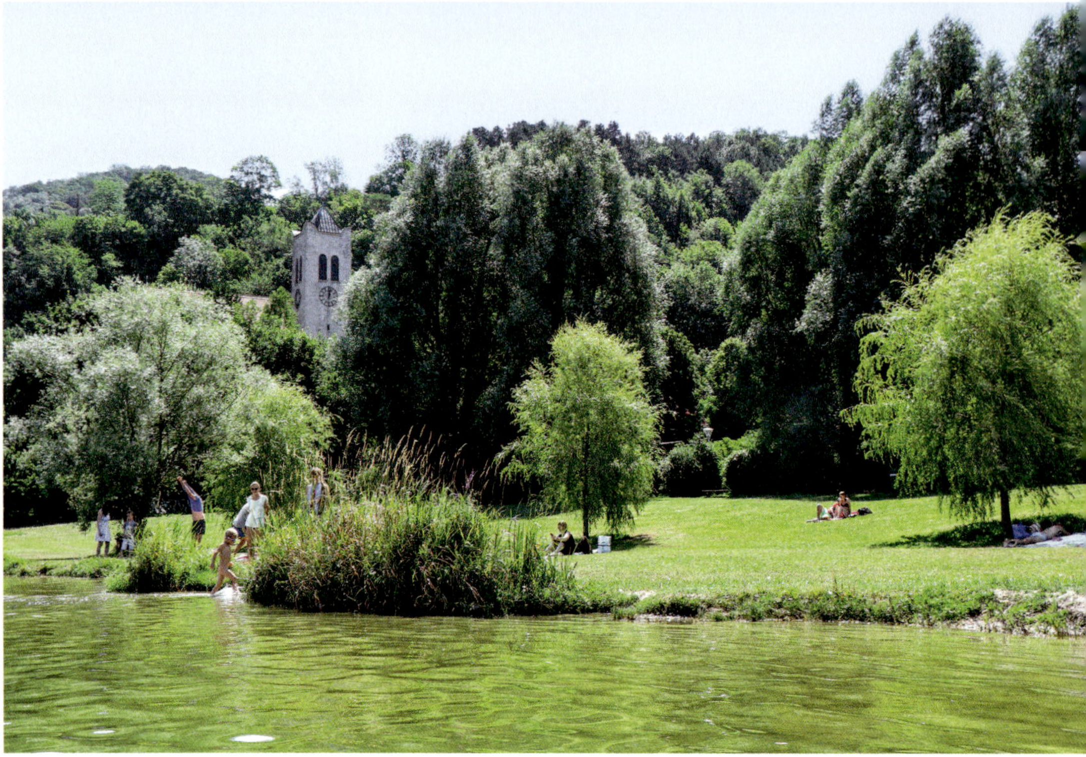

Die Strandwiese zieht an schönen Wochenenden viele Besucher*innen aus Wien an

ADRESSE: 3422 Andrä-Wördern, Greifenstein-Altenberg

GPS: 48.345127, 16.239371

ÖFFENTLICH: S40/Greifenstein-Altenberg

MIT DEM RAD: Donauradweg, EuroVelo 6

MIT DEM AUTO: Parkplatz bei der Umsetzanlage Greifenstein, Donaulände 2: 48.349421, 16.249131;

16 Donaualtarm Greifenstein

Auf einem bewaldeten Felsen des Wienerwaldes wacht anmutig seit mehr als tausend Jahren die Burg Greifenstein über die Donau. Was noch Anfang der 2000er-Jahre ein Geheimtipp war, ist längst keiner mehr. Der Donauradweg von Wien nach Greifenstein ist eine beliebte Radstrecke und auch für sportliche Kinder in eineinhalb Stunden zu bewältigen. Viele Besucher kommen bequem mit der Schnellbahn, der Bahnhof liegt nur knapp fünf Minuten vom Badeareal entfernt.

Deshalb zieht es besonders die Bewohner*innen aus der nahen Stadt zum Baden, Picknicken und Sonnentanken auf das weitläufige Areal am Donaualtarm nordwestlich von Wien. Am Andrang von Familien lässt sich die Beliebtheit der eingezäunten Liegewiese gleich unterhalb des

Bahnhofs ermessen. Breit und sanft abfallend führt sie in den strömungslosen und anfangs flachen Altarm der Donau. Zum Austoben stehen ein Spielplatz, eine Sandkiste und eine Trampolinanlage zusätzlich zum Planschvergnügen bereit. Die angrenzende Alte Hafenschenke bietet österreichische Hausmannskost und zusätzlich einen Bootsverleih. Das Wasser des Altarms ist wärmer als in der Donau und sehr sauber. Bequem schwimmt man bis zur Insel am gegenüberliegenden Ufer, Hunde sind auf der Wiese verboten. Auf allen anderen Badeplätzen in Greifenstein sind sie erlaubt.

Auf der großen Wiese bei der Umsetzanlage, gleich bei der Brücke zur Donauschleuse, kann es an heißen Tagen schon vorkommen, dass besonders zahlreich Fellnasen herumtollen und sich im Wasser abkühlen. Nicht nur einmal passierte es, dass ein Besucher sein Handtuch oder sogar Würstchen mit einem fremden Hund teilen musste! Mehrere gastronomische Betriebe sorgen vor Ort dafür, dass niemand hungrig oder durstig nachhause geht.

Nachdem die resolute und langjährige Besitzerin Silvia Hauch für den Betrieb des African Queen keinen fähigen Nachfolger gefunden hat, führt sie es nun mit Hilfe ihrer Tochter und einer Köchin mit viel Schmäh und Elan selbst weiter. Die eigenwillige Einrichtung blieb erfreulicherweise erhalten.

Auf der Halbinsel am nördlichen Altarm-Ufer in der Nähe des Parkplatzes Altarm Greifenstein und der Bootsanlegestelle (48.347509, 16.223125) ist es ruhiger. Über die gesamte Länge der Halbinsel erstreckt sich das Nacktbadegelände ohne Infrastruktur. Auf einem Weg durch den Wald führen kleine Pfade durch das Gebüsch zu Buchten direkt am Wasser. Die meisten davon bieten höchstens Platz für drei Personen mit herrlichem Blick auf Burg und Kirche. Beim ehemaligen Gasthaus Jarosch befindet sich eine Wiese (48.348943, 16.241164), die von der FKK-Community gerne aufgesucht wird, ein Holzsteg liegt am Wasser, über die Bie kommt man zurück auf die Donaulände.

Rechts: Das strömungslose Wasser verführt zu Kunststücken

Nächste Doppelseite: Eine Holzbrücke führt zur Halbinsel und zum Nacktbadegelände

Parkplatz bei der Kastanienallee/Ecke Greifensteinweg: 48.344963, 16.239311

Parkplatz Altarm Greifenstein: 48.346124, 16.215925

WEG ZUR BADESTELLE: weitläufiges Areal mit Insel, große, eingezäunte Wiese gegenüber dem Bahnhof

SCHWIMMFAKTOR: *****

KLEINKINDGERECHT: *****

HUNDE ERLAUBT: überall, außer auf der eingezäunten Liegewiese

GASTRONOMIE: Alte Hafenschenke, Am Alten Hafen 1, Tel. +43 2242 33837; Villacher Hütte, Tel. +43 676 3846172; African Queen, Tel. +43 676 5665025 bei der Umsetzanlage

SANITÄRANLAGE: öffentliche Toiletten hinter der Alten Hafenschenke und mobile Toiletten in der Nähe der Villacher Hütte

UMKLEIDEKABINEN: nein

WASSERTEMPERATUR SOMMER: Altarm bis zu 26 Grad

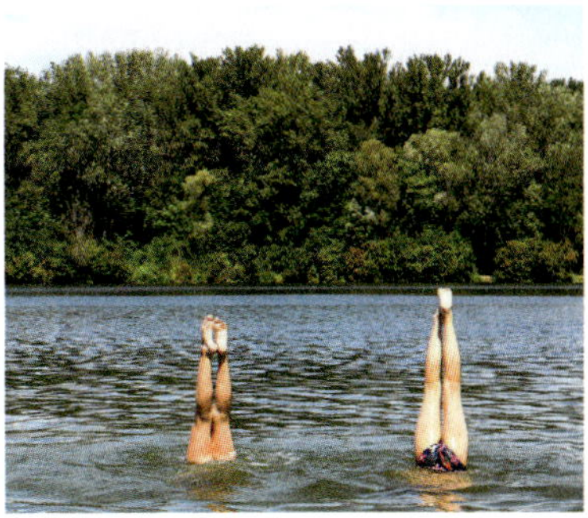

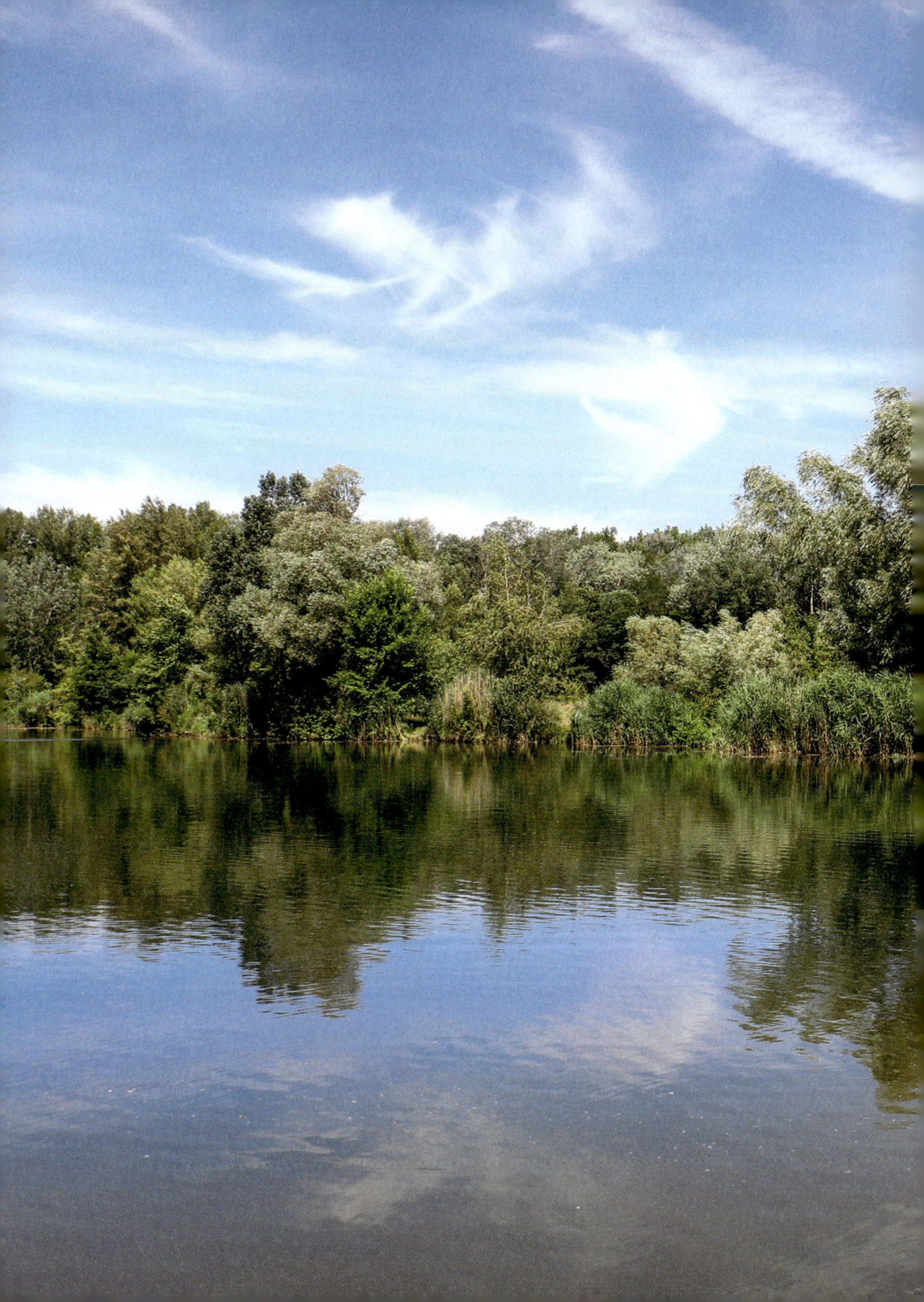

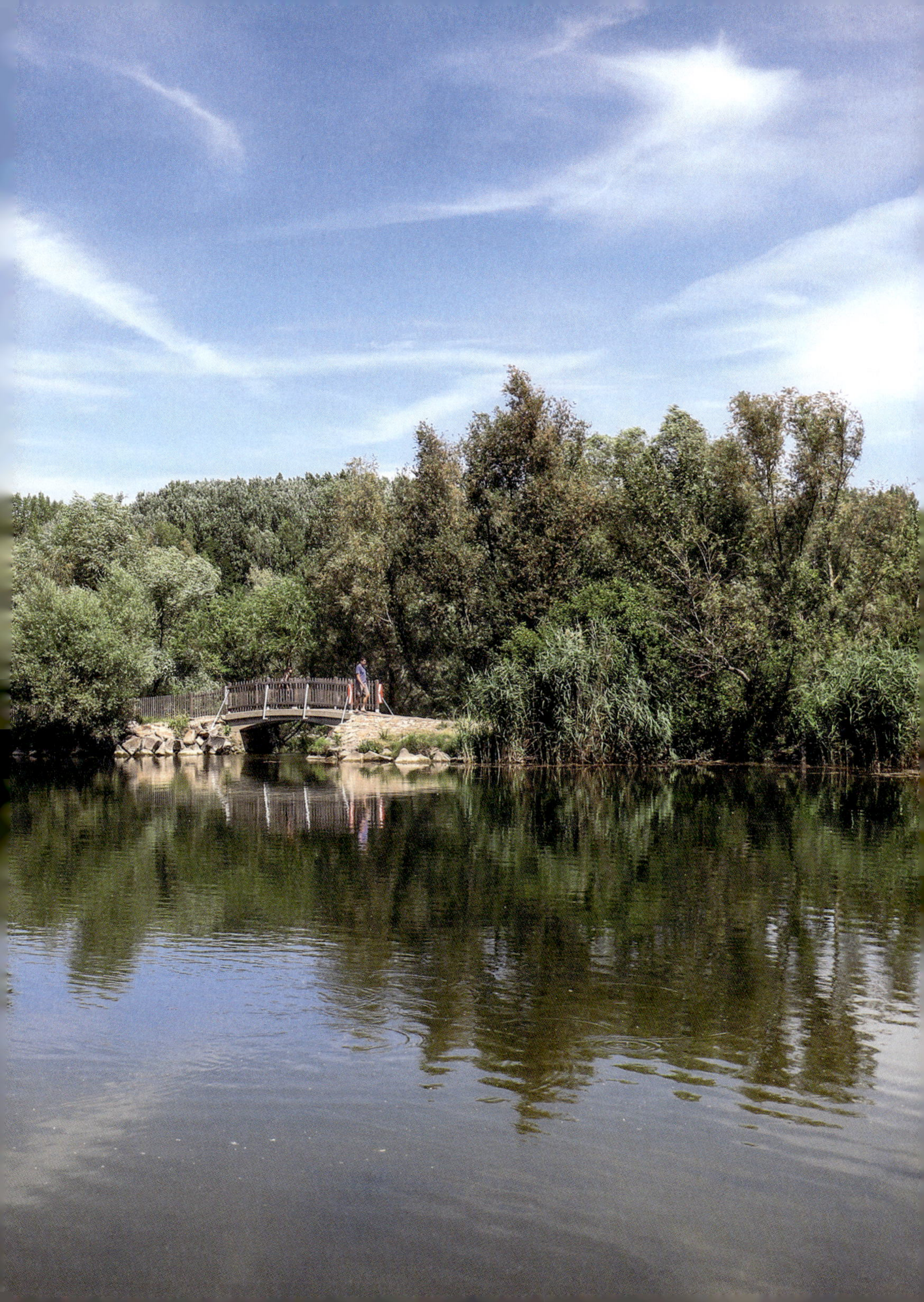

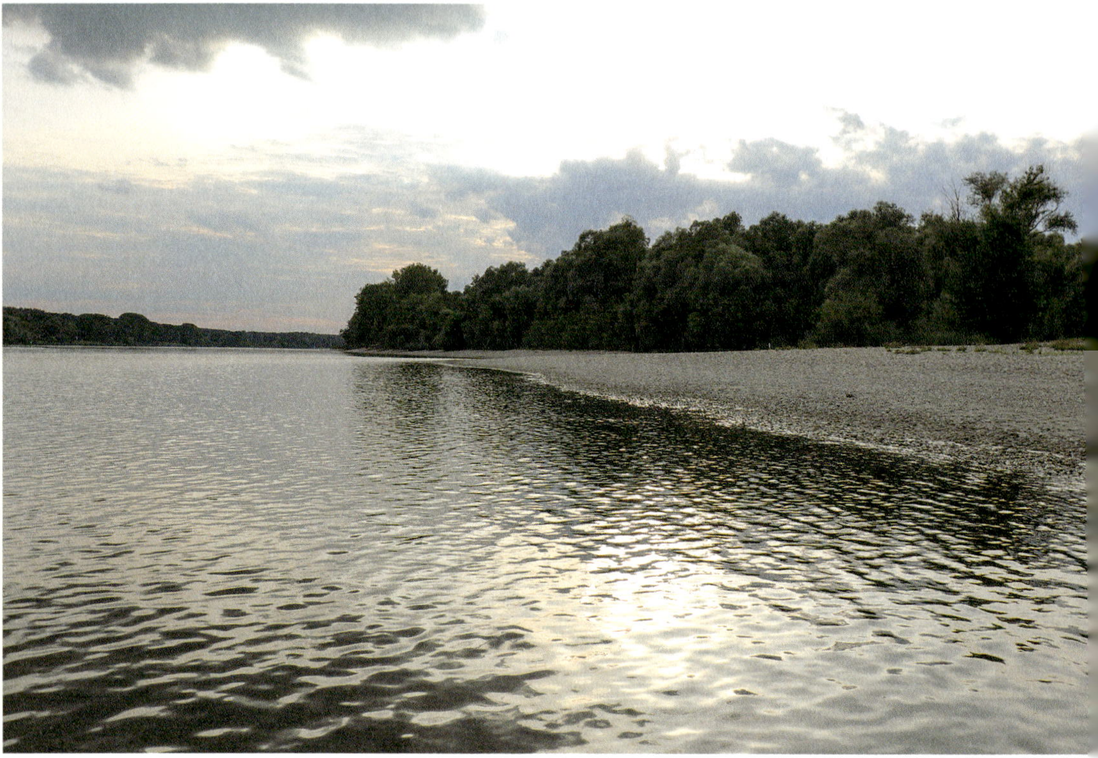

17 Schönau an der Donau

ADRESSE: 2301 Groß-Enzersdorf, Schönau an der Donau

GPS: 48.133913, 16.609546

ÖFFENTLICH: von Wien Regionalbus 391

MIT DEM RAD: Donauradweg bis Schönau an der Donau

MIT DEM AUTO: Parkplatz bei Radlertreff Hermi

WEGZEIT ZUR BADESTELLE: 20 Minuten

SCHWIMMFAKTOR: ****

Die Donau und ihre unnachahmlichen Flussauen zwischen Wien und Bratislava sind Teil des Nationalparks Donau-Auen und die größte zusammenhängende, ökologisch weitgehend intakte und naturnahe Aulandschaft Mitteleuropas. Um den Lebensraum für viele seltene und bedrohte Tier- und Pflanzenarten nicht zu gefährden, darf nur an bestimmten Plätzen und Uferabschnitten im Nationalpark gebadet werden. Eine detaillierte Karte informiert über alle Bade- und Bootsplätze *(www.donauauen.at/downloads/aktuelle-folder/)*.

Eine der erlaubten Stellen liegt in Schönau. Ein möglicher Ausgangspunkt mit Parkmöglichkeit ist der Radlertreff Hermi. Der bei Radfahrern und Einheimischen beliebte Imbissstand hat eine ausgesprochen freundliche Bedienung. Hier lässt sich Verpflegung für den Marsch zur Badestelle oder für ein Picknick am schönen Donaustrand besorgen.

Nachdem der Donauradweg, eine Böschung und betonierte Stufen überquert sind, geht es weiter auf einem breiteren Waldweg. Der mündet in einen schmalen Pfad im hohen Gras und führt schließlich zum Wasser. Die Landschaft gleicht einer Wildnis. Man bekommt das Gefühl, in den Subtropen zu sein, inklusive der dortigen Mückenplage.

Der Weg zur Badestelle dauert rund zwanzig Minuten und bei Sonnenaufgang oder in der Dämmerung sollte man ihn besser nicht ohne Mückenschutz antreten. Zur Info: Die Gelsen stechen bevorzugt bei schönem und windstillem Wetter. Der Weg lohnt sich: Graureiher jagen im flachen Wasser, der geschwätzige Stieglitz singt, Gänse ziehen laut schnatternd ihre Kreise.

Der Badeplatz ist ein breiter Schotterstrand, das Wasser seicht und ruhig, solange man in Ufernähe bleibt. Schatten gibt der üppige Auwald am Rande des Flusses, der hier klar und frisch ist. Nur die Wellen und das Dröhnen der vorbeiziehenden Frachter stören die Idylle. Der Schiffsverkehr ist rege, das Badevergnügen bleibt aber davon weitgehend unbeeinträchtigt. Es kann sogar Spaß machen, gedankenverloren die vorbeifahrenden Schiffe zu beobachten, sofern man nicht gerade am Strand vor sich hindöst.

In Schönau schwimmt man fernab überfüllter städtischer Schwimmbäder. Zumindest unter der Woche am späten Nachmittag kann das Badevergnügen samt Fauna und Flora des Nationalparks sogar ein exklusives Vergnügen sein.

KLEINKINDGERECHT: ****

HUNDE ERLAUBT: ja, mit Leine

GASTRONOMIE UND SANITÄRANLAGE: Radlertreff Hermi, 2301 Groß-Enzersdorf, Radlertreffweg 1, Tel. +43 2215 2147

UMKLEIDEKABINEN: nein

WASSERTEMPERATUR SOMMER: frisch, höchstens 23 Grad

Links: Breiter Schotterstrand und kühler Auwald beim Badeplatz in Schönau

Unten: Um zum Wasser zu gelangen, muss man durch hohes Gras

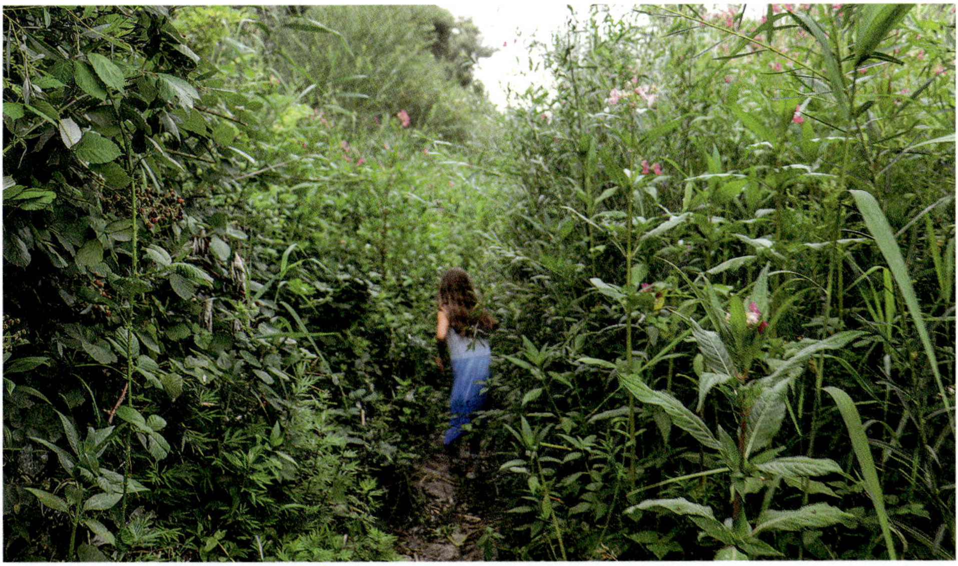

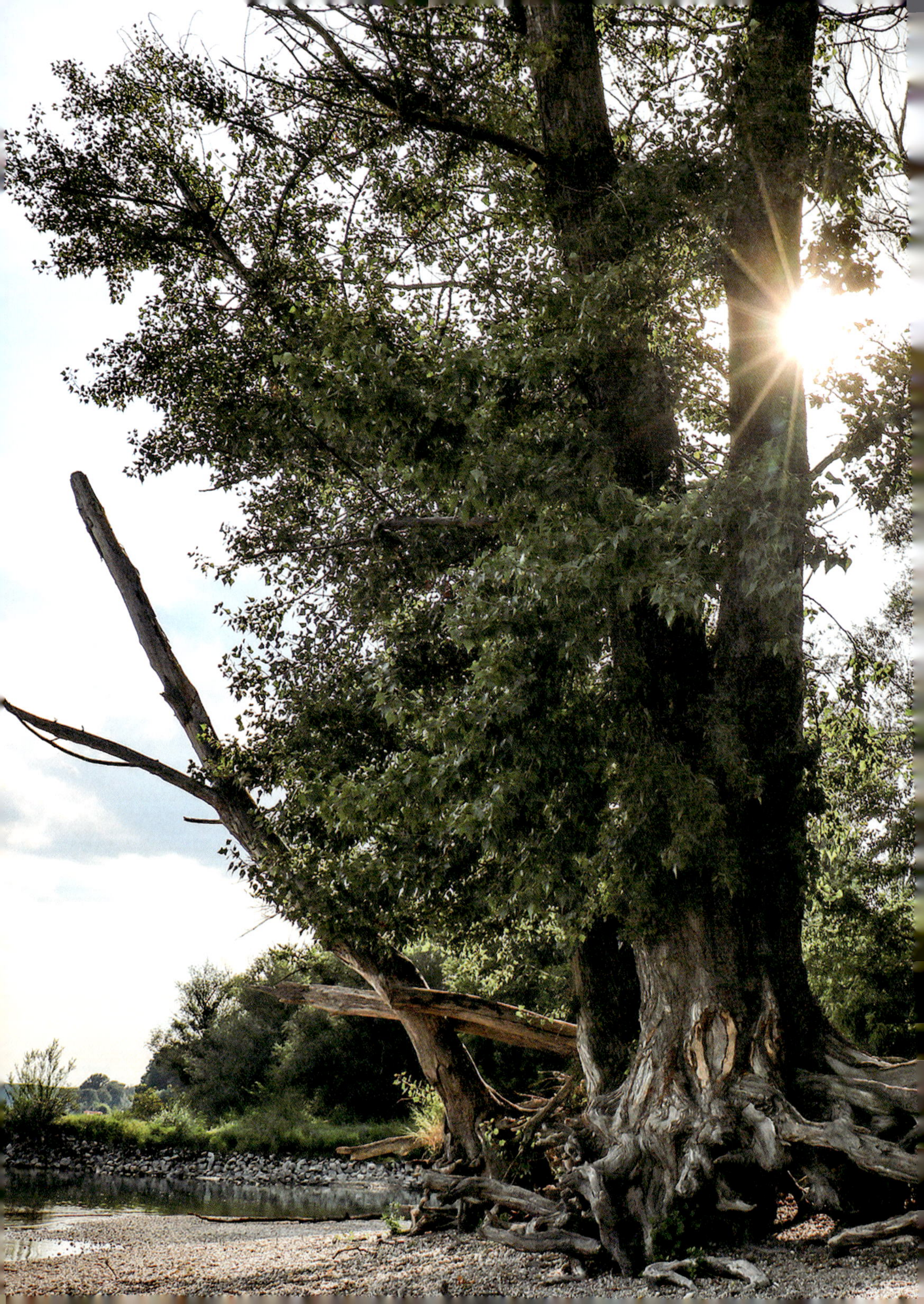

18 Orther Inseln an der Donau

Wir starten beim Humer's Uferhaus im Augebiet, vorbei an der Donau-Fähre, die neben einem Fährbetrieb und Rundfahrten auch ein schwimmendes Café mit Blick auf die Donau bereithält. Ein schattiger Waldweg durch den Nationalpark leitet die Besucher direkt zur Badestelle Orther Inseln.

Die Wildbadestelle, die nach 800 Metern oder zwanzigminütigem lockerem Spaziergang erreicht wird, ist weitläufig und lässt sofort den Alltag vergessen. Auf den Inseln bestehen selbst entstandene, echte Urwälder, die laut Nationalpark Donau-Auen forstlich nicht verändert werden. Der eine oder andere umgefallene Baum mit ausladendem Wurzelstock liefert Schatten oder Abgrenzung zu anderen Wildbadenden. Bunter Kiesel, herrlich weiche Sandstellen im Wasser und die dichte Vegetation mit Lianen machen diesen Wildbadeplatz besonders besuchenswert.

Durch den aufgeschütteten Steinwall ist ein kleines, strömungsloses und seichtes Becken in Ufernähe entstanden, dass auch kleinen Kindern das Planschen in der Donau erlaubt.

Wagemutige Wasserratten nehmen es mit der Strömung trotzdem auf und lassen sich ein Stückchen flussabwärts treiben. Empfohlen sei das wirklich nur ortskundigen und hervorragenden Schwimmern! Auch hier gilt: Mückenschutz nicht vergessen!

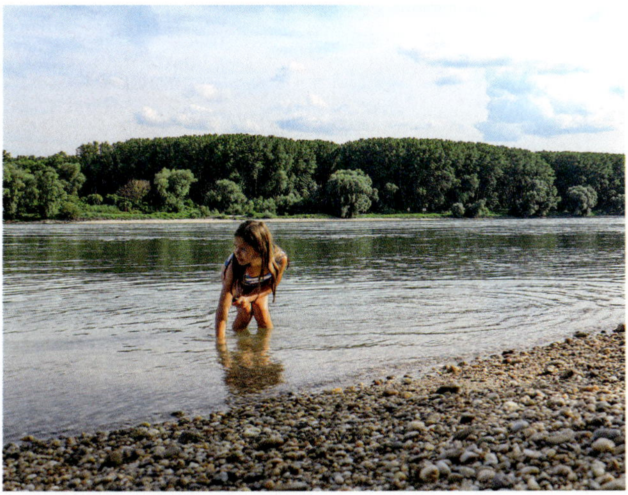

ADRESSE: 2304 Orth an der Donau, Uferstraße

GPS: 48.127143, 16.723910

ÖFFENTLICH: von Wien und Hainburg Regionalbus 391, Marchfeld mobil

MIT DEM RAD: Donauradweg bis Orth an der Donau

MIT DEM AUTO: großer Parkplatz bei Humer's Uferhaus

WEG ZUR BADESTELLE: circa 800 Meter

SCHWIMMFAKTOR: ****

KLEINKINDGERECHT: ****

HUNDE ERLAUBT: mit Leine

GASTRONOMIE: Humer's Uferhaus, 2304 Orth an der Donau, Uferstraße 20, Tel. +43 664 1800322, www.uferhaus.at; Schiffscafé Struden, Uferstraße 17, Tel. +43 664 4210058, www.faehre-orth.at

FÄHRBETRIEB: die Fähre übersetzt von April bis Oktober von Orth an der Donau nach Haslau, www.faehre-orth.at

SANITÄRANLAGE, UMKLEIDEKABINEN: nein

WASSERTEMPERATUR SOMMER: bis zu 23 Grad

Ganz links: Baum mit interessantem, ausladendem Wurzelwerk spendet Schatten

Links: Für Kleinkinder ist der flache Wassereinstieg ideal

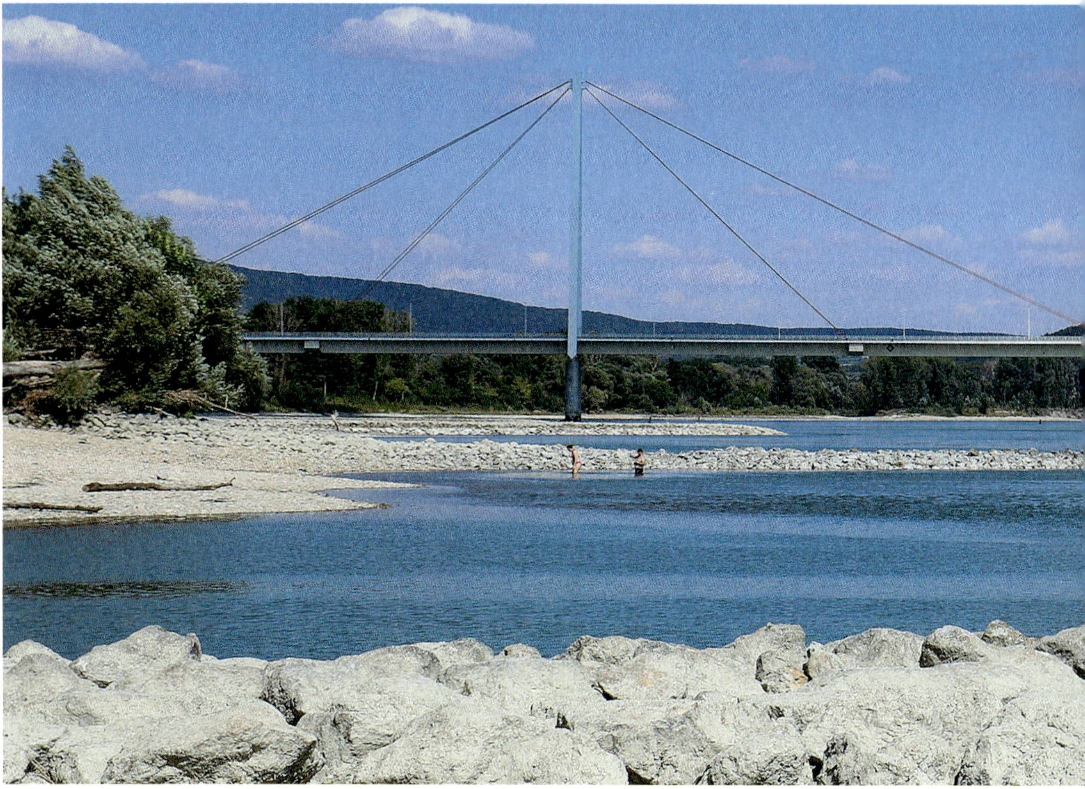

Die Andreas-Maurer-Brücke ist die einzige Donaubrücke zwischen Wien und Bratislava

19 Au-Terrasse Stopfenreuth

ADRESSE: 2292 Stopfenreuth, Uferstraße 10

GPS: 48.14365, 16.8959

ÖFFENTLICH: von Wien Regionalbus 391, Marchfeld mobil, Südufer bis Haslau: S7 und dann Personenfähre

MIT DEM RAD: Donauradweg bis Au-Terrasse Stopfenreuth

Ein Wildbadeplatz mit Kiesstrand und Sandbänken am Waldrand – an sonnigen Tagen wähnt man sich hier in südlicheren Gefilden. Der Strandabschnitt ist großzügig geschnitten und erlaubt wohltuenden Abstand zu anderen Badegästen.

Da der Flusseinstieg flach ist, eignet sich der Badestrand auch für kleinere Kinder. Twin City Liner sind auf dem Weg nach oder von Bratislava, große Transport- und Ausflugsschiffe ziehen vorbei und manchmal winken Mitreisende freudig den Badenden zu.

Im Hochsommer kann die Donau hier selten, aber doch 23 Grad erreichen. Dann wird gemütlich gebadet und kaum mehr erfrischt. Badeschuhe sind von Vorteil, aber

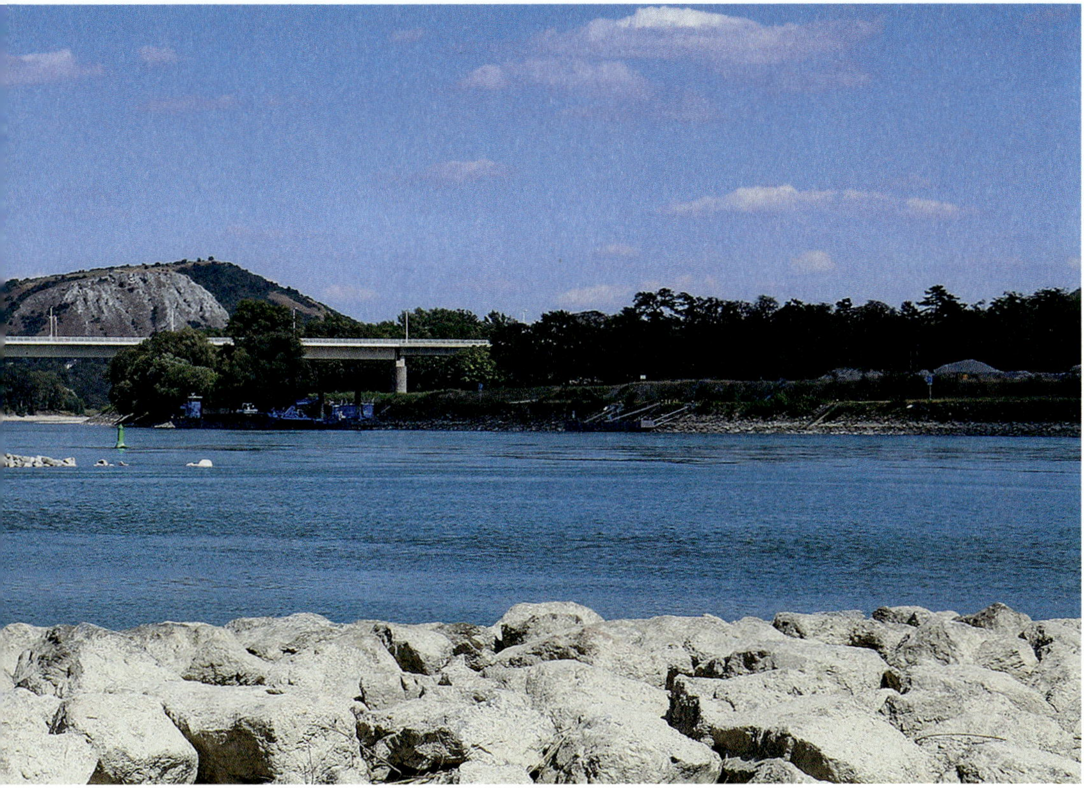

nicht unbedingt notwendig. Besonders am späten Nachmittag – wie überall im Nationalpark – Gelsenalarm!

Eine gute Aussicht über die Donauauen bietet die zweigeschoßige Plattform der Au-Terrasse. Der Zeltplatz wurde aufgelassen, nachdem der Besucherandrang für den Nationalpark zu groß geworden ist. Bitte darauf achten, anfallenden Müll wieder mitzunehmen, es gibt keine Behältnisse vor Ort. Sanitäranlagen fehlen, in den Monaten Mai bis August wird dankenswerterweise ein Trocken-WC bereitgestellt.

Der Nationalpark-Wanderweg Stopfenreuther Donaurunde führt direkt am Badeplatz vorbei. Eine öffentliche Anreise ist möglich, mit einem zügigen zwanzigminütigen Fußweg von der Bushaltestelle am Kirchplatz in Stopfenreuth zum Wildbadeplatz muss aber gerechnet werden. Da ist die Anreise mit dem Rad über den Donauradweg für viele schon verlockender und einfacher.

MIT DEM AUTO: Uferstraße bis zur Au-Terrasse, links und rechts vom Weg parken

SCHWIMMFAKTOR: ***

KLEINKINDGERECHT: ****

HUNDE ERLAUBT: ja, mit Leine

SANITÄRANLAGE: im Sommer Trocken-WC

GASTRONOMIE, UMKLEIDEKABINEN: nein

WASSERTEMPERATUR SOMMER: bis zu 23 Grad

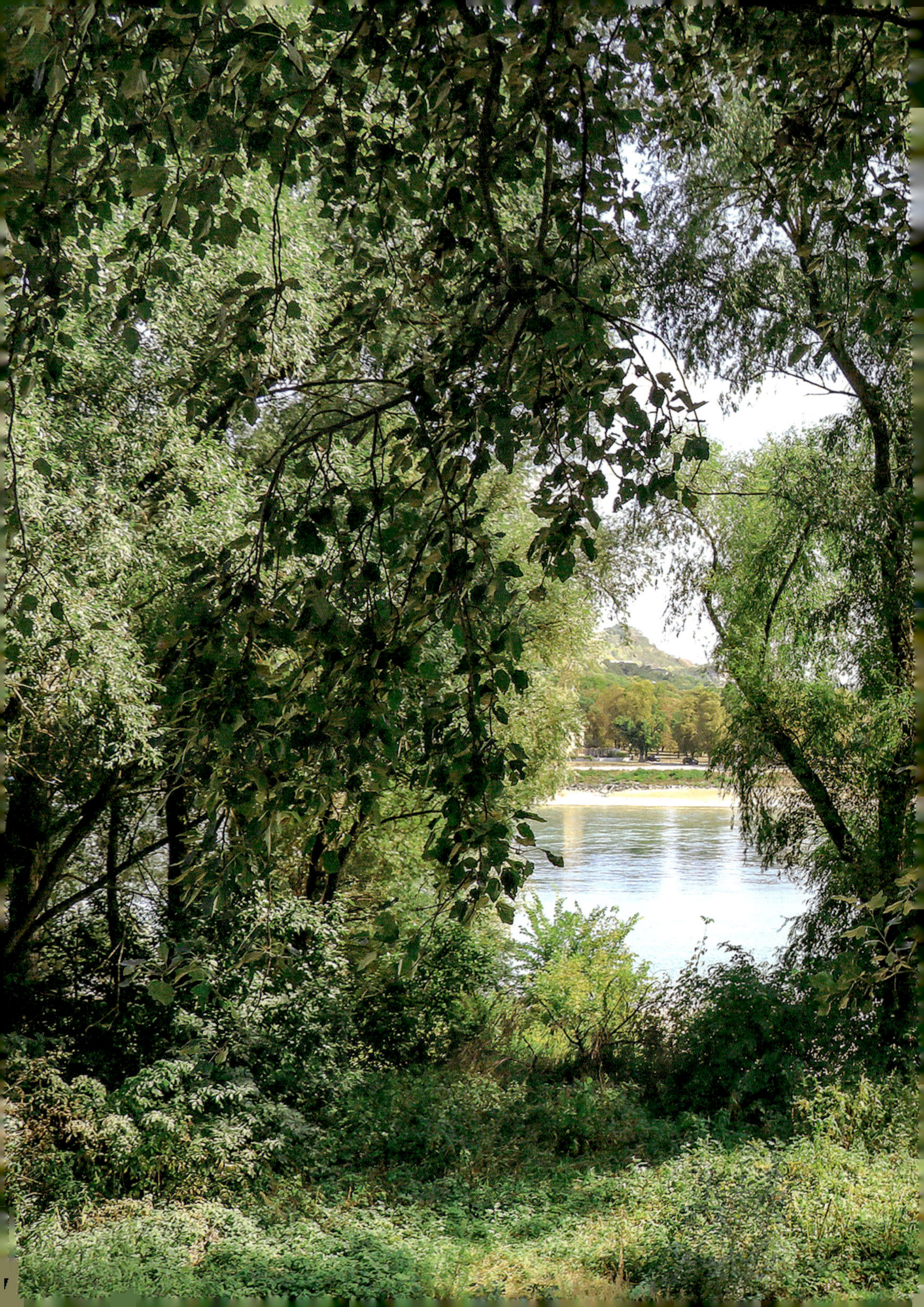

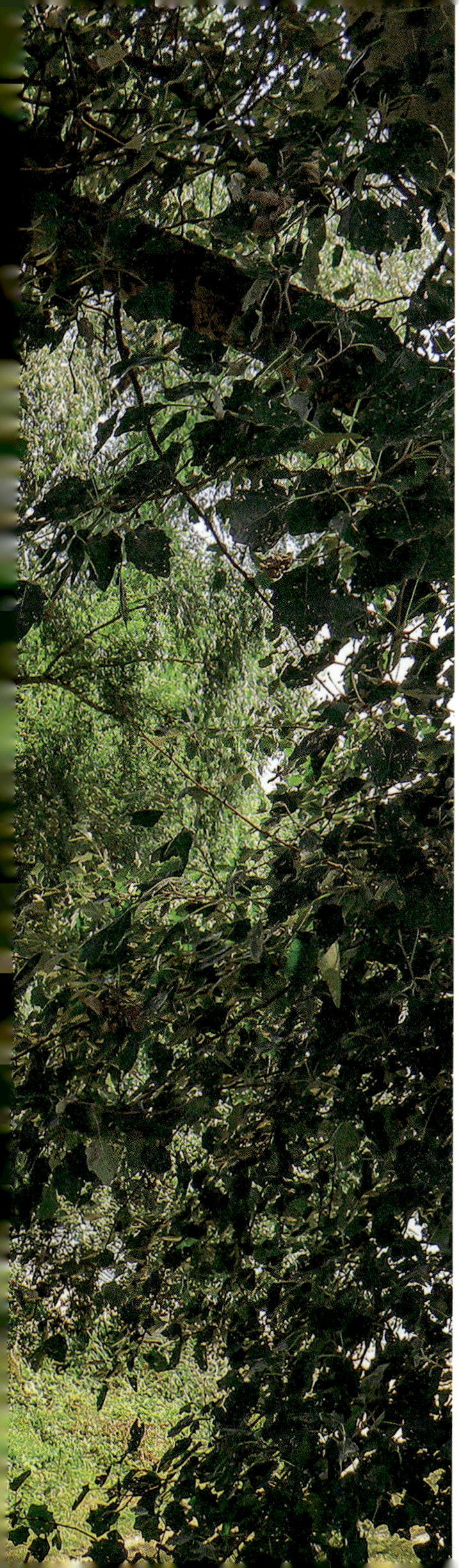

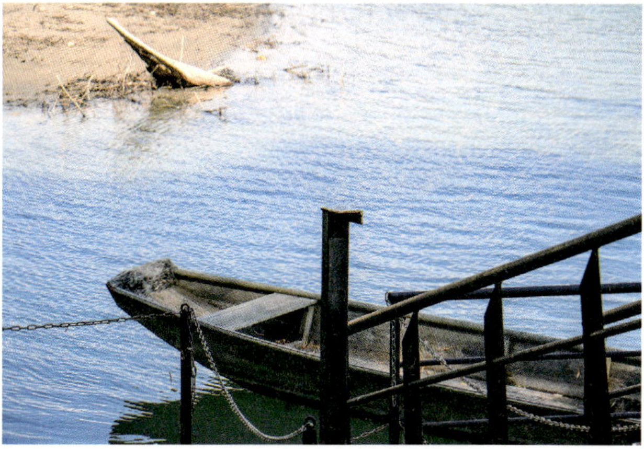

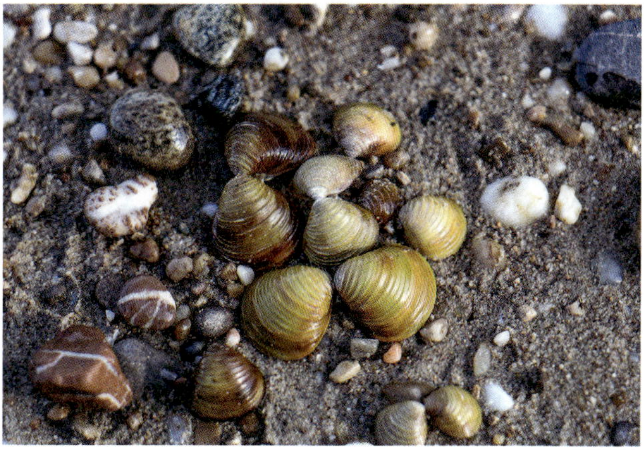

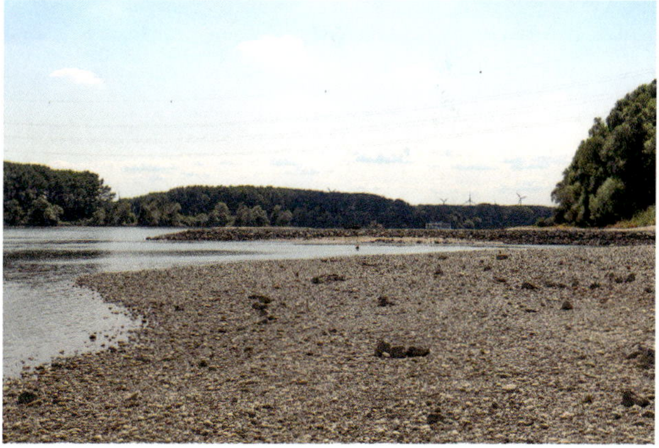

Links: Badeidylle im üppigen Auwald

Von oben nach unten: Altes Holzboot am Ufer; Donaumuscheln; weitläufiger Kieselstrand in Stopfenreuth

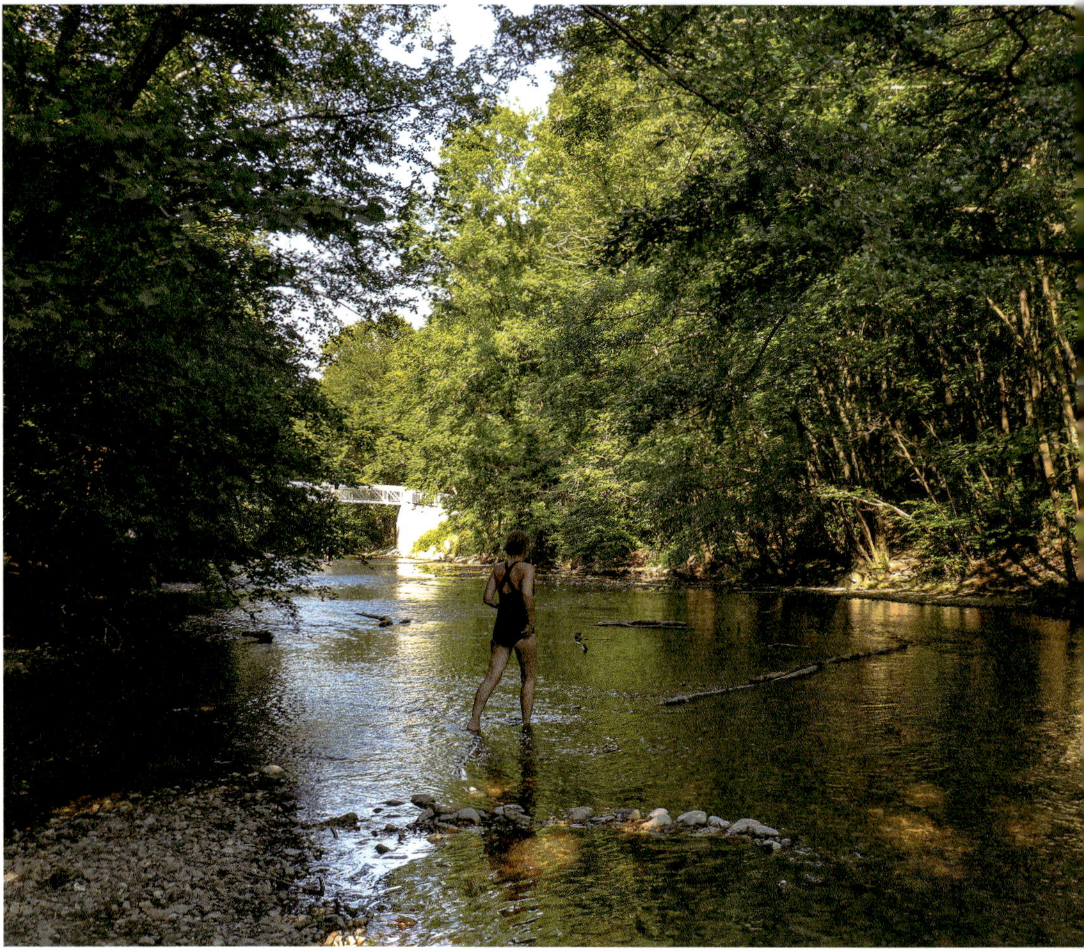

Für wirklich heiße Tage: Viel Schatten und seichtes, aber kühles Wasser im Helenental

20 Schwechat im Helenental

ADRESSE: zwischen Baden und Mayerling an der Badener Straße

ÖFFENTLICH: Zug oder Badner Bahn, dann Regionalbus 459

MIT DEM RAD: Radweg Helenental

Im malerischen Helenental eignet sich die Schwechat besonders gut zur Abkühlung an heißen Tagen. Mit naturbelassenen Schotterbänken, seichtem Wasser und so gut wie keiner Strömung ist der Fluss bei Familien und Hundehaltern gleichermaßen geschätzt.

Das Wasser ist erfrischend, aber nicht kalt, der schattige und hier besonders stimmungsvolle Wienerwald umrahmt den Flusslauf. Familien kommen vor allem mit kleinen Kindern hierher, um im glasklaren, grün schimmernden Wasser zwischen Steinen und kleinen Inseln zu pritscheln und kleine Flussexpeditionen zu unternehmen.

Im Hochsommer reicht die Schwechat Erwachsenen kaum bis zu den Knien. Tiefere Stellen, um vollständig einzutauchen, sind wenige bis gar keine auszumachen. Da faulenzt und döst man lieber am feinen Kiesel am Ufer oder auf den großen Steinen am schattigen Waldrand.

Bei unserem Besuch sorgte eine kleine Schlange, die im Wasser schwamm und um die Beine einer der Autorinnen strich, für helle Aufregung und gleichzeitig große Begeisterung. Vielleicht war es eine junge Würfelnatter? Deren natürlicher Lebensraum wurde leider vor allem durch die Verbauungen der Flusslandschaften in den vergangenen Jahrzehnten drastisch dezimiert. Wir wollen aber trotzdem glauben, dass es diese hier selten anzutreffende ungiftige Schlange war, der wir bei der Fischjagd begegnet sind.

Direkt neben der Schwechat schlängelt sich der Helenentalradweg dahin. Spaziergeher mit oder ohne vierbeinigen Anhang streifen auf dem vielbesungenen Wegerl zwischen Baden und Mayerling den Fluss entlang. Vor oder nach einem kühlen Bad bietet sich eine kleine Wanderung zu einem der Ausflugsziele des Tals an. Die Burgruinen Rauhenstein, Rauheneck und Scharfeneck, die Antonsgrotte, die Cholerakapelle und der Beethovenstein liegen gleich ums Eck.

Das Helenental ist gut ausgeschildert. Auf der verkehrsreichen Badener Straße können jene, die mit dem Auto kommen, ab der Antonsbrücke nach einem geeigneten Parkplatz Ausschau halten. Auf Kilometer 12,2 gibt es eine kleine und auf Kilometer 11,8 eine größere Parkmöglichkeit. Gegenüber dem Landgasthof Cholerakapelle befinden sich ein großer Parkplatz und eine öffentliche Bushaltestelle und der beliebteste und bekannteste Badeplatz an der Schwechat. Eine weitere Bade- und Einkehrmöglichkeit liegt in der Nähe der Augustinerhütte (inkl. Parkplatz).

MIT DEM AUTO: Badener Straße (B210), Parkmöglichkeiten: 48.019065, 16.186321

Parkplatz gegenüber dem Gasthaus Cholerakapelle: 48.017854, 16.178846

und bei der Augustinerhütte (Rosental): 48.023909, 16.159577

WEG ZUR BADESTELLE: je nach Standort an der Badener Straße, aber relativ kurzer Weg zur Schwechat

SCHWIMMFAKTOR: *

KLEINKINDGERECHT: *****

HUNDE ERLAUBT: ja, sehr beliebt bei Hundebesitzern

GASTRONOMIE: Landgasthof Cholerakapelle, Tel. +43 664 5119559, satran.at/cholerakapelle; Augustinerhütte, Tel. +43 2252 44336 augustinerhuette.at

SANITÄRANLAGE UND UMKLEIDEKABINEN: nein

WASSERTEMPERATUR SOMMER: erfrischend

Nächste Doppelseite: Mit Sand und Steinen im Wasser Mauern und Pyramiden bauen

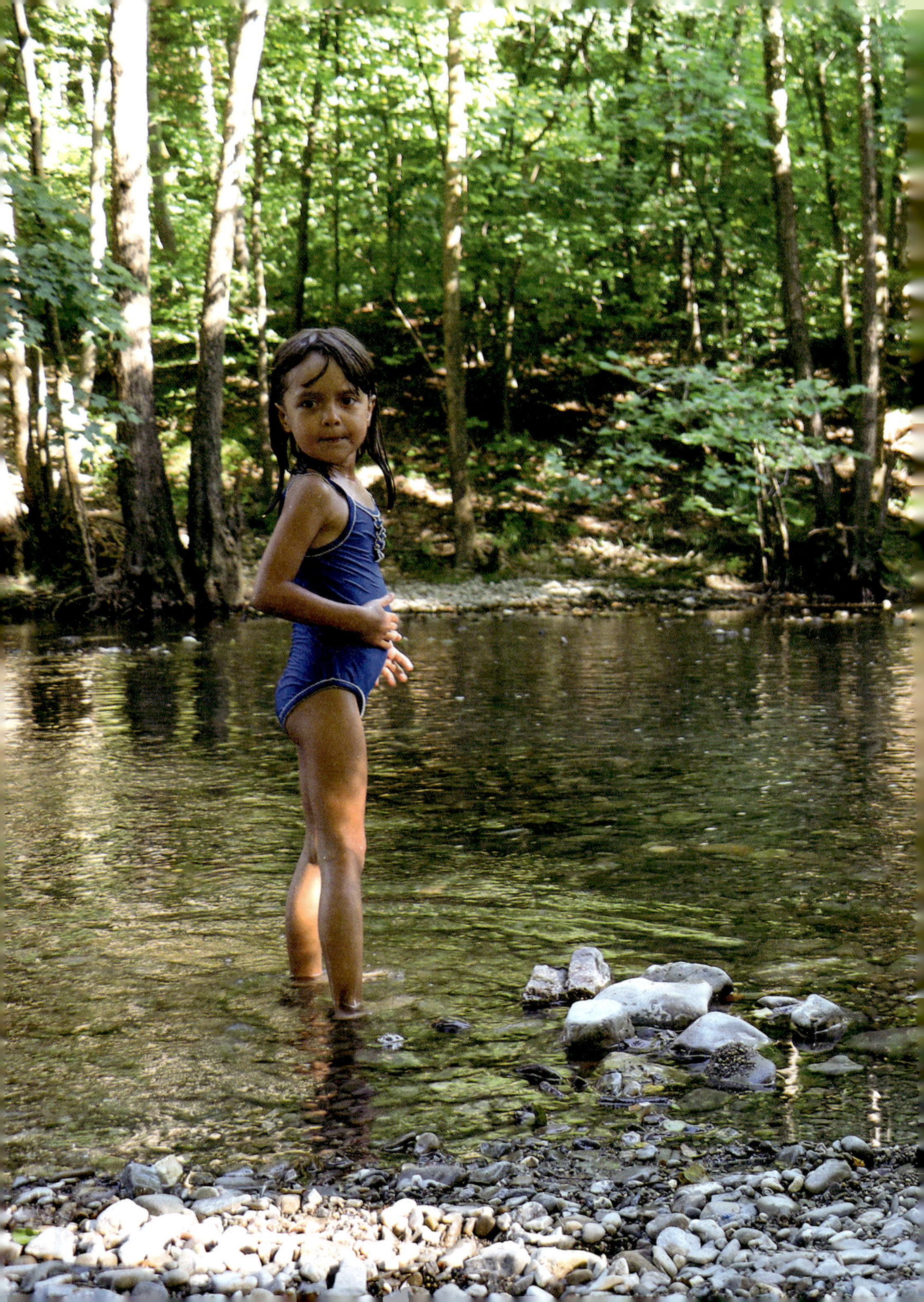

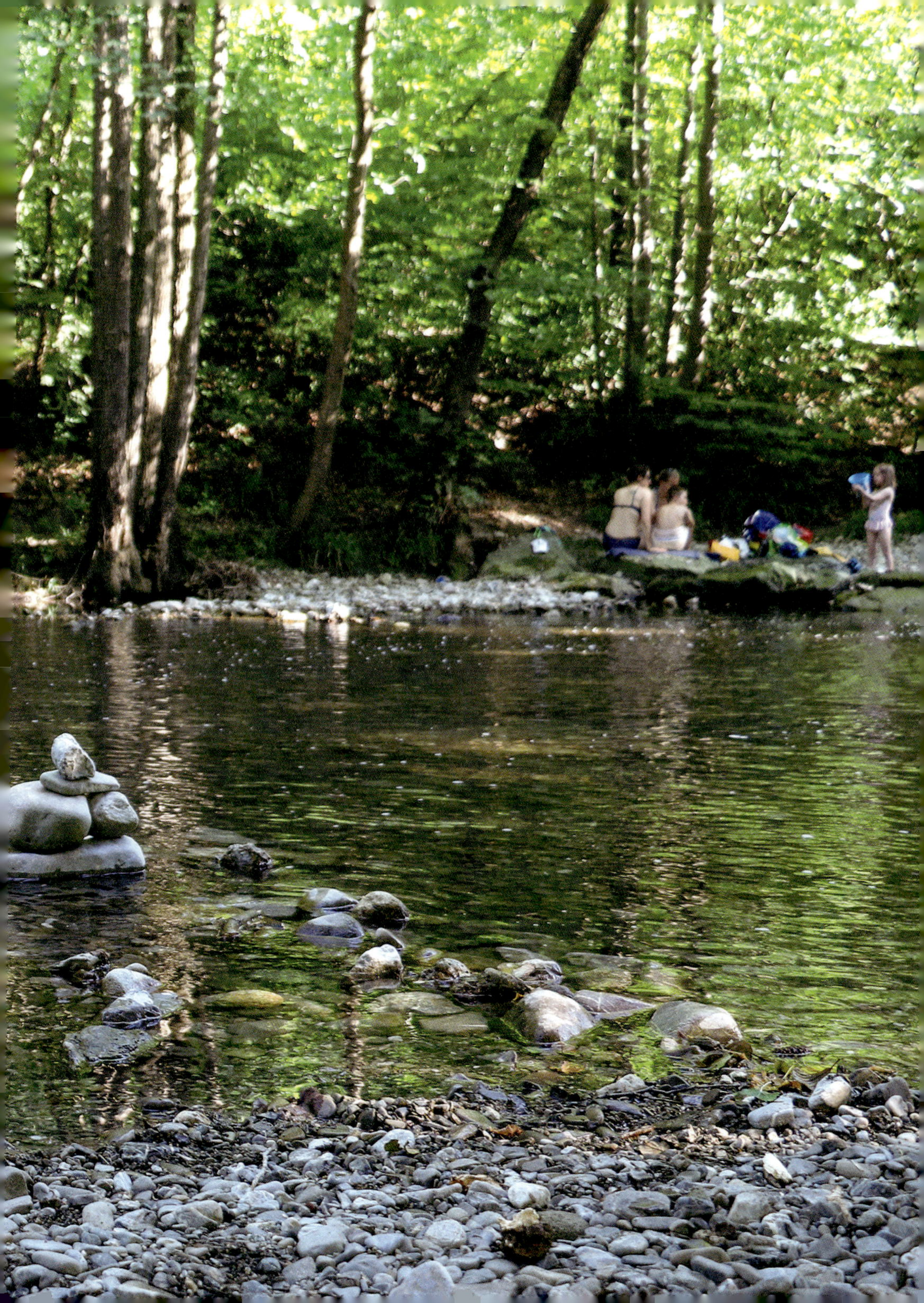

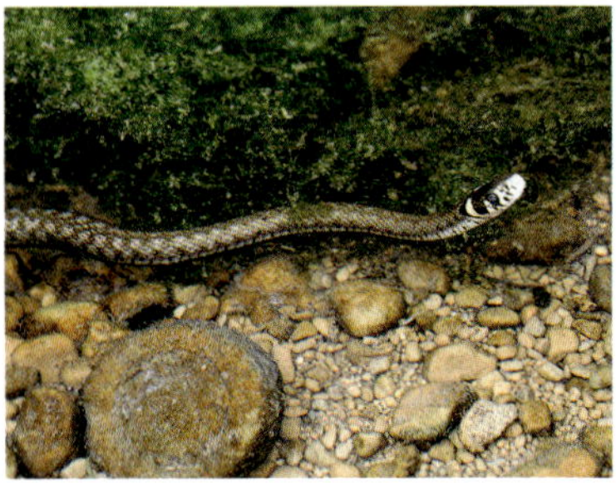

Oben: Eine Würfelnatter lässt sich nicht bei der Fischjagd stören

Rechts: Hangstiegen an schattigen Felswänden

21 Johannesbachklamm Würflach

Die etwa einen Kilometer lange Johannesbachklamm führt durch die eindrucksvolle Landschaft der Region Hohe Wand und bietet sommerliche Abkühlung im gleichnamigen Bach und dichtem Wald. Über sieben Brücken, einige Hangstiegen und im Schutz schattiger Felswände aus Wettersteinkalk wandert man durch den Föhrenwald. Die Tour ist leicht, auch mit kleinen Kindern zu bewältigen und Hunde dürfen, solange sie an der Leine geführt werden, ebenfalls mit. Wer Abkühlung sucht, kann ein bisschen im Wasser kneippen. Tiefer als einen halben Meter wird der Bach aber nie.

Wir starten den Spaziergang am östlichen Ende der Klamm in der Klammgasse. Hier wurden eine Staumauer und ein kleiner Stausee angelegt, der als Zwischenspeicher bei starkem Regen dient, im Sommer aber kaum Wasser führt.

Vorbei an der KlammWirtin Schneebergland (österreichische Küche, kleiner Spielplatz gegenüber) führt der Weg in den Wald und endet nach dreißigminütiger Gehzeit auf einer großen Wiese bei einer Schutzhütte.

Wildromantisch und gemächlich plätschert der ruhige Johannesbach durch die bemooste Felsenschlucht, kleine Vögel auf Futtersuche hüpfen von einem Wackelstein zum anderen, außer dem Rauschen des Baches ist so gut wie nichts zu hören. An schönen Wochenenden und in den Sommerferien ist die nur eine Autostunde von Wien entfernte Klamm ein stark frequentiertes Ausflugsziel und zieht viele Besucher an. Mit der Ruhe ist es dann wohl vorbei.

Bei unserem Besuch am späten Nachmittag erfreuten wir uns an dem seltenen Anblick einer kleinen Würfelnatter. Völlig reglos lauerte sie im Bach, um kleine Fische zu jagen. Nur das kleine Köpfchen ragte aus dem Wasser.

ADRESSE: 2732 Würflach, am Ende der Klammgasse

GPS: 47.778914, 16.044328

ÖFFENTLICH: Zug nach Neunkirchen oder Willendorf, Regionalbusse 1706, 1714 oder 7847

MIT DEM RAD: kein eigener Radweg

MIT DEM AUTO: Parkplätze Klammgasse und Badgasse

KLEINKINDGERECHT: *****

HUNDE ERLAUBT: mit Leine

GASTRONOMIE: KlammWirtin Schneebergland, 2732 Würflach, Klammgasse 383, Tel. +43 2620 22527, www.klammwirtin.com

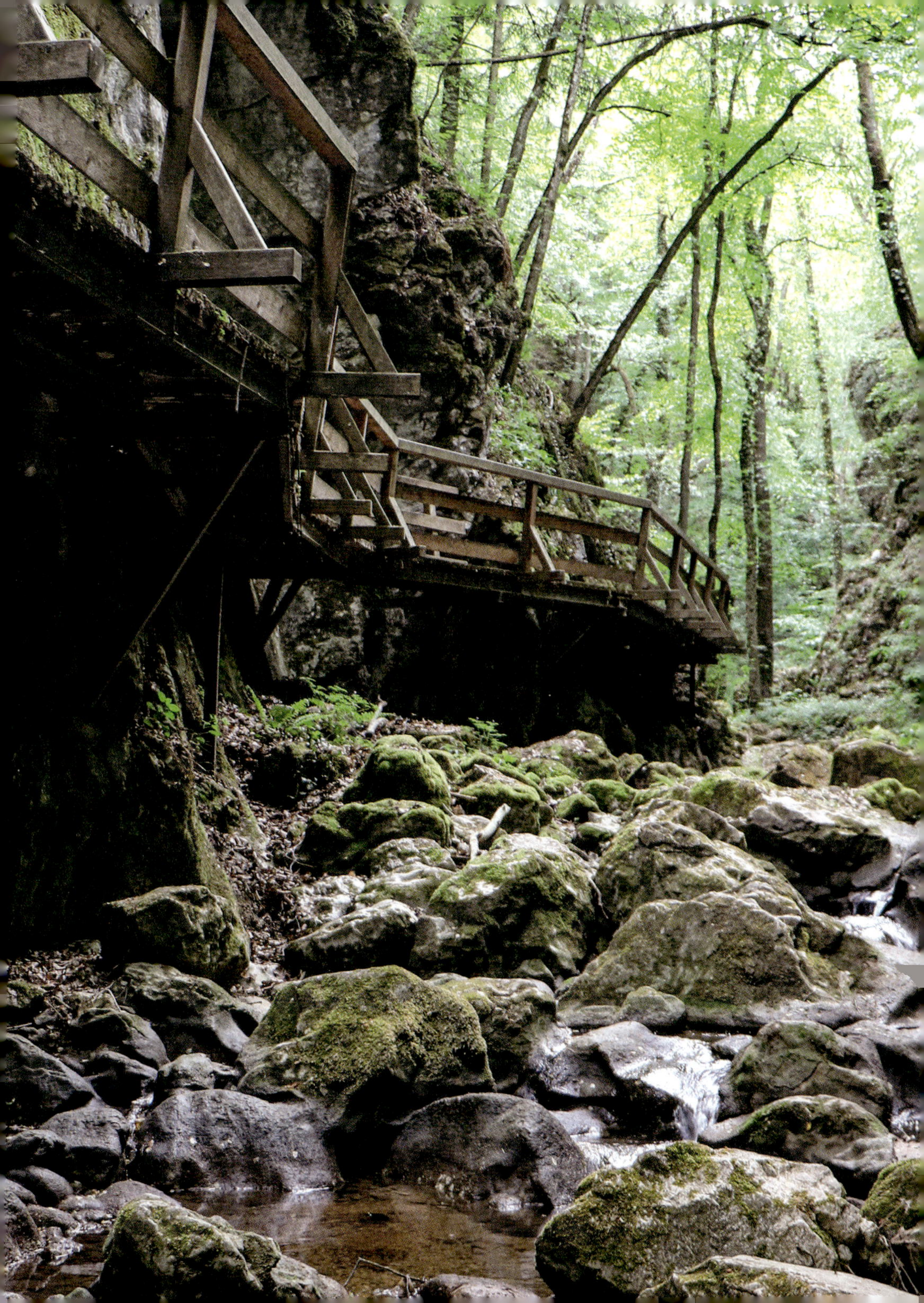

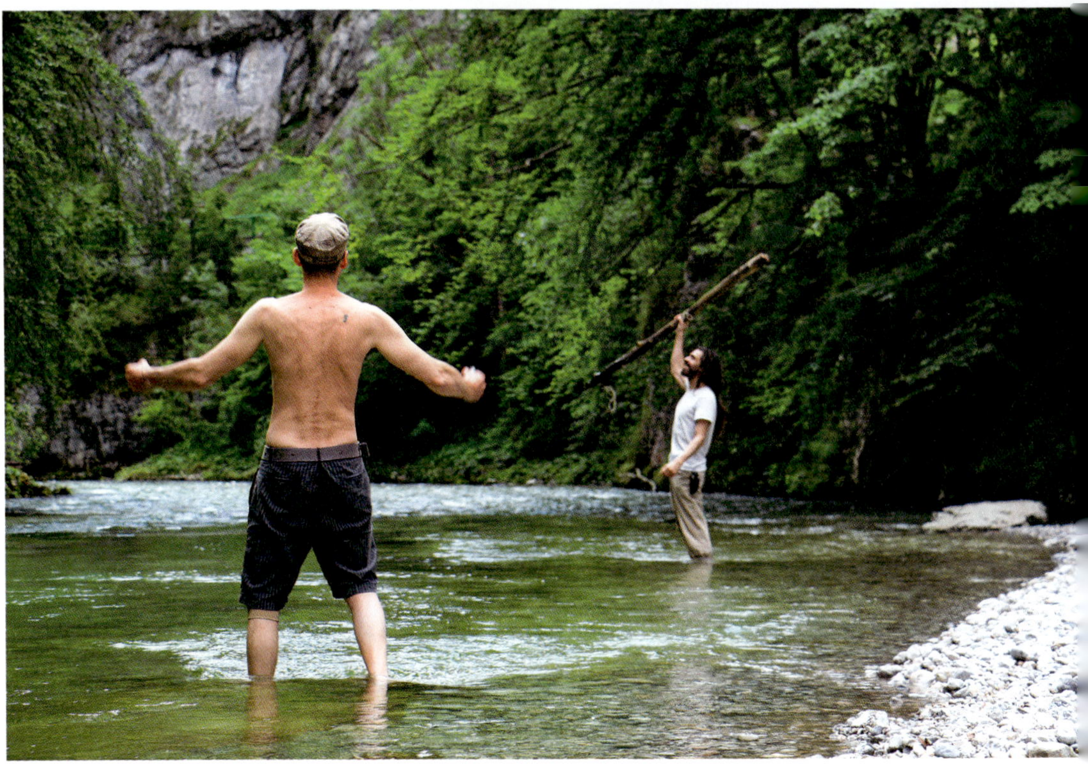

Urkräfte im Höllental spüren

22 Schwarza im Höllental

ADRESSE: Höllental zwischen Schwarzau im Gebirge und Hirschwang

ÖFFENTLICH: Südbahn bis Payerbach/Reichenau, dann Regionalbus 1746, 1748

MIT DEM RAD: kein eigener Radweg

MIT DEM AUTO: B27, Höllentalstraße, Parkplätze, z. B.: 47.717045, 15.806045;

47.722892, 15.804897;

Zwischen den Kalksteinmassiven Schneeberg und Rax im Höllental fließt die kristallklare und eisigkalte Schwarza. Der Fluss versorgt seit bald 150 Jahren Wien mit Trinkwasser. Entlang der historischen Leitung führt der rund vier Kilometer lange Erste Wiener Wasserleitungsweg durch die Schlucht.

Die meisten Menschen kommen wegen der zahlreichen Klettersteige und Wanderrouten auf der Rax und dem Schneeberg ins 16,5 Kilometer lange Tal. Oder sie paddeln im Wildwasser oder brettern auf der kurvigen Höllentalstraße mit dem Motorrad dahin.

Die schönen Wildbadestellen an der Schwarza sind eine unübertroffene Möglichkeit, sich der Hitze der Stadt zu entziehen. Am besten, man folgt dem Wiener Wasserleitungsweg durch das Tal. Von hier führen immer wieder kleine Pfade zu kleinen und größeren Kiesbänken am

Fluss. Abhängig vom Wasserstand ergeben sich stets neue Buchten, Sandbänke und Schotterinseln zum Planschen.

Die erste Möglichkeit liegt in unmittelbarer Nähe zur Talstation der Rax-Seilbahn in Hirschwang, bis Schwarzau im Gebirge folgen viele weitere. Das Wasser ist so kalt, dass einem beim Kneippen oder Schwimmen schnell die Füße schmerzen. Man sollte sich aber nicht abschrecken lassen! Da hilft nur Bewegung in Form von Schwimmzügen, ein gewagter Kopfsprung ins tiefere Wasser oder man lässt sich eine eher kurze Distanz von der Strömung treiben.

Die Schwarza schimmert in verschiedensten Grün- und Türkistönen, schroffe Felsen und dunkle Buchen- und Föhrenwälder bilden eine stimmungsvolle Kulisse. Das Höllental ist einer der reizvollsten Plätze in den Wiener Alpen. Die Farbe des Wassers erinnert an die Südsee, wäre da nicht die Wassertemperatur von nur ungefähr 15 Grad.

Auch kleinere Kinder finden Spaß beim Spielen am Fluss, stellenweise ist das Wasser nur knöcheltief. Mit genügend Verpflegung und Badeschuhen (das Flussbett ist sehr steinig) können ganze Nachmittage an der Schwarza verbracht werden. Das Rauschen des Flusses entspannt nachweislich, da fällt es nicht schwer, den Geräuschpegel der vorbeiziehenden Motorräder auf der nahen Bundesstraße auszublenden.

Übrigens, das Höllental galt einst seiner wilden Felsen und des rauschenden Flusses wegen als furchteinflößend und kam so zu seinem Namen. Geheimtipp ist das wildromantische Tal zwar leider keiner mehr, aber überlaufen ist es auch noch nicht.

47.731695, 15.794953;

47.735094, 15.792355,

Parkplätze beim Gasthaus „Am Wasserwerk“, Stadelwand, Wachthüttelkamm

SCHWIMMFAKTOR: ***

KLEINKINDGERECHT: ***

HUNDE ERLAUBT: ja

GASTRONOMIE: Weichtalhaus, 2651 Hirschwang an der Rax 109, Tel. +43 2666 52134, weichtalhaus.at

CAMPING: Park 'n' camp, 2651 Reichenau a. d. Rax, Dr.-Ewald-Bing-Straße 3, Tel. +43 664 215 1630, camping.raxalpe.com

SANITÄRANLAGE, UMKLEIDEKABINEN: nein

WASSERTEMPERATUR SOMMER: nie mehr als 15 Grad

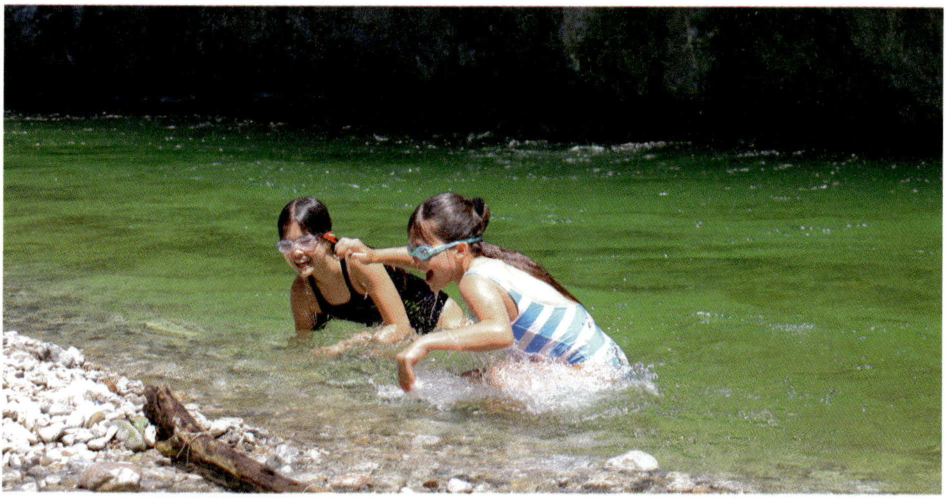

Nicht nur etwas für wilde Kerle, sondern auch für hartgesottene Badenixen

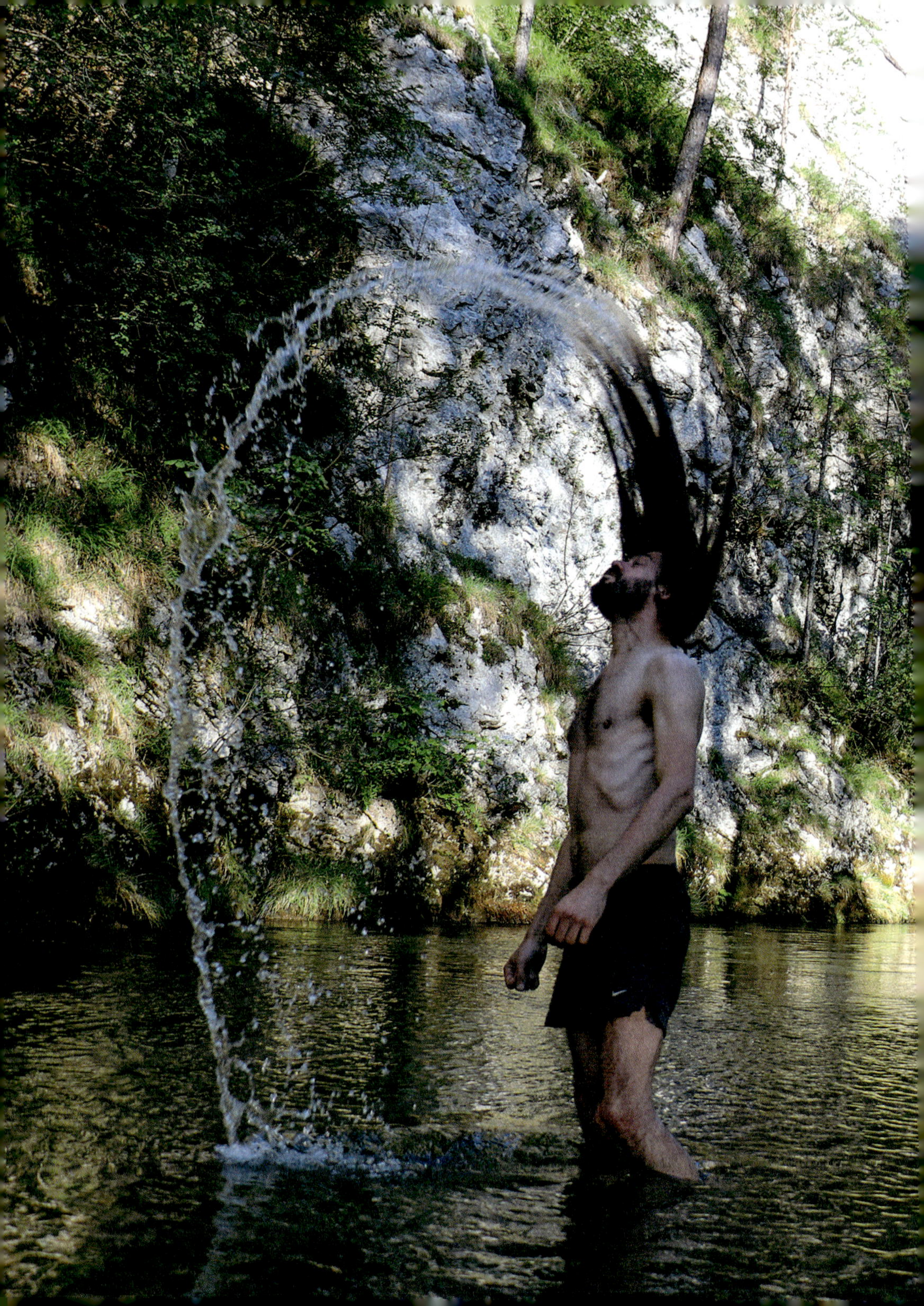

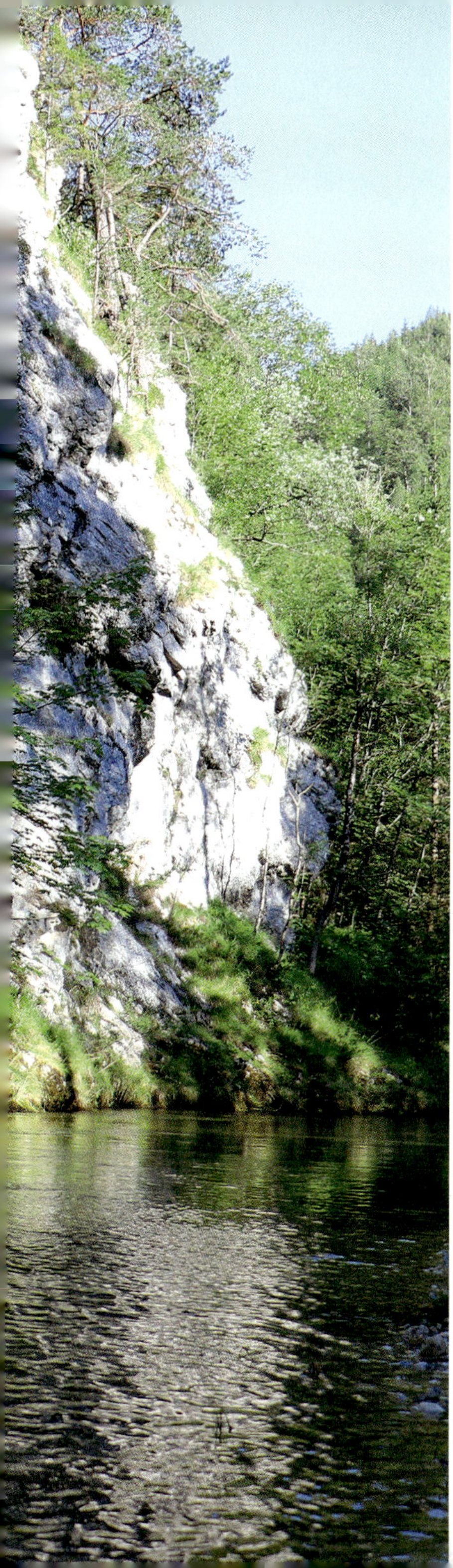

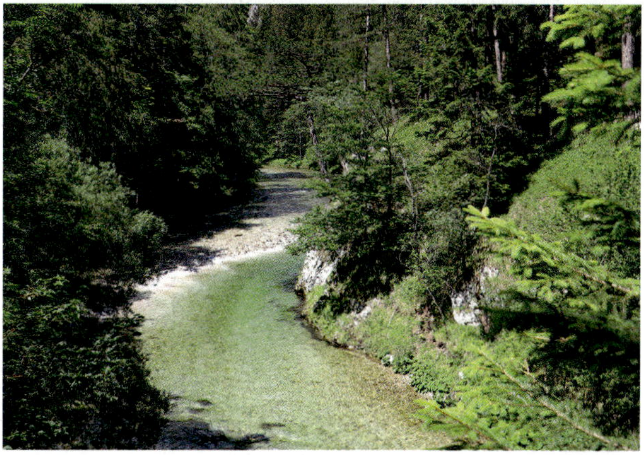

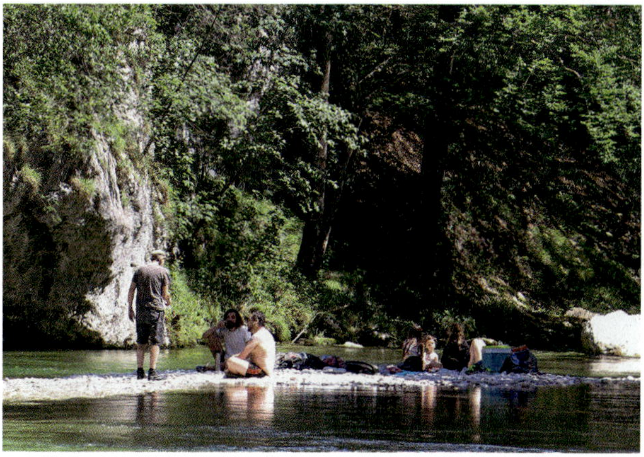

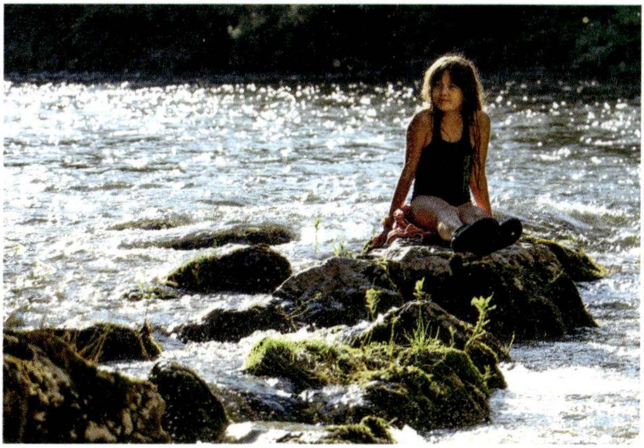

Links: Mal kurz die Haare durchgeschüttelt, um das kalte Nass loszuwerden. Von oben nach unten: Der Fluss schlängelt sich durch das Kalksteinmassiv; die Schotterbänke laden zum Picknicken ein; große Steine zwischendrin sind willkommene Aussichtspunkte

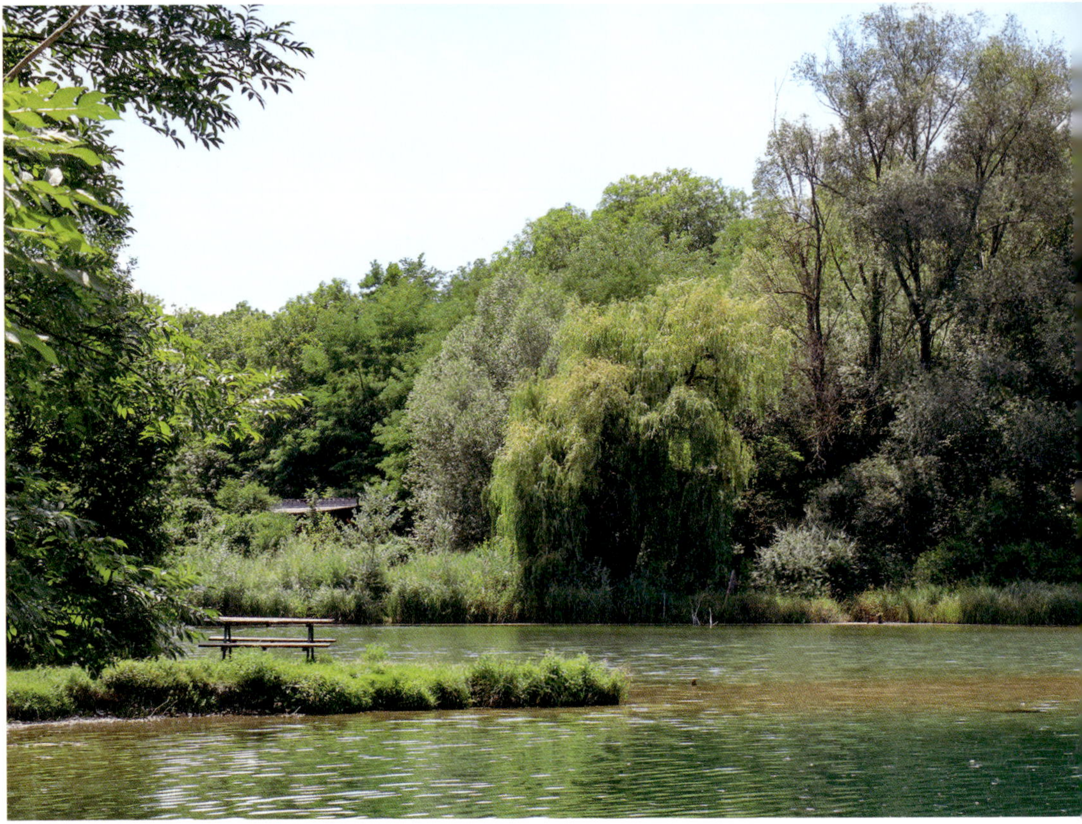

Endlos Runden schwimmen im grün schimmernden Wasser

Rechts: Flacher Einstieg ins angenehm warme Wasser

23 Naturbadeseen Traismauer

ADRESSE: 3133 Traismauer, In der Traisenau 4

GPS: 48.362452, 15.752033

ÖFFENTLICH: von Krems und Sieghartskirchen: Regionalbus 446

MIT DEM RAD: Traisentalradweg

Die Naturbadeseen Traismauer bestehen aus drei Seen unweit der Donau. Der vom Donaustrom am weitesten entfernte ist auch der kälteste und durch eine schmale Wiese vom zweiten See getrennt. Der dritte See ist nicht öffentlich zugänglich und mit kleinen, privaten Ferienhäusern verbaut.

Aufgrund des alten Baumbestands und des angrenzenden Waldes gibt es viele Schattenplätze. Am Seegelände befinden sich ein Gasthaus und ein Imbissstand. Ein Spielplatz mit Rutsche, ein Beachvolleyballplatz sowie Umkleidekabinen und sanitäre Einrichtungen sind vorhanden. Das Wasser schimmert grün und klar, die Wasserqualität wird jährlich überprüft und ist ausgezeichnet. In der Hochsaison wird es auf der Wiese schnell einmal eng, dann bleibt Ruhesuchenden noch immer die gegenüberliegende Seite am Waldrand ohne Gastronomie.

Die Gemeinde Traismauern weist auf ihrer Homepage auch auf ein Hundeverbot zwischen 1. Mai bis 30. September hin, das aber definitiv nicht überall eingehalten wird. Auf der Liegewiese in der Nähe der Aprico Beachbar&Restaurant sieht man auch im Sommer Hunde vor Freude jaulend in den Badesee springen, ein paar Runden drehen und dann auf der Wiese sich kräftig schütteln. Die hundelosen Gäste scheint das aber nicht zu stören. Hunde dürften hier zumindest unter der Woche geduldet sein.

Mehrere Parkmöglichkeiten: So etwa bei der Aprico Beachbar&Restaurant, dort gibt es auch einen Abstellplatz für Wohnmobile und Wohnwägen. Sportlicher und schöner als mit dem Auto ist die Anfahrt mit dem Rad, der Badesee befindet sich am Beginn des Traisentalradwegs.

MIT DEM AUTO: von Traismauer in die Ing.-Toder-Gasse, Parkplatz bei der Aprico Beachbar&Restaurant oder in der Traisenau

SCHWIMMFAKTOR: *****

KLEINKINDGERECHT: ****

HUNDE ERLAUBT: nicht in der Badesaison vom 1. Mai bis 30. September

GASTRONOMIE: Aprico Beachbar&Restaurant, 3133 Traismauer, In der Traisenau 1, Tel. +43 680 1541486, aprico.at; Gülers Kebap-Hütte

CAMPING: neben dem Parkplatz der Aprico Beachbar&Restaurant

SANITÄRANLAGE UND UMKLEIDEKABINEN: ja

WASSERTEMPERATUR SOMMER: warm, bis zu 26 Grad

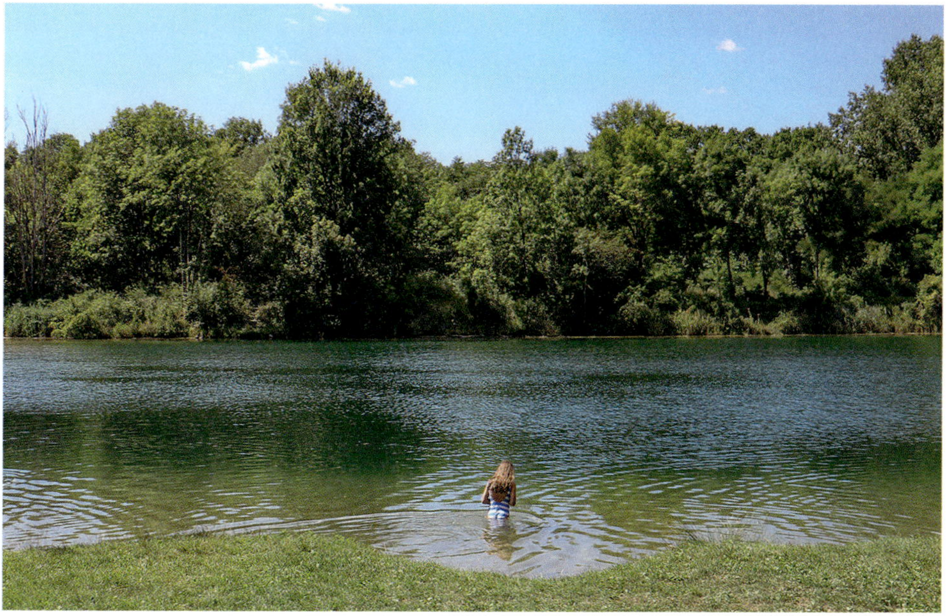

24 Freizeitanlage Langenlois am Kamp

ADRESSE: 3550 Langenlois, Auhofstraße

GPS: 48.481765, 15.697096

ÖFFENTLICH: Zug nach Langenlois, 1,4 km zu Fuß

MIT DEM RAD: Kamptalradweg

MIT DEM AUTO: Parkplatz Austraße 43–49 oder Janusweg

SCHWIMMFAKTOR: *****

KLEINKINDGERECHT: *****

HUNDE ERLAUBT: mit Leine, zum Planschen ein bisschen weiterwandern

GASTRONOMIE: Buffet Strandbad – Das Bachmann, Tel. +43 680 4016278, www.das-bachmann.at

SANITÄRANLAGE: im rot-weiß-roten Badehaus

Die Freizeitanlage Kamp hat den Langenloisern und seinen Gästen einiges zu bieten: Ein rot-weiß-rot gestrichenes Badehäuschen, einen sich langsam dahinschlängelnden Kamp und eine große Liegewiese mit schattigen Bäumen. Die Lammbratwürstel, das Bauerng'selchte und der Vorarlberger Käseteller werden vom Strandheurigen Bachmann serviert.

Die Anlage aus Holz versprüht entzückenden Retrocharme der 1920er-Jahre. Ein altes Kassaschild erinnert noch an vergangene Tage, als hier Eintritt kassiert wurde. Das historische Flussbad bei der Langenloiser Kampwehr lockt seit mehr als hundert Jahren Besucher an.

An heißen Tagen tummeln sich bis zu 1.200 Gäste auf der 17.500 Quadratmeter großen Freizeitanlage. Laufend wird saniert und modernisiert. Auf dem weitläufigen Areal findet sich sogar ein kleines, modernes Kinderbecken, Tischtennistische, Fitnessparcours sowie ein Kinderspielplatz und Beachvolleyballfeld. Wer nicht direkt in das tonhaltige Wasser springen möchte, klettert über Leitern in den Fluss. Die Kleinen gelangen mutig über die eine blaue Rutsche in den Kamp. Sie ist aber eher schmal und nur für einen zarten Kinderpopo geeignet. Wer es ein bisschen ruhiger möchte, wandert die Kamp weiter Richtung Schönberg entlang und findet dort ein abgeschiedeneres Plätzchen.

Einiges los am Kamp in Langenlois

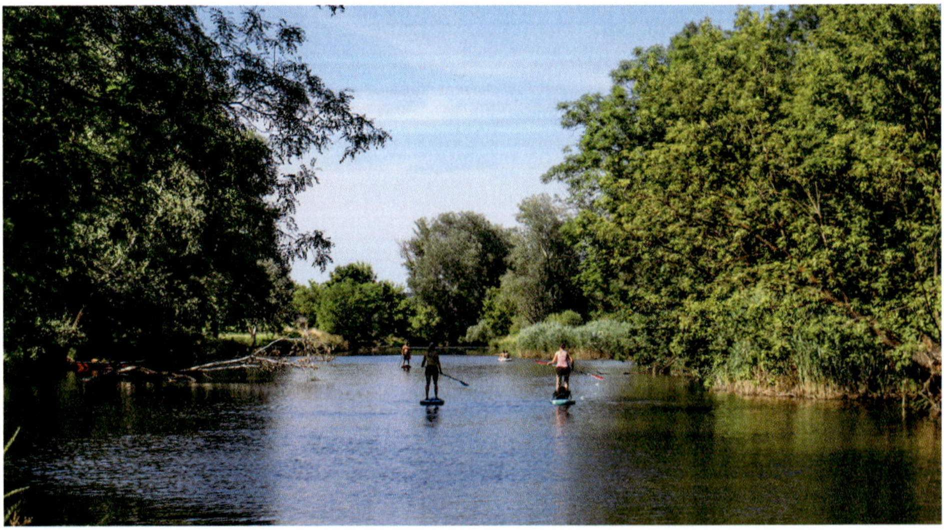

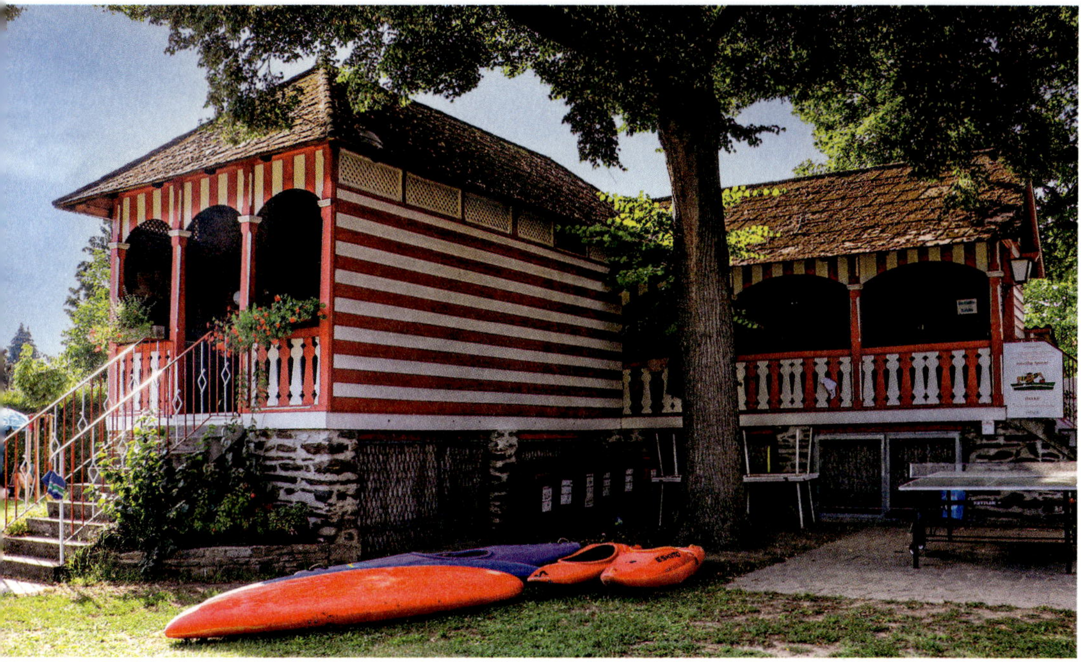

Flussbad Plank am Kamp mit seinem rot-weiß gestreiften Badehäuschen

25 Strandbad Plank am Kamp

Das Flussbad hat eine lange Badetradition! Bereits vor rund hundert Jahren wurde hier geschwommen und geplanscht. So etwas wie eine Badesaison gibt es nicht, die Badestelle ist das ganze Jahr über öffentlich zugänglich.

Das hübsche, rot-weiß-rot gestrichene Badehaus beherbergt Badekabinen aus Holz, die gegen Gebühr für die Saison vermietet werden. Ein großer Parkplatz und ein großzügiger Kinderspielplatz befinden sich vor dem Eingang. Der Eintritt ist frei, es wird allerdings um eine freiwillige Spende gebeten. Sonnenschirme, Kajaks, Stand-up-Paddle-Boards, Kanus und Tischtennisschläger können gegen eine Spende ausgeborgt werden.

Der Kamp hat hier noch weniger Strömung als beim Flussbadbad Stiefern. Hunde sind erlaubt. Liegewiese, Hängematten im rot-weiß-roten Pavillon, große Steine am Weg zum Fluss laden zum beschaulichen Sonnenbaden ein. Ein Beachvolleyballplatz ist vorhanden, das Kinder-

ADRESSE: 3564 Plank am Kamp, Kamptalstraße 3

GPS: 48.555784, 15.683663

ÖFFENTLICH: Zug bis Plank am Kamp, zehn Minuten Fußweg

MIT DEM RAD: Kamptalradweg

MIT DEM AUTO: B34, Parkplatz vor dem Strandbad

SCHWIMMFAKTOR: *****

KLEINKINDGERECHT: ***

HUNDE ERLAUBT: mit Leine

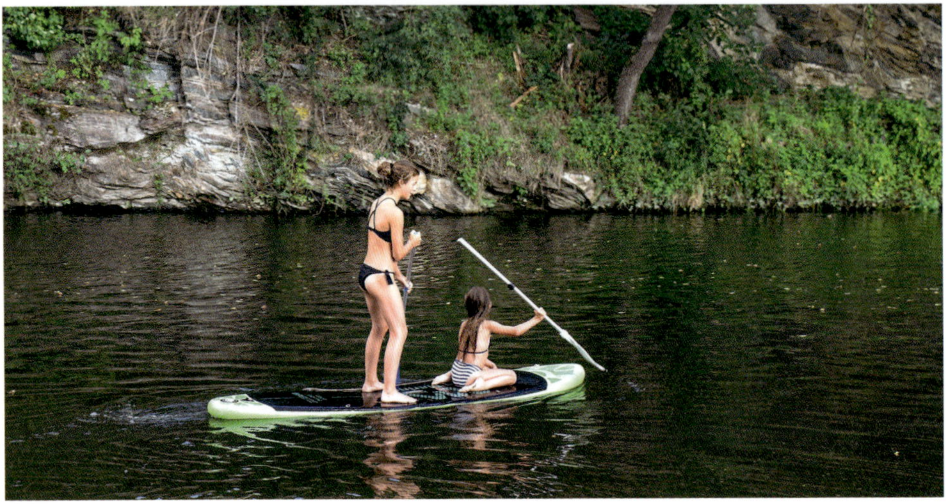

Stand-up-Paddle-Boards gibt es zum Ausborgen und dürfen auch nirgends fehlen

GASTRONOMIE: Buffet Strandbad – Das Bachmann, Tel. +43 680 4016278, www.das-bachmann.at

SANITÄRANLAGE UND UMKLEIDEKABINEN: im rot-weiß-roten Badehaus

WASSERTEMPERATUR SOMMER: angenehm, höchstens 22 Grad

planschbecken musste weichen und wurde zur Sandkiste mit Sonnensegel umfunktioniert.

Besucher mit kleinen Kindern sollten Schwimmflügel dabeihaben, denn der Kamp ist tief. Über zwei Metallleitern gelangt man in den Fluss. Die Wassertemperatur ist im Sommer niedriger als in den meisten Badeseen der Umgebung. Die schwache Strömung erlaubt auch eine ausgedehnte Schwimmrunden, ohne dass man abgetrieben wird.

Der Heurige Das Bachmann betreibt seit 2017 das Strandbad-Buffet und ist ab Mitte Mai bis Ende August geöffnet. Das Buffet bietet Salate, Burger, Biowürste, Waffeln und vieles mehr. Essen und Wein sind von bester Qualität und stammen größtenteils aus kleinen Betrieben der näheren Umgebung. Der Betreiber kommt ursprünglich aus Vorarlberg, das könnte mit ein Grund für die erlesene Käseauswahl am Buffet sein. Hie und da finden Lesungen und Filmvorführungen eines Open-Air-Kinos statt. Das jährliche Highlight ist ein zweitägiges Strandfest Anfang August.

25a Flussbad Stiefern, Kamp

ADRESSE: 3562 Stiefern, Hauptstraße

GPS: 48.535611, 15.689948

Der Weg zum Flussbad ist nicht beschriftet. Man fährt über die Brücke in Richtung des Ortes Stiefern. Auf der linken Seite vor der Brücke ist ein Parkplatz, rechts des Kamps nach der Brücke stößt man auf das eingezäunte Flussbad.

Zum Schwimmen im schlangenförmigen Kamp und Sonnenbaden auf der gepflegten Wiese mit wunderschönem

Badehaus kann man sich bei der öffentlichen Feuerstelle etwas Feines grillen oder sich einer der bereitgestellten Bänke ausruhen. Unter der Woche ist auch im Hochsommer wenig los. Kulinarische Angebote fehlen, obwohl ein geräumiger und gut ausgestatteter Gastronomiebereich vorhanden ist. Über Steintreppen oder große Steine gelangt man in den Fluss. Allerdings ist das Wasser bei den Steinen nicht tief und der Untergrund richtig schlammig.

Dank der Gebäude des Festgeländes und der hohen Bäume ist natürlicher Schatten vorhanden, einen eigenen Sonnenschirm muss man nicht mitschleppen. Gegenüber dem Flussbad am anderen Ufer ist ein Sprungseil mit Holzstange an einem Baum befestigt. Mithilfe dieser Affenschaukel hechten Jugendliche und junggebliebene Draufgänger aus der Umgebung in das eisenhaltige Wasser des Kamps.

Übrigens: der Kamp ist mit seinen 153 Kilometern der längste Fluss des Waldviertels. Das Flussbad in Stiefern hat eine lange Geschichte: Bereits vor über hundert Jahren war die „Badewiesn" eine gern besuchte Badeanstalt früherer Sommerfrischler, ab den 1970er-Jahren wurde es hier ruhiger. Für großen Schaden sorgte das Hochwasser im Jahre 2002. Der Verschönerungsverein Stiefern renovierte das Bad liebevoll nach Plänen des ortsansässigen Hundertwasser-Architekten Peter Pelikan.

ÖFFENTLICH: mit der Bahn bis Stiefern Bahnhof (Kamptalbahn, Linie 820), dann fünf Minuten Fußweg (über die Brücke und dann rechts)

MIT DEM RAD: Kamptalradweg

MIT DEM AUTO: B34, Parkplatz bei der Brücke

SCHWIMMFAKTOR: ****

KLEINKINDGERECHT: **

HUNDE ERLAUBT: im Flussbad selbst Hundeverbot, die gegenüberliegende Seite des Flusses wird aber gerne von Hundehaltern zum Spazierengehen und Abkühlen genutzt

GASTRONOMIE: nur bei Veranstaltungen

SANITÄRANLAGE UND UMKLEIDEKABINEN: im Badehaus

WASSERTEMPERATUR SOMMER: angenehm, höchstens 22 Grad

Gemächlich fließt der schlangenförmige Kamp an der gepflegten Liegewiese vorbei

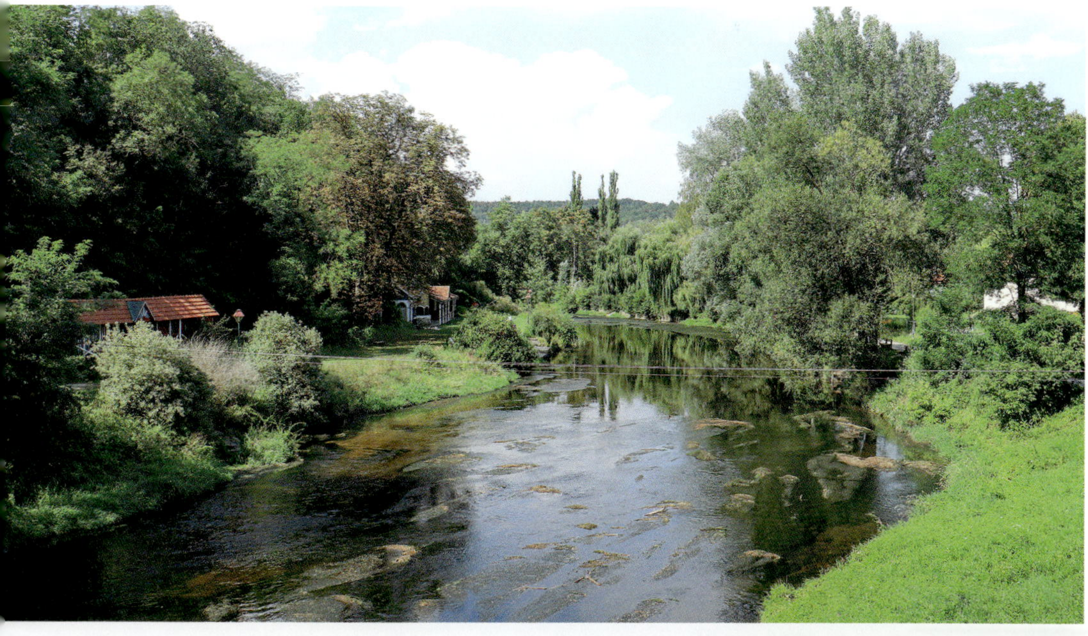

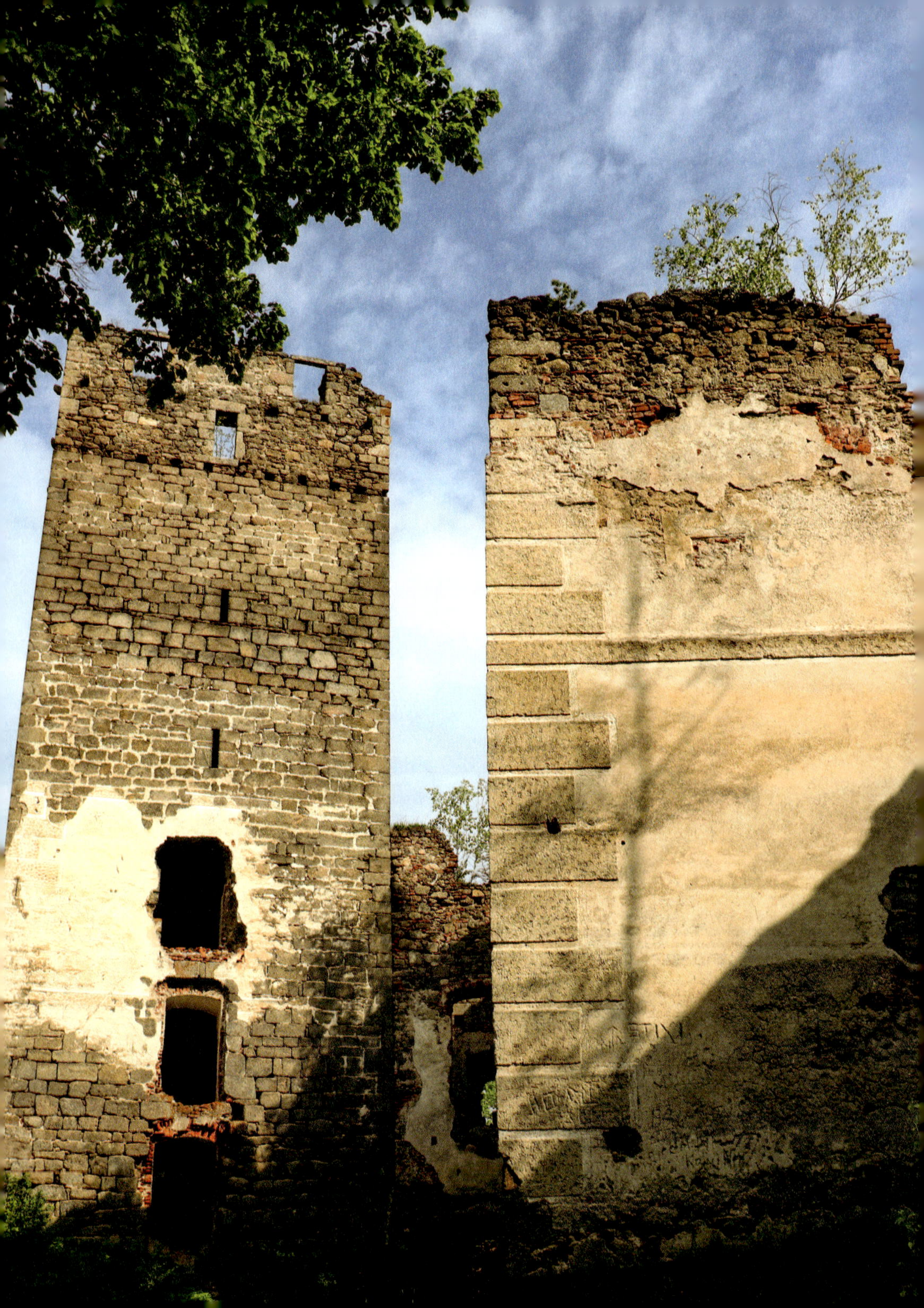

26 Stausee Ottenstein

Die durch die Errichtung des Wasserkraftwerks Ottenstein 1957 entstandene weitverzweigte Wasserlandschaft mit seinen kleinen Tälern, Buchten und dunklen Kiefernwäldern genießt zu Recht den Vergleich mit skandinavischen Fjorden. Die Ufer des langgezogenen Sees sind bewaldet, viele Rad-, Wander- und Reitwege führen am See entlang. Den Raubfischanglern und Fliegenfischern ist der Stausee als ausgesprochen fischreiches Revier bekannt.

Vom Parkplatz Ottensteiner Stausee führt ein Wanderweg vier Kilometer bis zum Infozentrum in Rastenfeld. Auf der Strecke, vorbei an der Prader-Jagdhütte und dem Aussichtspunkt „Lichtenfelsblick", finden sich viele kleine, leicht zugängliche Wildbadestellen.

Direkt neben dem Infozentrum liegt das Seerestaurant Ottenstein. Ein perfekter Ort, um von der großen Seeterrasse aus die Aussicht auf den Stausee zu genießen. Beim hauseigenen Verleih wartet auf jeden das richtige Boot, um einsame, reizvolle Buchten und schwer zugängliche Badeplätze zu erkunden. Für eher Faule startet ein Ausflugsschiff von der Bootsanlegestelle, um eine Runde auf dem Stausee zu drehen. Für dieses Unterfangen sind wir wohl zu sportlich oder vielleicht noch nicht alt genug.

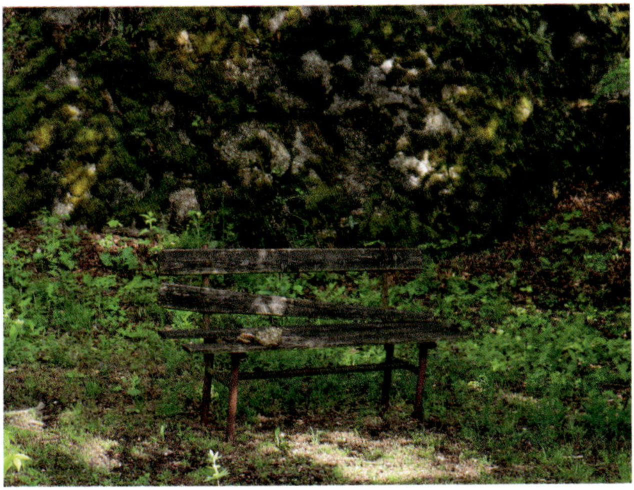

INFO: Infozentrum Region Kampseen, 3532 Rastenfeld, Peygarten-Ottenstein 215, www.kampseen.at

ÖFFENTLICH: Zug von Krems oder Horn, dann Regionalbusse 700/Mitterreith, Rastenfeld, Paygarten-Ottenstein oder 898/Rastenfeld

MIT DEM RAD: Kampseen „Volt"-Radrunde, Kamptal-Radweg

MIT DEM AUTO: Parkplatz bei der Brücke Ottensteiner Stausee

GPS: 48.584886, 15.316717

SCHWIMMFAKTOR: *****

KLEINKINDGERECHT: ***

HUNDE: am ganzen See erlaubt

GASTRONOMIE: Bootsbetrieb & Seerestaurant Ottenstein, 3532 Rastenfeld, Peygarten Ottenstein 69, Tel. +43 2826 267, www.hotelottenstein.at

CAMPING: Seecamp Ottenstein & Gasthaus Seeblick, Tel. +43 676 7494330, +43 660 1115585, campingottenstein.at

Ganz links: Die Burgruine Lichtenfels auf der Halbinsel inmitten des Stausees

Links: Halbinsel Lichtenfels mit viel Wald am Campingplatz

Nächste Doppelseite: Der Ottensteiner Stausee erinnert an skandinavische Fjorde

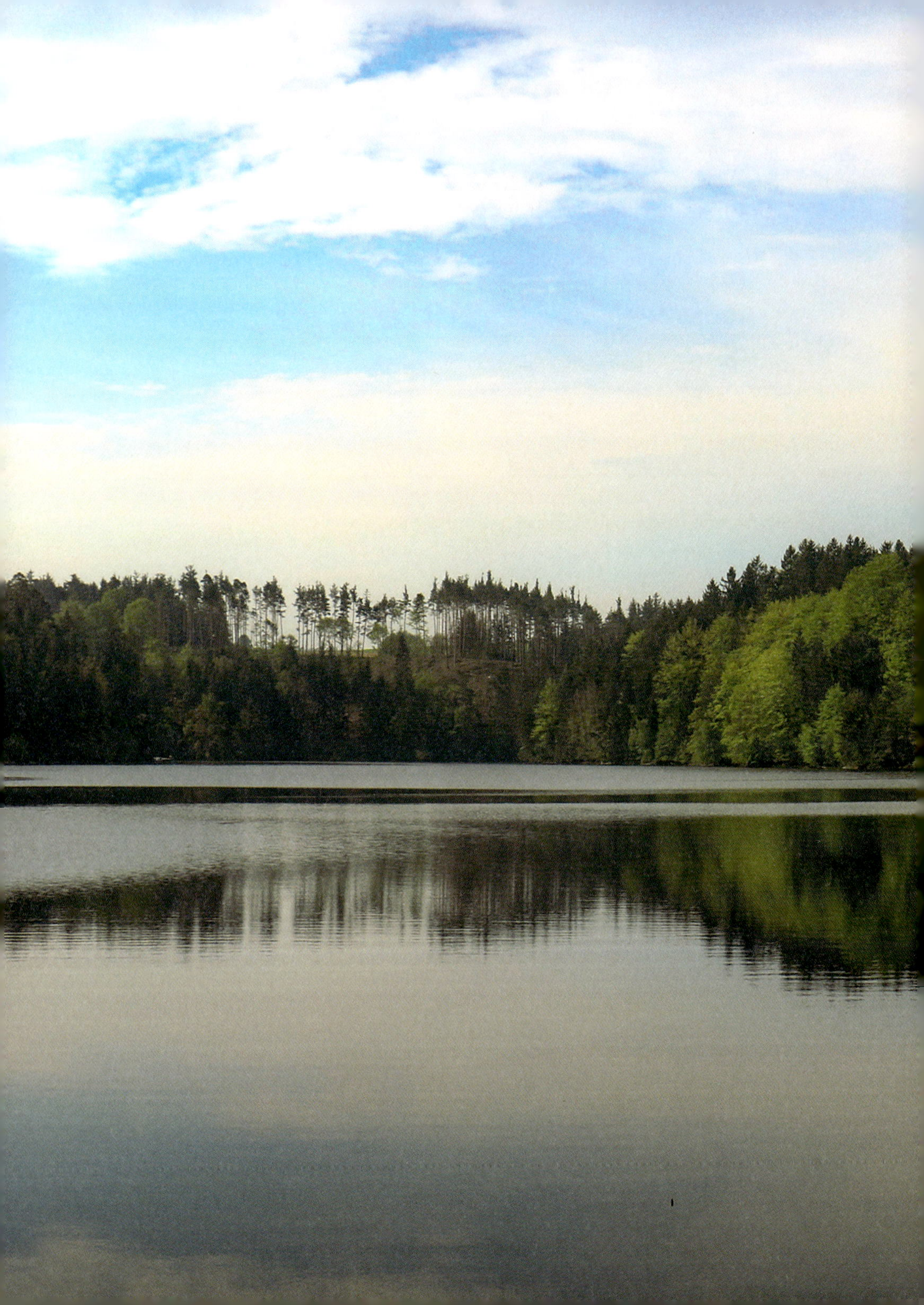

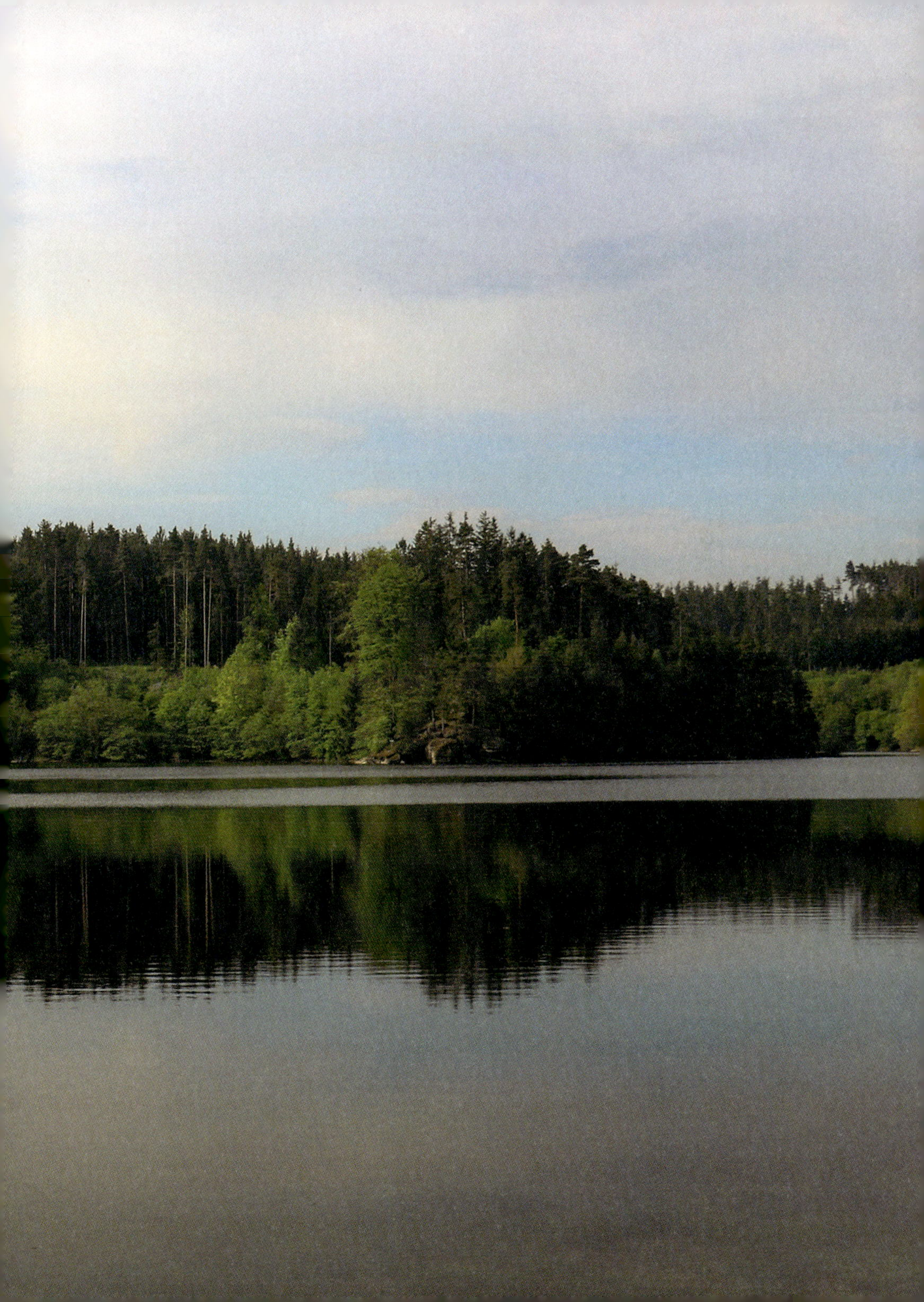

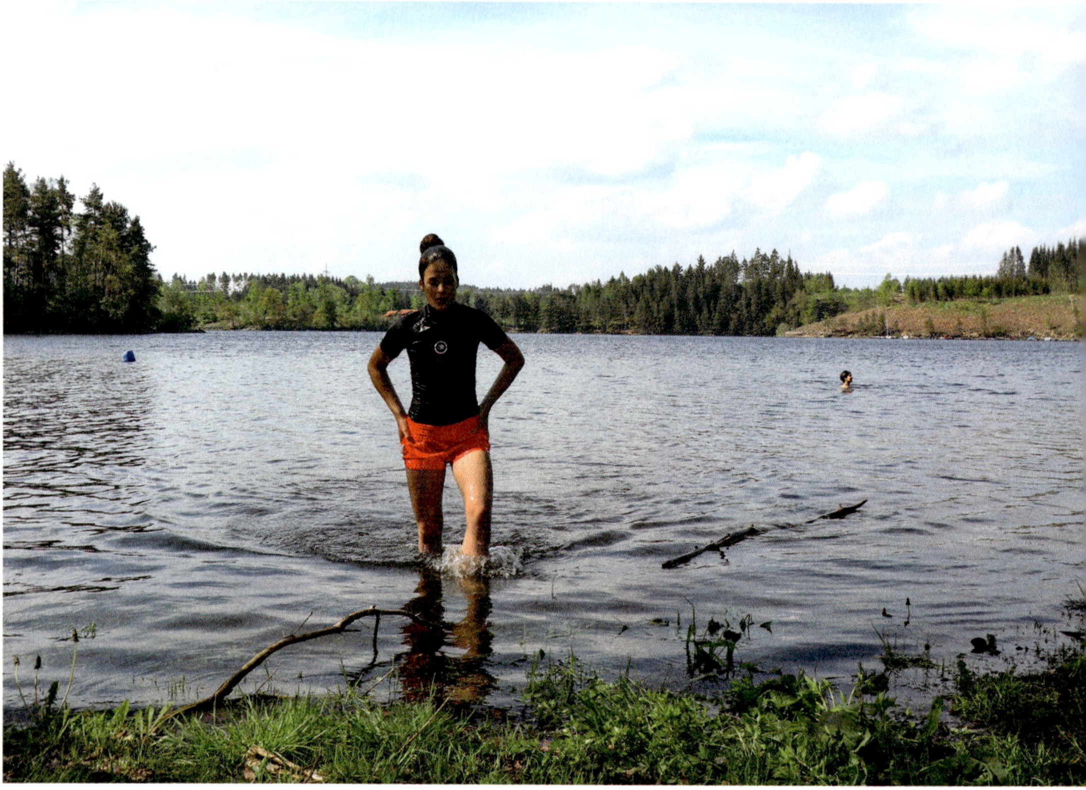

Bei frischen Wassertemperaturen ist Badekleidung aus Neopren nie verkehrt

Da legen wir uns stattdessen doch lieber auf die große Felszunge, die in der Nähe der Tret- und Ruderboote ins Wasser ragt, und tunken bei Bedarf die Füße ins klare Wasser.

HALBINSEL LICHTENFELS

ADRESSE: 3533 Friedersbach 69

GPS: 48.589332, 15.318080

MIT DEM AUTO: kleiner Parkplatz vor dem Campingplatz

CAMPING: Campingplatz Lichtenfels, 3533 Friedersbach 69, Tel. +43 664 5746866, thurnforst.at

SANITÄRANLAGE UND DUSCHEN: am Campingplatz vorhanden

Halbinsel Lichtenfels

An der Böhmerwald Straße in der Nähe von Rastenfeld liegt eine Halbinsel, auf der sich neben der Burgruine Lichtenfels der gleichnamige Campingplatz befindet. Der Badeplatz auf der Insel ist frei zugänglich, für den Parkplatz vor dem Campingplatz ist eine Gebühr zu entrichten. Im Gegenzug darf die Infrastruktur benützt werden.

Zum See geht es vorbei an den Zelten und dem kleinen, rot gestrichenen Jägerhaus, das eine rustikale Ferienwohnung beherbergt, und dann noch ein Stück durch den Wald.

Diese Badestelle ist auch ein herrlicher Ort, um die Seele baumeln zu lassen. Sportler stechen von hier mit Ruderboot oder Stand-up-Paddle-Board ins Wasser. Um das Erlebnis am Campingplatz so naturnah wie möglich zu halten, wird bewusst auf Stromanschlüsse für Wohnmobile verzichtet.

Am Fuße der Ruine findet sich eine schöne Liegewiese mit flachem Seezugang. Der Waldviertler Granitstein, der ins Wasser ragt, sollte nicht versäumt werden. Einfach raufkraxeln, die Aussicht von hier ist grandios. Abends ist es dann aber kein Leichtes, all die kleinen Ritter und Burgfräuleins wieder einzusammeln und von der Ruine Lichtenfels wegzulocken. So vieles gibt es hier zu entdecken. Wer weiß, möglicherweise ist dort ja doch irgendwo ein Schatz vergraben.

Friedersbach

Fährt man die Böhmerwald Straße von der Halbinsel Lichtenfels in Richtung Friedersbach weiter und biegt dann rechts auf die Nebenfahrbahn ab – gegenüber der ersten Einfahrt zum Ort Friedersbach – und dann links die asphaltierte Straße hinunter, gelangt man zu einer wenig bekannten Badebucht mit kleinem Parkplatz.

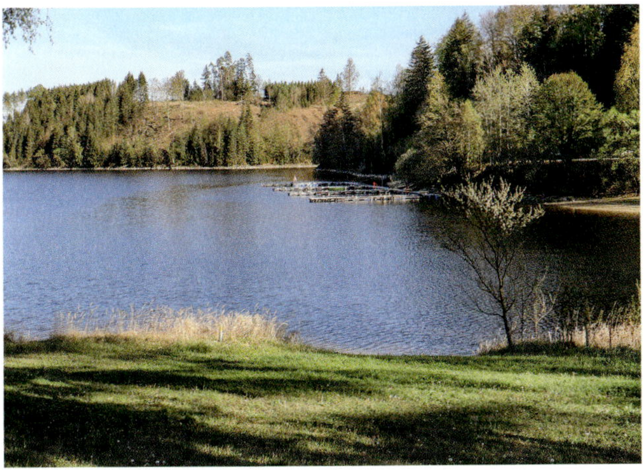

SANITÄRANLAGE: Seerestaurant Ottenstein

WASSERTEMPERATUR SOMMER: höchstens 23 Grad

FRIEDERSBACH

ADRESSE: 3533 Friedersbach

GPS: 48.592336, 15.296985

MIT DEM AUTO: kleiner Parkplatz beim Badeplatz

SANITÄRANLAGE UND UMKLEIDEKABINEN: nein

DECKERSPITZ UND FÜRNKRANZMÜHLE

ADRESSE: 3533 Mitterreith

GPS: Deckerspitz: 48.616036, 15.268108, Fürnkranzmühle: 48.614833, 15.254518

MIT DEM AUTO: Deckerspitz: Parkplatz oberhalb der Liegewiese: 48.615306, 15.267067,

Fürnkranzmühle: im Sommer ist die Straße eine Einbahn, Parkplatz: 48.616106, 15.256998

SANITÄRANLAGE: nein

UMKLEIDEKABINEN: Holzumkleidekabine auf der Wiese der Fürnkranzmühle

Blick vom Badeplatz „Fürnkranzmühle“ auf den See

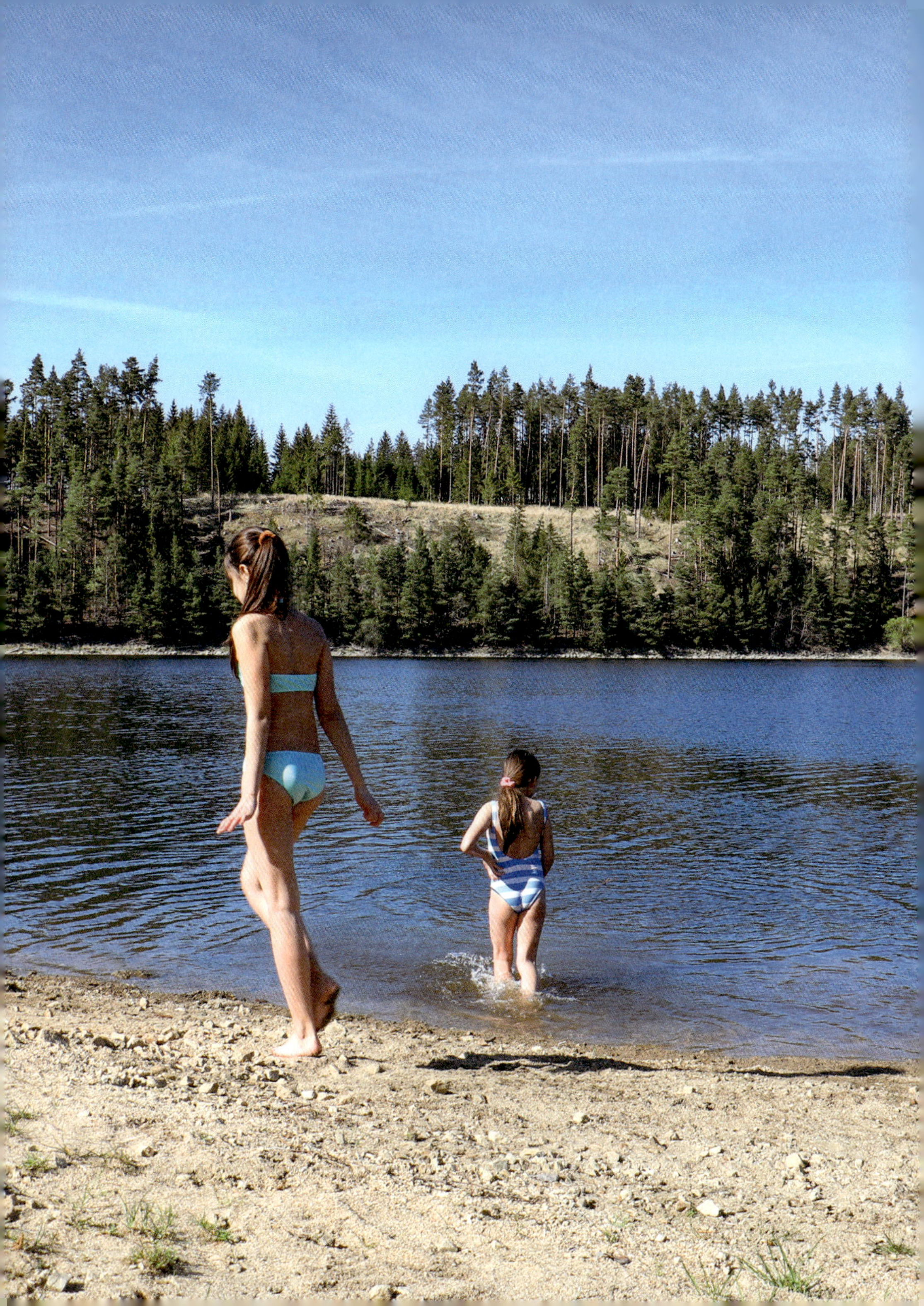

Wer nun in Friedersbach übernachten möchte und ein Hotel sucht, dem sei das Faulenzerhotel Schweighofer ans Herz gelegt. Das Hotel-Restaurant die Waldviertler Stub'n bietet herzhafte und regionale Küche.

Deckerspitz und Fürnkranzmühle

Mitterreith hat zwei völlig unterschiedliche Badeplätze zu bieten. Der Deckerspitz ist ab der Ortstafel gut ausgeschildert, am Ende des Weges befinden sich genügend Parkplätze. Eine längliche, zum See abfallende Wiese wartet auf Sonnenanbeter, der dunkle Nadelwald am Rand sorgt für den nötigen Schatten. Der Uferbereich ist sandig und flach, besonders Familien mit kleinen Kindern werden sich darüber freuen, obwohl das Wasser des Stausees auch im Sommer nicht allzu warm wird. Schwimmbad-Infrastruktur gibt es keine, auch Verpflegung muss selbst mitgenommen werden. Die verlockende Segelbootanlage mit Holzstegen darf leider nur von den Anlegern betreten und nicht zum Sonnenbaden und Ins-Wasser-Köpfeln benutzt werden.

Ein weiterer von Mitterreith zugänglicher Badeplatz ist die „Fürnkranzmühle". Die namensgebende Mühle ist nicht mehr erhalten, sie wurde bei der Errichtung des Stausees überflutet. Ein kleiner Parkplatz liegt unterhalb des Weges zur Badestelle. Durch Wald und Wiese führt ein zehnminütiger Spaziergang zur weitläufigen Liegewiese und sandig-kieseligen Uferplätzen. Die Idylle wäre perfekt, hätte nicht eine große Fläche des Fichtenwaldes am Weg zum Badeplatz abgeholzt werden müssen. Die vergangenen Sommer waren zu heiß und der Borkenkäfer zu gefräßig.

Oberhalb der gepflegten Wiese weisen Schilder auf ein Betretungsverbot des Truppenübungsplatzes Allentsteig hin. Wir befinden uns hier an einem Nebenarm des Stausees. Das Wasser ist seichter, aber nicht ganz so klar und dunkelgrün wie der Ottensteiner Stausee selbst. Dafür ist das Areal weitläufig und weniger felsig. Der Bootsanlegeplatz wird vom Forstamt Ottenstein verwaltet.

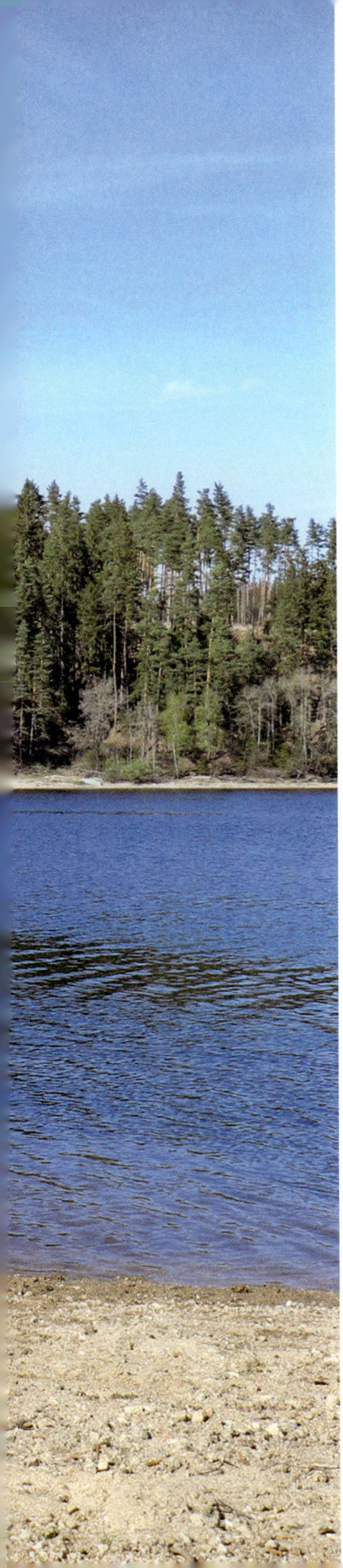

Der Uferbereich des Deckerspitzes ist flach und sandig, das Wasser auch im Sommer nicht allzu warm

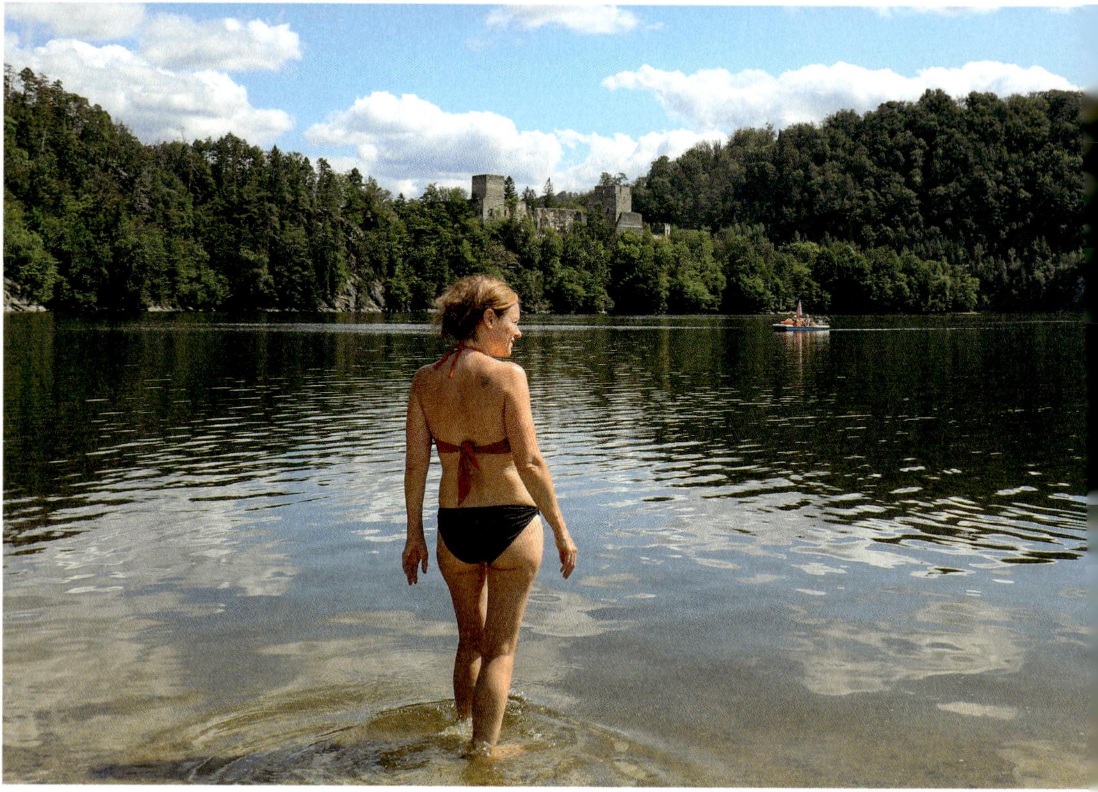

Vom Campingplatz Dobra ist der Ausblick auf Ruine und See am schönsten

27 Dobra-Stausee

INFO: Infozentrum Region Kampseen, 3532 Rastenfeld, Peygarten-Ottenstein 215, www.kampseen.at

GPS: Badeplatz Ruine Dobra: 48.592219, 15.392668

Badeplatz Mottingeramt-Straße: 48.590165, 15.386425

Namensgebend für den See ist die Ruine, die sich auf einer in den See ragenden Landzunge befindet. Durch eine Staumauer vom Stausee Ottenstein getrennt, endet er nach fünf Kilometern in Krumau. Seine Ufer sind sehr felsig und steil abfallend, die Hänge dicht bewaldet, trotzdem gibt es genügend Stellen, die sich zum Wildbaden eignen.

Der See leuchtet dunkelgrün, ist sehr eisenhaltig und bei erfahrenen Tauchern beliebt. Unter Wasser setzen sich die Steilhänge fort. Versunkene Mühlen, Mauerreste und gesprengte Tunnel gilt es zu ertauchen. Im Bereich der Ruine Dobra befindet sich in zehn Metern Tiefe eine Taucherplattform.

Ein schöner und einfach erreichbarer Wildbadeplatz liegt in der Nähe der Ruine Dobra. Das Auto am besten am

Waldrand vor der letzten Kurve in Richtung Campingplatz abstellen und die 200 Meter bis zur Burg zu Fuß gehen. Entweder in einer der schattigen Buchten am Waldrand oder am Holzsteg ein Plätzchen suchen. Das Gelände beherbergt den Jugendlagerplatz Dobra, der vor vielen Jahren noch Jugendgruppen wie den Pfadfindern vorbehalten war. Inzwischen darf hier jeder campen, Sanitärräume und Stromanschluss sind vorhanden. Sofern das Wetter mitspielt und der Sommer nicht allzu trocken ist, sind sogar Lagerfeuer erlaubt.

Die Ruine, deren Ursprünge bis ins zwölfte Jahrhundert zurückgehen, wurde vom Verein Pölla Aktiv restauriert. Um die beeindruckende Aussicht über den ganzen See vom Turm aus zu genießen, besorgt man sich einen Schlüssel für den ehemaligen Bergfried beim Campingplatz Dobra, im Gasthaus Trapel in Schmerbach oder im Gasthaus beim Teich in Franzen.

Doch schon vom Campingplatz Dobra ist der Ausblick auf die Ruine und den See mit seinen dicht bewachsenen Ufern grandios. Der Campingplatz kann auch nur zum Baden besucht werden, Tagesgäste bezahlen einen geringen Eintritt für die Benutzung der Liegewiese. Ein großer Parkplatz, sanitäre Einrichtungen, ein Bootsverleih für Ruder- und Tretboote sowie Stand-up-Paddling werden vom Campingplatz angeboten. Mit einem Boot kann man den dunklen See entschleunigt erkunden und einsame Badebuchten ausforschen.

Ebenfalls einladend ist ein kleiner Wildbadeplatz gegenüber der Burgruine. Die Zufahrt erfolgt über die Mottingeramt-Straße. Parkmöglichkeiten finden sich am Rande eines Waldforstweges an der Straße. Nach ungefähr fünf Minuten auf einem schmalen Waldweg taucht die ruhige Badestelle auf. Das Ende des 370 Meter langen Stahlseils des BIG FLYs ist hier an einem dicken Baum befestigt. Mutige springen beim Bergfried der Ruine Dobra aus einer Höhe von vierzig Meter ab und gleiten bis hierher quer über den See.

ÖFFENTLICH: ab BH Horn Regionalbusse 898 und 897 bis Reichhalms, zur Ruine Dobra Fußweg von 1,5 Kilometern

MIT DEM RAD: Kampseen „Volt"-Radrunde, Kamptal-Radweg

MIT DEM AUTO: vor der Ruine Dobra: 48.594329, 15.392242, parken in kleinen Seitenwegen an der Mottingeramt-Straße oder am Weg Waldreichs

SCHWIMMFAKTOR: *****

KLEINKINDGERECHT: ***

HUNDE ERLAUBT: ja

GASTRONOMIE, CAMPING UND BOOTSVERLEIH: Campingplatz Dobra, Tel +43 2988 20102, www.camping-dobra.at

CAMPING: Camping Ruine Dobra, 3594 Franzen, Reichhalms 33, Tel. +43 650 6141351, www.camping-dobra.at

STAHLSEILRUTSCHE VON DER RUINE DOBRA: BIG Fly, Ruine Dobra, Jimmy Moser, 3830 Waidhofen an der Thaya, Hauptplatz 6, Tel. +43 664 1122122, www.best-trip.at

IN DER NÄHE: NÖ Falknerei- und Greifvogelzentrum Waldreichs, 3594 Franzen, Waldreichs 1, Tel. +43 2988 20060, www.greifvogelzentrum.at

SANITÄRANLAGE: bei den Campingplätzen und im Schloss Waldreichs

WASSERTEMPERATUR SOMMER: erfrischend, höchstens 23 Grad

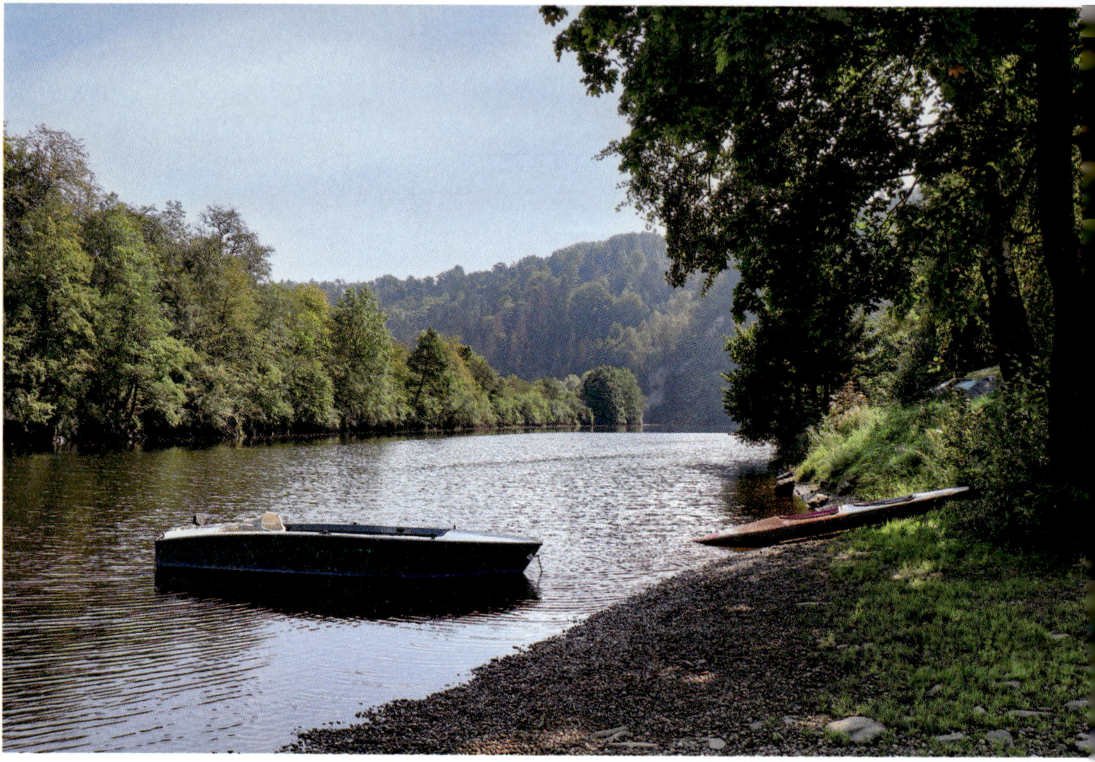

In Krumau mäandert der Kamp durch die Landschaft

28 Stausee Thurnberg

KRUMAU AM KAMP

ADRESSE:
3543 Krumau am Kamp

GPS:
48.590459, 15.452335

ÖFFENTLICH: Regionalbus 707

MIT DEM RAD: Kampseen „Volt"-Radrunde

MIT DEM AUTO: Parkplatz bei der Freizeitanlage

SCHWIMMFAKTOR: *****

KLEINKINDGERECHT: *****

HUNDE ERLAUBT: ja

Zwischen Krumau und Thurnberg liegt der dritte und kleinste der drei Kamptalstauseen. Er ist nicht ganz so beeindruckend wie die beiden anderen, aber gewiss reizvoll für echte Naturliebhaber und Wildbaderinnen. Das Wasser ist kälter als der Dobra- oder Ottensteiner Stausee.

28a Krumau am Kamp

Beim Freizeitzentrum Krumau nimmt der Kamp wieder Flusscharakter an und mäandert durch die Landschaft. Die Besucher werden hier aber auch mit einem kleinen, entzückenden Badeteich samt Liegewiese, Beachvolleyball- und Kinderspielplatz verwöhnt. Der künstliche Badesee ist seerosenbewachsen, in der Mitte plätschert ein kleiner Springbrunnen. Vom Holzsteg aus kann man ungestört ins Wasser springen und sich hinterher in der Sonne trocknen lassen.

Aber es gibt eigentlich keinen Grund, hier faul herumzuliegen, das Freizeitangebot ist durchaus sportlich. Das Gasthaus Seestüberl erreicht man über den Campingplatz. Tennisplätze, Minigolf und ein Bootsverleih gehören zur Anlage. Mit einem mietbaren Tret-, Ruder-, Elektroboot oder Kanu könnte man auch drei Kilometer entlang des Kampsees bis zur Sperre Thurnberg fahren, das Boot beim Steg in der Nähe der Staumauer befestigen und auf der Liegewiese in Idolsberg wieder entspannen. Bei Fischern ist die Freizeitanlage sehr beliebt, Hunde sind erlaubt.

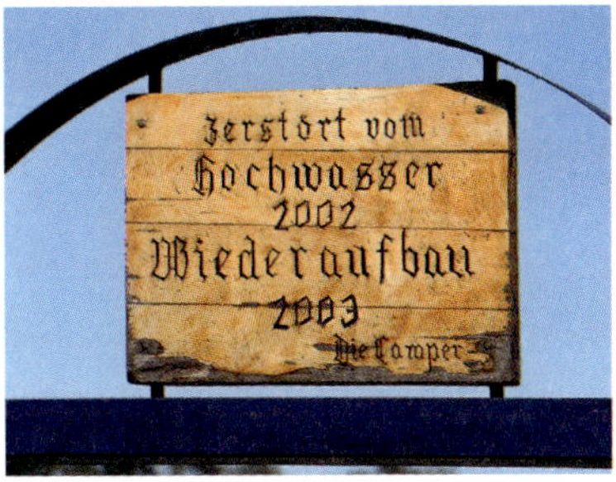

Oben: Hinweistafel beim Bootsverleih Krumau

Links unten: Ein Kieselstrand mit flachem Einstieg liegt direkt bei der Talsperre Idolsberg

CAMPING, BOOTSVERLEIH UND GASTRONOMIE: Campingplatz Krumau/Kamp, Seestüberl, 3543 Krumau am Kamp, Tel. +43 680 2493971

SANITÄREANLAGE: ja

WASSERTEMPERATUR SOMMER: der Kälteste der drei Kampseen

28b Thurnberg-Staumauer, Idolsberg

In Thurnberg zeigt der zwei Kilometer lange Stausee seine volle Breite von 250 Metern. Die langgezogene Liegewiese mit Strand ist besonders für Familien mit kleinen Kindern geeignet. Der Kieselstrand ist ein wenig schlammig, das Wasser ist ruhig und der Einstieg flach. Aber Vorsicht, zum Wald hin wird der See schnell tiefer, gut sichtbar an seiner immer dunkler werdenden Farbe! Das Ufer gegenüber ist nicht zugänglich und umgeben von Felsen und Nadelwald. Auf der Liegewiese sind Hunde während der Badesaison verboten. Ein großer Parkplatz befindet sich bei der frei begehbaren Staumauer. Der Thurnberger Stausee wurde schon fünfmal entleert, um wichtige Arbeiten an der Staumauer durchzuführen; das letzte Mal im Jahre 2019.

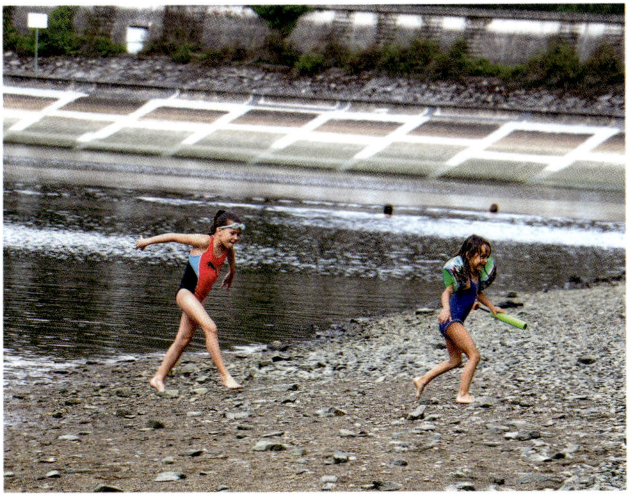

THURNBERG-STAUMAUER

ADRESSE: Thurnberg-Staumauer, 3544 Idolsberg, Seestraße 7

GPS: 48.602521, 15.473388

ÖFFENTLICH: Regionalbus 707

MIT DEM RAD: Kampseen „Volt“-Radrunde

MIT DEM AUTO: Parkplatz bei der Thurnberg-Staumauer

SANITÄRANLAGE: mobiles WC beim Parkplatz

UMKLEIDEKABINEN: nein

HUNDE ERLAUBT: nicht auf der Liegewiese

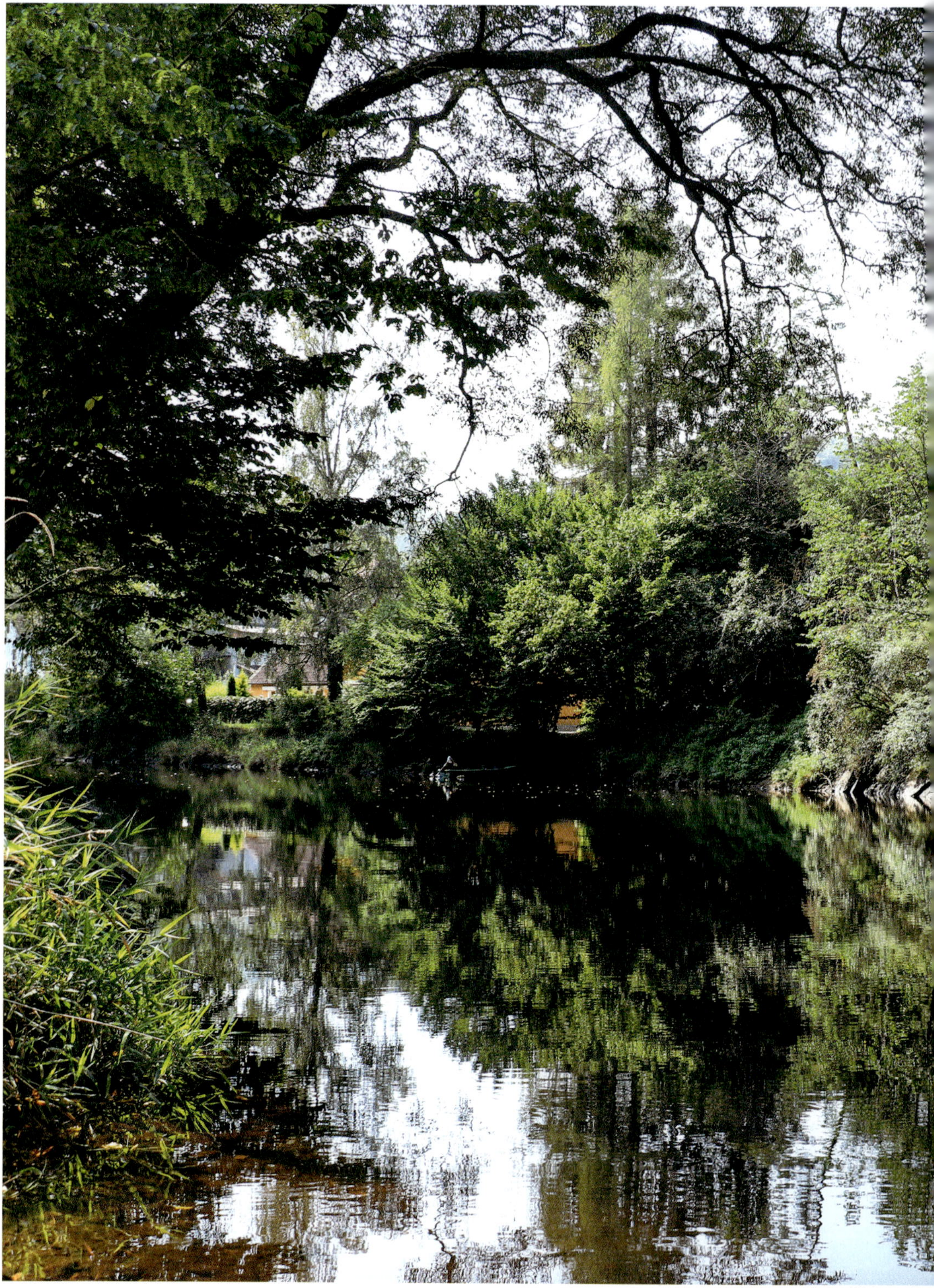

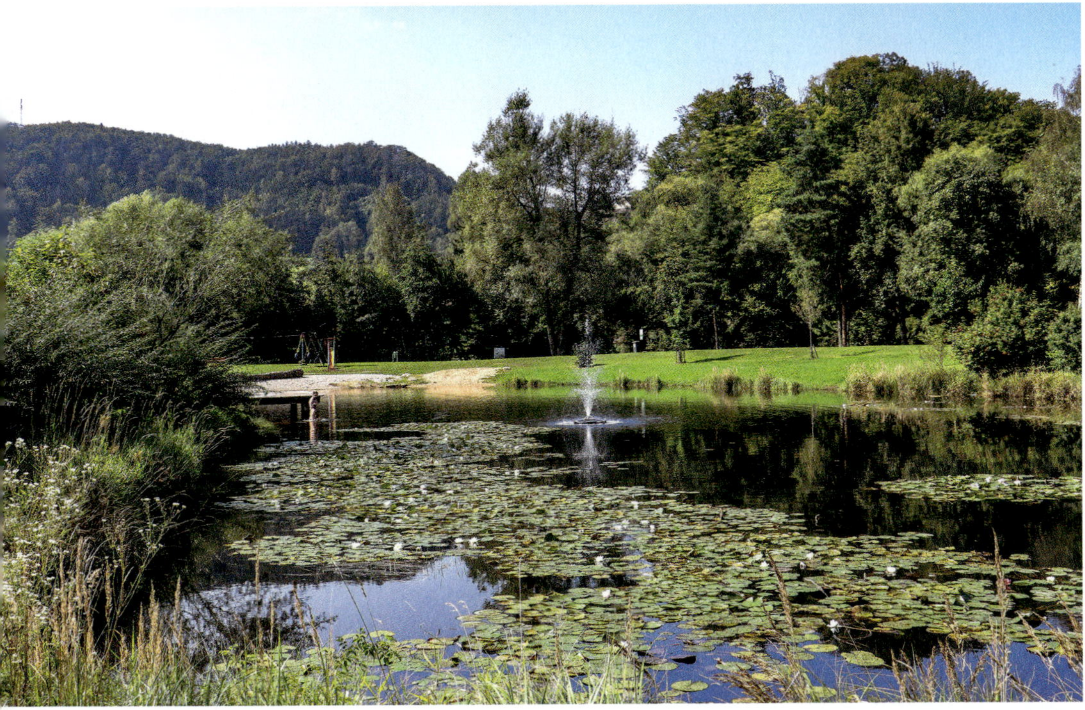

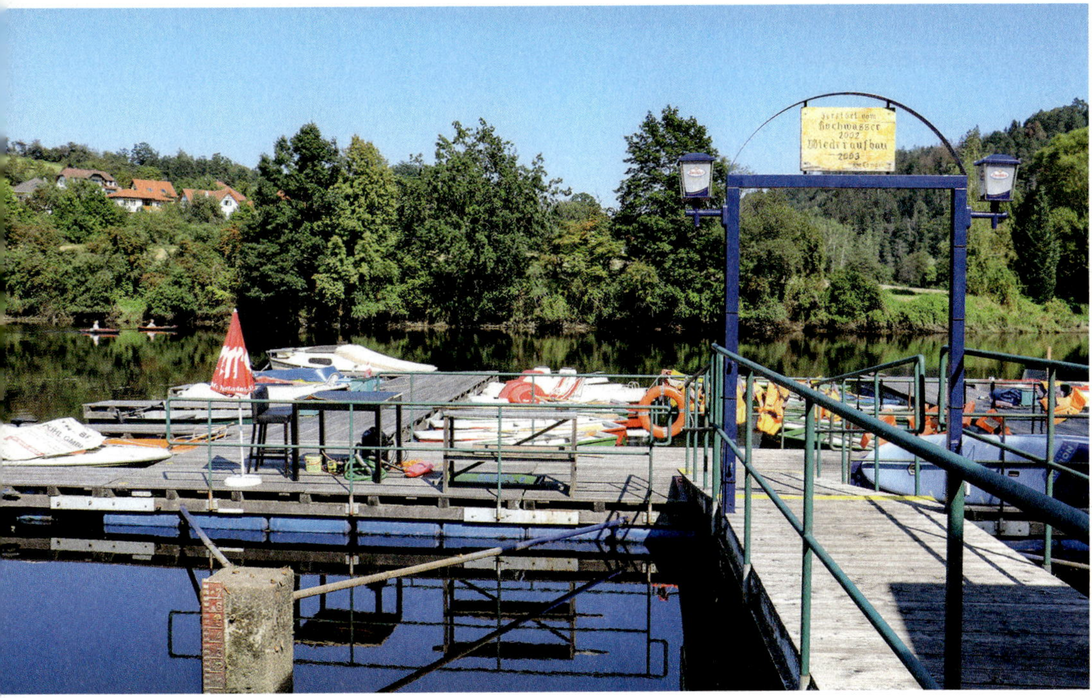

Links: Hier hat der Kamp wieder Flusscharakter
Ganz oben: Der entzückende Badeteich beim Freizeitzentrum Krumau ist seerosenbewachsen
Oben: Die Bootsanlegestelle beim Seestüberl in Krumau

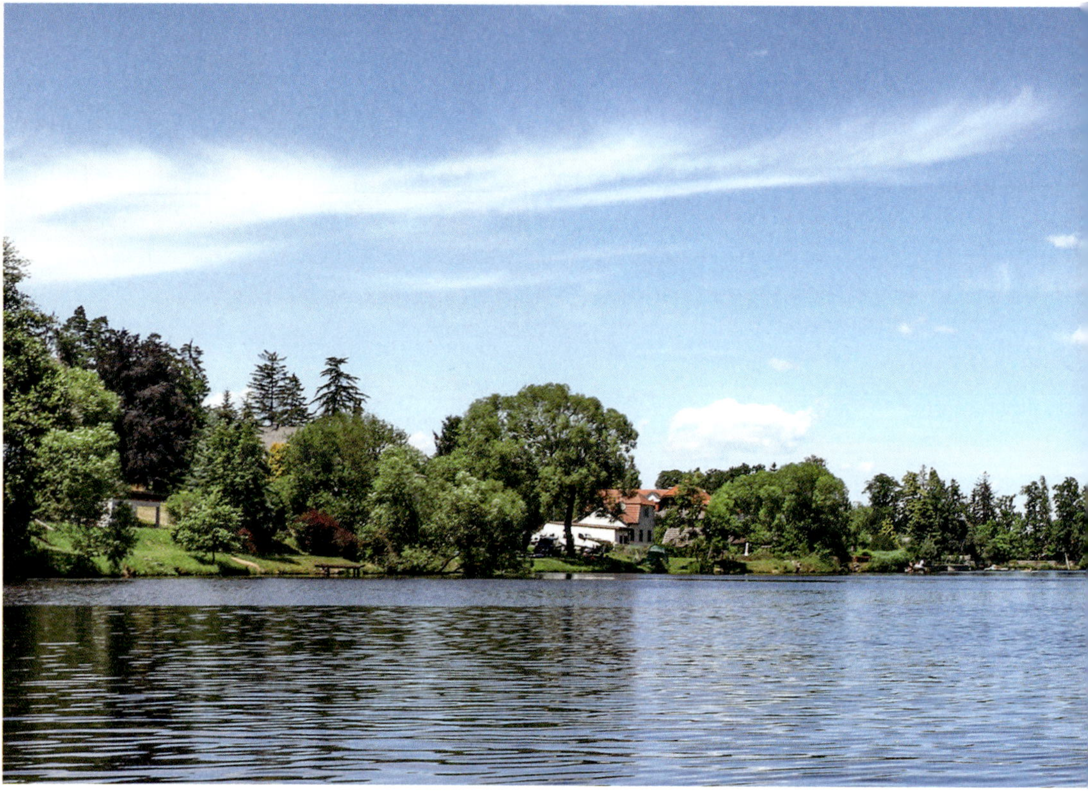

Viele Seezugänge hat der Stadtsee in Allentsteig

29 Stadtsee Allentsteig

ADRESSE: 3804 Allentsteig, Promenadenweg 2

ÖFFENTLICH: Regionalbus 750

MIT DEM AUTO: Parkplatz Promenadenweg 2–6

SCHWIMMFAKTOR: *****

KLEINKINDGERECHT: **

HUNDE ERLAUBT: nicht im Bereich des Restaurants

GASTRONOMIE: HORA Restaurant & Weinbar, Promenadenweg 2, Tel. +43 2824 20880, www.hora.restaurant (auch Tretbootverleih)

Die Stadt Allentsteig ist in erster Linie für seinen gleichnamigen Truppenübungsplatz bekannt. Nicht so viele kennen seinen großzügigen Stadtsee mit 130.000 Quadratmetern Wasserfläche.

Auf Höhe HORA Restaurant & Weinbar am See befinden sich eine hölzerne Steganlage, eine Liegewiese, frei nutzbare Liegen, sanitäre Einrichtungen und ein Tretbootverleih. Seit der Neuübernahme 2021 genießen Besucher die Abendstimmung am See beim viergängigen Chief's-Choice-Menü und dazupassender Weinbegleitung. Doch auch kleine Seebesucher*innen müssen am Wochenende auf den obligatorischen Schwimmbadklassiker Pommes hier nicht verzichten. Wie in den Social-Media-Kanälen treffend kommentiert wurde: „Das Waldviertel braucht mehr Lokale wie das HORA."

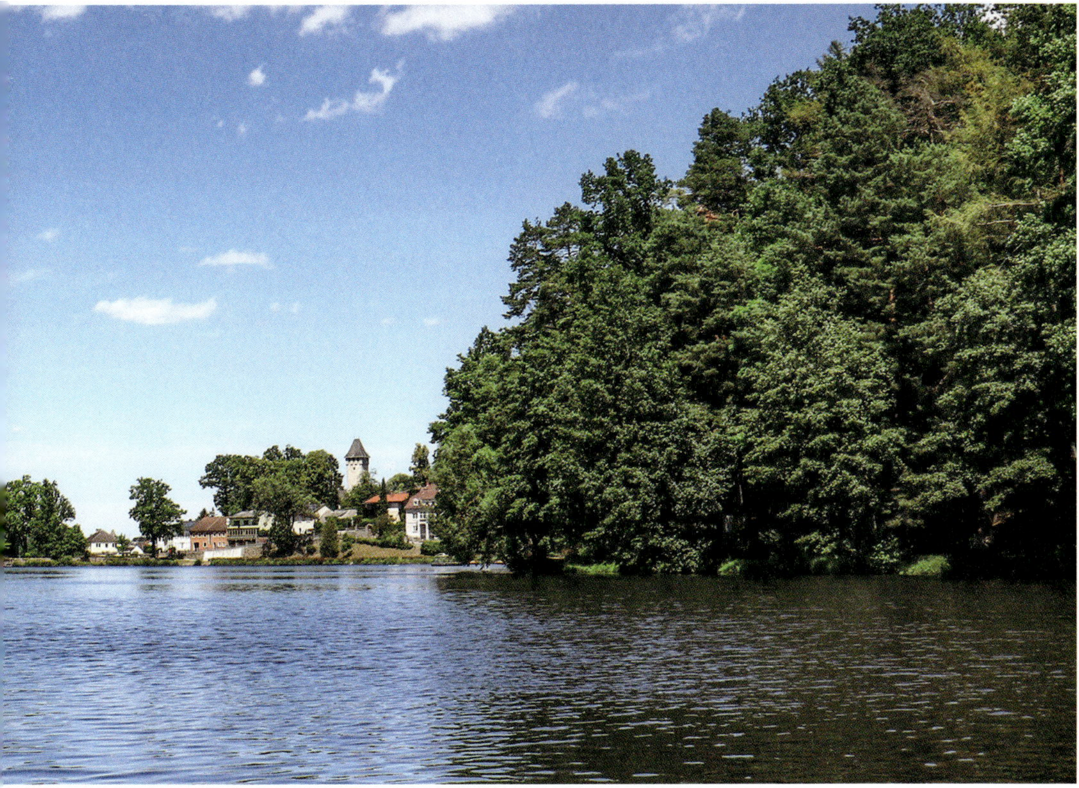

Ein 2,5 Kilometer langer Promenadenweg am Waldrand führt vom Restaurant den See entlang. Die Ufer sind flach, kleine Holzstege und Stufen erleichtern den Einstieg ins Wasser, kleine Liegeflächen und Bänke wechseln sich ab. Einzig die zu hörenden Schießübungen am nahen Truppenübungsplatz sind eine ungewöhnliche Geräuschkulisse, die wahrscheinlich von den Einheimischen gar nicht mehr registriert wird.

Der See ist so gut wie nie überlaufen, auch auf der gegenüberliegenden Seite, entlang der Ottensteiner Straße, führen immer wieder Steinstufen und Metallleitern in den Stadtsee. Fischer sitzen hier am ruhigen Ufer und hoffen auf einen guten Fang.

Die sogenannte Jugendwiese am anderen Ende des Sees wurde erst kürzlich renoviert und mit einer Lagerfeuerstelle, einem Blockhaus, zwei Beachvolleyballplätzen und einem mobilen WC ausgestattet.

CAMPING: Waldviertler Jugenddorf, 3804 Allentsteig, Hubertusweg 2, Tel. +43 664 88262653, juniorcamp.at

SANITÄRANLAGE, UMKLEIDEKABINEN: beim Restaurant und der Jugendwiese

WASSERTEMPERATUR SOMMER: bis zu 24 Grad

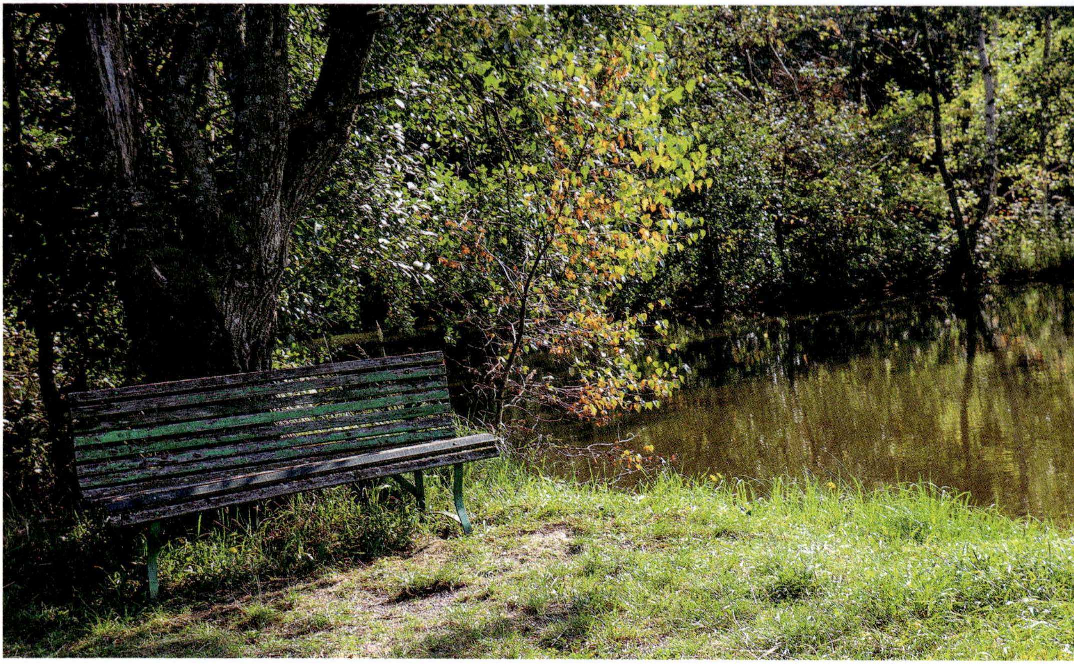

Stets ruhig und unaufgeregt gibt sich der Fischteich in Irnfritz

30 Irnfritzer Teich

ADRESSE: An der Straße von Irnfritz-Ort nach Messern

GPS: 48.733503, 15.547098

ÖFFENTLICH: von Horn Regionalbus 884

MIT DEM AUTO: Parkplatz vorm Teich

MIT DEM RAD: kein eigener Radweg

SCHWIMMFAKTOR: *****

KLEINKINDGERECHT: ****

HUNDE ERLAUBT: nein

GASTRONOMIE, SANITÄRANLAGE, UMKLEIDEKABINEN: nein

WASSERTEMPERATUR SOMMER: bis zu 25 Grad

Sehr charmant liegt der Fischerteich an der Straße von Irnfritz-Ort nach Messern am Waldesrand. Auch in der Hochsaison ist die Besucherzahl überschaubar. Nur ein paar leidenschaftliche Fischer, die besonnen auf Anglerglück hoffen, und wenige „zuagraste" Badende sind am Wasser. Der Teich ist nicht sonderlich spektakulär, punktet aber durch seine ruhige und gelassene Erscheinung.

Ein Spazierweg führt den Teich entlang, die kleine Liegewiese ist gepflegt, Schattenplätze sind zahlreich vorhanden. Das Ufer ist größtenteils schilfbewachsen, Bänke und Tische mit antiquierter Patina stehen für eine Rast bereit.

Das Wasser ist eher braun und trüb – wie häufig bei Fischteichen im Waldviertel – und zum Schwimmen tief genug. Die Temperatur im Sommer ist angenehm warm. Hunde sind am Teichgelände verboten. Der nahe Wald wird den einen oder anderen Schwammerljäger wohl magisch anziehen. Auch wir haben dort bereits nach zehn Minuten Spaziergang ein Prachtexemplar von Steinpilz gefunden.

31 Brühlteich

Naturbaden und fischen lässt es sich nördlich von Schwarzenau im Freizeitareal Brühlteich. Das zwei Hektar große Waldbad ist ein beliebter Treffpunkt für Bewohner*innen aus der Umgebung und hat alles, was man für den Badespaß im Sommer braucht: eine gepflegte Liegewiese, mehrere Holzstege samt Floß in der Mitte des Teichs, einen neu renovierten Sprungturm, einen Kinderspielplatz inklusive Sandkiste mit Sonnensegel und für Sportliche Beachvolleyballplätze. Das ambitionierte Buffet serviert neben Obligatorischem wie Hotdogs auch Wildschweinburger.

Um den Teich füjrt ein Spazierweg. Das Wasser ist sauber und wird seit 2019 mit einer solarbetriebenen Oloid-Maschine belüftet und umgewälzt, nachdem es 2018 zu einem starken Algenbefall gekommen ist. Man hört ein leichtes Brummen, wenn man auf der Liegewiese faulenzt. Das Geräusch wird meist locker von den spielenden und planschenden Kindern übertönt. Beim Schwimmen sind kalte Strömungen im warmen Wasser spürbar. Auf Holzstegen rekeln sich Sonnenliebhaber oder springen von dort kopfüber ins dunkelgrüne Wasser.

Ein Granitfindling im Freizeitareal bietet selbsternannten Grillmeistern die Möglichkeit, mitgebrachtes Grillgut selbst zuzubereiten. Die dafür notwendige Kohle muss ebenso mitgebracht werden. Auf der russischen Schwingkegelbahn gleich in der Nähe des Spielplatzes kann man wie einst der Zar kegeln.

ADRESSE: 3900 Schwarzenau, Brühlweg

GPS: 48.748011, 15.257277

ÖFFENTLICH: Regionalzüge von Wien und Gmünd

MIT DEM RAD: Radweg Thayarunde

MIT DEM AUTO: Parkplatz vor dem Teich

SCHWIMMFAKTOR: *****

KLEINKINDGERECHT: *****

HUNDE ERLAUBT: nein

GASTRONOMIE: Buffet

SANITÄRANLAGE UND UMKLEIDEKABINEN: im Badehaus

WASSERTEMPERATUR SOMMER: bis zu 26 Grad

Der Brühlteich lockt mit sauberem Wasser die Bewohner*innen aus der Umgebung an

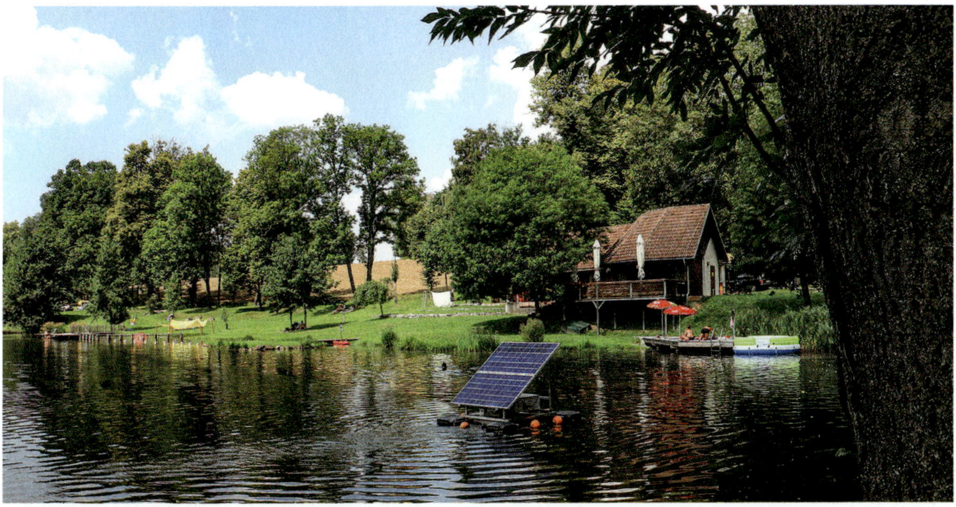

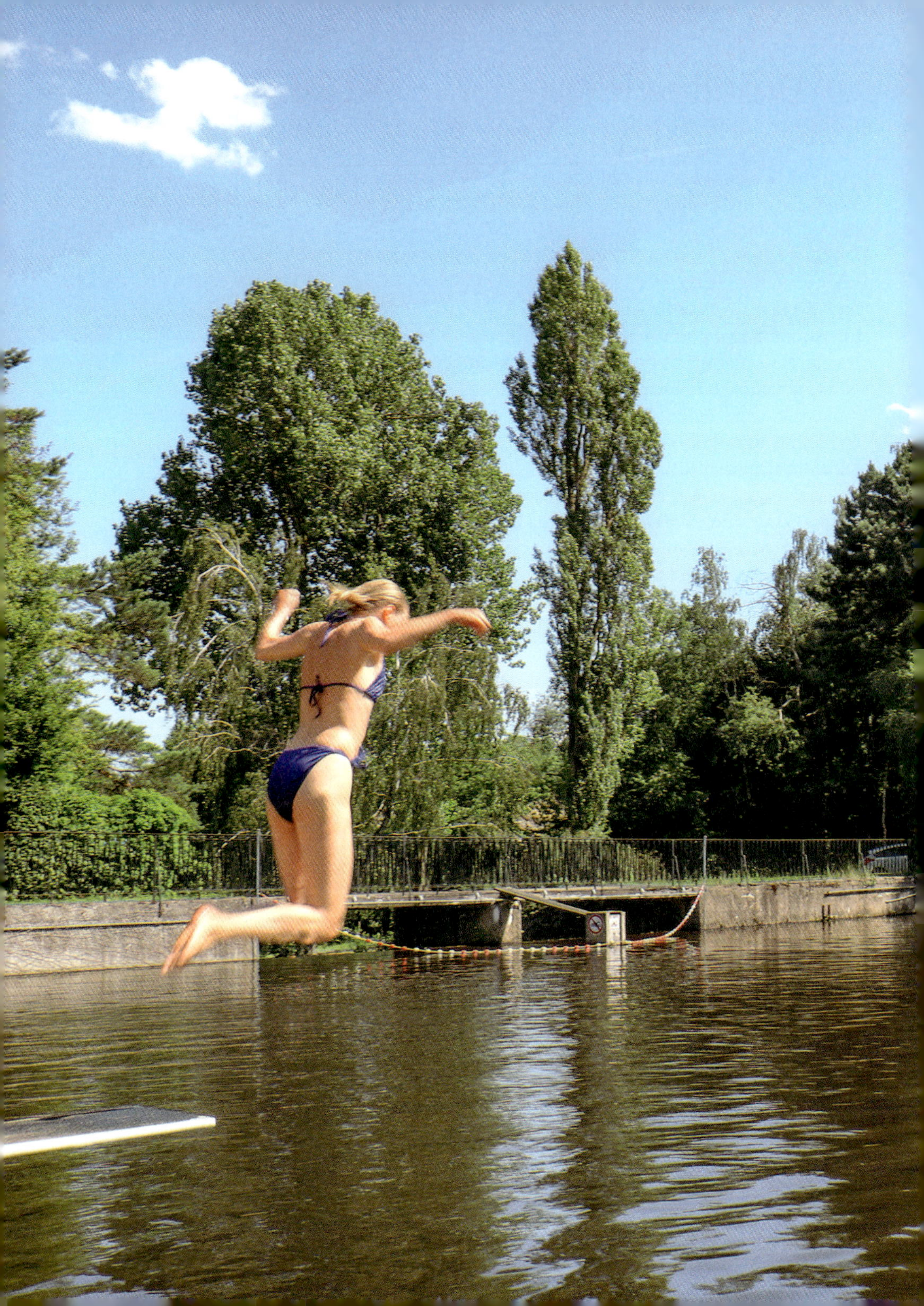

32 Waldbad Groß-Siegharts

Ein Geheimtipp für Nichtwaldviertler ist das Waldbad Groß-Siegharts. Es liegt etwas versteckt am Ortsrand. Besonders Kinder werden die Naturbadeanlage wegen des kleinen Sandstrands, der 18 Meter langen Wasserrutsche und des Sprungbretts lieben. Bei Erwachsenen punkten der klassische Sonnensteg aus Holz, die alten Bäume auf der gepflegten Liegewiese oder das Waldbadcafé mit kleiner Sonnenterrasse. Im Jahre 2025 fand die Gemeinde mit Elif Tonaydin einen neuen Betreiber für das Lokal. Es konnte rechtzeitig am 1. Mai der Betrieb mit griechischen und italienischen Spezialitäten gestartet werden.

Unter der Woche lassen sich Ruhe und Natur hier bestens genießen, die Anzahl der Waldbad-Besucher*innen ist überschaubar. Erst freitagnachmittags kommt Schwung in die Beschaulichkeit der Szenerie. Plötzlich ist einiges los auf der blauen Rutsche.

Die Hochsommer im Waldviertel müssen schon ungewöhnlich heiß sein, damit das Wasserthermometer hier auf 24 Grad klettert. Am Freizeitteich darf natürlich auch ein Beachvolleyballplatz nicht fehlen, der Eintritt ist frei, Hunde haben aber am gesamten Waldbad-Gelände keinen Zutritt.

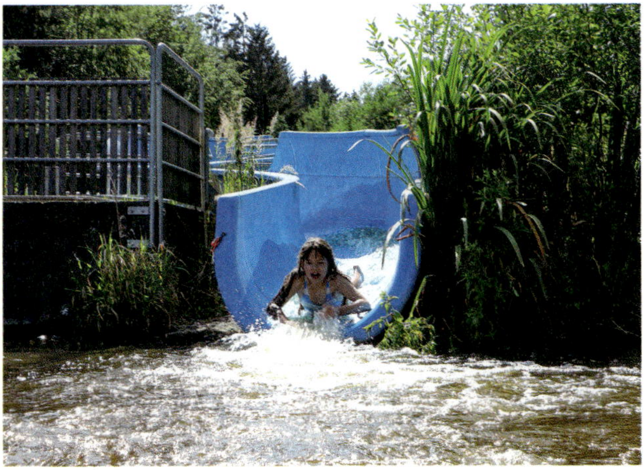

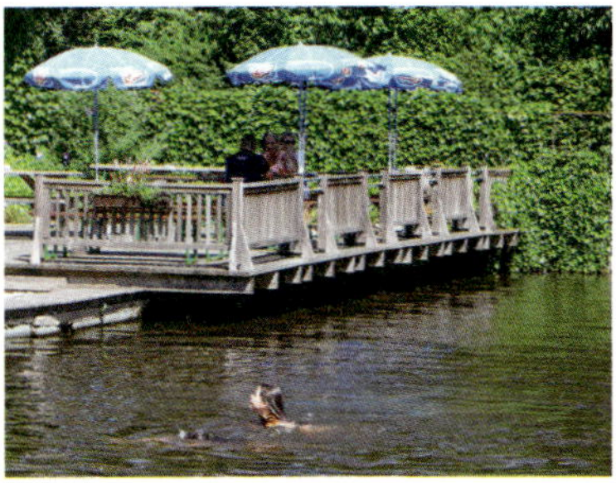

Terrasse des Waldbadcafés

ADRESSE: 3812 Groß-Siegharts, Rudolf-Hohenberg-Gasse 40

GPS: 48.785657, 15.389381

ÖFFENTLICH: Zug nach Göpfritz an der Wild oder Horn, dann Regionalbusse 180, 880 oder 881

MIT DEM AUTO: kleiner Parkplatz vor dem Bad

MIT DEM RAD: Thayarunde-Radweg

SCHWIMMFAKTOR: *****

KLEINKINDGERECHT: *****

HUNDE ERLAUBT: nein

GASTRONOMIE: Waldbadcafé, Tel. +43 665 65107994

SANITÄRANLAGEN: ja

WASSERTEMPERATUR SOMMER: 18 und 24 Grad

Ganz links: Das Waldbad gilt noch als Geheimtipp bei Nichtwaldviertler*innen

Links: Besondere Attraktion bei Kindern: die 18 Meter lange Wasserrutsche

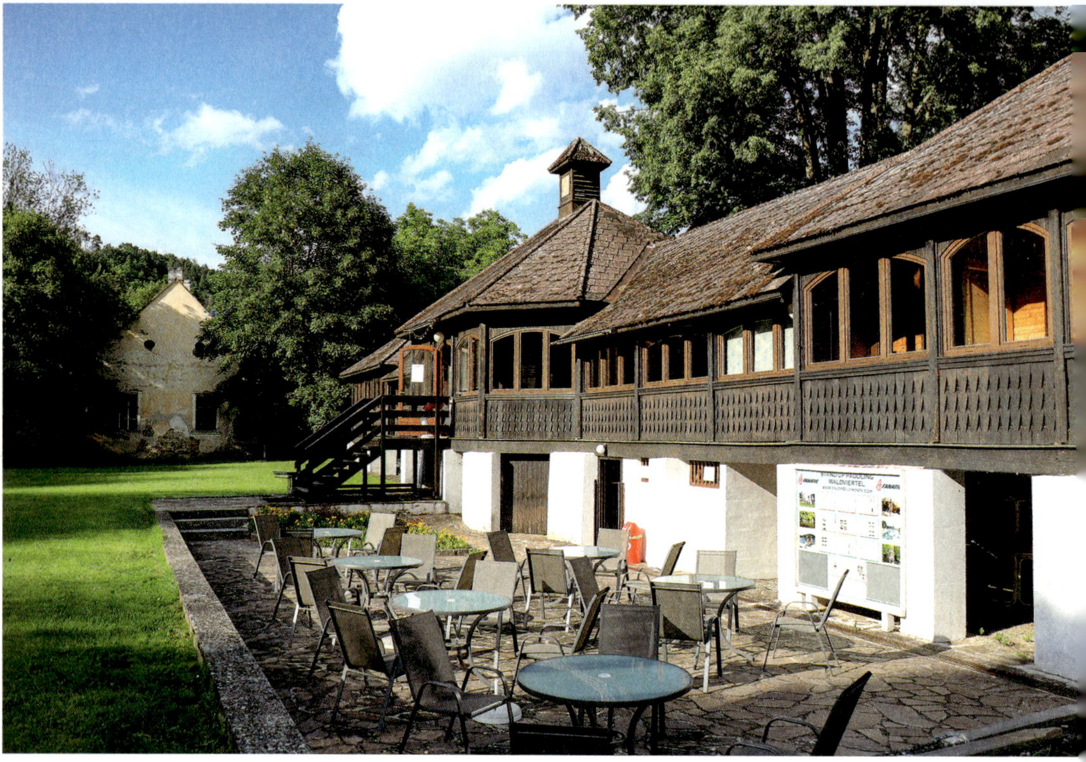

Stilvolles Baden im Strandbad Drosendorf

33 Thaya

33a Strandbad und Terrassenbad Drosendorf

STRANDBAD UND TERRASSENBAD DROSENDORF

ADRESSEN: Strandbad (Kneipp-Aktiv-Thayabad): 2095 Drosendorf-Stadt, Sebastian-Kneipp-Platz 1; Terrassenbad: 2095 Drosendorf-Stadt, Badstraße 25

ÖFFENTLICH: Züge nach Retz, dann Regionalbus 875 oder Erlebnisbahn Reblaus Express (Sa, So/Fei)

Die Thaya macht in Drosendorf noch eine Kurve, bevor sie Österreich verlässt und als Dyje, wie sie auf Tschechisch heißt, ihren Lauf fortsetzt. Schon zu Beginn der 1930er-Jahre wurde in Drosendorf am mäandernden Fluss ein Strandbad errichtet und der Tradition der Sommerfrische gefrönt. Ein vor kurzem renoviertes hölzernes Badehaus erinnert an die alte Sitte des stilvollen Badens. Die schmucke Uferwiese lädt mit schattenspendenden Erlenbäumen und gemütlichen Liegen zum Müßiggang ein, quasi ein Ort der Gelassenheit. Außer Vogelgezwitscher und dem Rauschen der Thaya ist außerhalb der Ferienzeit nichts zu hören. Anfang Juni beträgt die durchschnittliche Wassertemperatur noch an die 20, im Hochsommer bis zu angenehmen 24 Grad. Der Wassergrund ist schlammig, ein Steg und eine Holztreppe führen in den Fluss, der Schlamm soll aber sehr gesund sein. Auf kleine Kinder ist gut achtzugeben, die Thaya führt hier viel Wasser und ist trüb, dafür ist die Strömung nicht besonders stark. Vorsicht, das Ufer kann durch den Schlamm sehr rutschig sein.

An heißen Sommerwochenenden ist das Flussbad besonders bei den „Zuagrasten" und Wochenend-Drosendorfern sehr beliebt und die Strandbad-Kantine im Badehaus sorgt für die kulinarische Versorgung der Gäste mit ausgewählten Weinen und kühlen Bieren aus dem Waldviertel und deftigen wie auch leichten Schmankerln.

In den Sommermonaten wird eine bescheidene Badegebühr für das Flussbad eingehoben, die auch die Benützung des örtlichen Terrassenbades inkludiert. Ein nur circa 200 Meter langer Spaziergang, vorbei am Tennis- und Fußballplatz, trennt das Flussbad vom Terrassenbad. Dieses punktet mit Baby-Planschbecken, großen Nichtschwimmerbecken, Tischtennistischen und einen Beachvolleyballplatz. Das Sportbecken bleibt leider bis auf weiteres geschlossen. Das Bad ist schon ein bisschen in die Jahre gekommen, aber in seiner Gesamtheit sehr stimmig und mit viel Charme und einem bunten 1970-Jahre-Flair, das man so nicht mehr oft zu sehen kriegt. Es ist durchaus weitläufig und hat eine gut geführte Kantine mit karibischem Touch. Immer wieder Veranstaltungen, die Jugend von Drosendorf trifft sich hier. Das Terrassenbad ist einer der Austragungsorte des Sommerkinos des Filmclubs Drosendorf.

MIT DEM RAD: Kamp-Thaya-March-Radroute, Etappe 4, Reblaus-Radl-Weg

MIT DEM AUTO: Parkplätze vor dem Terrassenbad und Kneipp-Aktiv-Thayabad

SCHWIMMFAKTOR: *****

KLEINKINDGERECHT: Kneipp-Aktiv-Thayabad: ***, Terrassenbad: *****

HUNDE ERLAUBT: im Kneipp-Aktiv-Thayabad

GASTRONOMIE: Café im Kneipp-Aktiv-Thayabad und Kantine im Terrassenbad

SOMMERKURSE ZIRKUS: Circusluft Drosendorf, Tel. +43 664 3731712 circusluft.com (neben dem Terrassenbad)

WASSERTEMPERATUR SOMMER: bis zu 24 Grad

33b Wildbadeplatz Altstadt Drosendorf

Ein heißer Tipp ist der schöne Wildbadeplatz in der Altstadt von Drosendorf. Vorbei am Gasthof zur Hammerschmiede, durch die enge Straße Drosendorf Altstadt führt vom kleinen Parkplatz ein höchstens fünfminütiger Spaziergang über eine Wiese zur Thaya. Der Badeplatz ist penibel gepflegt, eine öffentliche Umkleidekabine im linken der beiden Holzhäuschen und mehrere Bänke stehen den Erholungsuchenden zur Verfügung. Das Gras ist kurz gemäht,

WILDBADEPLATZ ALTSTADT DROSENDORF

ADRESSEN: Drosendorf Altstadt

GPS: 48.868661, 15.625682

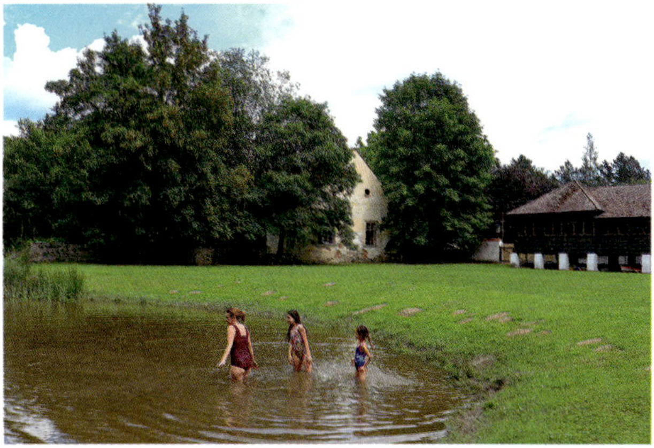

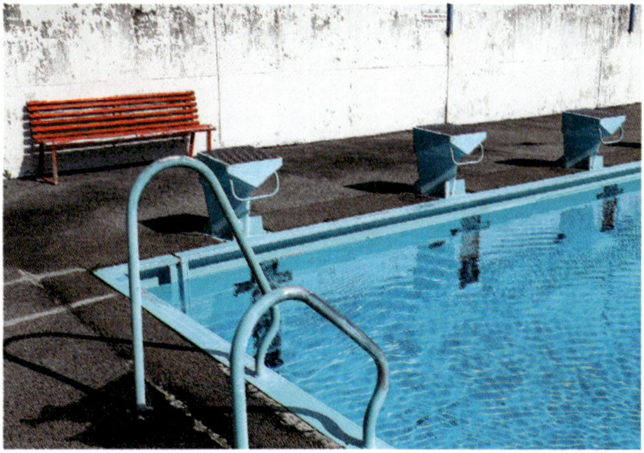

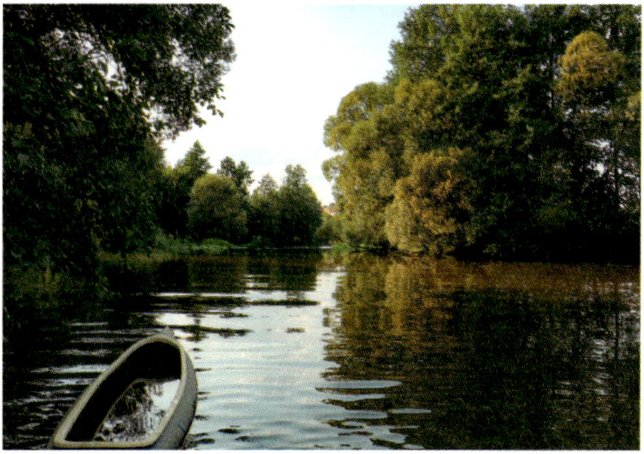

Ganz oben und Mitte: Das Terrassen-Freibad und das Strandbad nebeneinander sind ideal für den Urlaub „dahoam"
Oben: Die Thaya im gleichnamigen Flussbad und Ort
Rechts: Idyllischer Badeplatz in der Altstadt Drosendorf

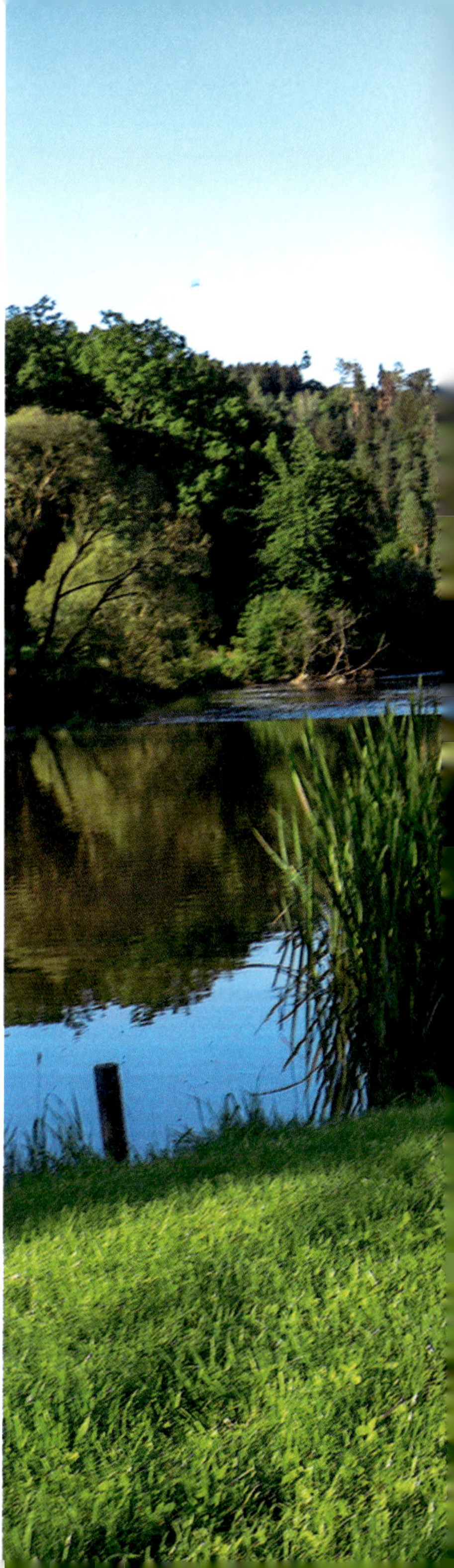

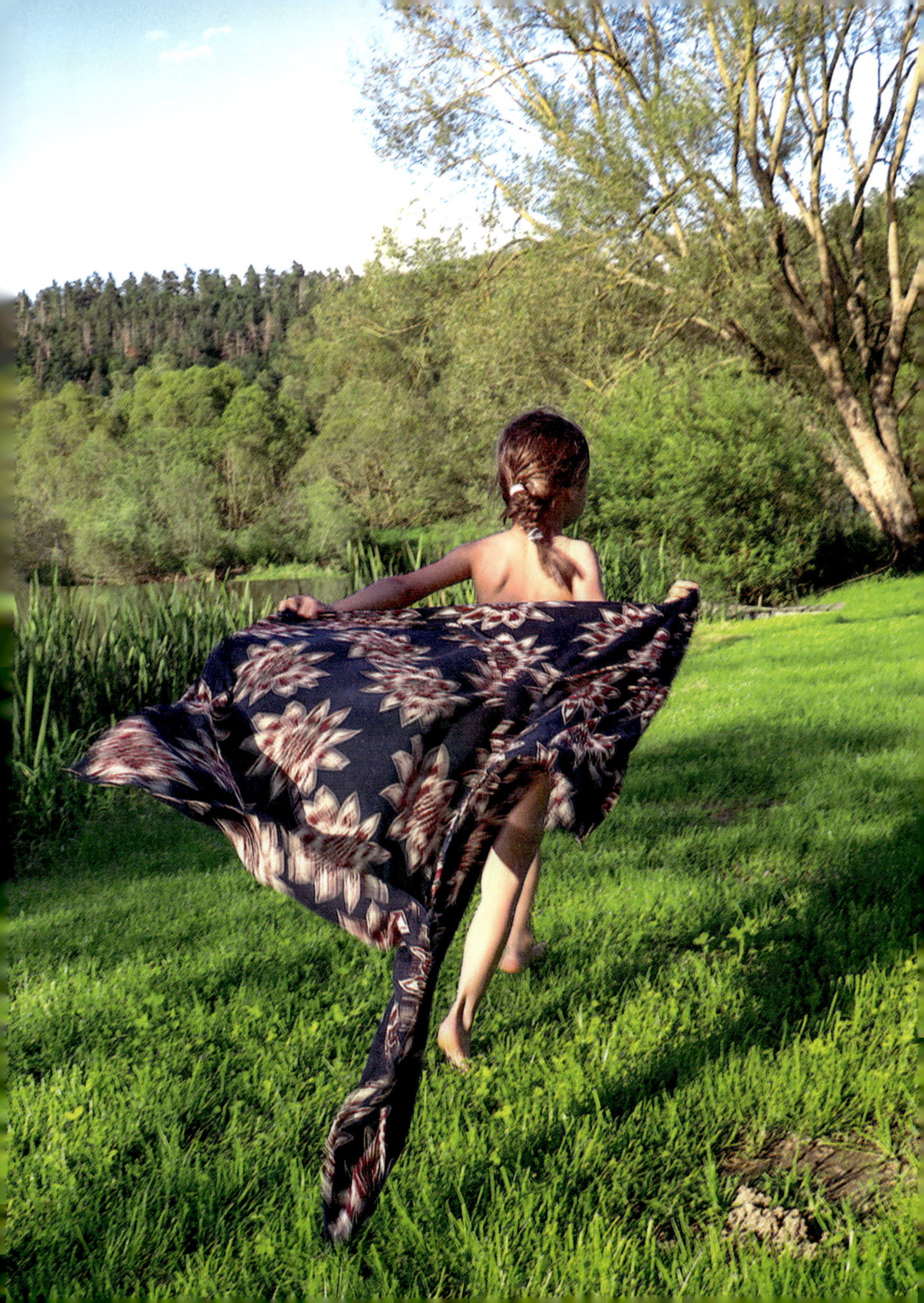

SCHWIMMFAKTOR: *****

KLEINKINDGERECHT: ***

HUNDE ERLAUBT: ja

SANITÄRANLAGE, UMKLEIDEKABINEN: nein

eine Holztreppe mit Geländer erleichtert den Einstieg in den Fluss und ein kleiner Holzsteg rundet das Wildbadevergnügen ab.

Das trübe, strömungsarme Wasser ist tief genug, um zu schwimmen, das Ufer schilfbewachsen. Hunde sind erlaubt, sogar Sackerln stehen zur Verfügung, um den Badeplatz sauberzuhalten.

33c Thaya in Dobersberg

THAYA IN DOBERSBERG

ADRESSE: 3843 Dobersberg, Karlsteiner Straße

GPS: 48.913747, 15.325646

ÖFFENTLICH: Züge nach Göpfritz an der Wild oder Vitis, dann Regionalbusse

MIT DEM RAD: Thayarunde-Radweg

MIT DEM AUTO: Parkplätze bei der Karlsteiner Straße 12

SCHWIMMFAKTOR: ****

KLEINKINDGERECHT: ***

HUNDE ERLAUBT: ja

SANITÄRANLAGE: Toilette in der alten Badehütte (nur in der warmen Jahreszeit geöffnet)

UMKLEIDEKABINEN: nein

Eine naturnahe Flusslandschaft, steile, schroffe Hangwälder und breite Feuchtwiesen sind die prägenden Elemente des Naturparks Dobersberg. Wege und Steige führen am Flussufer der Thaya entlang, ein Lorelei-Felsen und die Farnschlucht sind landschaftliche Highlights.

Im historischen Thayabad in Dobersberg steht die alte Badehütte noch, der Wildbadeplatz wirkt gepflegt. Seit die Freizeitanlage Dobersberg mit Badeteich und allem Drumherum wie Liegewiese, Beachvolleyballplatz und Sanitäranlagen in der Hohenauer Straße geschaffen wurde, ist an der Thaya nicht mehr viel los.

Wer sich hierher verirrt, sucht Ruhe, Natur und die Abkühlung am Fluss. Bei entsprechender Niederschlagsmenge führt die Thaya auch im Hochsommer ausreichend Wasser, um schwimmen zu können.

Bei unserem Besuch wurde der Badeteich in der Freizeitanlage gerade entleert. Eine große Freude für die Kinder, zuzusehen und gar ein bisschen zu helfen, die riesigen Karpfen und kleinere Fische wie Zander und Schleien im Zuge der Renaturierung in ihren angestammten Lebensraum in die Thaya zu entlassen.

33d Flussbad Thaya

FLUSSBAD THAYA

ADRESSE: 3842 Thaya, am Ende der Badgasse

Nicht einfach zu finden, ist das kleine Flussbad in der adretten Waldviertler Ortschaft Thaya. Von der Zwettler Straße kommend beim Gasthof Haid in die Bahnhofstraße einbiegen und nach 200 Metern rechts in die Badgasse. Am Ende der Straße stößt man auf den Weg zum Badeplatz

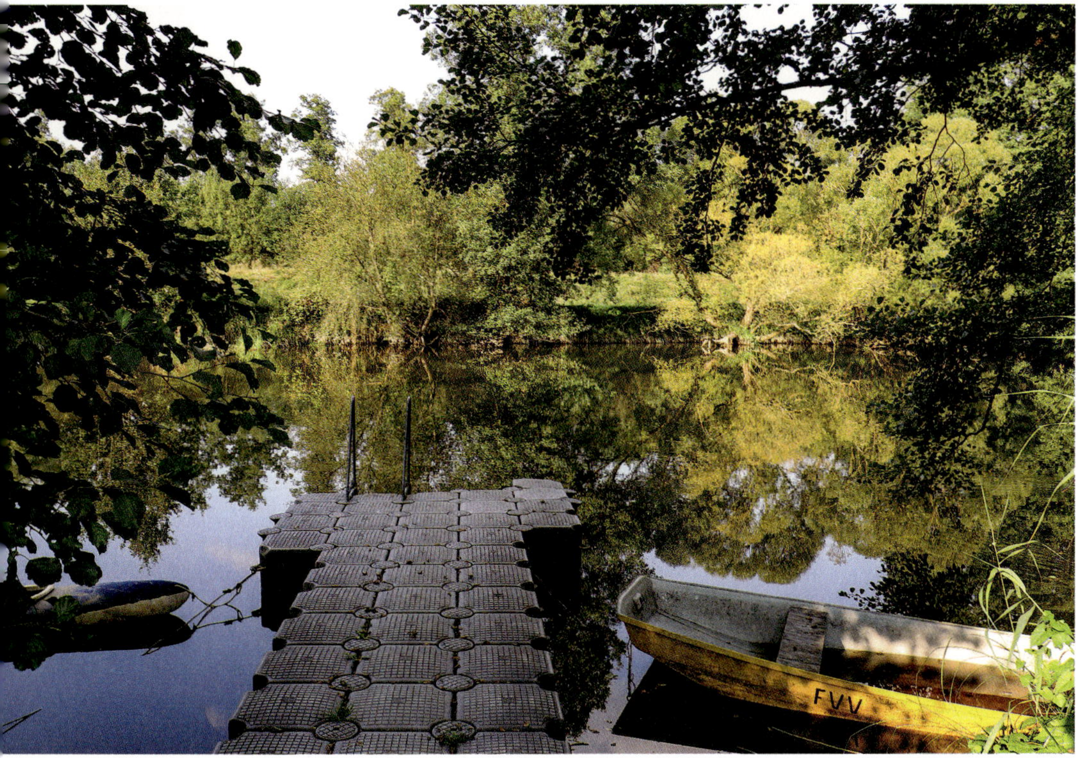

Schwimmsteg und Leiter für einen bequemeren Einstieg ins Flussbad Thaya

mit Beachvolleyballfeld, Sandkiste, schattiger Rutsche und Holzschaukel. Im überdachten Aufenthaltsbereich sind Umkleidekabinen, ein Tischtennistisch und ein Getränkeautomat sowie sanitäre Anlagen untergebracht.

Eine hübsche Holzbrücke führt über den Badeplatz. Steinterrassen im Wasser schaffen unterschiedliche Wassertiefen, ein seichter Nebenarm erlaubt kleinen Kindern gefahrloses Planschen. Gegen Ende des Sommers steht das Drüsige Springkraut in Ufernähe leider so hoch, dass es einige Flussbereiche und die Holzbrücke beinahe verschwinden lässt. In den Fluss führt ein funktionaler Steg aus Kunststoff mit Metallleiter für den sicheren Einstieg. Bänke und Holzstege auf einer akkurat gemähten Wiese warten auf Sonnenbader*innen. Vor allem für Einheimische ist der Badeplatz ein willkommener Treffpunkt zum Volleyballspielen und für Schwimmverabredungen. Der Volleyballplatz hat sogar eine Flutlichtanlage, Hunde dürfen mit zum erfrischenden Flussbaden.

GPS: 48.852049, 15.295322

ÖFFENTLICH: Züge nach Göpfritz an der Wild oder Vitis, dann Regionalbus

MIT DEM RAD: Thayarunde-Radweg

MIT DEM AUTO: Parkplätze am Ende der Badgasse

SCHWIMMFAKTOR: ****

KLEINKINDGERECHT: *****

HUNDE ERLAUBT: ja

SANITÄRANLAGE, UMKLEIDEKABINEN: ja

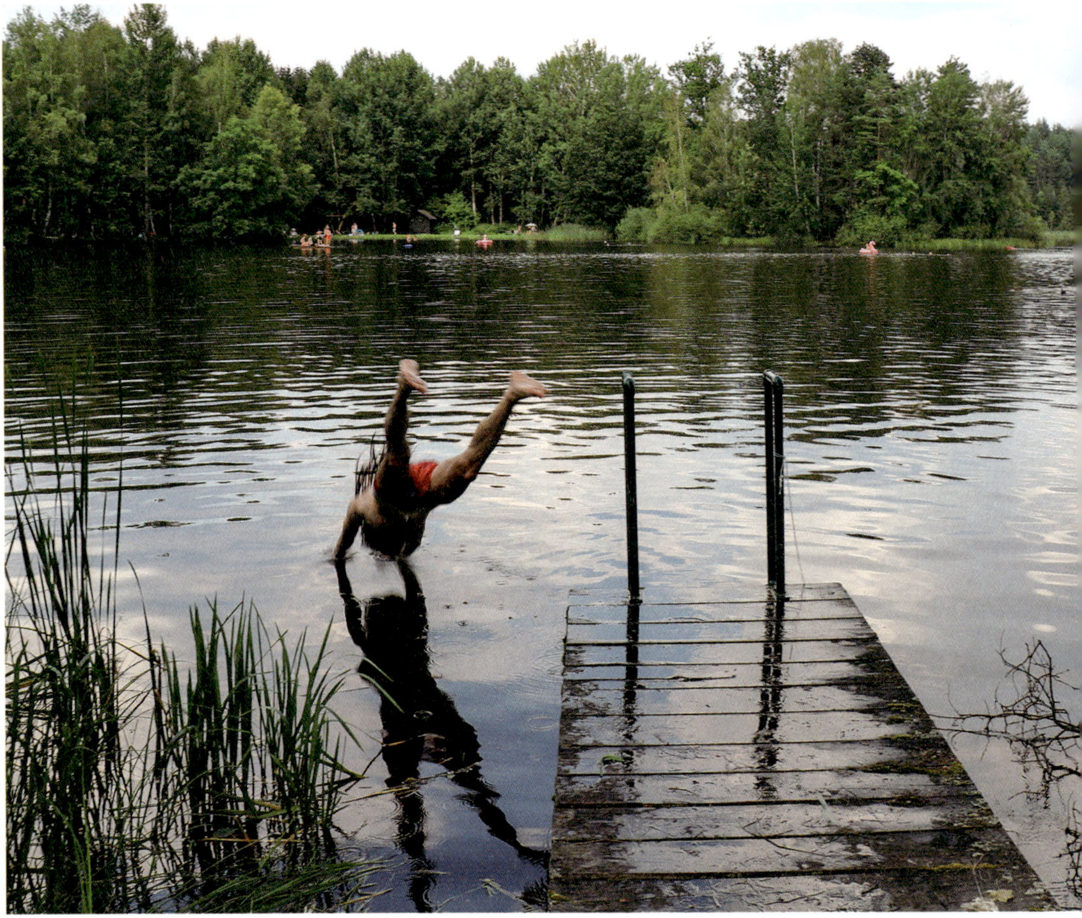

Nicht nur Frösche springen gerne in den moorhaltigen Waldbadeteich

34 Waldbadeteich Mitterteich

ADRESSE: 3945 Hoheneich

GPS: 48.770416, 15.045432

ÖFFENTLICH: von Gmünd Regionalbusse 748 oder 752

MIT DEM RAD: Waldviertel-Radweg sowie Radweg Nr. 73

Einen entspannten Wildbadetag verspricht der Mitterteich im nördlichen Waldviertel. Von der Purbacher Straße spaziert man durch den Hoheneicher Wald zum Teich. Am Weg riecht es zumindest im August und September verführerisch nach Pilzen.

Der eine oder andere begnadete Schwammerlsucher wird wohl die gute Gelegenheit nicht versäumen wollen und für einen kurzen Abstecher im Wald verschwinden. Der Teich liegt versteckt und wird vor allem von den Einheimischen aufgesucht, um in Ruhe ein paar Runden zu schwimmen. Aber auch alle anderen dürfen hier mitten im Ramsar-Schutzgebiet „Waldviertler Teich-, Moor- und Flusslandschaft“ einsame Sommertage verbringen. Das Wasser ist moorhaltig und von brauner Farbe, der Untergrund schlammig, das tut der Wasserqualität aber keinen Abbruch. Der Teich ist nicht tiefer als drei Meter und angenehm warm.

Eine kleine Liegewiese erstreckt sich am Nordufer. Am Wiesenstreifen am Westufer mit Holzbänken und Schattenplätzen, Holzstegen und seichtem Einstieg tummeln sich vor allem Kinder, die noch nicht so gut schwimmen können, mit ihren Familien. Aufblasbare Schwimmtiere und Luftmatratzen können nach Herzenslust mitgeschleppt werden. Der Teich ist groß genug.

Eine Jausenstation am Gelände bietet nur kleine Speisen und Getränke an, da weder Strom- noch Wasseranschluss vorhanden sind. Der Fischteich wird im Winter abgelassen. Hunde sind am Areal herzlich willkommen.

MIT DEM AUTO:
Parkplatz vor dem Teich

WEG ZUR BADESTELLE:
fünfminütiger Spaziergang durch den Wald

SCHWIMMFAKTOR: *****

KLEINKINDGERECHT: *****

HUNDE ERLAUBT: ja

GASTRONOMIE:
Jausenstation

SANITÄRANLAGE: ja

UMKLEIDEKABINEN: nein

WASSERTEMPERATUR SOMMER:
20 bis 25 Grad

Der Waldbadeteich liegt versteckt mitten im Ramsar-Schutzgebiet

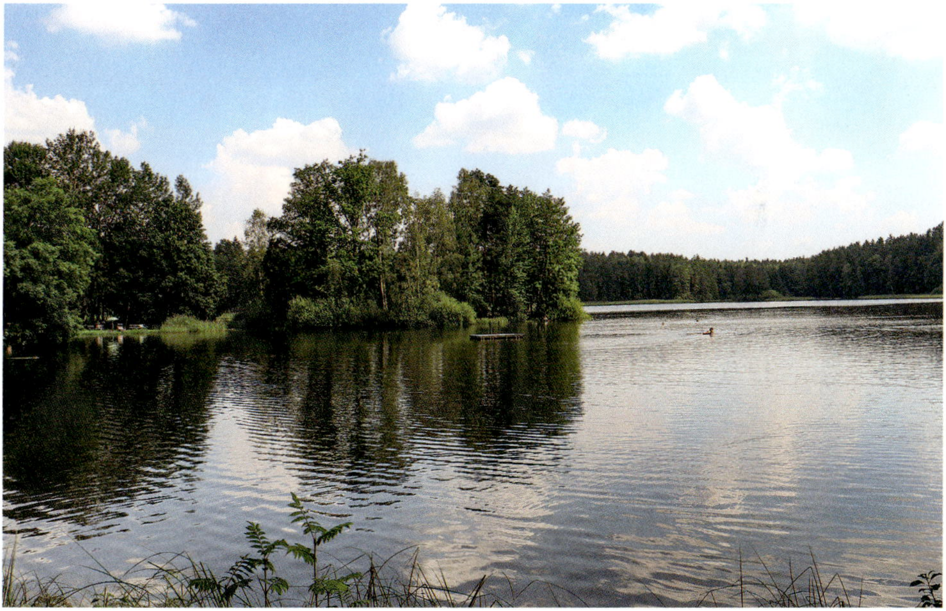

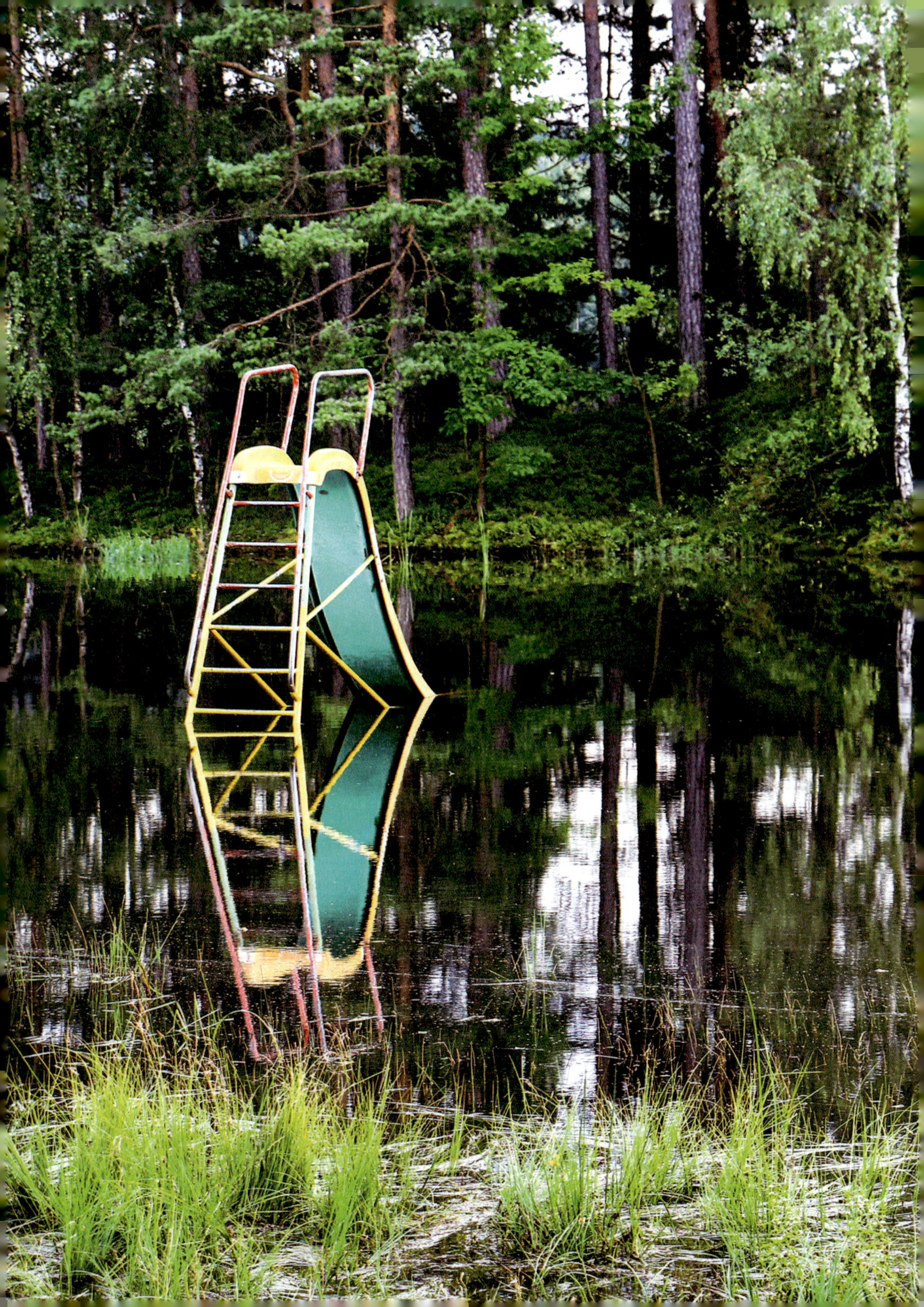

35 Brandteich

Im Oberen Waldviertel, nahe der tschechischen Grenze, liegt der Brandteich in Brand-Nagelberg. Der Teich ist beim Gästehaus Brandteich frei zugänglich und das dazugehörende Teichstüberl bei den hauptsächlich regionalen Besuchern des Teiches sehr beliebt. Serviert wird natürlich Schremser Bier, die Schremser Brauerei ist nicht allzu weit entfernt. Sogar die Grillhenderl sitzen im Grill auf Bierbeize. Mit einer Fläche von 14 Hektar gehört der Brandteich zu den zehn größten Badeseen Niederösterreichs, versorgt wird er durch Moorbodenwasser. Mehrere bewaldete Inseln ragen aus dem See. Eine kurzgemähte Liegewiese mit alten Bäumen und eine ruhige, strömungslose Wasserfläche sind die idealen Voraussetzungen für einen beschaulichen Badetag.

Der recht sumpfige Teich ist vom Fichtenwald umrahmt, eine etwas in die Jahre gekommene, aber noch voll funktionstüchtige Rutsche mitten im Wasser ist ein Hingucker und natürlich bei den Kleinen sehr beliebt. Die Ufer sind schilfbewachsen, die Wassertemperaturen herrlich für ein sommerliches Planschen und ambitionierte Schwimmrunden. Die Ufer sind seicht, Spielgeräte wie Schaukeln, Klettergerüste und Rutsche auf der Liegewiese runden das Angebot für Familien mit Kindern ab. Einzig die Bundesstraße direkt am Rand des Teiches stört optisch und akustisch das Idyll.

ADRESSE: 3873 Brand 166

ÖFFENTLICH: von Gmünd Regionalbus 740

MIT DEM AUTO: Parkplatz vorm Gästehaus

MIT DEM RAD: EuroVelo 13

SCHWIMMFAKTOR: *****

KLEINKINDGERECHT: *****

HUNDE ERLAUBT: nein

GASTRONOMIE: Gästehaus Brandteich, 3873 Brand 166

SANITÄRANLAGE: ja

UMKLEIDEKABINEN: nein

WASSERTEMPERATUR SOMMER: bis zu 25 Grad

Links: Eisenhaltiges, wohltuendes Wasser und Wasserrutsche mit Patina

Unten: Der Brandteich gehört zu den zehn größten Badeseen Niederösterreichs

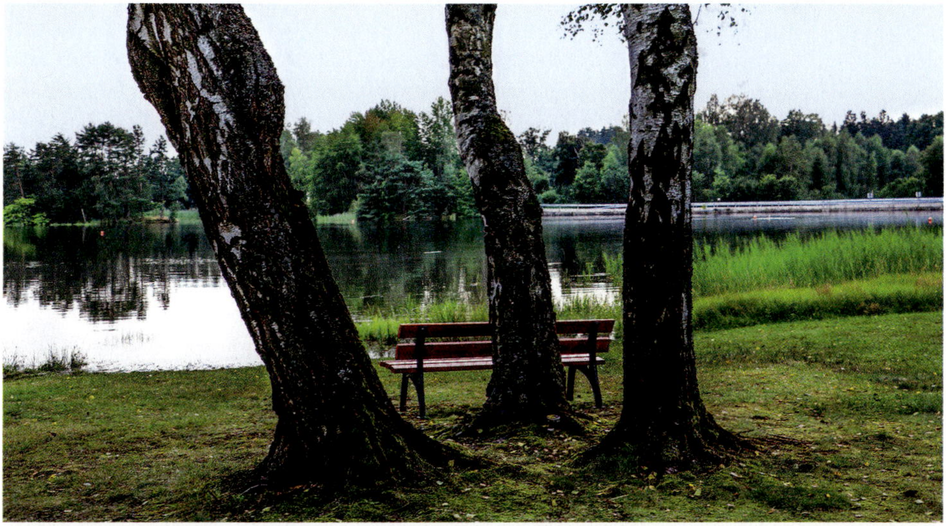

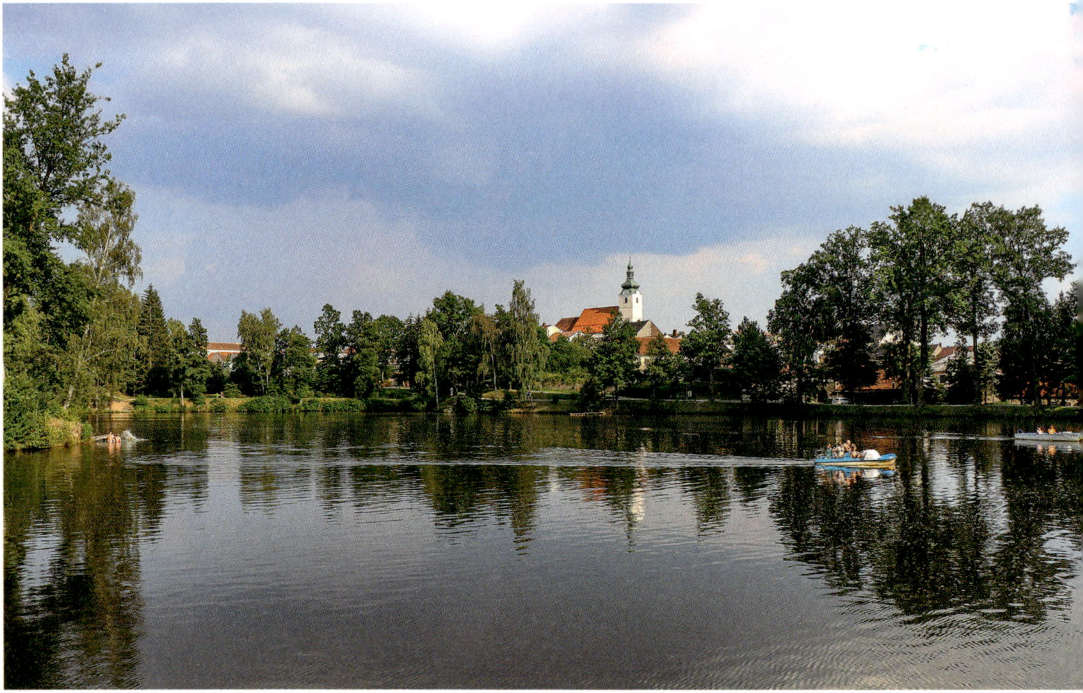

Mit dem Boot lässt sich der braun-dunkelgrüne Herrensee am besten erkunden

36 Herrensee Litschau

ADRESSE: 3874 Litschau, Hasenbühelstraße/Ecke Schläger Straße

ÖFFENTLICH: ab Wien Bus 1028, Züge nach Göpfritz an der Wild, dann Regionalbus

MIT DEM AUTO: Parkplatz bei der Hafenbar

MIT DEM RAD: EuroVelo 13, Etappe 1

SCHWIMMFAKTOR: *****

KLEINKINDGERECHT: ***

HUNDE ERLAUBT: ja

GASTRONOMIE UND BOOTSVERLEIH: Bruno's Hafenbar, Hasenbühelstraße, Tel. +43 2865 5428

Litschau ist die nördlichste Stadt Österreichs. Das Schloss und der Herrensee sind ihre Markenzeichen. Ursprünglich hieß der Herrensee Mühlteich, später dann Herrenteich. Viele Einheimische nennen ihn immer noch so.

Seine Anfänge reichen bis ins 16. Jahrhundert zurück. Durch Aufstauung des Reißbaches und Schaffung eines Teiches entlang der Senke sollte einerseits ausreichend Wasserkraft für den Betrieb einer großen, mehrstufigen Hofmühle erzeugt, andererseits die Fischzucht ermöglicht werden.

Wildbader starten am besten bei Bruno's Hafenbar in der Nähe des Schlosses und des Fischertors. Der kleine Imbiss mit Seeterrasse reicht Snacks und Getränke und führt gleichzeitig einen Bootsverleih mit Elektro-, Ruder- und Tretbooten zur besseren Erkundung des Sees. Gleich nebenan erstreckt sich eine kleine Liegewiese mit Schatten spendenden Bäumen, Holzsteg und einem Holzpavillon.

Das Wasser erreicht im Sommer höchstens 23 Grad und hat eine braun-dunkelgrüne Farbe. Vor allem in der

Nähe der Hafenbar treiben Pflanzen im Wasser, was nicht einladend aussieht. Schwimmer sollten sich aber nicht abschrecken lassen. Der Herrensee hat noch jede Wasseruntersuchung in den letzten Jahren mit Bravour bestanden und wurde stets mit einem „Ausgezeichnet" bewertet.

Wem der Ausblick auf das Schloss und die fleißigen Tretbootfahrer in der Hitze zu langweilen beginnen und wer wegzudösen droht, könnte sich stattdessen auf einen vier Kilometer langen Rundweg um den See aufmachen. Leicht bergab und bergauf geht es durch den Wald, vorbei an Waldviertler Wackelsteinen, kleinen Buchten und Holzstegen, die in den See führen.

Der Weg ist auch mit dem Kinderwagen zu bewältigen, Bänke zum Innehalten finden sich auf der ganzen Strecke, Badestellen zum In-den-See-Hechten ebenfalls. Eine kleine Liegewiese gibt es links vom See gleich gegenüber dem Strandbad. Geht man auf der rechten Seite zurück, kommt man am Strandbad und zwei Trinkwasserbrunnen, der Karl-Zimmel-Quelle und der Marienquelle, vorbei. Der Wiesenstreifen beim Sängerpavillon, noch am Rundweg, drängt sich förmlich auf für einen abschließenden Sprung ins Wasser.

Den kulturbegeisterten Naturbader*innen sei noch das Musikfestival Schrammel.Klang ans Herz gelegt, das Mitte Juli auf mehreren Naturbühnen rund um den See und im Wald stattfindet. Oder das zeitgenössische Theaterfestival Hin & Weg, das für zehn Tage im August ganz Litschau in eine große Bühne verwandelt.

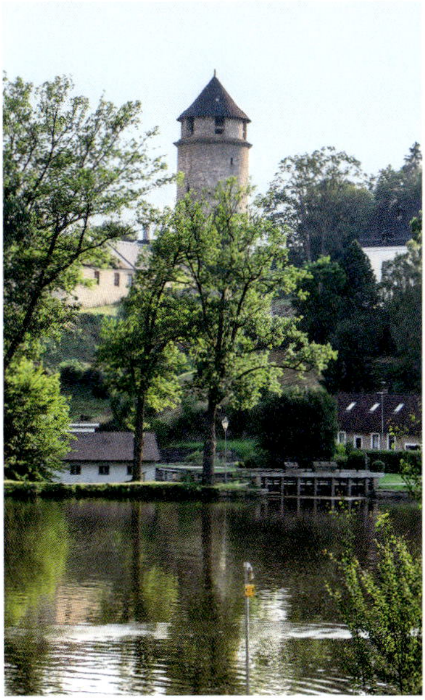

Im Hintergrund der Turm des Schlosses Litschau

SANITÄRANLAGE: bei der Hafenbar

UMKLEIDEKABINEN: nein

WASSERTEMPERATUR SOMMER: durchschnittlich 21 Grad

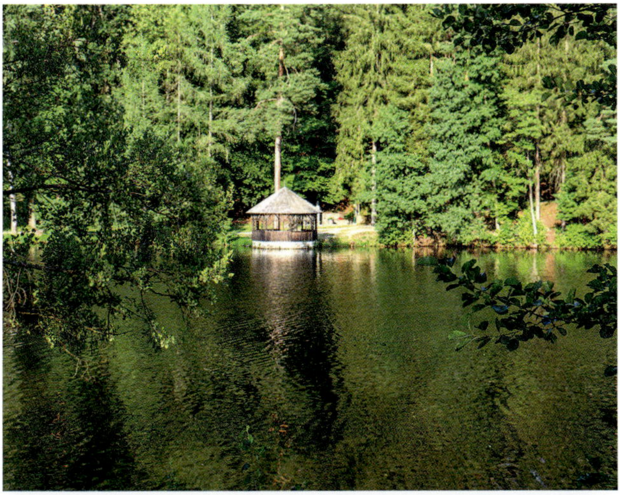

Auf mehreren Naturbühnen rund um den See (hier: Sängerhütte) finden im Sommer Musik- und Theaterfestivals statt

Die Donau in der Wachau

ÖFFENTLICH: ab Melk oder Krems WL1 oder WL2, ab März bis Oktober Wachaubahn zwischen Krems und Emmersdorf (Wochenende)

MIT DEM RAD: Donauradweg

WASSERTEMPERATUR SOMMER: höchstens 23 Grad

Denkt man an die Wachau, erinnert man sich schnell einmal an Heimatfilme vergangener Jahrzehnte. War da nicht das Mariandl aus dem Wachauerlandl? Aber die reale Wachau und ihre Donaustrände können es mit dem verträumten Kitsch der Franz-Antel-Filme locker aufnehmen. Im malerischen Donautal ist Planschen und Schwimmen viel mehr als bloßer Sport, es ist großes Theater. Die im 11. Jahrhundert angelegten Steinterrassen, auch „Himmelsstiegen" genannt, sind eine wahrlich prächtige Kulisse, um sich die Sonne auf den Bauch scheinen zu lassen und dem regen Schiffsverkehr am Strome zuzusehen.

In der UNESCO-Weltkulturerbe-Region zwischen Krems am linken und Melk am rechten Donauufer gibt es auf über dreißig Kilometern Strände und Buchten zu entdecken. Die Badeorte sind oft so großzügig, dass auch im Hochsommer Privatsphäre und Einsamkeit genossen werden können. Die Strömung und der Schiffsverkehr der Donau sollten nicht unterschätzt werden. Immer wieder finden sich ruhige Seitenarme, die vor allem bei Familien mit Kindern als lohnendes Badeziel geschätzt werden.

Geprägt ist die Landschaft vom Obst- und Weinbau sowie vom Tourismus. Baden in der Wachau ist zu Unrecht meist zweitrangig und mit einer Radtour, einer Wanderung zu Burgruinen oder Schlössern oder einem obligaten Heurigenbesuch verbunden.

SANDSTRAND DÜRNSTEIN

ADRESSE: 3601 Dürnstein, Fähranlegestelle (Sandstrand) 3601 Dürnstein, Steiner Donaulände 36, Nähe Kuenringerbad (Schotterstrand)

GPS: Sandstrand: 48.392930, 15.519989

Schotterstrand: 48.387120, 15.525555

ÖFFENTLICH: Ab Krems und Melk WL1, Wachaubahn (nur Sommer), WL1A (Radtramper) transportiert Ihre Fahrräder mit

MIT DEM AUTO: Donaubundesstraße bis Dürnstein, Schotterstrand: Parkplatz Dürnstein (P1), Sandstrand: auch P3 und P4, Parkplätze kostenpflichtig

37 Donaustrände nördlich der Donau

37a Sandstrand Dürnstein und Bucht Oberloiben

Wir beginnen nördlich der Donau in der historischen Kuenringerstadt Dürnstein. Gleich bei der Fähre findet sich ein schmaler Sandstrand, der für ein spontanes Sommerbad ideal ist. Über eine breite Stiege gelangt man vom Treppelweg hinunter zur Donau. Der Schiffsverkehr liefert

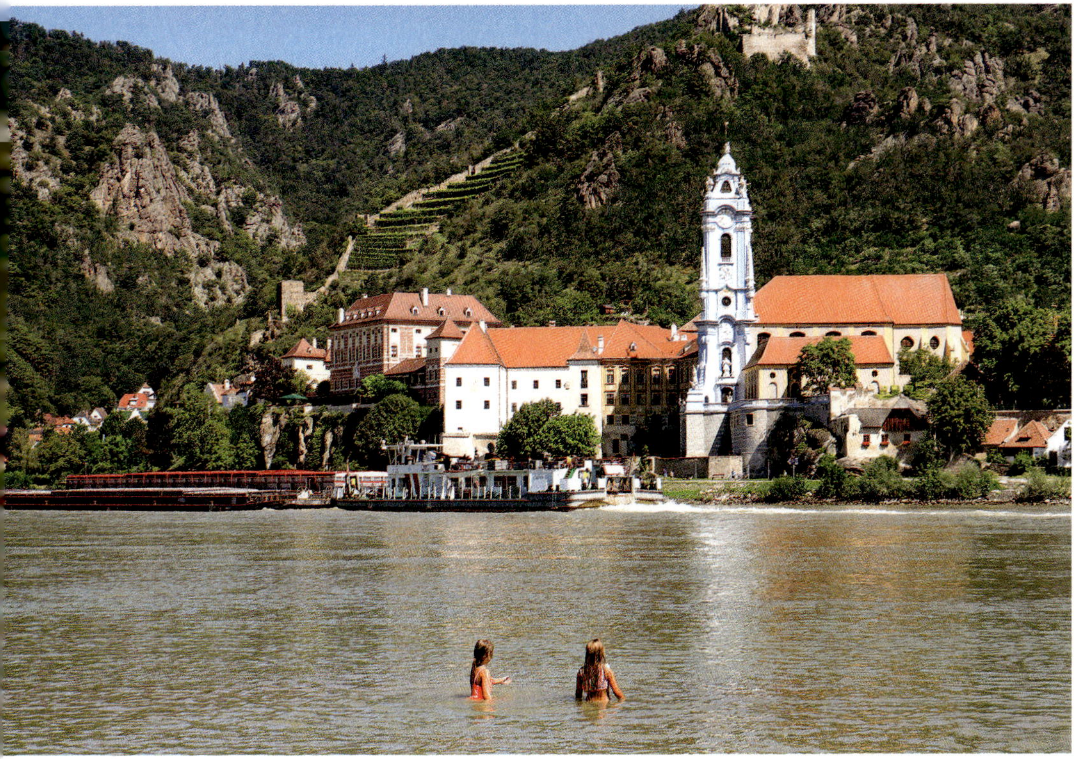

Dürnstein mit blau-weiß gestrichenem Kirchturm

Donauwellen, sonst ist die Strömung gering. Schließt man die Augen, wähnt man sich gar am Meer. Der blau-weiß gestrichene Kirchturm und die Burgruine im Rücken gelten als Wahrzeichen der ganzen Region Wachau.

Angeblich wurde in den Gemäuern der Burg vor 800 Jahren der englische König Richard Löwenherz gefangen gehalten. Eine Rundwanderung auf einem schattigen Weg zur Ruine mit herrlichem Blick auf das Mittelalterstädtchen, die gemächlich dahinfließende Donau und die Weingärten des Südufers und wieder retour in die Altstadt drängt sich da förmlich auf.

Geht man vom Dürnsteiner Parkplatz (P1) in Richtung Oberloiben, erreicht man nach einem zehnminütigen Spaziergang einen schönen Schotterstrand. Ganz in der Nähe befinden sich auch das Kuenringerbad, ein Fußball-, ein Beachvolleyball- und der Donauspielplatz. Letzterer ist exzellent ausgestattet mit Klassikern wie Flying-Fox-Karussell, Klettergerüst, Boulderwand, Wippe und Netzschau-

WEGZEIT ZUR BADESTELLE: jeweils fünf bis zehn Minuten Spaziergang zum Strand

SCHWIMMFAKTOR: ****

KLEINKINDGERECHT: ***

GASTRONOMIE: im Ort viele Gasthäuser, Restaurants und Heurigenbetriebe

FÄHRE: 3601 Dürnstein 39, Tel. +43 676 3709633, www.faehre-wachau.at

HUNDE ERLAUBT: ja

SANITÄRANLAGEN: WC beim Parkplatz P1

UMKLEIDEKABINEN: nein

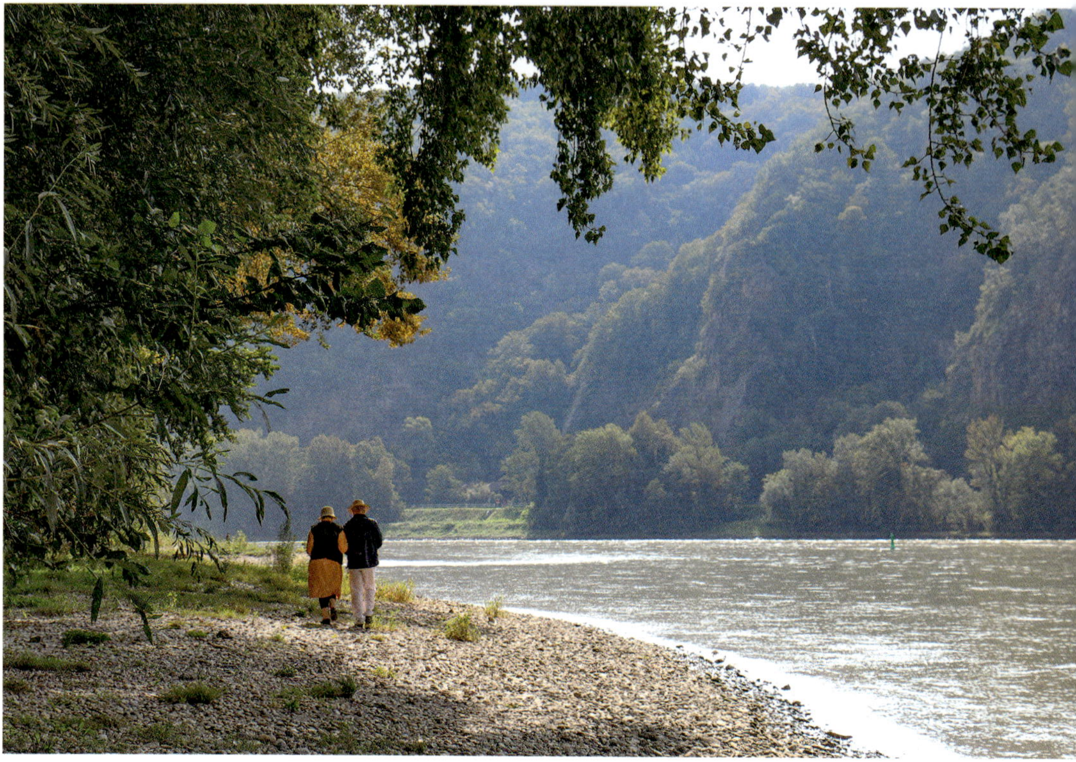

Von Dürnstein nach Oberloiben am Wasser entlangspazieren

DONAUBUCHT OBERLOIBEN

ADRESSE: 3601 Dürnstein, Oberloiben 29

GPS: 48.385639, 15.532409

MIT DEM AUTO: großer Donauparkplatz an der Bundesstraße

SCHWIMMFAKTOR: ****

KLEINKINDGERECHT: *****

BOOTSVERLEIH: 3601 Dürnstein, Oberloiben 29, Tel. +43 664 1213723, www.kanu-wachau.at

SANITÄRANLAGE UND UMKLEIDEKABINEN: nein

kel. Wer es noch abgeschiedener und abenteuerlicher mag, wandert noch weitere zehn Minuten in Richtung Osten und überquert den schmalen Seitenarm, um auf eine kleine, vorgelagerte Insel in Oberloiben zu gelangen.

Ein Zugang von Oberloiben aus zur Insel ist ebenfalls möglich, zumindest nasse Füße bekommt man so oder so. Ist der Wasserstand zu hoch, kann man sich auch ein Kanu oder Board bei Kanu-Wachau am Donauufer in Oberloiben mieten. So können stille Buchten besser erreicht und die Au(en)landschaft erkundet werden. Der Bootsverleih bietet auch Stand-up-Paddle-Kurse an.

Das Wasser im schmalen Seitenarm ist viel ruhiger als an der Donau und besonders bei niedrigem Wasserstand für kleinere Kinder ideal. Das Donauufer sowie die Insel sind bewaldet und somit reich an Schatten. Für frisches Trinkwasser sorgt ein Brunnen, an dem man selbst Wasser pumpen kann. Hunde dürfen auch mit.

37b Strandbad Weißenkirchen

Von der Rollfähre stromaufwärts liegt der große, weite Sandstrand in Weißenkirchen. Mit Blick auf den Dunkelsteinerwald, einem urtümlichen Mischwald mit dunklen Felsformationen (daher der Name), im Rücken der pittoreske Winzerort mit der imposanten Wehrkirche St. Michael –, ist der Naturbadeplatz mit den Annehmlichkeiten eines Schwimmbades ausgestattet. Liegewiese, Dusche, Sanitäranlagen, Kinderspiel- und Beachvolleyballplatz sind vorhanden. Große, alte Bäume auf der Liegewiese spenden angenehm Schatten, Bänke und Tische stehen einladend am Ufer bereit.

Ein leichter Geruch nach Schlamm und Fisch liegt in der Luft, Treibgut von der letzten Überschwemmung verloren am Strand. Das Ufer ist seicht, die Strömung an diesem Donauabschnitt geringer als im benachbarten Spitz. Felsige Schutzwalle führen ins Wasser und bremsen die Geschwindigkeit der Strömung. Vorsicht ist beim Betreten der Steine bei Nässe geboten, sie sind sehr rutschig.

STRANDBAD WEISSENKIRCHEN

ADRESSE: 3610 Weißenkirchen, Wachaustraße 242

GPS: 48.394371, 15.470236

MIT DEM AUTO: Parkplatz im Bereich Altau, bei der Rollfähre und in Richtung Wösendorf: GPS: 48.396205, 15.472854

FÄHRE: Rollfähre Weißenkirchen–St. Lorenz, Tel. +43 2715 2232, weissenkirchen-wachau.at/ueber-weissenkirchen/mobilitaet/rollfaehre.html

SCHWIMMFAKTOR: ***

KLEINKINDGERECHT: *****

SANITÄRANLAGE: ja

UMKLEIDEKABINEN: nein

Sandstrand mit Treibgut in Weißenkirchen

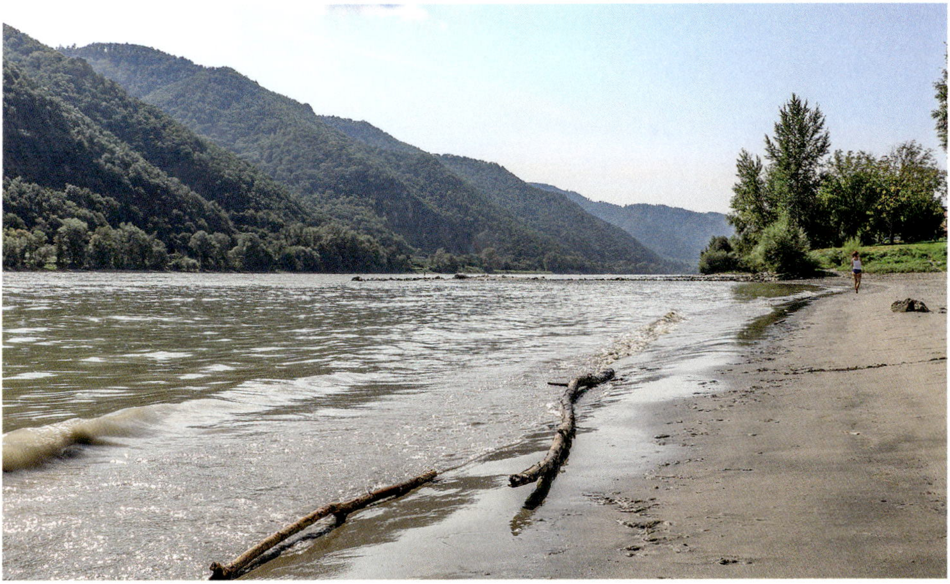

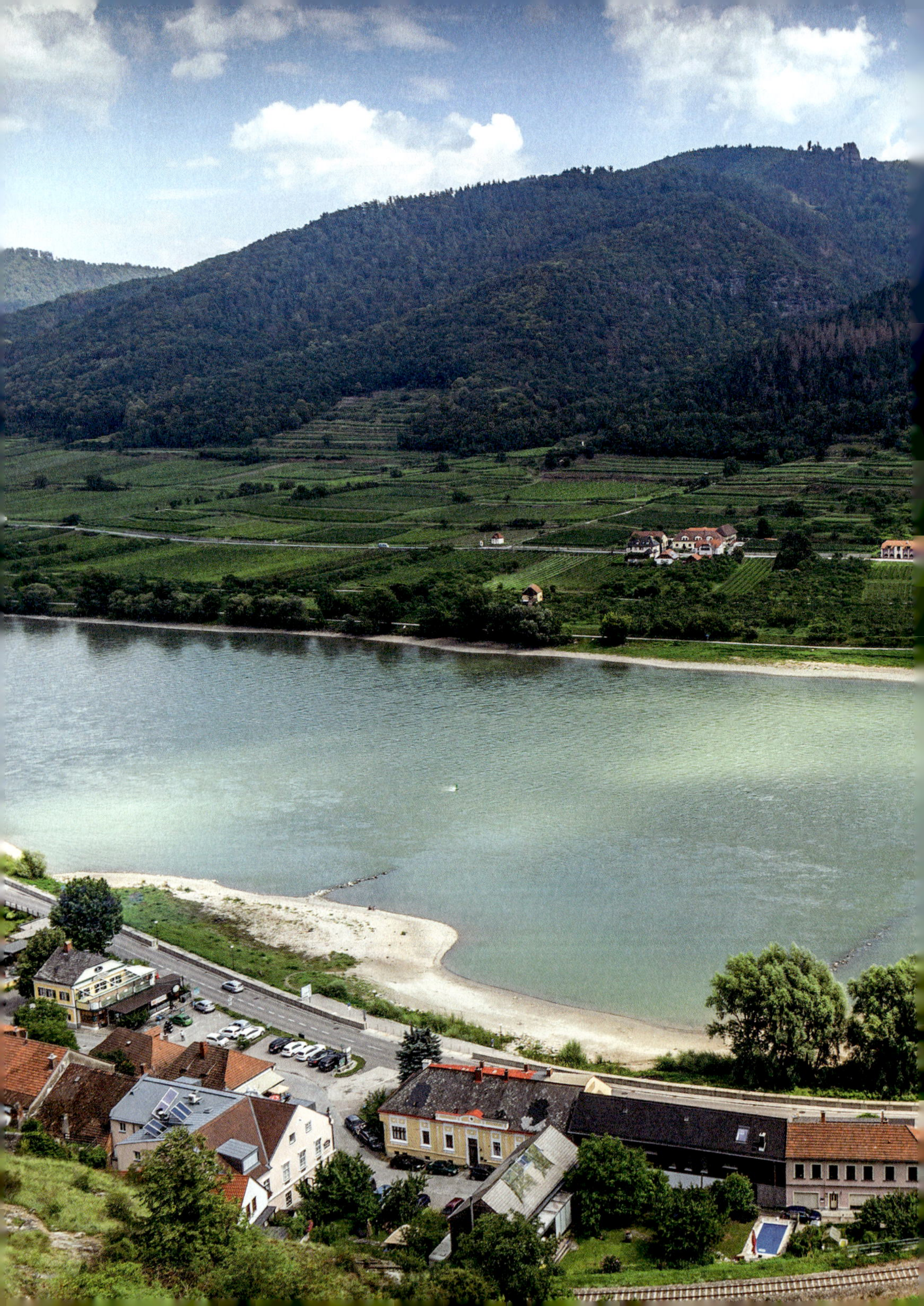

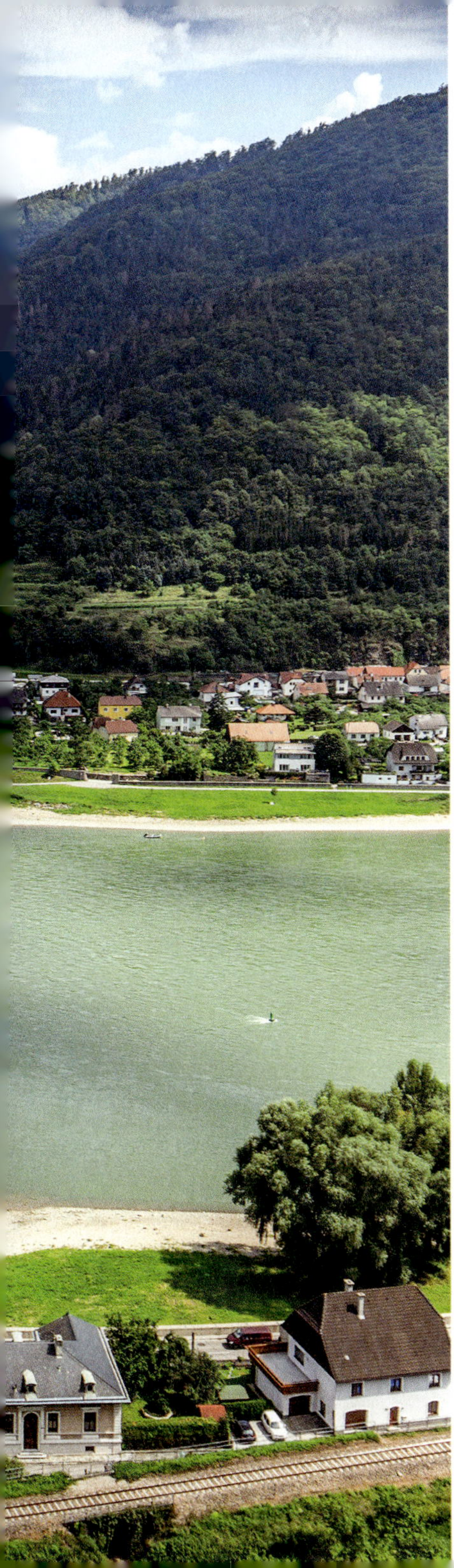

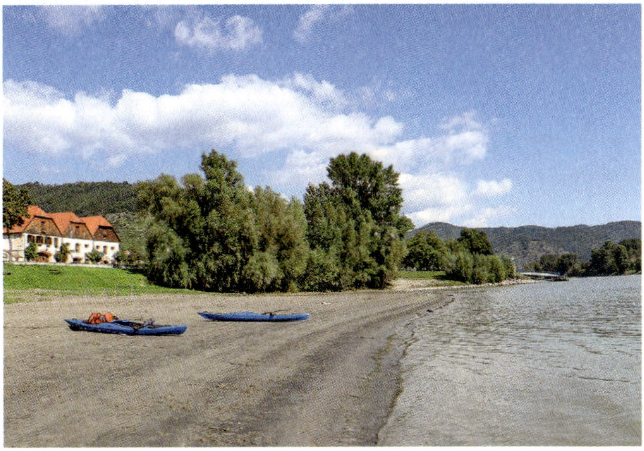

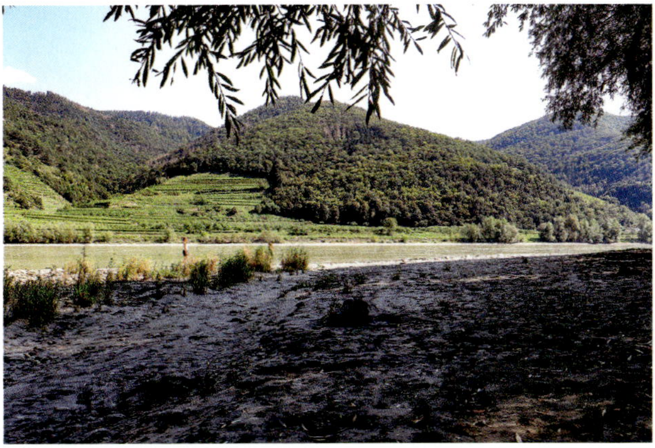

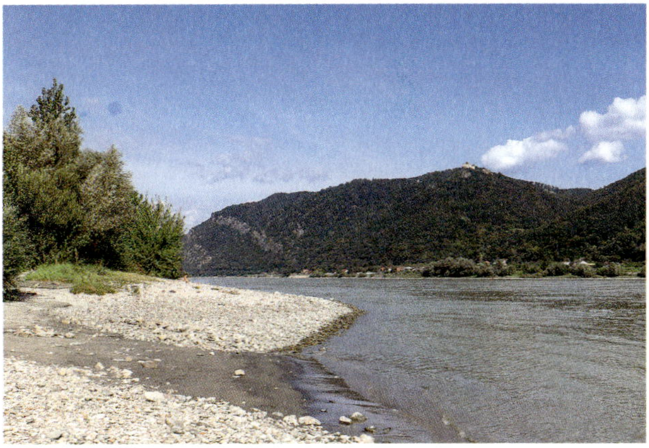

Links: Strand in Spitz, von der Ruine Hinterhaus aus gesehen

Von oben nach unten: Sandstrand Weißenkirchen; Donaustrand zwischen Spitz und Schwallenbach; weitläufiger Kies- und Sandstrand in Aggsbach Markt

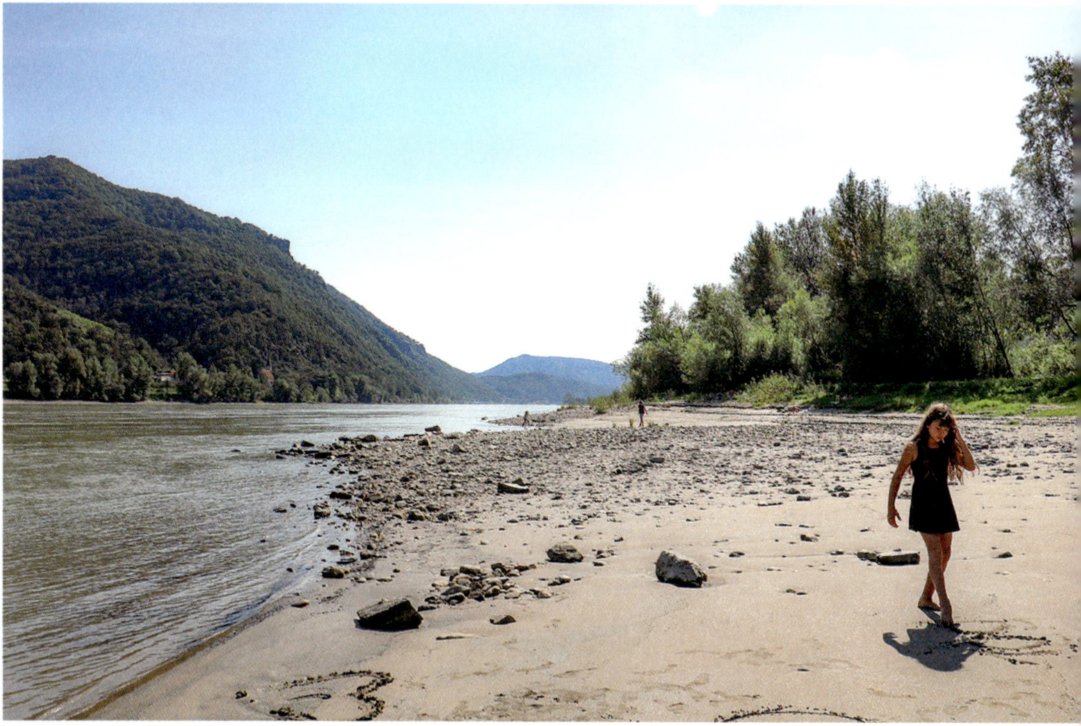

Der Strand zwischen Spitz und Schwallenbach verfügt über keine Infrastruktur

37c Sandstrand zwischen Spitz und Schwallenbach

ADRESSE: 3620 Spitz

GPS: 48.349763, 15.405809

Stadtstrand Spitz: 48.358140, 15.410627

MIT DEM AUTO: Parkplätze in Hinterhaus gegenüber dem Sandstrand und zwischen Spitz und Schwallenbach

SCHWIMMFAKTOR: **

KLEINKINDGERECHT: ***

SANITÄRANLAGE UND UMKLEIDEKABINEN: nein

Wesentlich wilder ist der kleine Strand zwischen Spitz und Schwallenbach. Ganz ohne Infrastruktur, aber mit kleinem Parkplatz an der Wachau Bundesstraße und sehr viel Natur.

Der Strand ist bei niedrigem Wasserstand breit, teils sandig, teils kieselig. Kleine Wiesenabschnitte oberhalb des Strandes eignen sich gut zum Sonnenbaden; viele versteckte Buchten und viel Schatten. Man sollte schon ein guter Schwimmer sein, um hier eine Schwimmrunde zu unternehmen. Bloß nicht Richtung Fahrrinne schwimmen, auf keinen Fall die eigenen Kräfte über- und die Strömung unterschätzen. Hier wurden keine Steinbrecher errichtet, um das Fahrwasser zu bremsen. Kleine Kinder nicht außer Acht und nur am Ufer pritscheln lassen.

Unterhalb der Ruine Hinterhaus, direkt gegenüber dem Gasthof Prankl, hat auch der Ort Spitz einen Sandstrand. Er zeigt sich aber nur bei Niedrigwasser und die Strömung ist auch hier stark. Der Treppelweg an der Donaupromenade führt von Spitz direkt in das rund fünf Kilometer entfernte Weißenkirchen.

37d Donaubadestrand Aggsbach Markt

Was im Salzkammergut die Seen sind, ist in der Wachau eben die Donau. Der weitläufige Sand- und Kieselstrand in Aggsbach Markt ist ebenfalls ein herrlicher Ort, um dem Müßiggang in der Sonne zu frönen. Das Wasser ist zwar nicht so blau wie in den Salzkammergutseen, aber der Sand am Strand fast so weich wie am Meer. Außerdem erleben Flussschwimmer hier ein Phänomen: Eine leichte Gegenströmung bewirkt, dass die Donau sozusagen „ein Stück aufwärts fließt".

Im Strandcafé kann man sich kalte und warme Imbisse, ein erfrischendes Getränk oder ein Eis holen und auf die Motorboote, Kanufahrer oder die gegenüberliegende Burgruine Aggstein blicken. Sie hockt hoch über der Donau wie ein Falkennest in einem Felssporn. Während die Erwachsenen auf der großen Liegewiese richtig ausspannen und den Tag genießen, können die kleineren Kinder auf den Spielplatz und größere zum Beachvolleyballplatz (abends mit Flutlicht) zum Austoben geschickt werden. Camper können hier gleich ihren Urlaub verbringen, eine Abstellfläche ist vorhanden und meist gut belegt.

ADRESSE: 3641 Aggsbach Markt, Höhe Nr. 170 Strandanfang

GPS: 48.297205, 15.405384

MIT DEM AUTO: Parkplatz an der Wachau Bundesstraße: 48.298008, 15.404558

und kleiner Parkplatz im Ort: 48.296652, 15.404719

GASTRONOMIE:
Strandcafé Aggsbach, 3641 Aggsbach Markt 170, Tel. +43 677 62187774, strandcafe-markt.slue.io

SCHWIMMFAKTOR: ****

KLEINKINDGERECHT: ****

SANITÄRANLAGE:
beim Strandcafé

UMKLEIDEKABINEN: nein

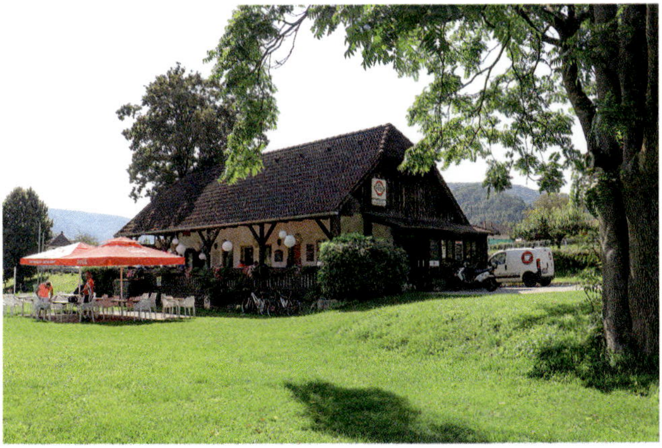

Strandcafé Aggsbach mit Liegewiese

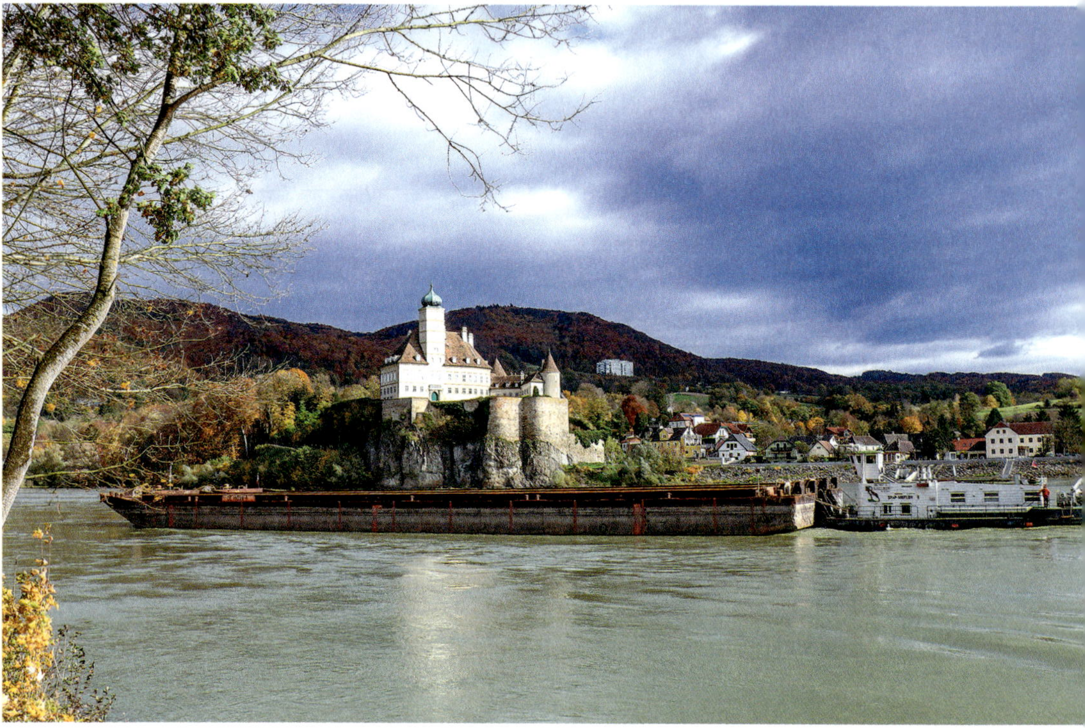

Schloss und Kloster Schönbühel vom Naturschutzgebiet Schallemmersdorf aus gesehen

38 Emmersdorf, Luberegg und Weitenegg

NEBENARMSYSTEM SCHALLEMMERSDORF

ADRESSE: 3644 Emmersdorf an der Donau, Grimsing 32

GPS: 48.259792, 15.370512

ÖFFENTLICH: von St. Pölten Regionalbus WL1 oder 1442 bis Grimsing Bundesstraße

MIT DEM AUTO: kleiner Parkplatz: 48.261642, 15.366792

In diesem Abschnitt der Donau kommen Wildbadende voll auf ihre Kosten. Ob Naturschutzgebiet, Donausee, Pielachmündung oder der längste Sandstrand der Wachau. Die Möglichkeiten sind abwechslungsreich und vielfältig. Das große Spektrum macht den Reiz aus.

38a Nebenarmsystem Schallemmersdorf

Gegenüber von Grimsing, aber noch zu Emmersdorf gehörend, liegt das Naturschutzgebiet Schallemmersdorf. Eine natürlich entstandene Donauinsel mit Nebenarm, Aulandschaft und umfangreichen Schotter- und Sandbänken. Die Insel ist öffentlich einfach zu erreichen, eine Bushaltestelle findet sich direkt auf der Bundesstraße davor. Vom Parkplatz führt ein Weg durch den Auwald zur Donau. Dort angekommen eröffnet sich ein reizvoller Blick auf das Schloss und das Kloster Schönbühel. Nun bleibt die Qual der Wahl, entweder links oder rechts die Donau entlangzuspazieren. Der Inselweg an der Donau wird das ganze Jahr von vielen Hundehaltern und ihren Vierbeinern für eine ausgedehnte Spazierrunde genutzt.

Entscheidet man sich für die linke Seite, wird man mit einem schönen, feinsandigen Strand belohnt, rechts ist der Strand aus Schotter aber nicht minder hübsch. An beiden Enden der Insel führt der insgesamt vier Kilometer lange Nebenarm wieder zurück zu unserem Ausgangspunkt. Der ruhige, vom Wellenschlag der Schiffe geschützte Donauarm sichert besonders Jungfischen das Überleben, mit etwas Glück lassen sich Würfelnattern, Schwarzstörche oder Eisvögel beobachten. Infrastruktur findet man keine, dafür eine offensichtlich funktionierende Fauna und Flora am Land und im Wasser.

SCHWIMMFAKTOR: ****

KLEINKINDGERECHT: ***

SANITÄRANLAGE, UMKLEIDEKABINEN: nein

38b Strand Melk bei der Pielachmündung

Am rechten Donauufer, nur fünf Minuten von der Donaubrücke entfernt, befindet sich nahe der Stadt Melk ein natürlich entstandener Donaustrand. Die flachen Ufer bestehen teils aus grobem Schotter, teils aus Kiesbänken. Die Pilachmündung liegt im Landschafts- und Vogelschutz-

MELK BEI DER PIELACHMÜNDUNG

ADRESSE: 3644 Emmersdorf an der Donau, Aggsteiner Straße

GPS: 48.242134, 15.348972

ÖFFENTLICH: Regionalbus WL2 bis Melk/Pielachmündung (direkt beim Strand)

MIT DEM AUTO: Parkplatz beim Strand

SCHWIMMFAKTOR: ****

KLEINKINDGERECHT: ***

SANITÄRANLAGE, UMKLEIDEKABINEN: nein

Natürlicher Donaustrand bei der Pielachmündung

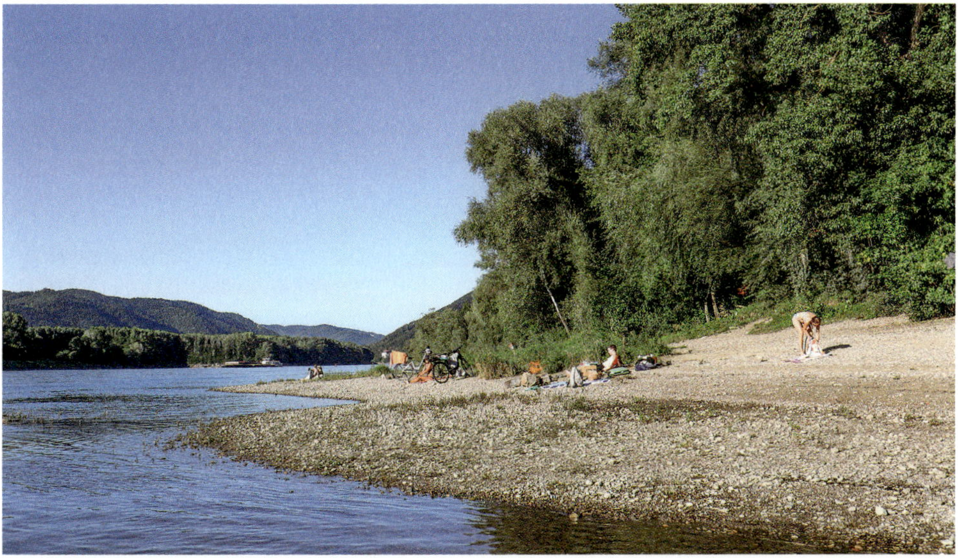

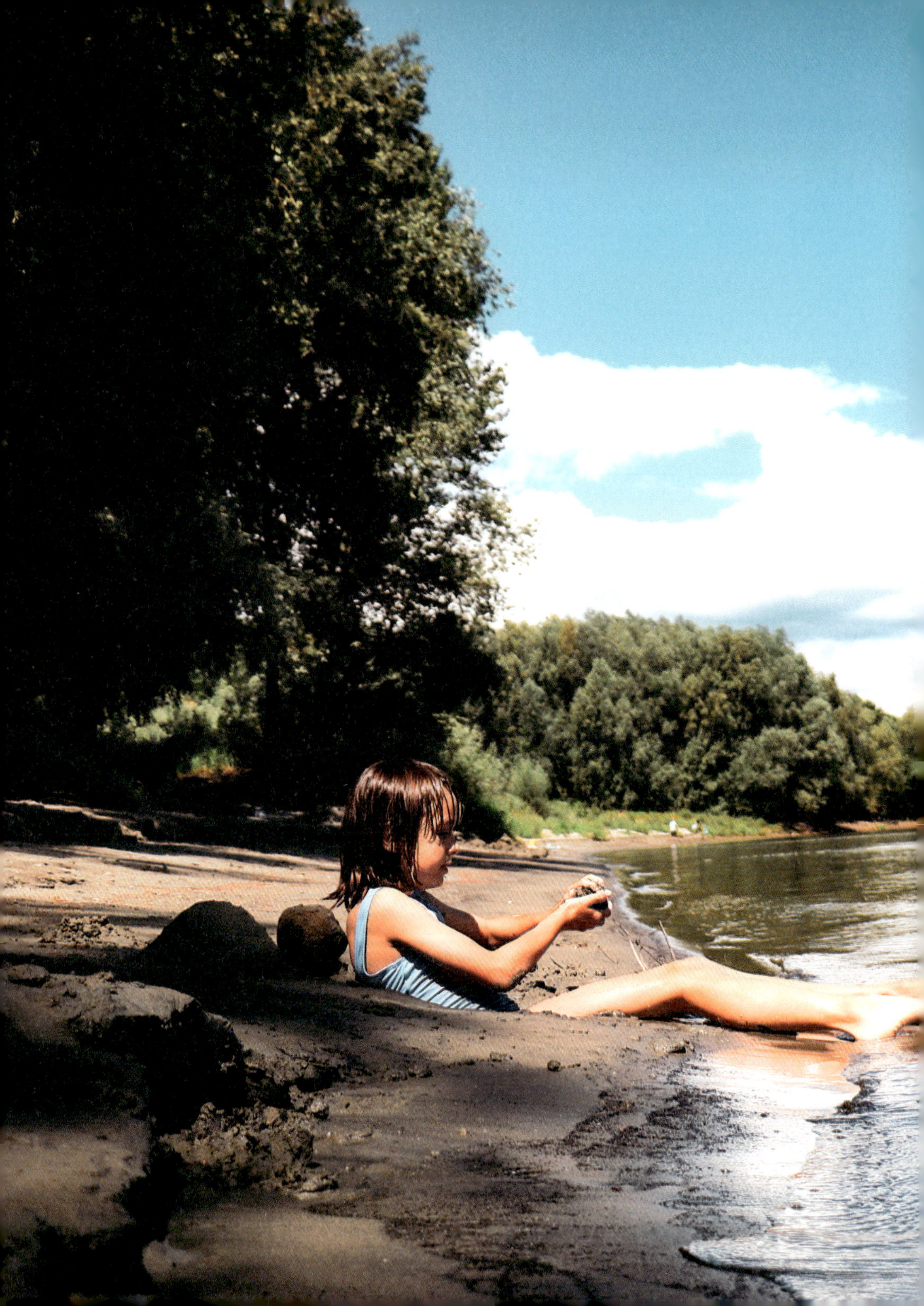

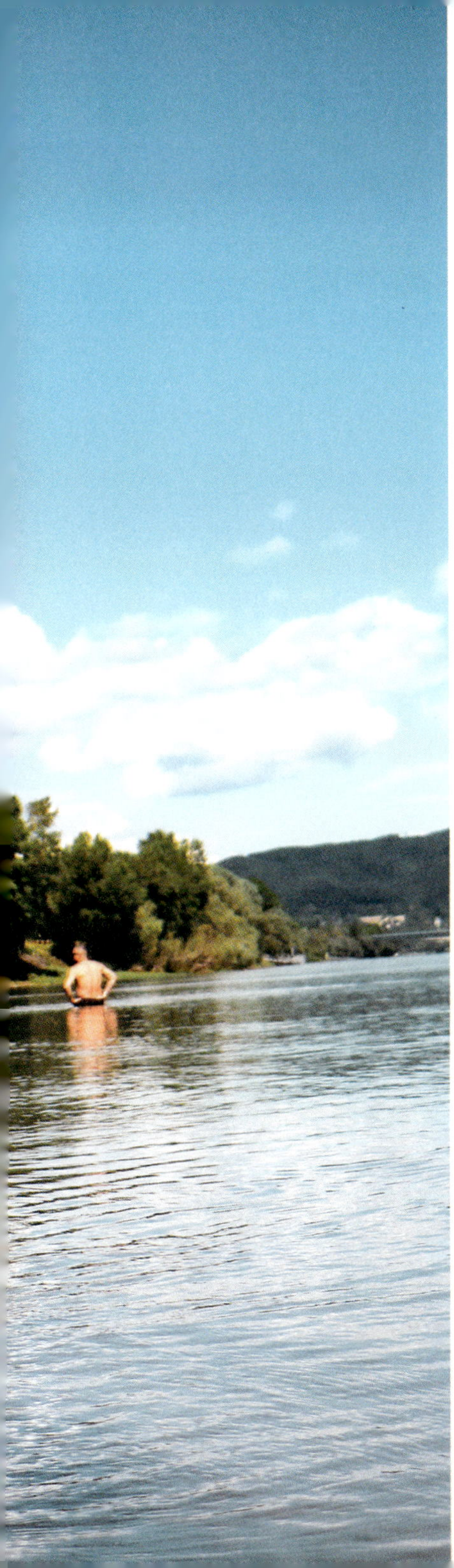

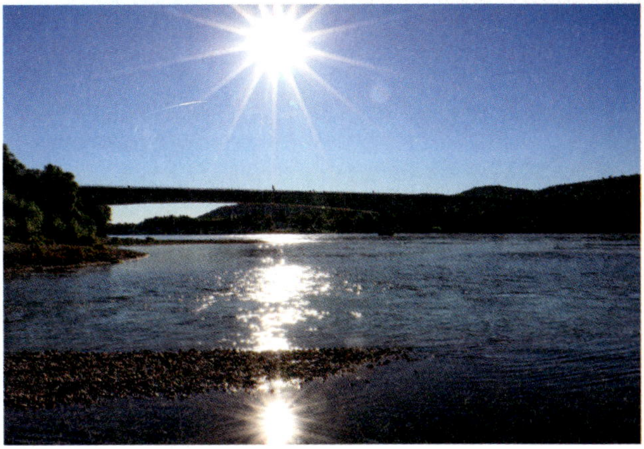

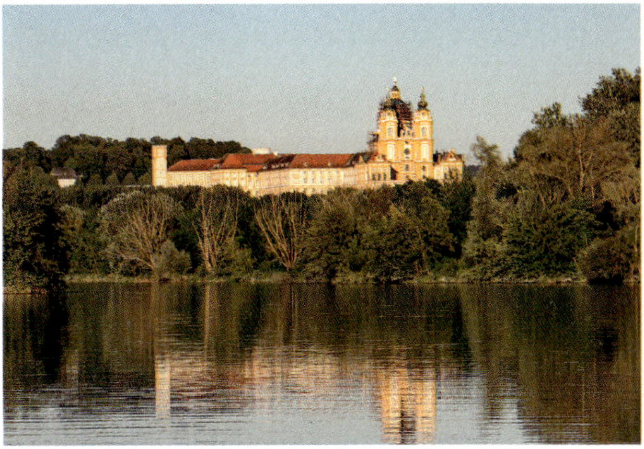

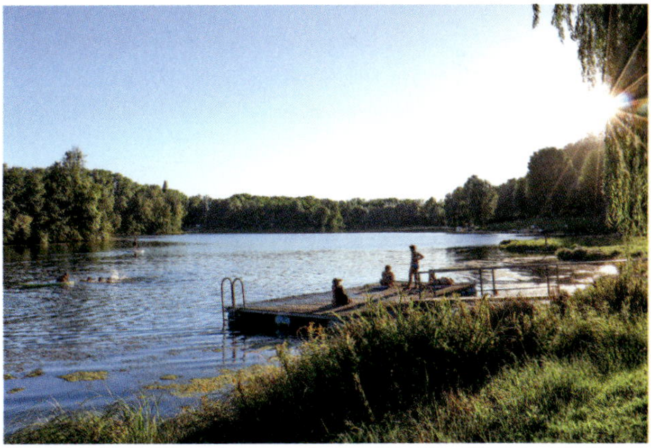

Links: Feinsandiger Flussstrand in Emmersdorf

Von oben nach unten: Spätnachmittagsstimmung an der Stelle, wo die Pielach in die Donau mündet; Blick auf das Benediktinerkloster Stift Melk; Donausee Weitenegg: kein echter See, sondern ein leichtes Fließgewässer gebiet und ist je nach Wasserstand von wechselnder Form und Größe.

Gegen den Strom wandern hier Fische wie Huchen, Nasen oder Barben von der Donau in die Pielach zum Laichen. Wir machen es umgekehrt und steigen in den Fluss und lassen uns ein Stück mit der Strömung in die Donau treiben. Die Pielachmündung gilt als eine der schönsten Flussmündungen Österreichs mit natürlichem Gefälle, auch wenn die wuchtige Donaubrücke etwas stört. Der Auwald spendet am Waldrand Schatten, reicht aber bei hohem Besucheraufkommen bei weitem nicht für alle aus. Da muss der eine oder die andere wohl in der Sonne brutzeln oder selbst für Schatten, etwa in Form eines Sonnenschirms, sorgen.

Der beliebte Naturbadeplatz liegt direkt am Donauradweg, und nur wenige hundert Meter entfernt biegt der Pielachtalradweg ab, der von der Mündung bis zum Oberlauf der Pielach führt. Da wundert es nicht, dass viele Radler hier Abkühlung suchen.

Das Publikum ist jung und kommt ohne aufgeregte Freibad-Atmosphäre und Sanitäranlagen aus. Der perfekte Platz, um an einem lauen Sommerabend zu picknicken und die letzten Sonnenstrahlen zu genießen.

38c Freizeitzentrum und Flussstrand Luberegg

FREIZEITZENTRUM LUBEREGG

ADRESSE: 3644 Emmersdorf an der Donau, St. Georgen 43

GPS: Liegewiese beim Donausee: 48.230677, 15.308779,

Sandstrand: 48.232051, 15.317278

ÖFFENTLICH: von Melk Regionalbus 790

MIT DEM AUTO: Parkplatz beim Hafenstüberl Luberegg

GASTRONOMIE: Hafenstüberl Luberegg, 3644 St. Georgen 43, hafenstueberl-luberegg.eatbu.com

SCHWIMMFAKTOR: *****

KLEINKINDGERECHT: *****

HUNDE ERLAUBT: beim Flussstrand

SANITÄRANLAGE: beim Hafenstüberl

UMKLEIDEKABINEN: nein

WASSERTEMPERATUR SOMMER: Donausee bis zu 24 Grad

Wer naturnahe Orte ohne Strömung sucht, liegt beim Donausee in Luberegg, entstanden durch den Bau eines Kraftwerks, völlig richtig. Das Hafenstüberl am großen Parkplatz sorgt für Verpflegung der zahlreichen Besucher und vorbeifahrenden Radlerinnen. Das Freizeitzentrum ist besonders familienfreundlich, verfügt über einen Beachvolleyballplatz, die Liegewiese ist großzügig, mehrere Holzstege laden zum Springen und In-der-Sonne-Liegen ein. Der See ist strömungslos, allerdings treiben in Ufernähe viele Pflanzenteile an der Wasseroberfläche. Trotzdem ist hier bei schönem Wetter viel los.

Das Spektakuläre an Emmersdorf ist aber nicht die Liegewiese am Donausee, sondern der feinsandige Flussstrand in der Nähe des Yachthafens St. Georgen, gegenüber dem Schloss Luberegg. Der Sandstrand, er wird auch liebevoll Little Italy Beach genannt, liegt gut versteckt hinter dem Auwald. Er wird allerorts als längster Naturstrand der Donau beworben und sogar mit den Stränden Balis verglichen. Darum sollte die Enttäuschung nicht allzu groß sein, wenn der Strand nicht einsam und verlassen vorgefunden wird. Viele Bewohner*innen aus Wien kommen am Wochenende mit Familie und Vierbeinern her, um einen angenehmen Sommertag zu verbringen. Immerhin ist auch die Aussicht auf das gegenüberliegende Stift Melk eindrucksvoll; die vorbeiziehenden weißen Donauschiffe tragen das Ihre zum romantischen Bild bei. Die Strömung ist so gering, dass auch kleinere Kinder gefahrlos planschen können.

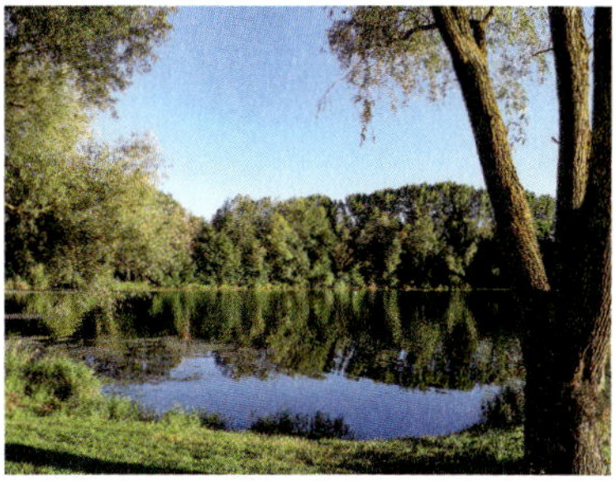

Auch im Hochsommer bleibt das Wasser angenehm frisch

38d Donausee Weitenegg

Großer Beliebtheit erfreut sich der Donausee in Weitenegg. Er ist kein echter See, sondern ein leichtes Fließgewässer, das vom Weitenbach und vom Grundwasser gespeist wird. Auch bei großer Hitze bleibt die Wassertemperatur angenehm frisch und klettert kaum über 23 Grad. Zum Bad gehört eine gepflegte Liegewiese mit prachtvollem Altbaumbestand. Im Hochsommer sollte man aber sicherheitshalber einen Sonnenschutz (Muschel oder Schirm) einpacken, die Schattenplätze können rar werden. Holzstege führen ins Wasser, auf Tafeln ist die momentane Wassertiefe vermerkt. Bei unserem Besuch waren es zwei Meter.

Inmitten des Wassers befindet sich eine kleine Insel, die Kulisse mit dem Benediktinerkloster Stift Melk und der Burgruine Weitenegg ist bemerkenswert. Besonders stimmungsvoll ist die beleuchtete barocke Klosteranlage bei Einbruch der Dunkelheit, wenn sie sich im Wasser spiegelt.

Für Action sorgt ein Aquajump; der naturnahe, große Spielplatz ist ebenfalls ein Highlight. Der Tretbootverleih animiert zu Wassersport, es darf nach Herzenslust gerudert, gesurft und gepaddelt werden.

Ein Tipp für Hundebesitzer: Vom Yachthafen St. Georgen in Emmersdorf führt eine kleine Brücke am Ostufer des Donausees auf die gegenüberliegende Seite. Der Weg verläuft entlang des Sees, wo Hunde an der Leine geführt und ins Wasser dürfen.

DONAUSEE WEITENEGG

ADRESSE: 3652 Leiben, Weitenegg 8

GPS: 48.229422, 15.295794

ÖFFENTLICH: von Melk oder Pöchlarn, Regionalbus 790

MIT DEM AUTO: Donaubundesstraße, Parkplätze vor dem Strandbad oder vor der Ortsausfahrt Leiben

SCHWIMMFAKTOR: *****

KLEINKINDGERECHT: *****

HUNDE ERLAUBT: nicht auf der Wiese, aber auf der gegenüberliegenden Seite des Donausees

GASTRONOMIE: Buffet am Donausee Weitenegg, gegenüber: Wirtshaus Gruber, 3652 Leiben, Weitenegg 10, Tel. +43 2752 70031, wirtshausgruber.at

SANITÄRANLAGE, UMKLEIDEKABINEN: auf der Liegewiese

WASSERTEMPERATUR SOMMER: Donausee bis zu 24 Grad

39 Donaustrände südlich der Donau

Südlich der Donau geht es beschaulicher zu. Die Orte mögen weniger Besucher anziehen und nicht ganz so geschichtsträchtige Namen führen. Dafür sind sie schmuck, mit engen Gässchen, funktionierendem Dorfleben, guter Infrastruktur und Schönheit im Detail.

BADESTRAND MAUTERN

ADRESSE: 3512 Mautern an der Donau, Schloßgasse 10 (gegenüber der Römerhalle)

GPS: 48.395184, 15.573736

ÖFFENTLICH: WL2, 486, ab St. Pölten Regionalbusse 481, 487

MIT DEM AUTO: Parkplatz bei der Römerhalle oder direkt am Strand

SCHWIMMFAKTOR: *****

KLEINKINDGERECHT: ****

HUNDE ERLAUBT: auf der Badewiese nicht

GASTRONOMIE: Area 21 Mautern, Tel. +43 664 1804588

SANITÄRANLAGE: beim Buffet

UMKLEIDEKABINEN: nein

39a Badestrand Mautern

Gegenüber der Römerhalle liegt der Badestrand Mautern. Mit dem Auto parkt man am großen Parkplatz in Mautern und schlendert durch die Unterführung zum Badeplatz oder fährt die steile Straße zum eigenen Strandparkplatz hinunter.

Eine Liegewiese mit Holzbänken und -tischen, viele schattige Bäume, ein Beachvolleyballplatz und der Imbiss Arena 21 warten auf Bade- und Sonnenhungrige.

Spaziert man flussaufwärts durch den nahen Auwald, stößt man immer wieder auf einsame Plätzchen und Buchten. Eine kleine Insel befindet sich in Ufernähe, bei entsprechendem Wasserstand können auch mittelmäßige Schwimmer*innen rüberschwimmen. Die Strömung ist gering und der Untergrund am Ufer meist schlammig. Wer mag, kann sich ein bisschen im Schlamm suhlen, soll ja sehr gesund für die Haut sein!

Die Hundsheimer Insel ist ein bisschen weiter vom Ufer entfernt, den Weg sollten nur mehr wahre Schwimmprofis wagen – oder man steuert sie gemütlich mit dem Boot an.

Auf den schmalen Landzungen, die in die Donau ragen, treffen sich Einheimische zum Fischen. Der Schiffsverkehr auf der Donau ist rege und die Nähe der stark befahrenen Wachau Bundesstraße leider nicht zu überhören.

Kleinere Kinder werden bestimmt einen Abstecher auf den großen Kinderspielplatz bei der Römerhalle machen wollen. Die Kleinen können sich am Piratenschiff und auf den vielen Holzspielgeräten austoben, für die Großen bietet

DONAUSTRAND ROSSATZ

ADRESSE: 3602 Rossatzbach, Rollfährerweg

GPS: 48.392202, 15.516180

ÖFFENTLICH: WL2, Haltestelle Rossatzbach Seegraben, zehn Minuten Fußweg

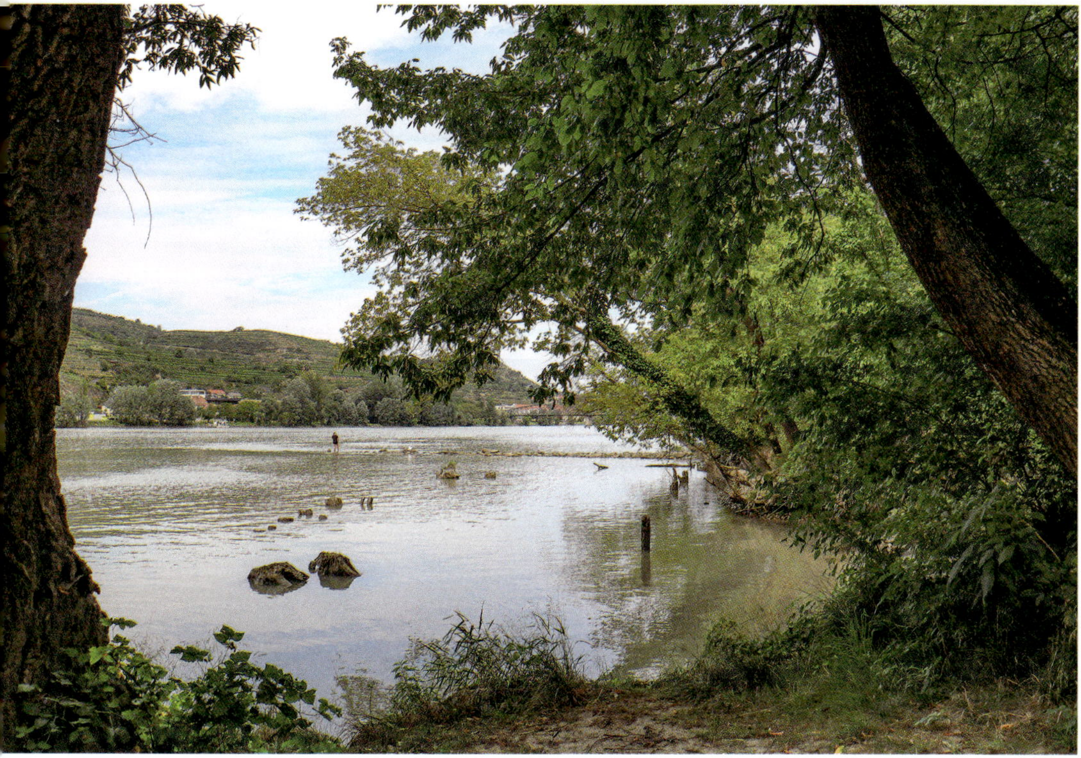

Mautern: Einsame Buchten liegen flussaufwärts im Auwald

sich ein Spaziergang durch die römischen Mauern aus dem Mittelalter an.

39b Donaustrand Rossatz

Gegenüber von Dürnstein, dem wohl berühmtesten Ort der Wachau, liegt der Donaustrand Rossatz-Arnsdorf. Eine Personen- und Radfähre verbindet die beiden schönen Wachaudörfer. Badende können so nebenbei die eindrucksvollsten Fotos vom Mittelalterstädtchen gegenüber machen. Der schöne Ausblick auf den Glockenturm des Stifts und die Burgruine hoch über der Donau gehören zu den Pluspunkten des Schotter- und Sandstrandes. Die Strömung ist dank eines betonierten Stegs, der ins Wasser ragt, entschleunigt, aber Achtung, ist der Steg nass, ist er auch rutschig.

Die große Wiese mit Bänken und Tischen oberhalb des Strandes, ein Kinderspielplatz und ein Beachvolleyball-

MIT DEM AUTO:
sehr kleiner Parkplatz

SCHWIMMFAKTOR: ****

KLEINKINDGERECHT: ****

HUNDE ERLAUBT: ja

GASTRONOMIE:
Wirtshaus Alte Schiffstation, 3602 Rossatzbach 21, Tel. +43 664 8650118, im Sommer Strandbar direkt am Donaustrand

CAMPING: Wachau-Camping Rossatz, 3602 Rossatzbach 21, Tel. +43 676 848814800, wachaucamping-rossatz.at

SANITÄRANLAGE UND DUSCHEN: im grünen Holzhaus

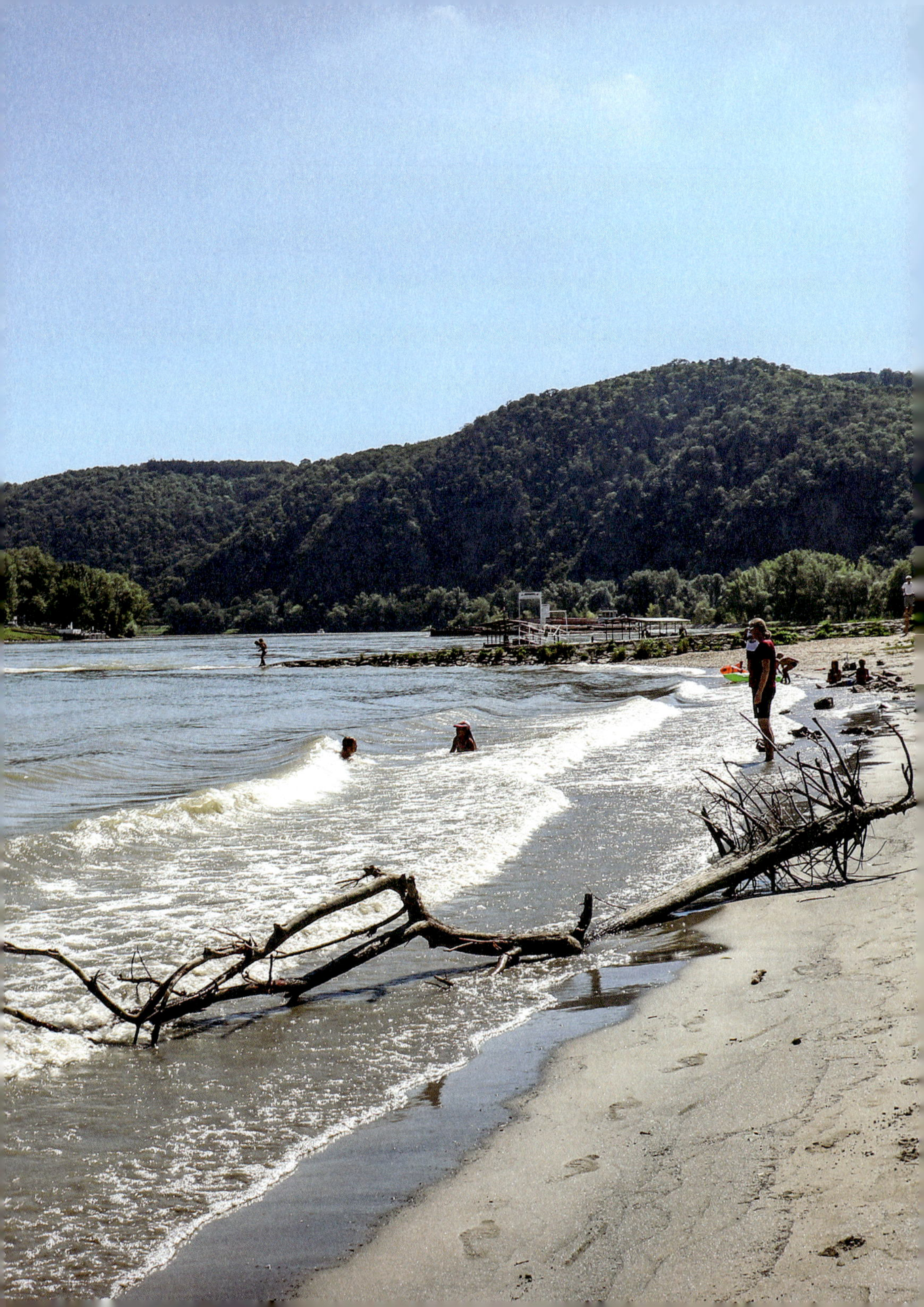

feld geben dem kleinen Strand Flussbadcharakter. Gleich daneben liegt der Wachau-Campingplatz Rossatz mit sechzig Stellplätzen und zwei Zeltwiesen.

Der Strand wird gerne von Radfahrer*innen des Donauradwegs für eine Pause und eine kleine Abkühlung genutzt. In einem grüngestrichenen Holzhäuschen beim kleinen Parkplatz befinden sich Dusch- und Sanitäranlagen. Der Parkplatz ist sehr klein bemessen, am besten, man kommt mit dem Rad. Bei schönem Wetter hat die Strandbar geöffnet, die Qualität der Wachauer Weine kann hier vor Ort überprüft werden.

Den Ort Rossatz sollte man auf keinen Fall versäumen. Die größte Marillenbaugemeinde Österreichs präsentiert die Wachau in seiner schönsten Form: enge Gässchen, schmucke Häuser und beschaulicher und mit weniger Besucherandrang als in den Wachaulegenden auf der anderen Donauseite.

Wem es trotzdem auf die andere Seite zieht, braucht nur auf die Fähre warten und sich mit der Holzzille gemütlich rüberkutschieren lassen.

39c Badestrand Rührsdorf

Völlig anders präsentiert sich der nur drei Kilometer entfernte wilde Strand in Rührsdorf. Durch ein Naturschutzprojekt entstanden, bietet er ein Naturerlebnis ohne Komfort und schöne Ausblicke auf die berühmten Weinrieden bei Weißenkirchen.

Der Weg führt durch die engen Gassen von Rührsdorf, durch den Auslass einer Betonmauer und weiter auf einem Schotterweg in Richtung Donau. Der Weg ist nicht ausgeschildert, Parkplätze gibt es vor Ort genügend.

Dort angekommen, führt uns ein Damm über einen schmalen Donaualtarm, an dem auch gebadet und gepicknickt wird, zum Strand.

Wie ein verborgenes Kleinod wird der Schotterstrand von Aubäumen zum Fluss hin abgeschirmt. Gut möglich, dass Rührsdorf der wildeste und natürlichste Strand der Wachau ist. Breit genug, um jeden Besucher entlang der Donau genügend Raum und Privatatmosphäre zu geben.

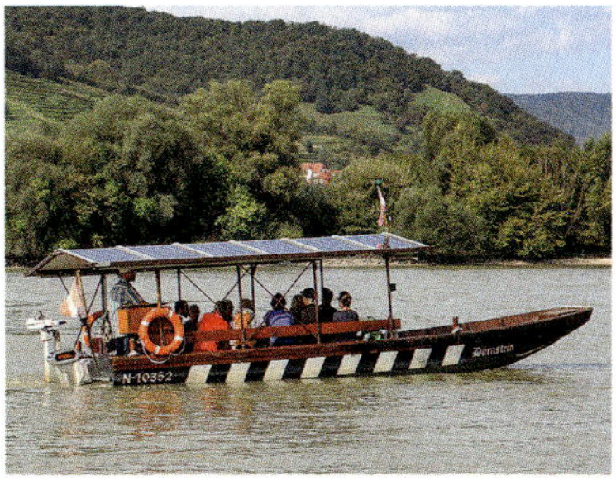

Oben: Die Fähre pendelt zwischen Rossatz und dem gegenüberliegenden Dürnstein

Links: Strand mit Wiese und Spielplatz in Rossatz. Von hier haben Badende wohl den besten Blick auf das Mittelalterstädtchen Dürnstein

BADESTRAND RÜHRSDORF

ADRESSE: 3602 Rührsdorf

GPS: 48.404756, 15.489249

ÖFFENTLICH: Regionalbusse WL2, Haltestelle Rührsdorf/Bundesstraße, zwanzig Minuten Fußweg

MIT DEM AUTO: Parken neben dem Schotterweg: 48.403503, 15.490274

SCHWIMMFAKTOR: ***

KLEINKINDGERECHT: ***

HUNDE ERLAUBT: ja

GASTRONOMIE: einige Heurige und Landgasthaus Essl im Ort

SANITÄRANLAGE, UMKLEIDEKABINEN: nein

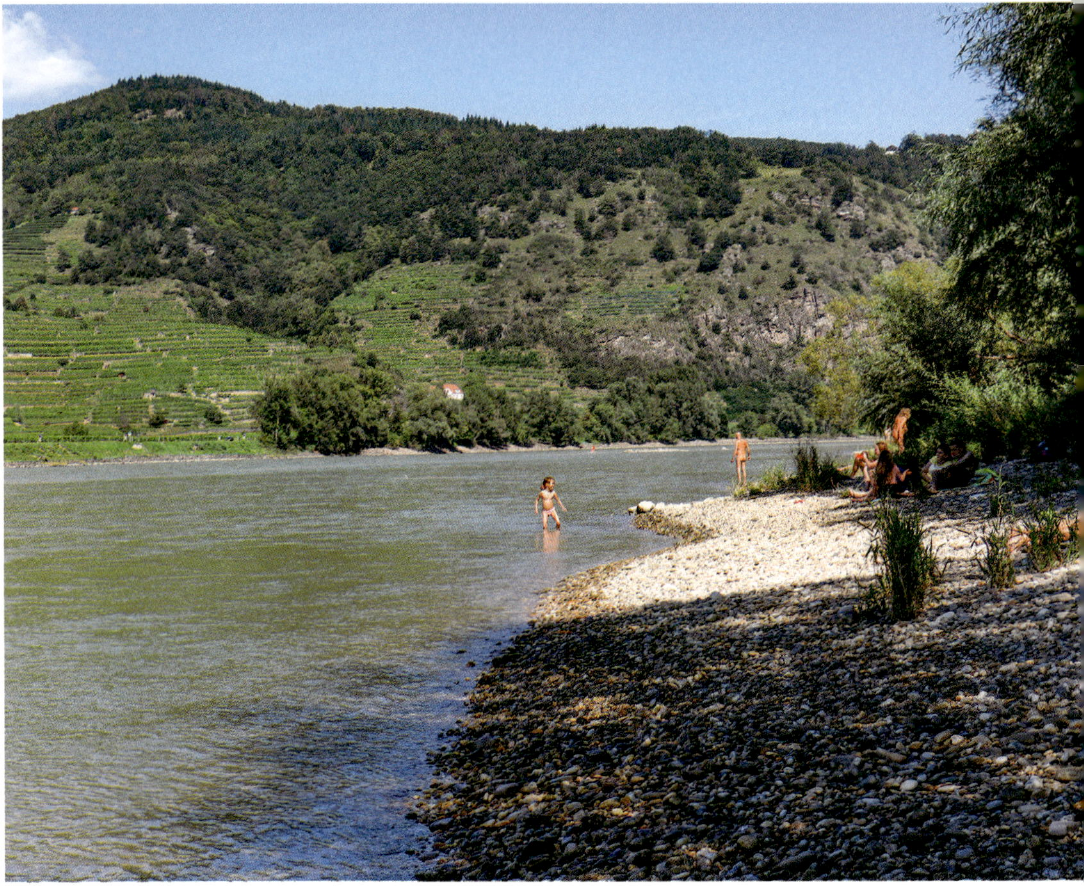

Nacktbader*innen kommen in der Wachau in Rührsdorf auf ihre Kosten

Die Kiesbank ist ein beliebtes und langjähriges FKK-Gebiet. Hauptsächlich Stammpublikum lässt sich in der prallen Sonne nahtlos bräunen. Eine eingeschworene Naturistengemeinde, die aber freundlich und hilfsbereit Gastrotipps gibt.

Die Strömung ist sehr stark, weit hinauszuschwimmen wird gefährlich. Bei dieser Abgeschiedenheit sucht man Sanitäranlagen oder Imbissstände natürlich vergeblich. Am besten, einen Picknickkorb einpacken oder nach dem Baden in einem der Heurigen in Rührsdorf einkehren.

Wir haben zwar versprochen, nicht allzu viel Gutes über den Strand zu schreiben, damit er auch in Zukunft nicht überlaufen ist, für den einen oder anderen Wildbader lässt sich aber sicher noch ein Plätzchen am Wasser finden.

40 Viehofner Seen und Ratzersdorfer See

In St. Pölten gibt es ganz unterschiedliche Badeseen in unmittelbarer Nähe zueinander. Die ruhigen und naturnahen Viehofner Seen und den lebhaften Ratzersdorfer See. Sie bilden das sogenannte Seenerlebnis St. Pölten.

Entstanden aus einer ehemaligen Sand- und Schottergewinnungsanlage, sind sie durch eine überdachte Fußgänger- und Radfahrerbrücke über die Traisen miteinander verbunden. Um die Seen führt eine Uferstraße und sie liegen am Traisentalradweg. Die Benutzung ist kostenlos, für das Parken wird jedoch eine Gebühr eingehoben.

Viehofner Seen

Die Viehofner Seen sind mit einer Fläche von insgesamt 24 Hektar ein wichtiges Vogelbrutgebiet im niederösterreichischen Zentralraum. Grund genug, um nur die Ostseite für den Badebetrieb freizugegeben. Im kleineren, zum Areal gehörenden See sind Baden und Bootfahren gänzlich ver-

VIEHOFNER SEEN

ADRESSE: 3107 St. Pölten/Traisenpark, Dr.-Adolf-Schärf-Straße

ÖFFENTLICH: S40 bis St. Pölten/Traisenpark, LUP-Linien 3,6 und 7

MIT DEM RAD: Traisentalradweg

MIT DEM AUTO: kleiner Parkplatz: 48.221507, 15.642553

Traisenpromenade (beides gebührenpflichtig)

SCHWIMMFAKTOR: *****

KLEINKINDGERECHT: ****

Von den Holzstegen hechtet man am elegantesten in den See

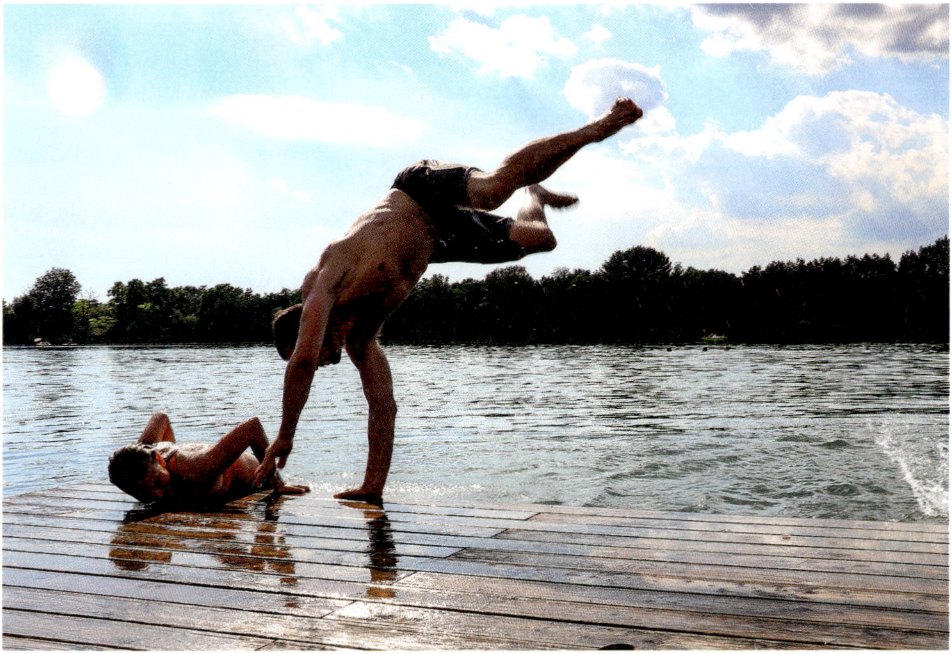

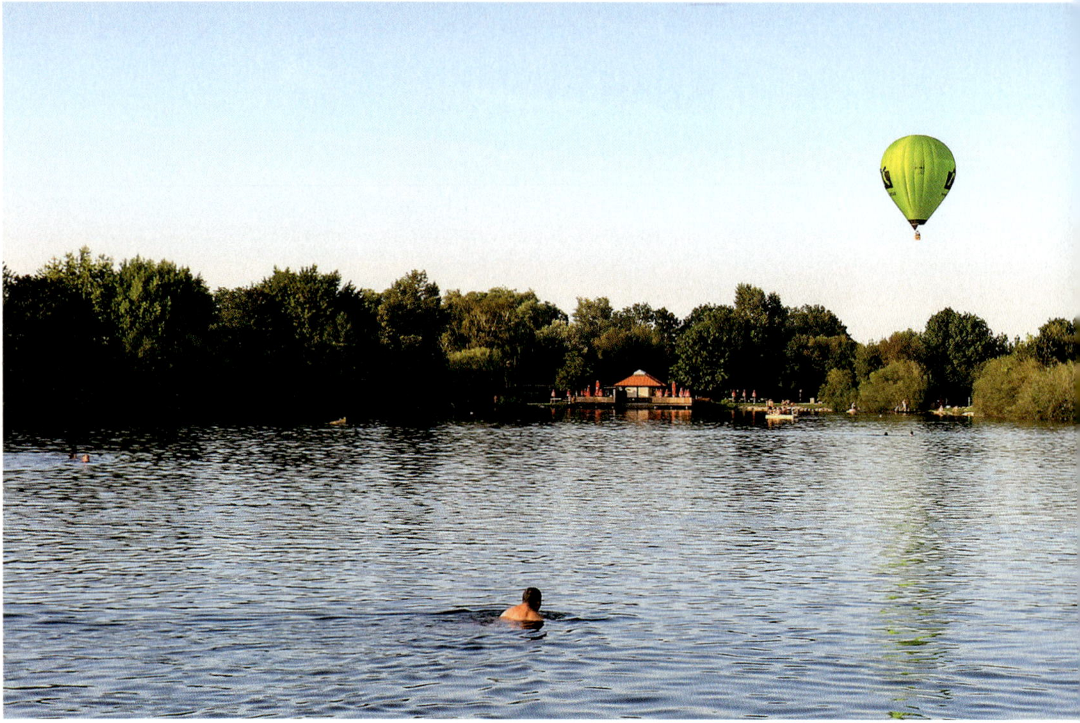

HUNDE ERLAUBT: eigener, abgetrennten Bereich

GASTRONOMIE UND BOOTSVERLEIH: Die Seedose, Dr.-Adolf-Schärf-Straße 21, Tel. +43 650 4751089, www.seedose.at

SANITÄRANLAGE UND UMKLEIDEKABINEN: ja

WASSERTEMPERATUR SOMMER: durchschnittlich 23 Grad

RATZERSDORFER SEE

ADRESSE: 3100 St. Pölten, direkt an der Bimbo-Binder-Promenade

ÖFFENTLICH: LUP-Linien 3 und 7

MIT DEM RAD: Traisentalradweg

boten. Die Seen sind umgeben von Aulandschaft, gefährdeten Gehölzen wie der Schwarzpappel, Feldulme und der in St. Pölten seltenen Schmalblättrigen Rohrkolbe. Schwarzföhren säumen die abschüssige Liegewiese und spenden Schatten, ein schöner Holzsteg verleitet nicht nur sportliche Besucher*innen, kopfüber ins Wasser zu hechten.

Die durchschnittliche Seentiefe beträgt 3,3 Meter. Die Seen sind nicht besonders klar und es treiben kleine Pflanzenteppiche auf der Wasseroberfläche. Wen das nicht stört, der kann hier herrlich und ausgiebig schwimmen.

Den Bootsverleih betreibt das Restaurant Seedose, es können Tret- und Ruderboote, Kanadier, Picknickboote, Enzo-Möbel, Surf- und SUP-Boards ausgeborgt werden. Noch dazu wird regional und hervorragend gekocht. Auf der Karte stehen Spezialitäten mit lokalen Produkten und Steckerlfisch vom Holzkohlengrill. Auch der „See-Hafen“ mit Surferrampe und Liegesteg mit Schwimmplattform findet sich hier. Am Nordufer tummeln sich an kleinen Buchten Hundehalter mit vierbeinigem Anhang, um im Wasser Abkühlung

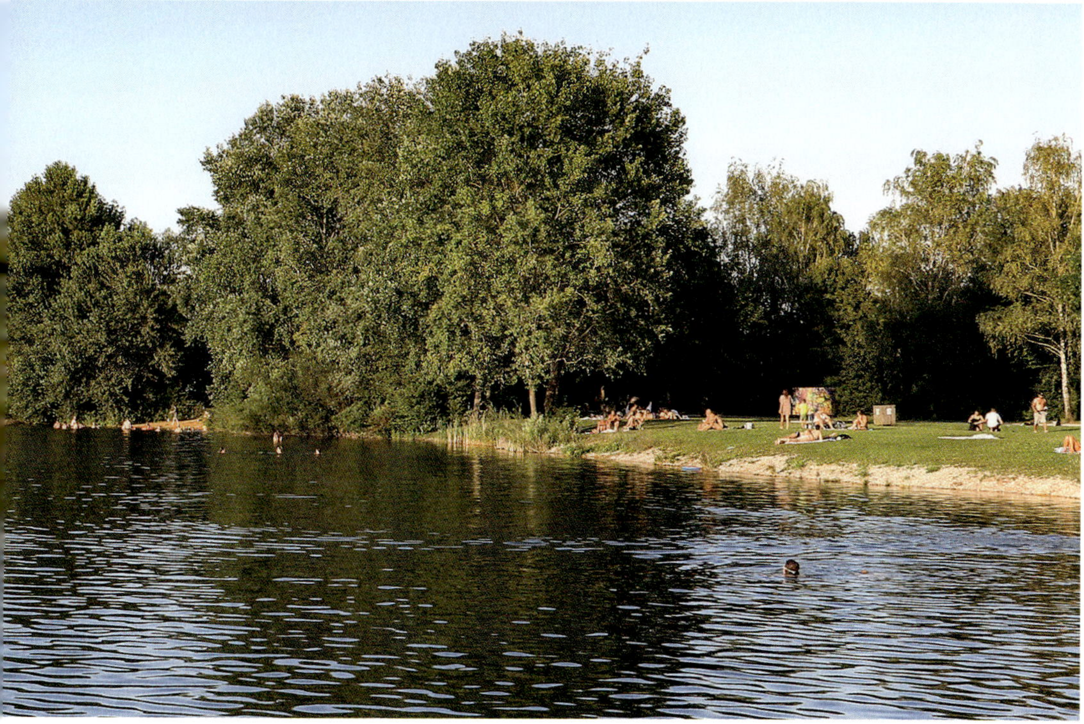

zu suchen. Der zwölf Meter hohe Aussichtsturm bietet einen wunderbaren Panoramablick über die Seen.

Übrigens, den Fischen in den Seen wird allerhand nachgesagt. So soll ein Fischer im Jahre 2010 einen 2,3 Meter langen und siebzig Kilo schweren Wels an Land gezogen haben und eine Schwimmerin wurde 2019 von einem Hecht so stark in die Zehe gebissen, dass sie im Krankenhaus behandelt werden musste.

Ratzersdorfer See

Kleiner, viel lebendiger und Publikumshit bei Kindern und Jugendlichen ist der Ratzersdorfer See. Die St. Pöltner selbst entscheiden je nach Lust und Laune, welcher See für eine erfrischende Schwimmrunde angesteuert wird.

Seine Gesamtfläche beträgt sechs Hektar und er ist sieben Meter tief. In heißen Sommern kann seine Wassertemperatur bis auf 27 Grad hinaufklettern. Ein herrliches Ge-

MIT DEM AUTO: großer Parkplatz bei der Bimbo-Binder-Promenade (gebührenpflichtig)

SCHWIMMFAKTOR: *****

KLEINKINDGERECHT: *****

HUNDE ERLAUBT: nicht

GASTRONOMIE UND BOOTSVERLEIH: Seelounge Ratzersdorf, Südufer, Tel. + 43 676 4428469, www.seeloungeratzersdorf.at; Eisdiele Easy am See; Pansky's Seestüberl, Nordufer

SANITÄRANLAGE UND UMKLEIDEKABINEN: ja

WASSERTEMPERATUR SOMMER: bis zu 27 Grad

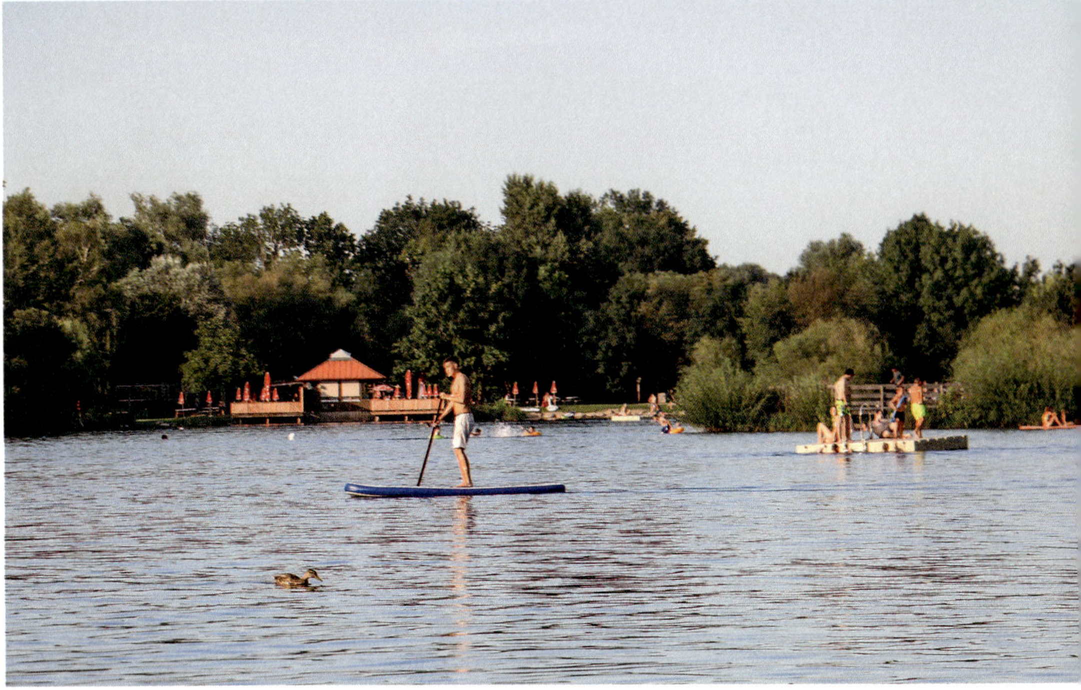

Oben und unten: Reges Treiben im und rund um den Ratzersdorfer See

fühl, durchs klare Wasser und eventuell durch eine Gruppe von Enten zu schwimmen. Die Wasserqualität, die jährlich gemessen wird, wurde stets mit „ausgezeichnet" bewertet. Wer Lust auf nahtlose Bräune hat, kommt im abgetrennten FKK-Bereich auf seine Kosten.

Neben einer flachen Uferzone und ebenen Liegewiese mit schattenspendenden Bäumen führen Holzstege ins Wasser; eine Wasserbühne wird immer wieder für Veranstaltungen und Konzerte genützt.

Es muss aber niemand faul herumliegen, der dies nicht möchte! Drei Spiel- und zwei Beachvolleyballplätze, ein Basketball- und ein Fußballplatz, eine Minigolfanlage, öffentliche Grillstellen und ein angrenzender Campingplatz geben „Langeweile keine Chance und Freizeit einen Sinn", wie auf der Mostviertel-Homepage zu lesen ist!

Die Seelounge am Südufer, das Kiosk Pansky auf der Nordseite und die Strandkantine auf der Promenade kümmern sich um die kulinarische Verpflegung. Das Publikum an den Seen ist sympathischerweise sehr gemischt.

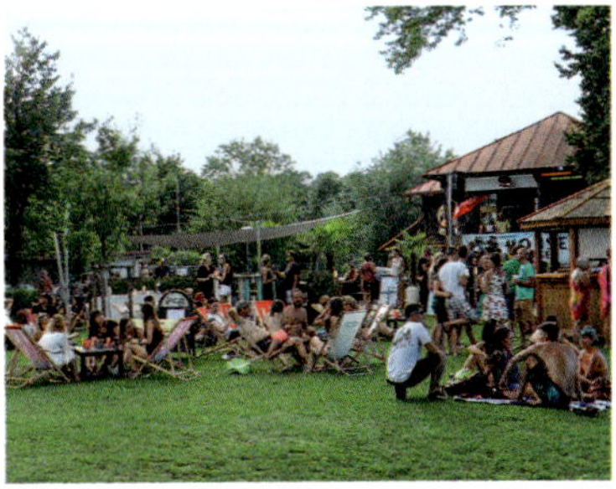

41 Ebersdorfer See

Der Ebersdorfer See im Herzen des Pielachtals im Mostviertel bietet Schwimmbadfeeling und ist auch wochentags gut besucht.

Ein großer Parkplatz, kostenloser Eintritt zum Areal, ein Restaurantbetrieb, der österreichische Wirtshausküche und Steckerlfisch auftischt, eine Beachbar, die mit kühlen Cocktails in der Abendsonne lockt, eine Beachvolleyballanlage, ein Fußballplatz, eine große Liegewiese, ein Sandspielplatz mit Sonnensegel, ein eigener Hundebereich mit Strand und Seezugang und warmes, sauberes Wasser sorgen für seine Beliebtheit in der Region.

Am hinteren Teil des Sees, weit weg von den Gastronomiebetrieben und Sanitäranlagen, liegen einsamere Buchten mit kleinen Pfaden zum Wasser. Die Uferbereiche im vorderen Teil sind geschottert, die Liegewiese ist gepflegt, die Sanitäranlagen sauber. Genügend Schattenplätze liefern Büsche und Bäume. Von Holzstegen hüpfen Kinder ungeniert und fröhlich ins Wasser, obwohl Köpfler und das Springen laut Hinweistafel am Steg verboten ist.

Ist die Badesaison vorbei, gehört der See wieder den Anglern und den Spaziergängern, die hier nur in der kälteren Jahreszeit Ruhe suchen und finden.

ADRESSE: 3200 Ober-Grafendorf/Ebersdorf, Am See 1

GPS: 48.164542, 15.551160

ÖFFENTLICH: ab St. Pölten Bus 679 oder 680; Sommer: Mariazellerbahn

MIT DEM RAD: Dirndltaler Radweg oder Pielachtalradweg

MIT DEM AUTO: Parkplatz neben Tenniscenter

SCHWIMMFAKTOR: *****

KLEINKINDGERECHT: *****

HUNDE ERLAUBT: eigener Bereich mit Seezugang

GASTRONOMIE: Seeplatz'l, Am See 2, Tel. +43 676 840661210, seeplatzl.at; Cocktailbar SeeSide, Am See 3

SANITÄRANLAGE UND UMKLEIDEKABINEN: ja

WASSERTEMPERATUR SOMMER: durchschnittlich 24 Grad

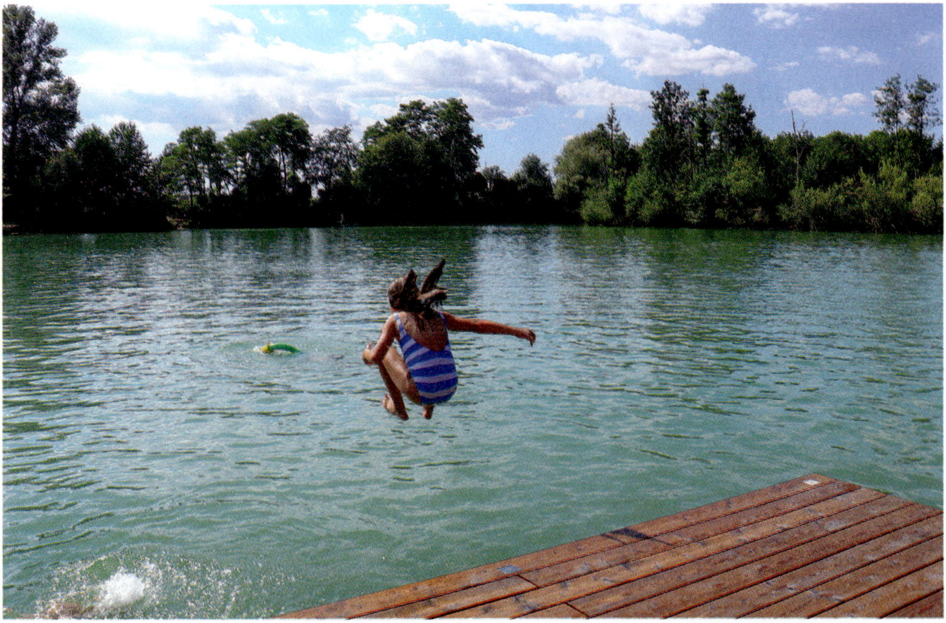

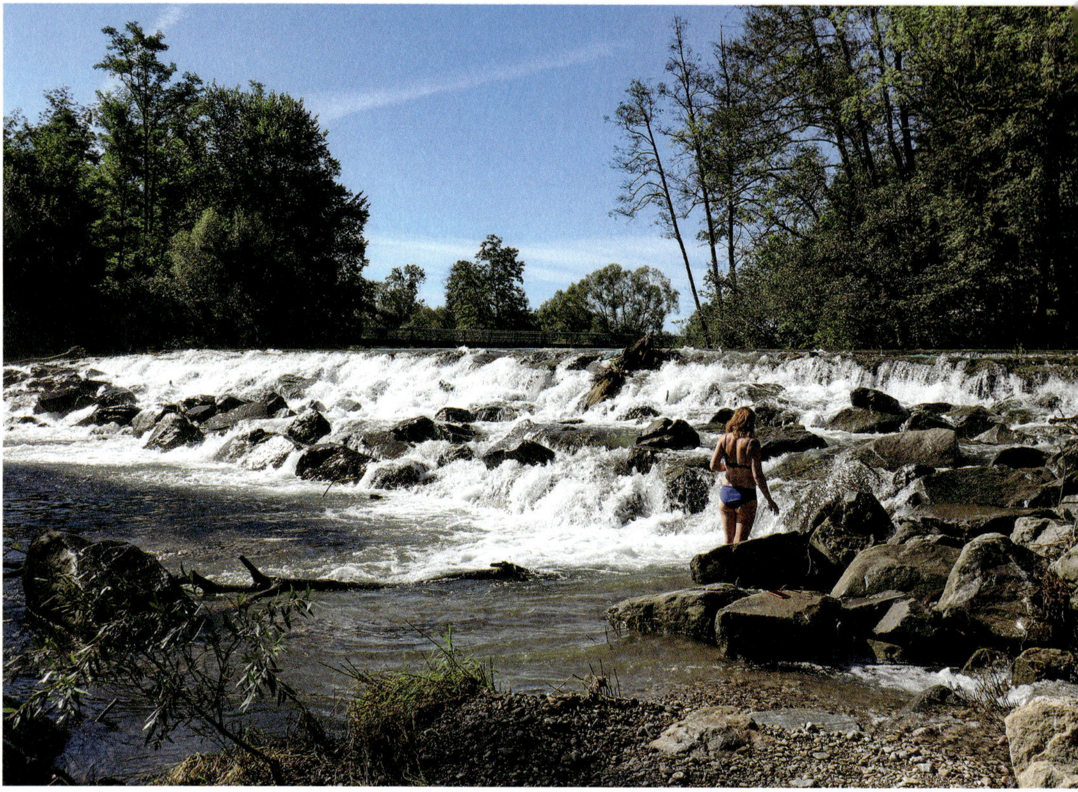

Die Herrenmühle an der rauschenden Pielach

42 Pielach

MIT DEM RAD: Pielachtalradweg

HUNDE ERLAUBT: ja

WASSERTEMPERATUR SOMMER: sehr erfrischend, um die 15 Grad

Die Pielach entspringt in den niederösterreichisch-steirischen Kalkalpen in Schwarzenbach am Hennesteck und mündet nach 67,5 Kilometern nahe der Stadt Melk in die Donau. In den letzten zwei Jahrzehnten hat langsam ein Umdenken stattgefunden und die natürlichen Abschnitte der Pielach werden seitdem vermehrt geschützt oder rückgebaut. Ihre Bedeutung für die Donaufische als Laichplatz wurde erkannt und durch Naturschutzgebiete gefördert. Hier laichen noch Huchen, ein Fisch, der früher in ganz Österreich weit verbreitet war. Auch die nicht so verbreitete Koppe zählt zu ihren Bewohnern. Der Name Pielach leitet sich von Bielaha ab, das sich aus dem altslawischen *bela,* das Weiße, und dem bayerischen *aha,* Ache, zusammensetzt. Der Fluss ist nur etwas für hartgesottene Schwimmer, denn das Wasser ist mit durchschnittlich 15 Grad ziemlich kalt.

42a Spielberger Wehr

Ein einsamer Wildbadeplatz an der Pielach befindet sich in Melk bei der Spielberger Wehr. Dort ist Rücksichtnahme auf die Natur essenziell. Eine Fischwanderhilfe wurde geschaffen, die den Fischen die Umgehung der Wehr ermöglicht. Da die Schotterbänke unterhalb der Wehr den Donaufischen als bevorzugter Laichplatz dienen, werden die Besucher gebeten, erst ab Juni die Kiesbänke zu betreten. An diese Vorschrift muss man sich unbedingt halten, um den Fortbestand der Fische in Pielach und Donau zu sichern. Eine große Schautafel erklärt anschaulich das Projekt P2 Spielberger Wehr und die zu schützende Fauna und Flora im Lebensraum Pielachtal.

Vom kleinen Parkplatz geht man ein kurzes Waldstück entlang der Fischwanderhilfe zu den einladenden Schotterbänken am Ufer. Das Wasser braust lautstark die Wehranlage der Herrenmühle hinunter, der Sound übertönt alles. Die Strömung ist gut sichtbar. Wem das Wasser nicht zu frisch ist, der kann hie und da auch eine Runde schwimmen. Bei entsprechender Niederschlagsmenge im Sommer ist die Pielach hier tief genug, wenn auch nur stellenweise. Es kommt immer wieder zu Überschwemmungen, das herumliegende Treibholz gibt Zeugnis davon, Schatten ist durch den nahen Wald reichlich vorhanden.

SPIELBERGER WEHR

ADRESSE: 3390 Melk, Pielamunder Allee

GPS: 48.230034, 15.359383

ÖFFENTLICH: von Melk oder Pöggstall Regionalbus 790

MIT DEM AUTO: kleiner Parkplatz bei der Spielberger Wehr

SCHWIMMFAKTOR: **

KLEINKINDGERECHT: ****

GASTRONOMIE, SANITÄRANLAGE UND UMKLEIDEKABINEN: nein

Die Kiesbänke dürfen erst ab Juni betreten werden, um den Laichplatz der Fische zu schützen

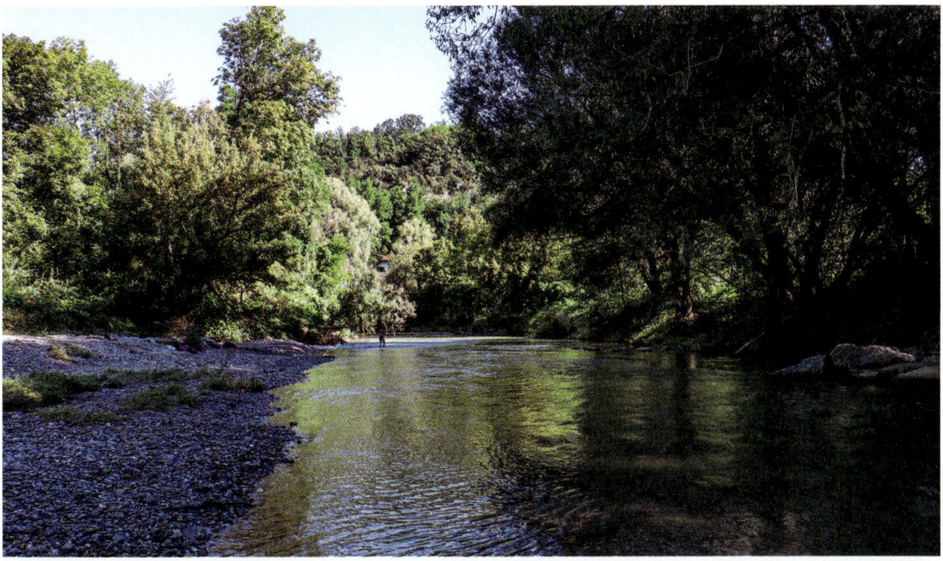

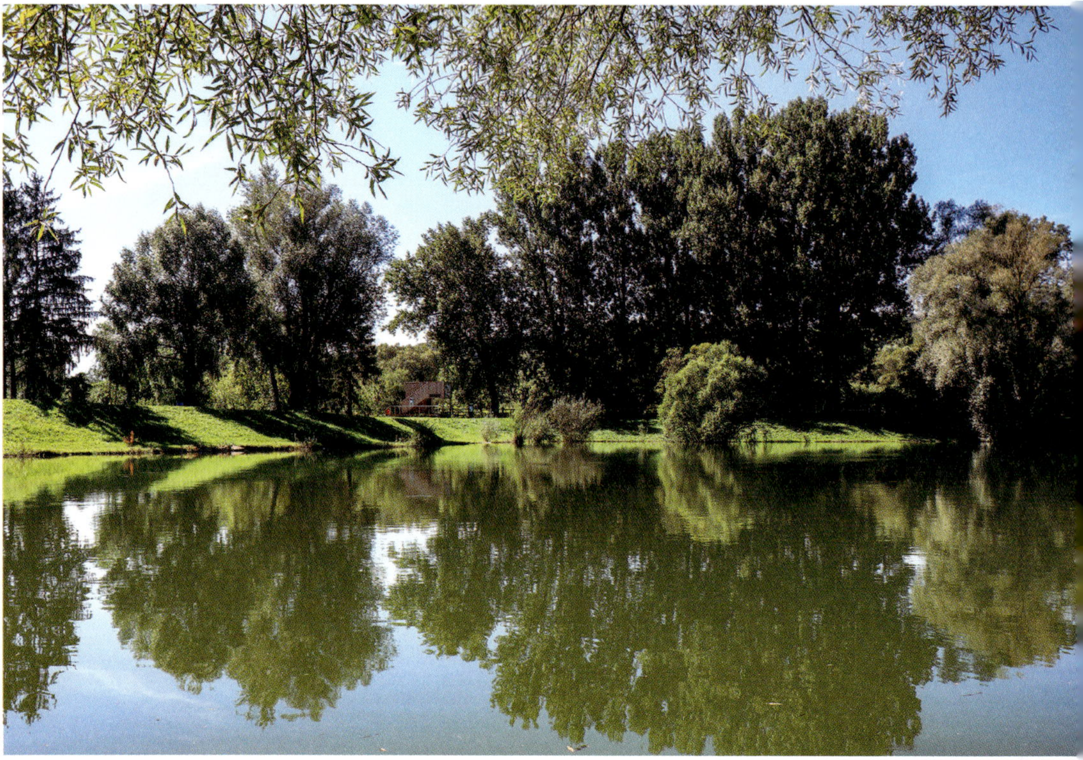

Zwei der Badeteiche Neubach sind auch zum Schwimmen freigegeben

42b Badeteiche Neubach, Naturschutzgebiet Pielach-Ofenloch-Neubacher Au

BADETEICHE NEUBACH, NATURSCHUTZGEBIET PIELACH-OFENLOCH-NEUBACHER AU

ADRESSE: 3382 Loosdorf, Neubach

GPS: 48.215200, 15.377883

ÖFFENTLICH: ab St. Pölten Regionalbus 683

MIT DEM AUTO: zu den Fischteichen abbiegen, Parkplatz

WEG ZUR BADESTELLE: zum Naturschutzgebiet zehnminütiger Spaziergang

Nur drei Kilometer von Spielberg entfernt befinden sich das Naturschutzgebiet Pielach-Ofenloch-Neubacher Au und die Badeteiche Neubach. Der Wilhelmsburger Sportfischereiverein betreut die umfangreichen Teichanlagen, die jedes Fischer- und Schwimmerherz höher schlagen lassen. Das Gelände der ehemaligen Baggerteiche ist riesig, zu ihm gehört ein großer Parkplatz, der auch den Besuchern des Naturschutzgebietes zur Verfügung steht. In zwei Teichen, hinter und links von Rene's Teich Treff, einem kleinen Buffet, darf gebadet werden. Die meisten Fischerteiche sind von hier aus gar nicht zu sehen und eingezäunt.

Die Badeteiche sind sehr naturnah, Umkleidekabinen gibt es nicht, für Toiletten holt man sich einen Schlüssel beim Buffet. Hie und da sorgen hohe Bäume für Schatten am Wasser, der größere Teich liegt hingegen fast zur Gänze in der prallen Sonne. Die Wassertemperatur ist warm. In einem seichteren Bereich tummeln sich vor allem Familien mit Kindern.

Läuft man an den Teichen vorbei in Richtung Pielach, stößt man nach einem höchstens zehnminütigen Spaziergang durch den Auwald fast auf einen Schatz, dem Naturschutzgebiet Pielach-Ofenloch-Neubacher Au. Ein 28 Hektar großes Gebiet mit breiten Schotterbänken, zahlreichen Seitenarmen und Unmengen an Totholz wurde hier geschaffen. Der Fluss hat genügend Raum, um auch bei hohen Wasserständen über seine Ufer treten zu dürfen und eine funktionierende Aulandschaft zu bilden. Der abgelagerte Sand im Waldgebiet erinnert noch an die letzten Überschwemmungen.

Ein Weideprojekt mit Konikpferden wurde 2007 gestartet, das aber 2019 ein jähes Ende fand. Die Pferde erkrankten an der Hufrehe, nun haben Rinder die Beweidung des Naturschutzgebietes übernommen. Hin und wieder bekommen Badende sie sogar zu Gesicht.

Das Wasser ist beinahe türkisblau und glasklar, mit ausladenden Schotterbänken und mehr oder weniger tiefen Stellen im Fluss.

Wandert man nach unten, ist man in der Neubacher Au, nach oben kommt man zum Ofenloch. Nur wenige

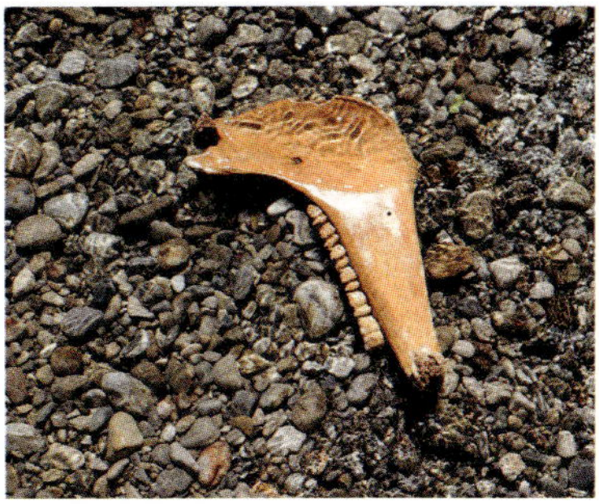

Oben: Das am Strand gefundene Unterkiefer erinnert noch an das Weideprojekt mit den Konikpferden

Unten: Hunde an der Leine finden hier ebenfalls Abkühlung

SCHWIMMFAKTOR: *****

KLEINKINDGERECHT: ****

HUNDE ERLAUBT: im Naturschutzgebiet mit Leine

GASTRONOMIE, SANITÄRANLAGE: Rene's Teich Treff

UMKLEIDEKABINEN: nein

WASSERTEMPERATUR SOMMER: Badeteiche höchstens 26 Grad

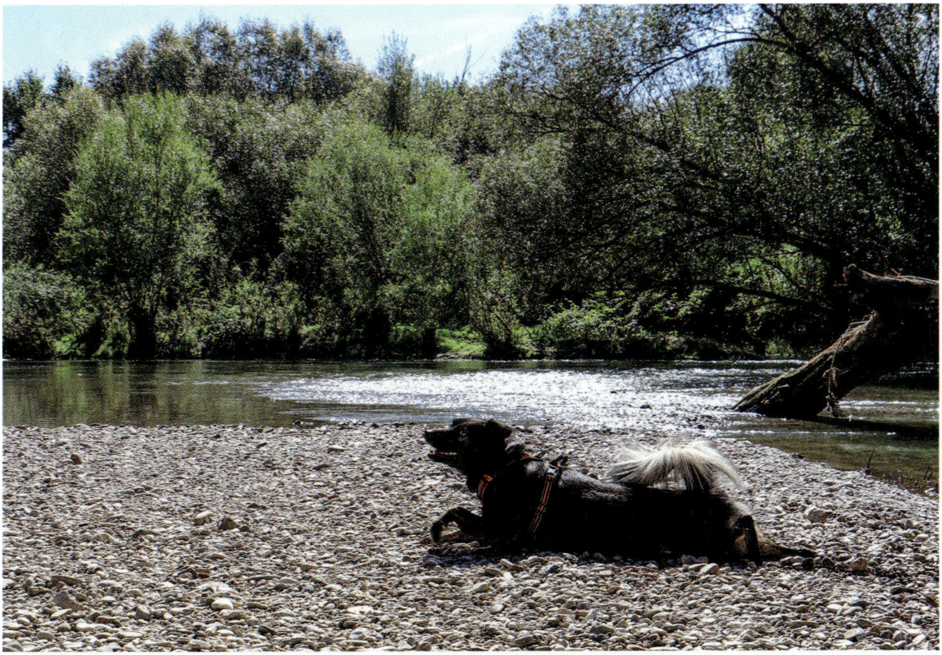

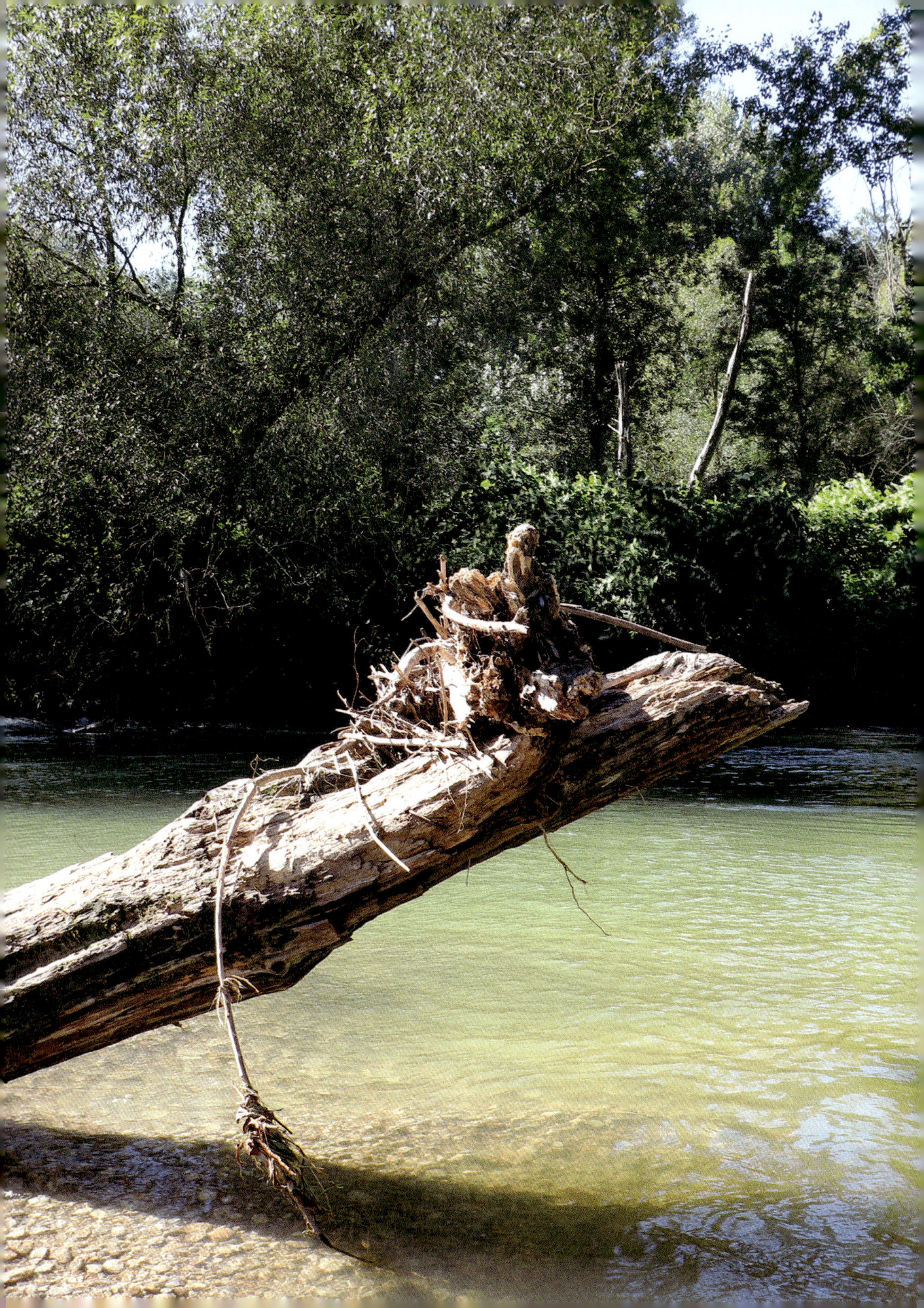

Menschen verirren sich hierher, Platz zum Ausbreiten gibt es genug. Die in der Nähe vorbeifahrenden Züge, die man zwar hört, aber nicht sieht, stören ein bisschen die Ruhe in der Natur.

Die Neubacher Au ist der wildeste und romantischste Wildbadeplatz an der Pielach. Früher gab es auch einen FKK-Bereich, manche lassen hier auch heute noch unbeschwert die Hüllen fallen. Hunde dürfen mit, müssen aber an die Leine, um ihren Jagdtrieb unter Kontrolle zu haben.

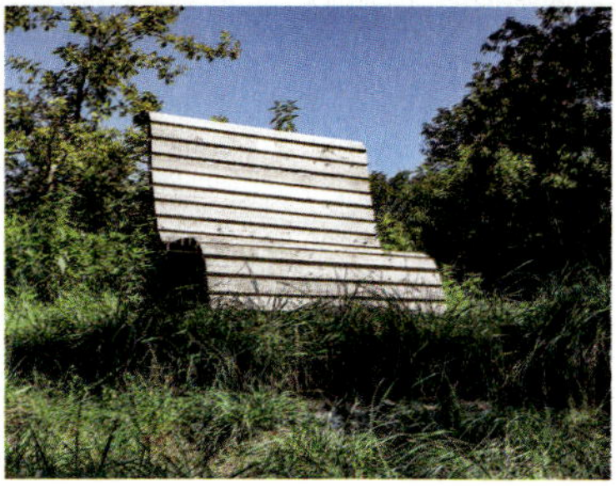

Hübsche Holzbänke warten am Wildbadeplatz in Wimpassing auf Ruhesuchende

42c Wehr Haunoldstein

Wenn man in der Gegend ist und eine Abkühlung benötigt, ist der kleine Kiesstrand nahe der Wehr in Haunoldstein gewiss das Richtige. Die Wehr darf natürlich nicht betreten werden. Ein kleiner Spielplatz gegenüber und das relativ seichte Wasser entzücken die Kleinsten. Trotzdem darf man die Strömung nicht außer Acht lassen.

42d Wildbadeplatz Wimpassing

Der Wildbadeplatz befindet sich direkt an der Jubiläumsstraße in Wimpassing. Zwei Bänke laden zum Verweilen

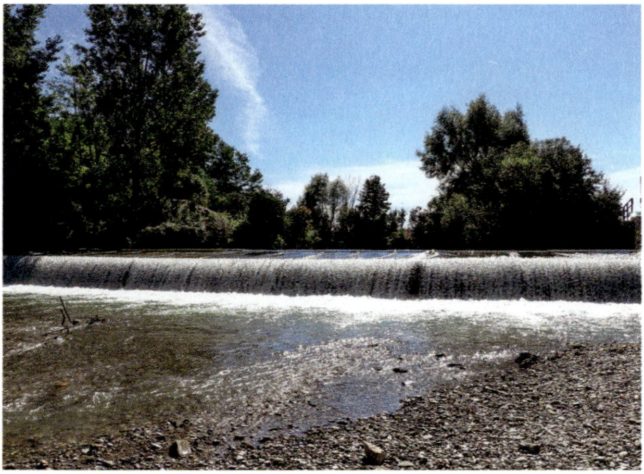

WEHR HAUNOLDSTEIN

ADRESSE: 3384 Haunoldstein, Sportplatzstraße

GPS: 48.201715, 15.45867

ÖFFENTLICH: ab St. Pölten Regionalbus 485

MIT DEM AUTO: kleiner Parkplatz

SCHWIMMFAKTOR: ***

KLEINKINDGERECHT: ****

SANITÄRANLAGE: beim Sportplatz

UMKLEIDEKABINEN: nein

WILDBADEPLATZ WIMPASSING

ADRESSE: 3386 Wimpassing an der Pielach, Mitterau

GPS: 48.209819, 15.471920

Ganz links: Beeindruckendes Treibgut

Links: Der Abstand zur Wehr Haunoldstein muss beim Planschen eingehalten werden

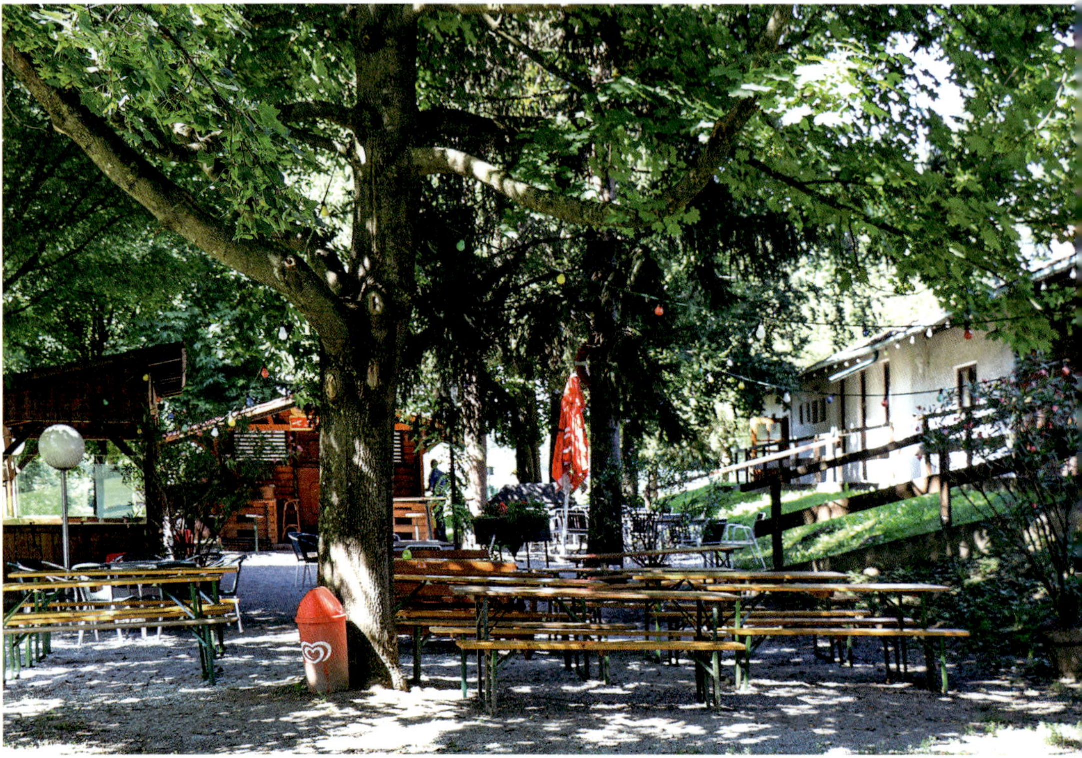

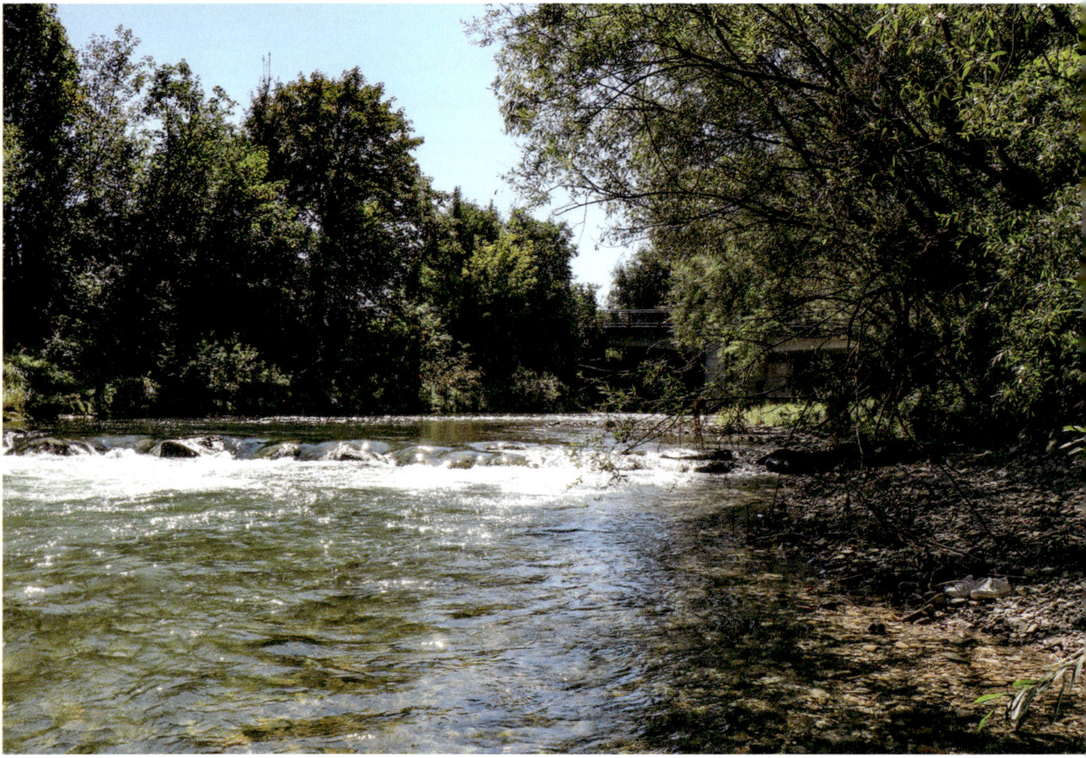

und für Beobachtungen in der Natur ein. Eine riesige Platane sorgt für Schatten und ein stimmungsvolles Bild auf Instagram. Es gibt zwei Zugänge zum Wasser, eine kleine Steinrampe unterbricht die Strömung im Fluss. Schmale Schotterbänke und Wiesenflächen eignen sich zum Picknicken und In-der-Sonne-Liegen.

ÖFFENTLICH: ab St. Pölten Regionalbus 485

MIT DEM AUTO: kleiner Parkplatz bei der Jubiläumsstraße

SCHWIMMFAKTOR: ***

KLEINKINDGERECHT: ***

SANITÄRANLAGE UND UMKLEIDEKABINEN: nein

42e Pielachstrand Prinzersdorf

Einen richtigen Strand kann Prinzersdorf an der Pielach sein Eigen nennen. Die weitläufige Liegewiese ist mit kleinem Imbiss und Kinderspielplatz ausgestattet. Die lokale Bevölkerung hat schon so manchen heißen Sommertag unter den schattigen Bäumen auf den Heurigenbänken des Badebuffets „Sonderfahrt“ verbracht.

Der Fluss ist hier seicht, breit und die Strömung schwach. Steinstufen erleichtern den Einstieg ins Wasser, ein Beachvolleyballplatz befindet sich gleich nebenan.

PIELACHSTRAND PRINZERSDORF

ADRESSE: 3385 Prinzersdorf, Auweg

GPS: 48.201910, 15.509732

ÖFFENTLICH: ab St. Pölten Regionalbus 485

MIT DEM AUTO: Parkplatz am Sportplatz

SCHWIMMFAKTOR: **

KLEINKINDGERECHT: ****

GASTRONOMIE: Strandbadbuffet „Sonderfahrt“, Gasthaus Wegl, Tel. +43 2749 2440, gasthof-wegl.at/gosn-bar

SANITÄRANLAGE: ja

42f Badeplatz in Weinburg

Flussbaden in der Pielach kann man auch in Weinburg. Man biegt von der Pielachstraße rechts zur Brüder-Teich-Straße ab und geht entweder links vor oder nach der Brücke die Pielach entlang. Weitläufige Schotterbänke säumen das seichte Wasser bis zur Wehr. In der Nähe befinden sich die Freizeitanlage Weinburg mit Beachvolleyball- und Spielplatz, Grillmöglichkeiten sowie Indoor- und Outdoorklettern in der Kletterhalle. Die Pielach fließt hier nicht natürlich, sondern reguliert, für eine rasche Abkühlung reicht es aber allemal.

BADEPLATZ IN WEINBURG

ADRESSE: 3200 Weinburg, Brüder-Teich-Straße

GPS: 48.113796, 15.542405

ÖFFENTLICH: Mariazellerbahn

SCHWIMMFAKTOR: **

KLEINKINDGERECHT: ***

GASTRONOMIE, SANITÄRANLAGE UND UMKLEIDEKABINEN: nein

Links oben: Schattige Bäume und Heurigenbänke des Badebuffets „Sonderfahrt“

Links unten: Die Pielach beim Badeplatz in Weinburg ist reguliert und nicht ganz so naturnah wie anderswo

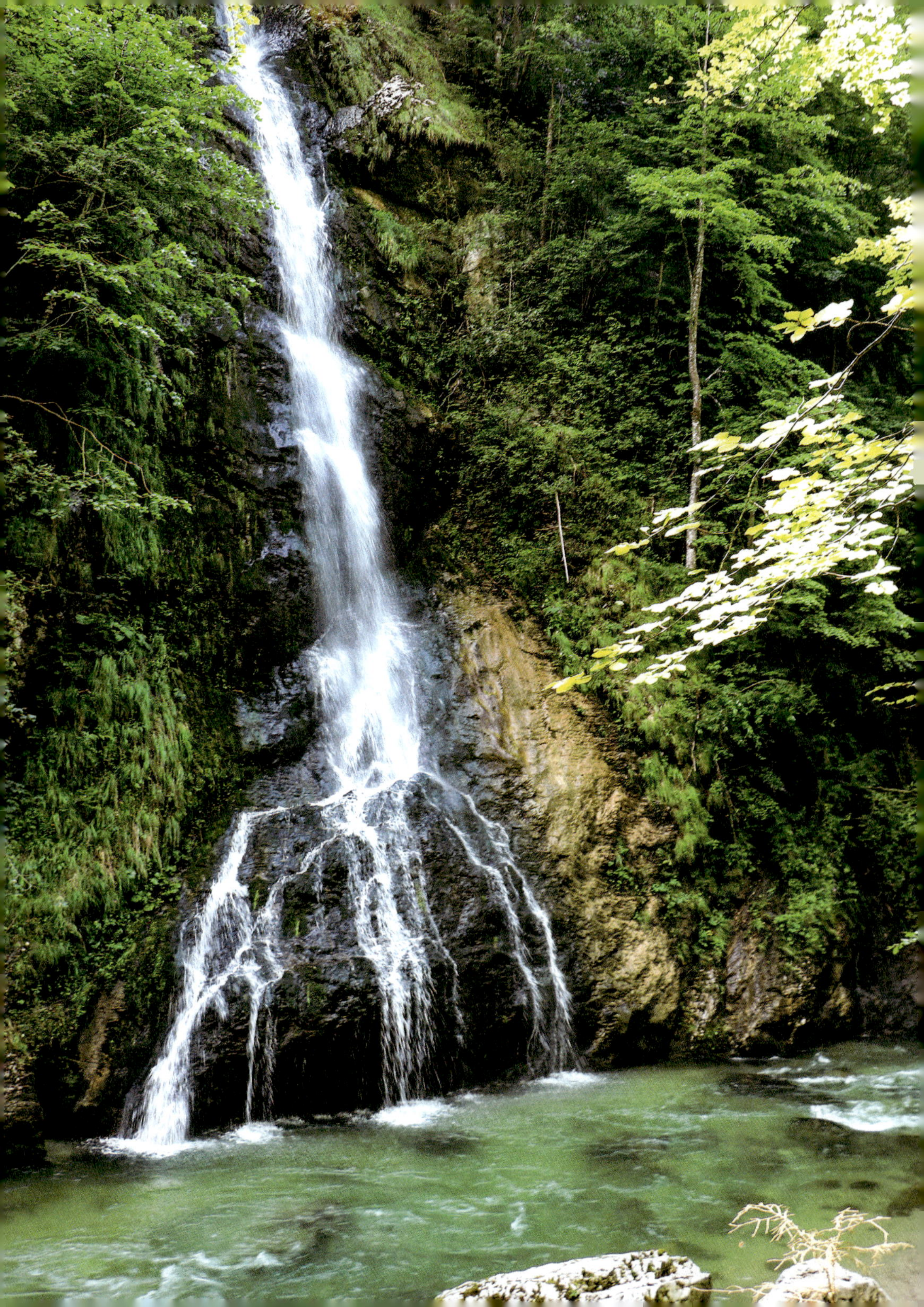

43 Erlauf, Eibenboden und Trefflingfall

Der Ötscher ist das unbestrittene Wahrzeichen des Mostviertels und Teil des größten Naturparks Niederösterreichs. Mit der Gründung des Naturparks wurde ein geplantes Staukraftwerk an der Erlauf zwischen Trübenbach und Eibenboden verhindert. Das wasserreiche Gebiet ist nicht nur zum Wandern, sondern auch zum Wildbaden empfehlenswert.

Die Erlauf, glasklar, türkisgrün und mit Trinkwasserqualität, entspringt am Fuße der Gemeindealpe und fließt über die Tormäuer durch den Naturpark Ötscher-Tormäuer. Der Trefflingbach mündet in die Erlauf, unmittelbar beim Zusammenfluss befindet sich der Trefflingfall. Er ist in den Vorderen Tormäuern der höchste und imposanteste Wasserfall des Landes Niederösterreich.

Von Gaming fährt man die Tormäuerstraße zum Naturparkeingang. Schon bei der Anfahrt in Richtung Eibenboden bietet die Erlauf mehrere schöne Wildbadestellen. Ein schönes Fotomotiv sind die Steinmanderl – aufgetürmte Steinformationen in der Erlauf in der Nähe der Schindlhütte.

Ein kleiner Schotterstrand, einfach von der Straße zu erreichen, befindet sich bei einer schmalen grünen Brücke, fünf Fahrminuten vorm Parkplatz Eibenboden entfernt. Beim Parkplatz Eibenboden kann man die Böschung hinunterkraxeln und ein frisches Bad im gemütlich dahinfließenden Fluss nehmen, bevor man zur Wanderung zum Trefflingfall aufbricht.

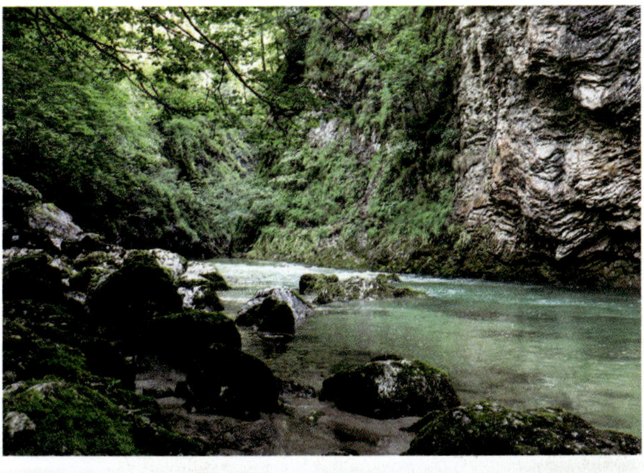

ADRESSE: 3292 Steinwand, Tormäuerstraße 65

GPS: Steinmanderln: 47.921197, 15.168745;

kleiner Schotterstrand bei der Brücke: 47.917153, 15.193387,

Parkplatz Eibenboden: 47.913105, 15.202037

ÖFFENTLICH: ab Scheibbs Regionalbuss 655

MIT DEM RAD: Ötscherland-Radweg, dann über Kienberg oder Gaming

MIT DEM AUTO: Parkplatz beim Naturparkeingang Eibenboden (gebührenpflichtig)

WEG ZUM TREFFLINGFALL: 1,25 Std.

SCHWIMMFAKTOR: **

KLEINKINDGERECHT: ****

HUNDE ERLAUBT: ja

GASTRONOMIE: Schindlhütte, Tormäuerstraße 64, Tel. +43 7485 67069, schindlhuette.at

SANITÄRANLAGEN: Parkplatz Eibenboden

WASSERTEMPERATUR SOMMER: sehr erfrischend, nie mehr als 15 Grad

Ganz links: Der Hundsbachfall inmitten der Schluchten der Tormäuer

Links: Das verführerische, kühle Wasser der türkisblauen Erlauf

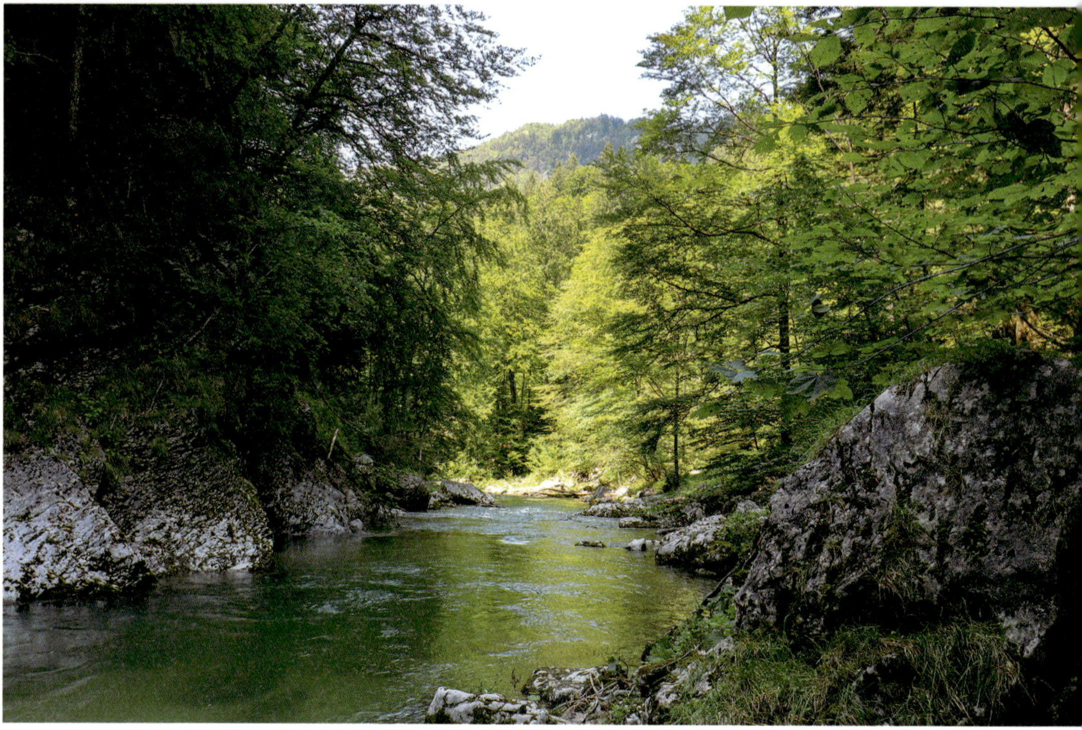

Der Pfad führt durch dichten Wald den Fluss entlang

Gut erfrischt geht es die Forststraße hinauf und bei der ersten Kehre rechts in den Wald in Richtung Eibenmühle. Nach dem absolut instatauglichen Fotomotiv weiter im romantischen Schluchtenwald entlang des rechten Erlaufufers zum Hundsbachfall und im weiteren Verlauf zu unserem Ziel Trefflingfall. Der Fluss ähnelt hier mehr einem romantischen Bächlein als einem reißenden Fluss. Betörend grün-blau bahnt er sich seinen Weg zwischen moosbewachsenen Felsbrocken durch die Schlucht. Bis zum kleinen Hundsbachfall mangelt es keineswegs an Bademöglichkeiten, am kleinen Wasserfall locken gar karibisch anmutende Sandbänke zum Sonnentanken. Der Weg liegt großteils im Schatten von Laubbäumen und ist daher an sehr heißen Tagen eine besonders ratsame Tour. Das wechselnde, sich brechende Licht mit der andauernd sich ändernden Lichtstimmung hat schon vor mehr als hundert Jahren den Maler Egon Schiele fasziniert. Als er als Soldat nach Mühling bei Purgstall versetzt wurde, entdeckte er die wundervolle Landschaft und zeichnete in der Schlucht die ersten Skizzen zu seinem Gemälde „Die verfallende Mühle“. Von der Bergmühle selbst sieht man heute nur noch Reste der Fundamente.

Der Trefflingfall wurde bereits im Jahre 1880 durch einen Steig erschlossen, der bis heute unzählige Male erneuert wurde. Er stürzt in mehreren Kaskaden schäumend über die steile Talböschung 120 Meter tief hinab. Dort beheimatet sind die scheuen Wasseramseln. Es gibt wohl kaum einen besseren Indikator für saubere Gewässer als den schiefergrauen Vogel mit weißem Brustlatz, der das laute Getöse des Wassers mit seinem Gezwitscher zu übertönen versucht und im kalten Wasser auf Insektenjagd geht.

Bevor man den Wasserfallsteig zum Trefflingfall hinaufgeht, bietet sich nochmals die Gelegenheit, am schattigen Ufer der Erlauf zu planschen oder an den Rastbänken am Fuße des Wasserfalls zu picknicken. Sandbänke wechseln sich mit riesigen, moosbewachsenen Wackelsteinen ab, sichtbare Baumwurzeln geben ein märchenhaftes Bild ab. Für die Steiganlage selbst muss eine halbe Stunde eingerechnet werden, der Weg lohnt sich. Gutes Schuhwerk ist ein Muss, wenn man auf den rutschigen Felsen und Steinen herumklettert. Es ist zwar nicht Pflicht, sich nassspritzen zu lassen, es gibt aber mehrere gute Gelegenheiten, sich hinter oder neben dem Wasserfall zu stellen, der ordentlich tost und Lärm macht. Einmal oben angekommen, erstaunt es umso mehr, mit welcher Ruhe und Sanftheit hier der Trefflingbach fließt, bevor er sich in den Abgrund stürzt.

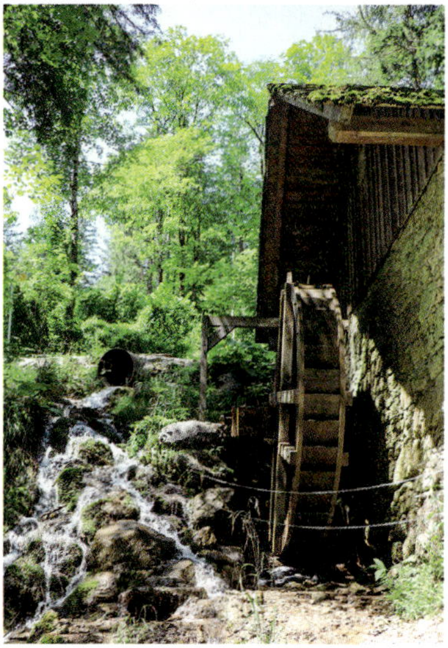

Die Eibenmühle im Wald Richtung Hundsbachfall und Trefflingfall

Der Trefflingfall stürzt in mehreren Kaskaden die steile Talböschung hinab

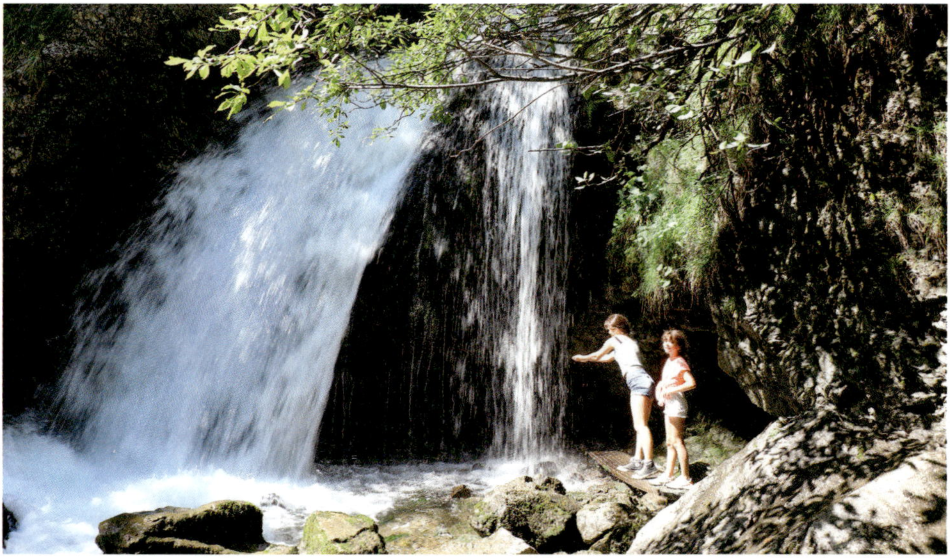

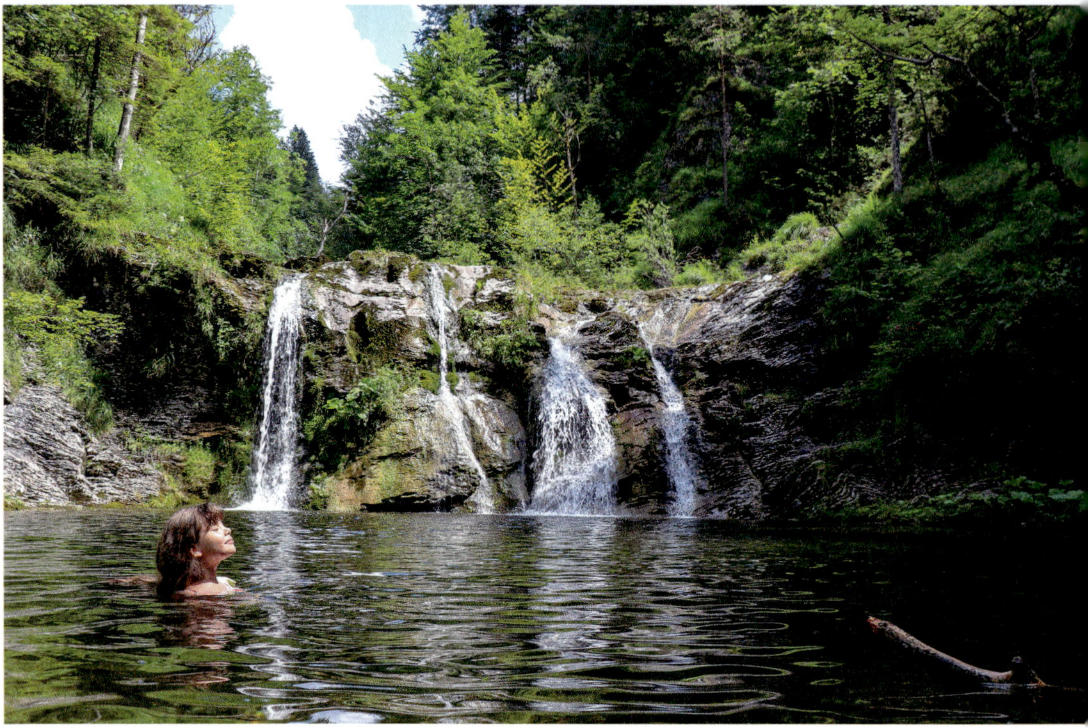

Das Becken des Lassingfalls ist meist tief genug für ein erfrischendes Untertauchen und lässt an Romantik keine Wünsche offen

44 Lassingfall, Stierboden, Hintere Tormäuer

ADRESSE: Naturparkzentrum Ötscher-Basis, 3223 Wienerbruck, Langseitenrotte 140

INFO: www.naturpark-oetscher.at

ÖFFENTLICH: Mariazellerbahn/Wienerbruck

MIT DEM RAD: Ötscherland-Radweg

MIT DEM AUTO: Ötscher-Basis, 3223 Wienerbruck, Langseitenrotte 140 (gebührenpflichtige Parkplätze)

Viel Gelegenheit zum Wildbaden und beeindruckende Aussichten verspricht die Wanderung von Wienerbruck zum Lassingfall und über dem Stierboden die Hinteren Tormäuer entlang zum Erlaufboden.

Wir starten beim Naturparkzentrum Ötscher-Basis Wienerbruck. Dort wird Eintritt in den Naturpark Ötscher-Tormäuer eingehoben. Das mag so manchen Wanderer vielleicht entrüsten, aber der Erhalt der Naturparkinfrastruktur ist kostenintensiv und jeder, der hier geht, sollte einen Beitrag leisten, um die Wege, Brücken und Stege instand zu halten.

Die Strecke ist gut ausgeschildert und führt am Stausee Wienerbruck vorbei bis zur Staumauer. Unmittelbar davor geht ein kleiner Steig links in den Wald Richtung Lassingfall und weiters über eine Brücke nordseitig den Schluchtrand entlang. Die Landschaft ist wild und schroff, meist wandert man im Schatten, die Ausblicke sind eindrucksvoll. Brückenstege und Steiganlagen führen über Gräben und Schluchten. Sie sind zwar gut gesichert, man sollte aber halbwegs schwindelfrei sein, um den Weg genießen zu können. Nach 45 Minuten Gehzeit erreicht man die Brücke über dem Absturz in den „Lassingfall".

Bei entsprechender Niederschlagsmenge ergibt sich unter dem neunzig Meter hohen Lassingfall ein natürliches Schwimmbecken, wahnsinnig erfrischend und extrem romantisch. Hier sollten alle Schwimmwanderer eine Pause einlegen, tief Luft holen und zumindest ihre Zehen in einen der zahlreichen kleinen, flachen Wassertümpeln zwischen den großen Felsbrocken strecken. Oder man benutzt gleich die großen Steine für ein ausgiebiges Bad in der Sonne.

Ist es der Abkühlung genug, führt der Weg durch Felstunnel und wunderbaren Aussichtspunkten zum Kraftwerk Wienerbruck. Ein Abstecher in das Schaukraftwerk geht sich aus, ehe man am künstlich angelegten Ausgleichsbecken am Stierwaschboden die Hinteren Tormäuer entlang die Erlauf in Richtung Erlaufboden entlangwandert.

Die meisten Besucher bevorzugen die Route in Richtung Ötschergräben, dem „österreichischen Grand

WEG ZUR BADESTELLE: zum Lassingfall 45 Minuten, die Hintere Tormäuer entlang nochmals eine Stunde

SCHWIMMFAKTOR: ***

KLEINKINDGERECHT: **

HUNDE ERLAUBT: ja

GASTRONOMIE: am Weg keine

SANITÄRANLAGE: Naturparkzentrum Ötscher-Basis und beim Erlaufboden

WASSERTEMPERATUR SOMMER: Lassingbach und Erlauf durchschnittlich 15 Grad

Wunderschöne Wassergumpen nah am Lassingfall

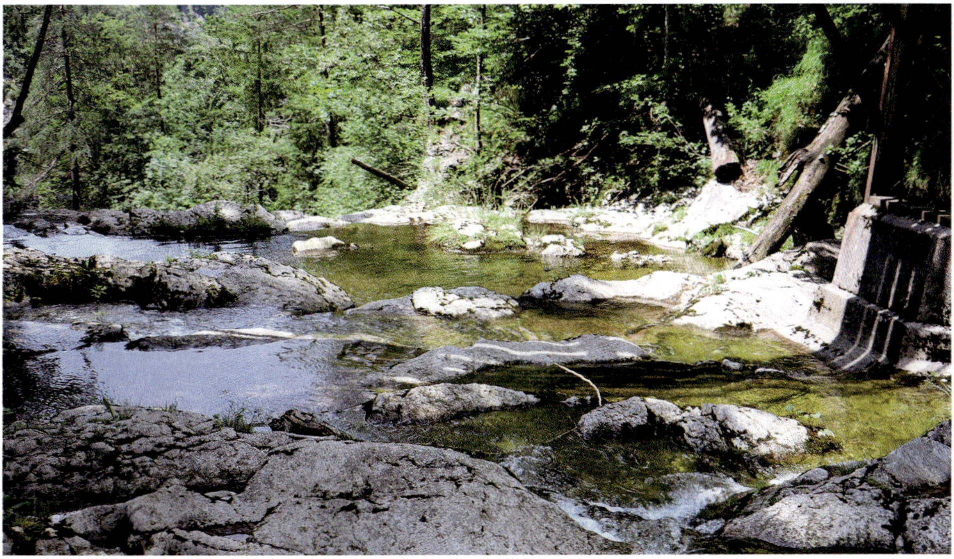

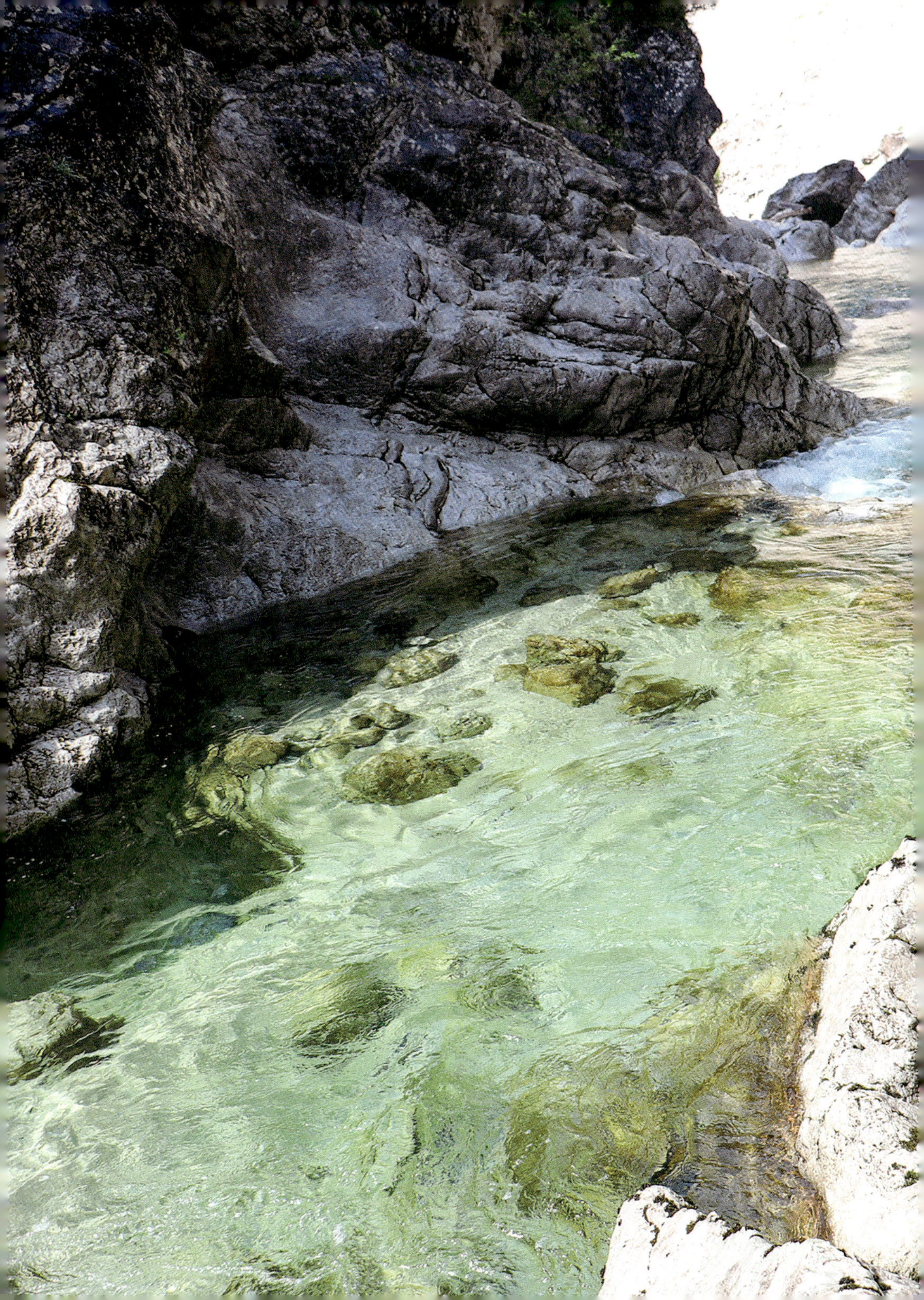

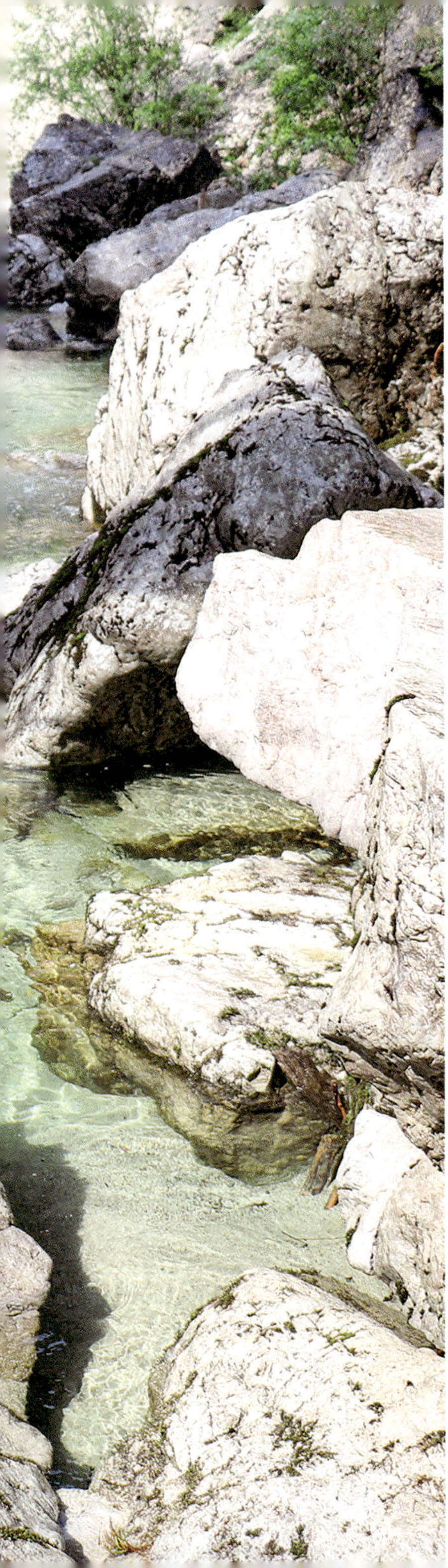

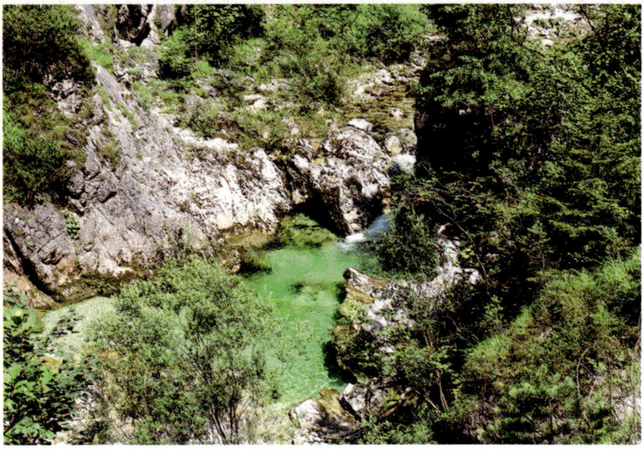

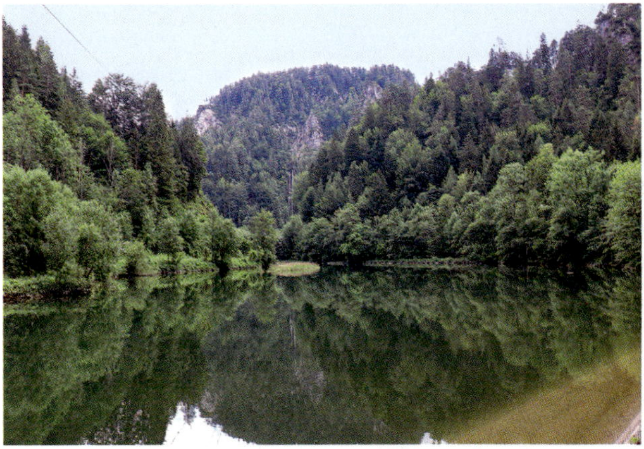

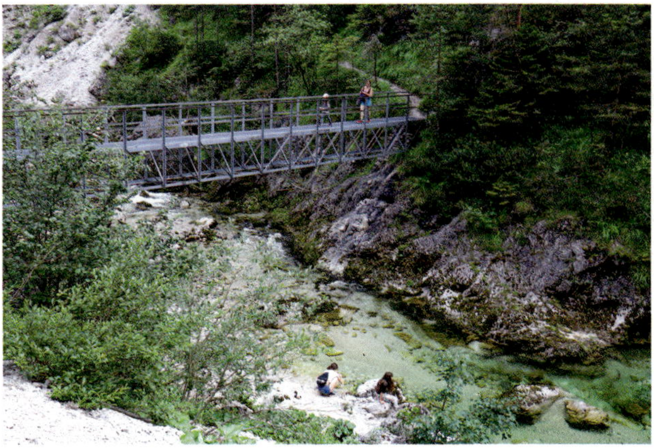

Links, ganz oben, oben: Wildes Baden im smaragdgrünen Wasser zwischen Schluchten par excellence

Mitte: Künstlich angelegtes Ausgleichsbecken am Stierwaschboden

Unten: Glasklares Wasser und Liegeflächen auf Felsen wechseln einander beim Lassingfallbecken ab

Rechts: Das Zentrum am Lunzer See ist die Tretbootvermietung an der Seepromenade

Canyon", unsere Route ist weniger bekannt und beliebt und mit etwas Glück wandert man hier fast alleine. Die Tour ist zwar für kleine Kinder etwas anstrengend, aber ab ungefähr sechs Jahren mit Pausen zu schaffen. Hunde dürfen mit und werden sich ebenfalls über die zahlreichen Bademöglichkeiten freuen.

Auf einem schmalen Flussbett fließt die Große Erlauf die Hinteren Tormäuer entlang. Der Fluss ist kristallklar, jeder einzelne Fisch zu sehen. Vorbei an Felswänden und Trockenhängen geht es Richtung Erlaufboden. Fast nur Nadelgehölze wie Latschenkiefern und verwachsene Flussauen säumen den Weg.

Die Erlauf ist durch den Ausbau der Wasserkraft hier leider nicht so tief, dass man schwimmen könnte. Es ergeben sich am Weg aber viele passende Uferplätze zur Erfrischung. Tosend wird der Fluss hier selten, er besticht durch seine wunderbare türkisgrüne Farbe; die kleinen Schotter- oder Sandstrände und die Ausblicke lohnen sich allemal.

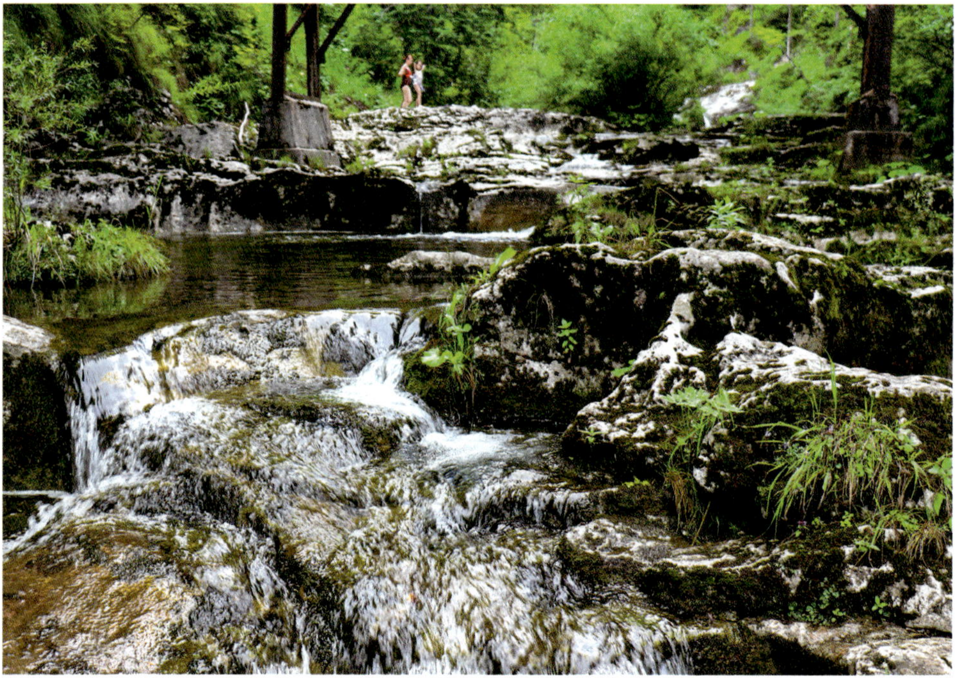

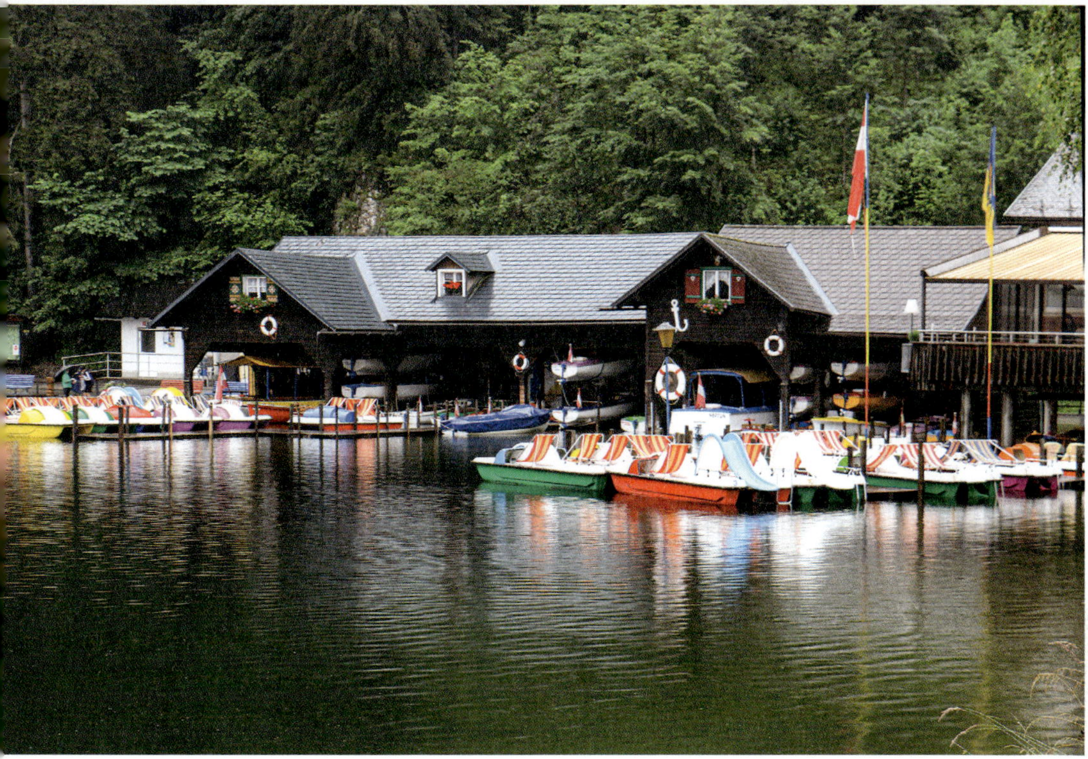

45 Lunzer See

Der smaragdgrüne Lunzer See ist nicht nur der kälteste, sondern der einzige natürlich entstandene See Niederösterreichs. Das Überbleibsel aus der Eiszeit liegt auf 608 Metern Seehöhe und gilt als Perle der Eisenwurzen, nicht weit von der steirischen Grenze entfernt. Wer öffentlich anreisen möchte, fährt mit der Bahn nach Scheibbs und weiter mit dem Regionalbus nach Lunz am See. Der Ort Lunz am See liegt nicht direkt am See, die Straße entlang des Seebachs führt zur Seepromenade am Westufer, die von Besuchern am häufigsten frequentiert wird.

Hier liegt der Platzhirsch Restaurant Seeterrasse mit einmaliger Aussicht. Und die gibt es immer, auch bei Regen, der in Lunz wahrlich reichlich fallen kann.

Wer sportlich den See erkunden möchte und wem die durchschnittliche Wassertemperatur von 21 Grad im Sommer zum Schwimmen zu kalt ist, hat die Qual der

INFO: Gemeindeamt, 3293 Lunz am See, Amonstraße 16, www.lunz.at

GPS: Seepromenade: 47.853139, 15.040000;

Badestelle Südseite: 47.852166, 15.058724

Lunzer Platzl, Seestraße: 47.857443, 15.058737

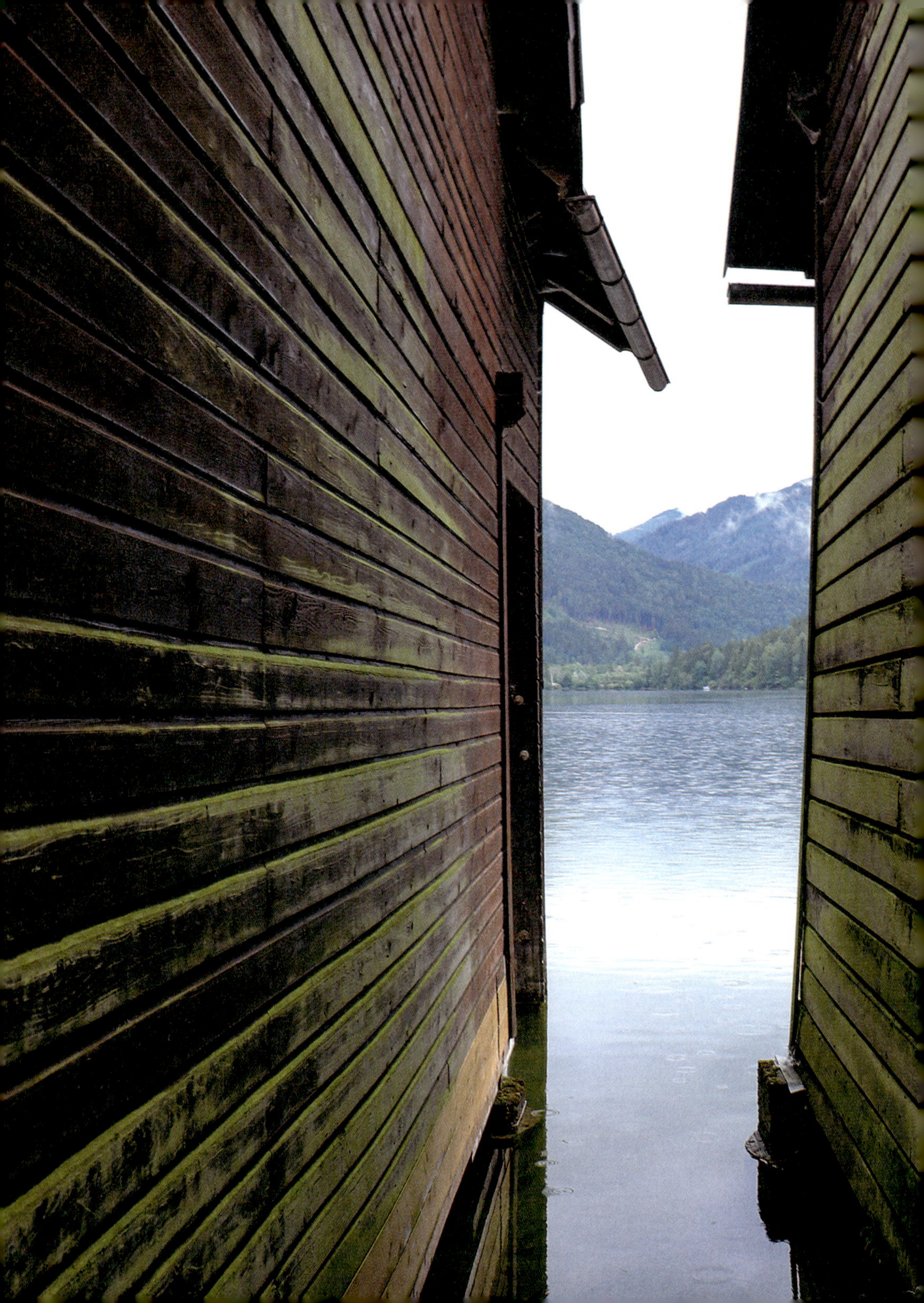

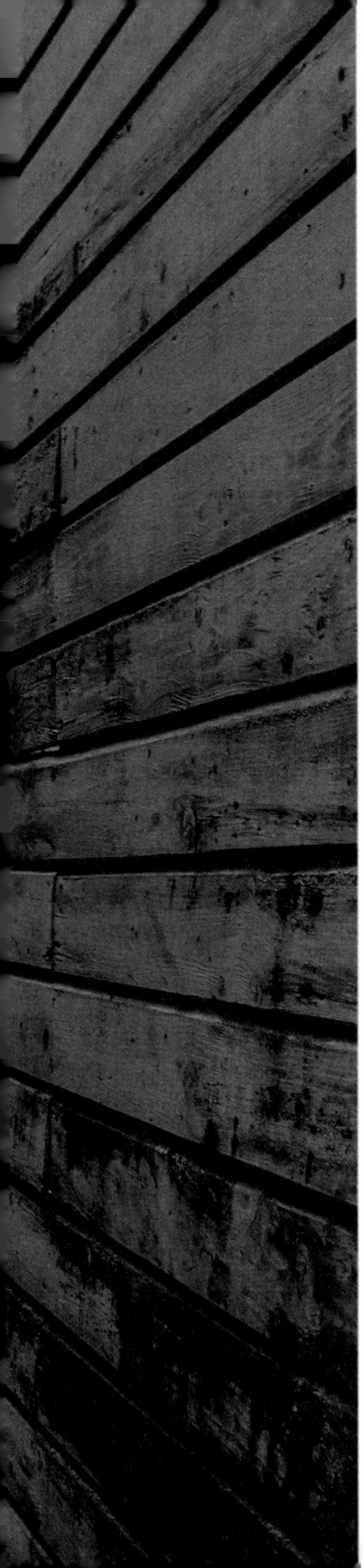

Wahl. Bei der Bootsvermietung Familie Leichtfried nebenan können zum Beispiel Elektroboote, Ruderboote oder das klassische Tretboot für die ganze Familie gemietet werden.

Länglich und mit kristallklarem Wasser schmiegt sich der liebevoll von Einheimischen „Meer der Lunzer" genannte Bergsee zwischen die mächtigen Waldhänge und eindrucksvollen Bergrücken der Ybbstaler Alpen. Im Blick, die bis zu 1800 Meter hohen Gipfeln des Dürnsteins, Hochkars und Ötschers. Wenn man es genau nimmt, hat der See zwei kleine Brüder, den Mitter- und den Obersee, die entlang des Seebachtals liegen. Man spricht deswegen auch von den Lunzer Seen.

Auf der Nordwestseite befindet sich ein kleines Seebad im Sechzigerjahre-Stil. Es wird Eintritt verlangt, an heißen Tagen ist es schnell einmal überfüllt. Zum Bad gehört eine schwimmende Seebühne, die nach Ende der Sommersaison im See versenkt und im Frühling wieder hochgefahren wird. An Badetagen dient die Plattform als Sonnenterrasse, am Abend finden dort jedes Jahr Lesungen und Konzerte des Festivals „wellenklänge" statt.

Von der imposanten Bergkulisse einmal abgesehen, ist der wohl schönste See Niederösterreichs komplett unverbaut und kann mühelos umrundet werden. Er ist mit 1,7 Kilometern Länge und 500 Metern Breite relativ groß. Seine Tiefe liegt im Durchschnitt bei zwanzig Metern, 34 Meter ist seine tiefste Stelle. Der fast fünf Kilometer lange Seeuferweg führt mühelos vom Restaurant Seeterrasse vorbei an der Biologischen Station WasserCluster Lunz in den Wald. Wir spazieren den schattigen Waldweg an der Südseite den See entlang. Hier sind die Badestellen rar, um schnell im See unterzutauchen und ein paar Runden zu schwimmen. Erst am Ende des Waldwegs in der Nähe des Schlögelbergwegs befindet sich ein besonders schöner Badeplatz mit Bänken im Wasser oder am Schotterstrand, je nach Wasserstand. Hier kann eine kleine Wildbadepause eingelegt oder zumindest die Temperatur des Bergsees mit der großen Zehe gemessen werden.

Die Schlosstaverne auf der Ostseite des Sees bietet sich als Einkehrschwung an, kulinarische Höhenflüge inklusive. Gut gestärkt geht es weiter zum Lunzer Platz. Der öffentliche Badesteg an der Seestraße wurde als kostenloser

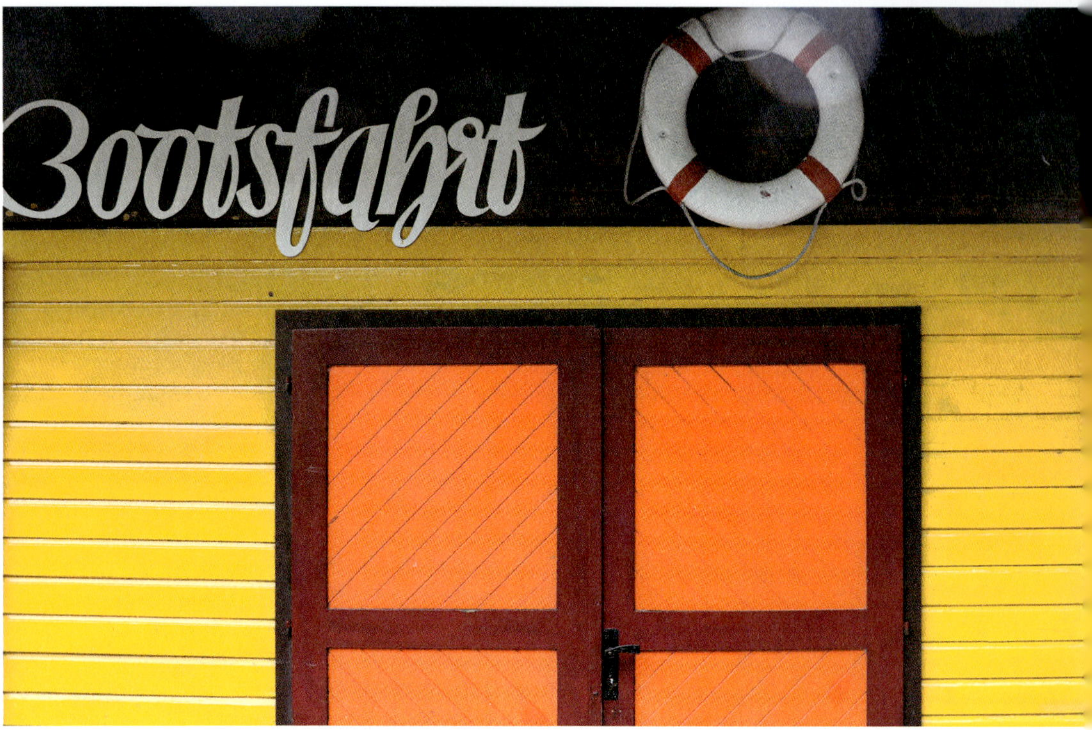

Vorige Seite und oben: Immer eine Augenweide, ganz egal bei welchem Wetter, das charmante Holzhaus der Bootsvermietung

ÖFFENTLICH: ab Scheibbs Regionalbus 655

MIT DEM RAD: Yppstalradweg

MIT DEM AUTO: die Dr.-Carl-Kupelwieser-Promenade ist nur für den Anrainerverkehr geöffnet, keine Parkplätze (Südufer); großer Parkplatz Seebachstraße, genügend Parkplätze vor und nach dem Seebad, Seestraße (Nordufer); alle kostenpflichtig

RUNDWEG: 4,8 Kilometer, 1,5 Std. Wegzeit

SCHWIMMFAKTOR: *****

KLEINKINDGERECHT: ****

HUNDE ERLAUBT: ja

Rastplatz von der Gemeinde 2019 auf der Nordseite des Sees geschaffen. Neben dem neuen Holzsteg mit zwei Leitern ins Wasser laden Steinterrassen und Holzbänke zum Sonnenbaden und ein kleiner Kieselstrand zum Planschen oder mit dem SUP-Board in See zu stechen ein. Der Platz ist an schönen Wochenenden gut besucht und es kann unter Umständen ein bisschen eng werden, eine öffentliche Toilette ist vorhanden. Der Weg geht am Gehsteig der Seestraße retour.

Übrigens, im Corona-Jahr 2020, als wir das Buch geschrieben haben, lebte am Lunzer See ein einziger Schwan. Hansi wurde er gerufen. Seit dem Tod seiner Schwanenfrau erträgt er keine andere Artgenossin auf dem Wasser und schwimmt einsam seine Runden im See.

Die schönste Zeit am Lunzer See ist frühmorgens, wenn er unter Nebelschwaden noch zu schlafen scheint und die Sonne hinter dem Lunzer Hausberg, dem Maißzinken, aufgeht. Lunz liegt am Rande eines der letzten Urwälder Mitteleuropas und ist bekannt für seine zahlreichen Wanderrouten. Für Wasserliebhaber ist die Drei-Seen-Tour, die zum Mitter- und Obersee in die urige Bergwelt der Ybbstaler Alpen führt, zu empfehlen.

Drei-Seen-Wanderung

Die Tour beginnt beim Schloss Seehof am Lunzer See. Über einen leicht ansteigenden Forstweg durch das Seebachtal erreicht man nach ungefähr einer Stunde den Mittersee auf einer Seehöhe von 766 Metern. Der Bergsee ist nicht tief, aber aufgrund seiner starken Durchströmung sehr kalt. Die Wassertemperatur erreicht nicht wesentlich mehr als sieben Grad Celsius. Der stille Quellsee gilt als Kraftplatz, der seiner Entstehung Felsstürzen verdankt. Man darf darin schwimmen, die Frage ist nur, ob man dafür abgehärtet genug ist. Nicht zu lange drinnen bleiben, anschließend wieder langsam aufwärmen und nicht herumzappeln. Richtig laut wird es, sobald man am circa sechzig Meter hohen Ludwigfall und wenig später am „brüllenden Stier", einem unterirdischen Wasserfall, dessen Getöse an einen gereizten Bullen erinnert, vorbeikommt.

Der Weg lohnt sich; der Obersee auf einer Seehöhe von 1114 Metern, umrahmt von schroffen Felsen und urigem Bergwald, ist eine richtige Naturschönheit. Eine kleine Insel,

GASTRONOMIE: Seeterrasse, Seepromenade 11, Tel. +43 7486 8303, seeterrasse.at; Schlosstaverne, Seehof 2, Tel. +43 7486 20276, jo-schi.at/schlosstaverne

BOOTSVERLEIH: Bootsvermietung Lunzer See Michael Leichtfried, Dr.-Carl-Kupelwieser-Promenade 2, Tel. +43 7486 8407, lunz-bootsvermietung.at

SANITÄRANLAGE: öffentliche Toilette bei der Seepromenade in der Nähe des Bootsverleihs und beim Lunzer Platzl

UMKLEIDEKABINEN: nein

WASSERTEMPERATUR SOMMER: höchstens 24 Grad, meistens um die 20 Grad

An der Südseite, gegen Ende des Waldweges, liegt bei niederem Wasserpegel ein Schotterstrand

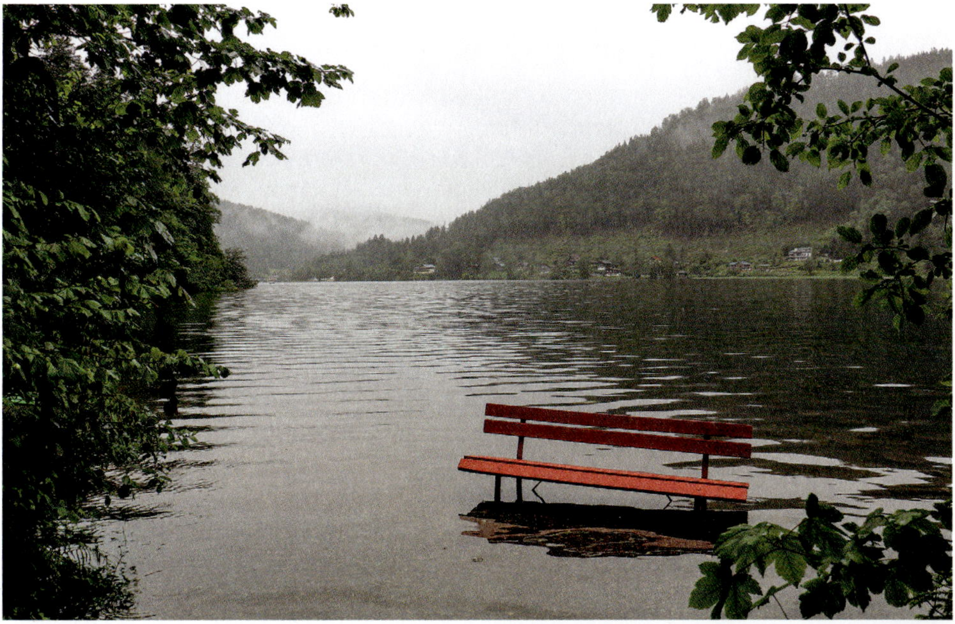

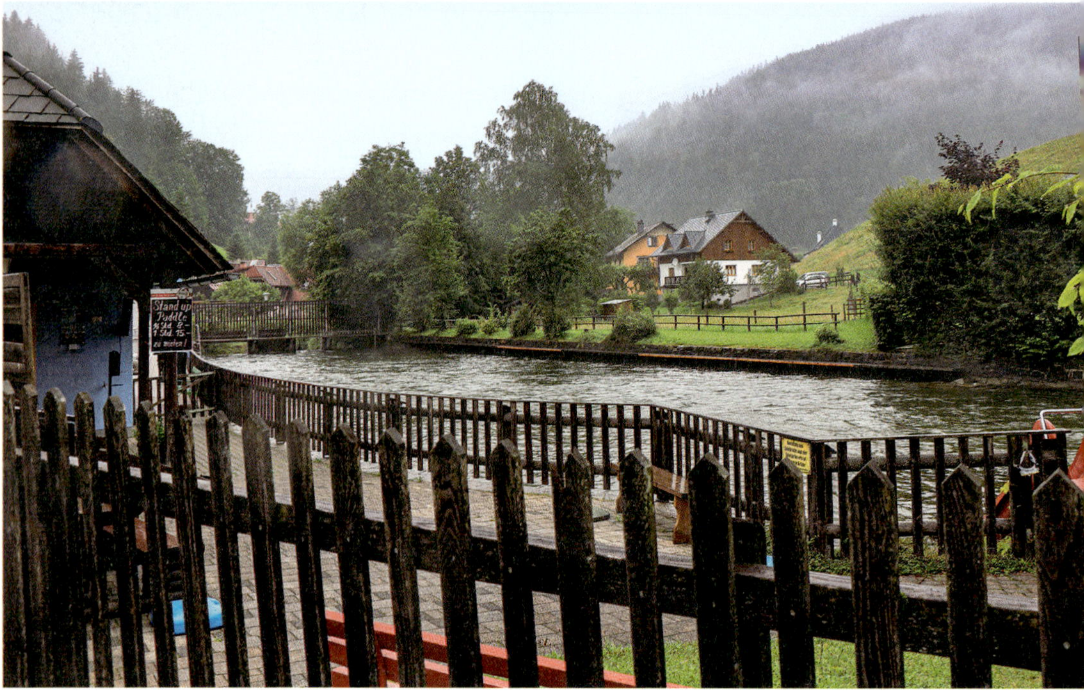

Das Seebachbad nach regnerischen Sommertagen

auf der ein paar Fichten stehen, liegt in der Mitte des Sees, und Torfmoosbestände schwimmen mattenartig auf seiner Oberfläche.

Die Moose sind miteinander verfilzt, so dass man meinen könnte, darauf ohne unterzugehen gehen zu können. Das ist natürlich nicht erlaubt, um den sogenannten „Schwingrasen" nicht zu gefährden.

Seebachbad

ADRESSE: Seepromenade 30

GPS: 47.858205, 15.033732

BUFFET, SANITÄRANLAGE: ja

Für ein beschauliches Badevergnügen vor allem für Familien mit Kindern eignet sich das kostenlose Flussbad beim aufgestauten Seebach. Eine breite Liegewiese, ein kleines Buffet, Steg, Wasserrutsche und ein eigener breiter Treppeneinstieg werden den Besuchern geboten. SUP-Boards können gemietet werden. Hier kann man unkompliziert planschen und einen angenehmen Tag verbringen. Das Gelände ist übersichtlich und der Bach zum Schwimmen tief genug. Bänke und Liegen, ein Kinderspielplatz und ein WC sind ebenfalls vor Ort.

46 Ybbs

Die Ybbs entspringt als Weiße Ois in der Nähe von Mariazell an der Nordflanke des Großen Zellerhutes, wird bis Göstling Ois genannt, um dann nach 130 Kilometern als Ybbs in die Donau zu münden.

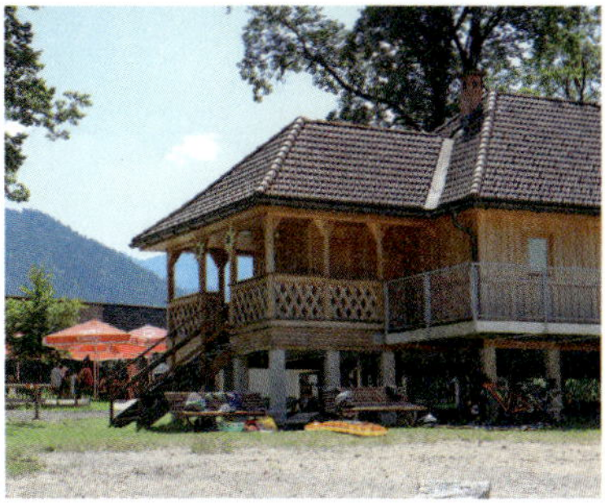

Hübsches Bootshaus inklusive Umkleidekabinen

46a Flussbad Göstling

In Göstling, wo die an sich schon stark gewundene Ybbs einen kleinen Bogen macht, liegt das Flussbad im Dr.-Stephan-Park. Sein smaragdgrünes Gebirgswasser ist kristallklar, aber auch ziemlich kalt. Als wir an einem heißen Augusttag nach einer längeren Regenperiode das Flussbad besuchten, hatte das Wasser gerade einmal 13,5 Grad. Bei diesen doch recht frischen Temperaturen helfen Badeschuhe, um den Einstieg erträglich zu machen. Sind die Füße geschützt, empfindet man das Wasser nicht mehr als ganz so kalt. Auch nach einer längeren Hitzeperiode klettern die Wassertemperaturen hier niemals über 20 Grad. Der kleine Kiosk verkündet auf seinen Schiefertafeln nicht nur Snacks wie Speckbrot oder Toast, sondern auch die tägliche Wassertemperatur.

FLUSSBAD GÖSTLING

ADRESSE: 3345 Göstling an der Ybbs, Oberkogelsbach 21

GPS: 47.810722, 14.933174

ÖFFENTLICH: Linienbusse 164, 640, 641, 643, 655, 656

MIT DEM RAD: Ybbstalradweg

Das Wasser in der Ybbs sieht vielversprechend aus, ist aber eine – was die Temperatur betrifft – Herausforderung

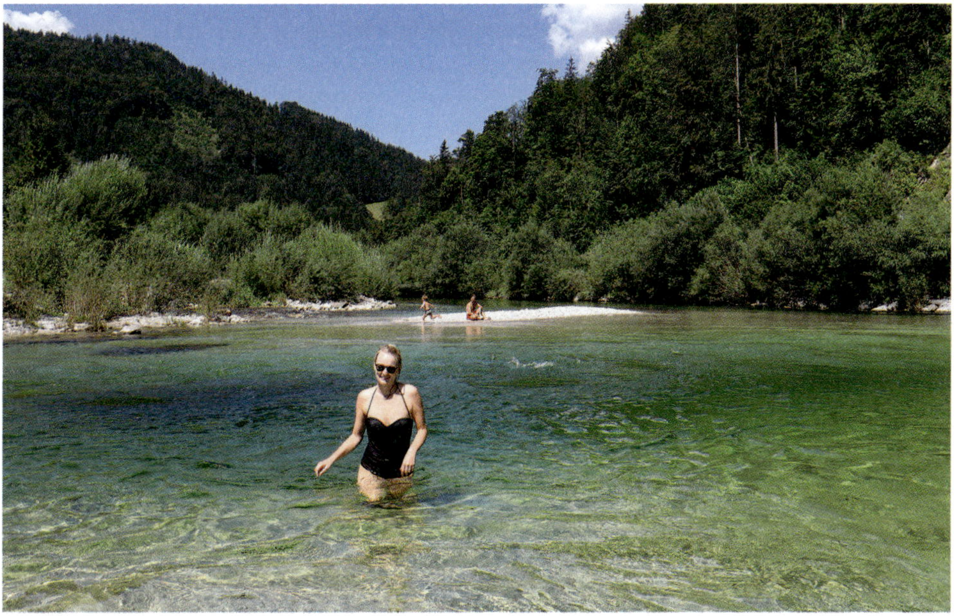

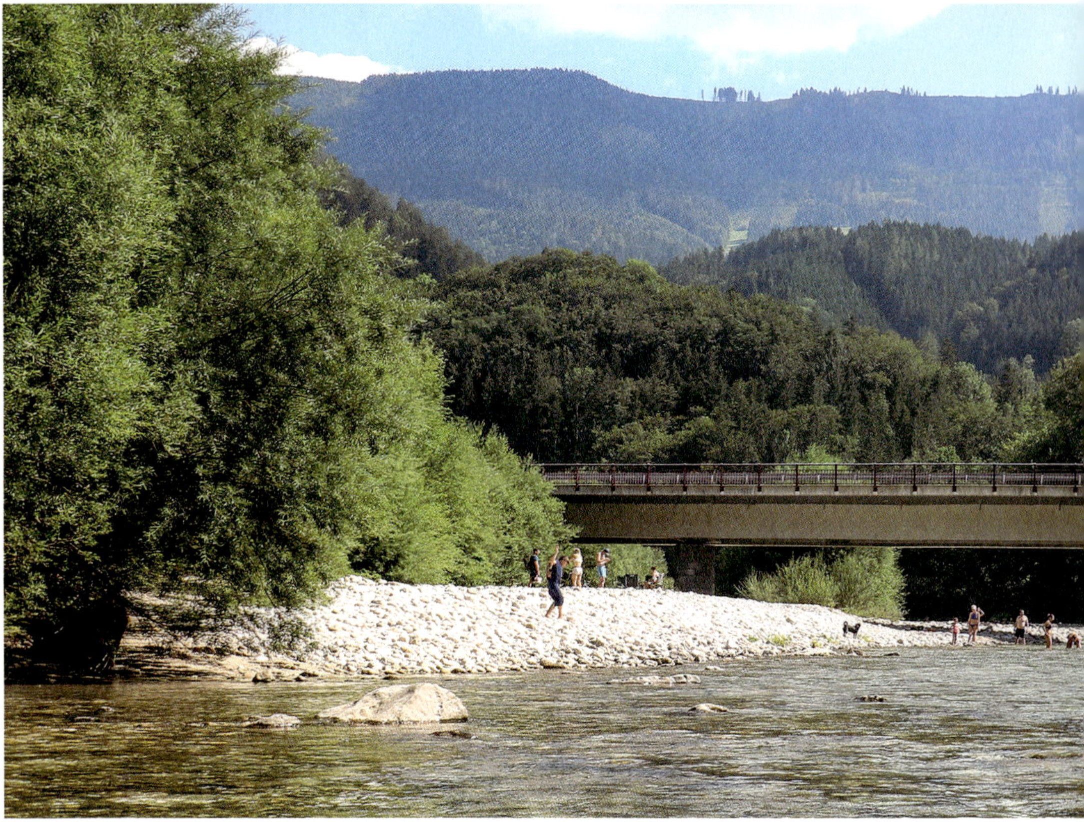

MIT DEM AUTO: Parkplatz beim Solebad

WEG ZUR BADESTELLE: keiner

GASTRONOMIE: Buffethütte beim Flussbad

SCHWIMMFAKTOR: ****

KLEINKINDGERECHT: ****

SANITÄRANLAGE UND UMKLEIDEKABINEN: ja

HUNDE: erlaubt mit Leine

WASSERTEMPERATUR SOMMER: erfrischend, höchstens 18 Grad

War der Sommer niederschlagsreich, dann ist die Strömung einzigartig. Für viele Besucher ist sie die Hauptattraktion. Man stürzt sich stromaufwärts in die Fluten und schwimmt anfangs mit der Strömung, aber bevor die Ybbs nach links abbiegt gegen den Strom rechts ans Ufer.

In der Mitte des Flussbetts liegt eine kleine Schotterinsel. Wer unerschrocken ist, schwimmt hinüber und findet dort einen wunderbaren Platz zum Entspannen. Große Steine am Uferrand verlocken zum Reinspringen.

Mit dem vom Fluss geschaffenen, zum Teil sandigen Strand und dem seichten Einstieg haben auch kleinere Kinder einen abwechslungsreichen Badetag, gegenüber dem Flussbad befindet sich ein Kinderspielplatz. Wem trotzdem noch langweilig ist, der kann das Solebad nebenan besuchen.

Das Flussbad bietet beinahe Schwimmbadkomfort. Die Wiese ist stets frisch gemäht, es stehen Holzliegen zur

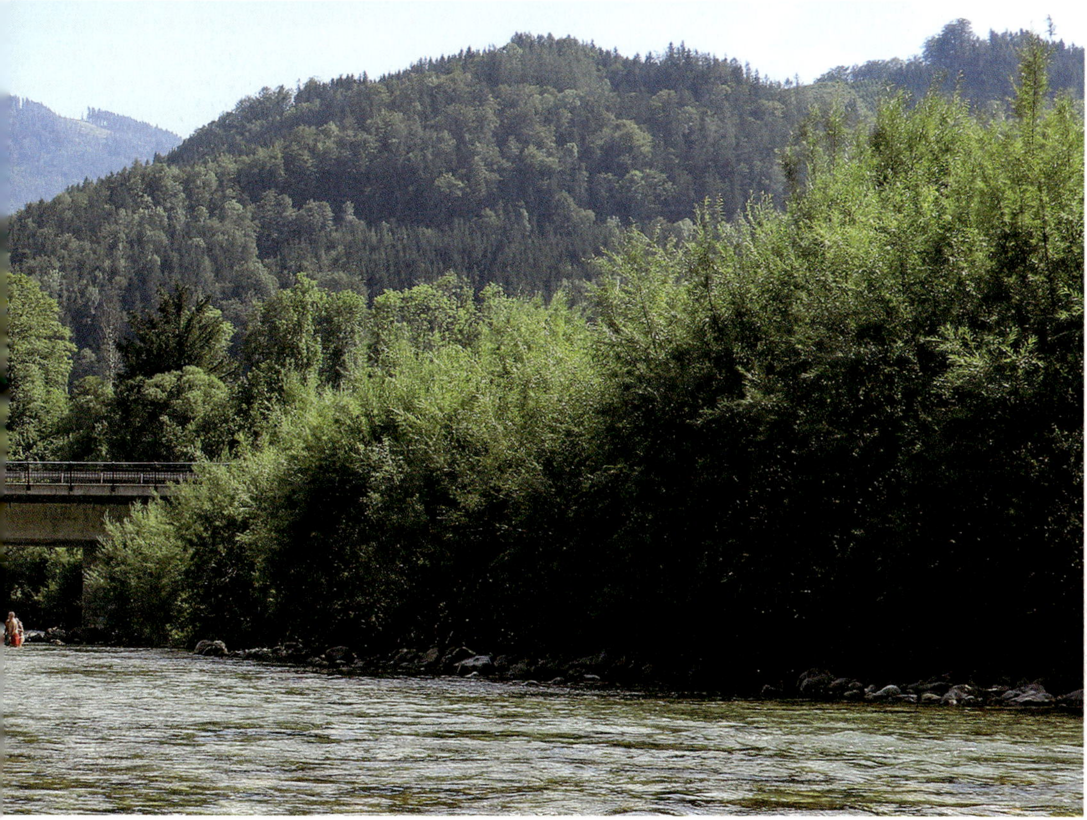

Badeplatz in Oisberg nahe der Brücke

Verfügung, ein Beachvolleyball- und ein überdachter Grillplatz befinden sich auf dem Gelände. In dem schmucken Bootshaus aus Holz mit Edelweißverzierungen finden sich Umkleidekabinen, in der Parkhütte werden in den Sommermonaten Getränke, Eis und Snacks angeboten. Das Flussbad liegt direkt am Ybbstalradweg, Radfahrer legen hier gerne eine Erfrischungspause ein. Hunde sind erlaubt, aber es herrscht Leinenpflicht.

Wildbadeplätze zwischen Göstling und Hollenstein

Fährt man am Ybbstalradweg oder über die Ybbstal-Bundesstraße lassen sich mehrere schöne Wildbadestellen zwischen Göstling und Hollenstein ausmachen. Großzügige, strahlend weiße Schotterbänke und seichtes, klares

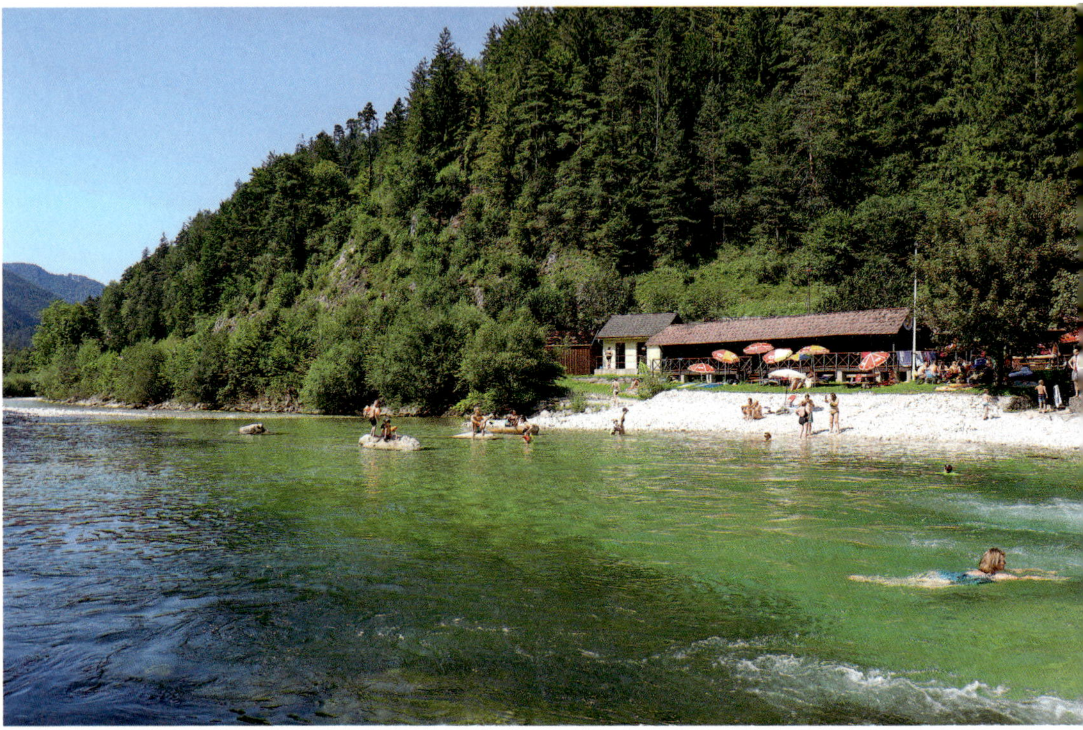

Das Flussbad in Hollenstein hat eine bereits hundertjährige Badetradition

Wasser ziehen nicht nur Einheimische, sondern auch den einen oder anderen Mostviertel-Urlauber an. Besonders Jugendliche oder Familien mit Hunden schätzen die Ybbs an diesem Abschnitt sehr.

Eine Wildbadestelle liegt zum Beispiel in St. Georgen am Reith, ein kleiner Parkplatz in der Nähe der Bundesstraße. Die kleine, asphaltierte Straße an der Ybbs zurück in Richtung St. Georgen gehen, dort finden sich mehrere kleine Schotterbänke am Fluss.

Ein weiterer schöner Badeplatz liegt in Oisberg in der Nähe der Brücke über die Ybbs. Parkplatz bei Oisberg 7, 3343 Hollenstein. Zehnminütiger Fußweg rechts von der Bundesstraße in Richtung Hollenstein, dann nach Oisberg rechts abbiegen.

Kleine Pfade führen durch das Gebüsch zu den Schotterbänken links und rechts der Ybbs. Das Wasser ist glasklar und seicht. Ein paar tiefere Stellen finden sich trotzdem für ein paar Schwimmzüge. Wenn es der Wasserstand zulässt, kann sogar das Schlauchboot ausgepackt werden.

46b Strandbad Hollenstein

Ebenfalls über den Ybbstalradweg zu erreichen ist das Strandbad Hollenstein. 1992 wurde das völlig heruntergekommene Flussbad vom Freizeitverein Hollenstein gepachtet und eine hundertjährige Badetradition wiedererweckt. Der Verein renovierte das Bad mühevoll und der Badebetrieb wurde erneut aufgenommen.

Es ist sicher das beliebteste Ybbs-Flussbad, am Wochenende kann es recht voll werden. Das glasklare Wasser – man sieht jeden Fisch und jeden Stein – ist sehr verlockend. Der Sohlgurt teilt das Strandbad in zwei Abschnitte: Der Bereich oberhalb dieses Gurtes eignet sich perfekt für Nichtschwimmer, der untere Bereich ist bis zu 2,5 Meter tief und den Schwimmern vorbehalten. Kinder können auch in einem Sautrog im Fluss paddeln. Eine Liegewiese, ein schöner Kiesstrand, Tischtennistisch, Freiluftschach und ein Griller sowie ein Buffet mit Holzterrasse gehören zur Strandbadausstattung. Der Eintrittspreis ist moderat, Umkleidekabinen und Sanitäranlagen sind vorhanden, Sonnenschirme können ausgeborgt werden, Hunde sind leider nicht erlaubt.

STRANDBAD HOLLENSTEIN

ADRESSE: 3343 Hollenstein an der Ybbs, Oisberg 28

GPS: 47.802183, 14.778683

ÖFFENTLICH: Linienbusse 640, 641, 642, 652, 656

MIT DEM RAD: Ybbstalradweg

MIT DEM AUTO: Parkplatz beim Strandbad

GASTRONOMIE: Buffet

SCHWIMMFAKTOR: ****

KLEINKINDGERECHT: ****

SANITÄRANLAGE UND UMKLEIDEKABINEN: ja

HUNDE ERLAUBT: nein

Flusswandern mit dem Schlauchboot

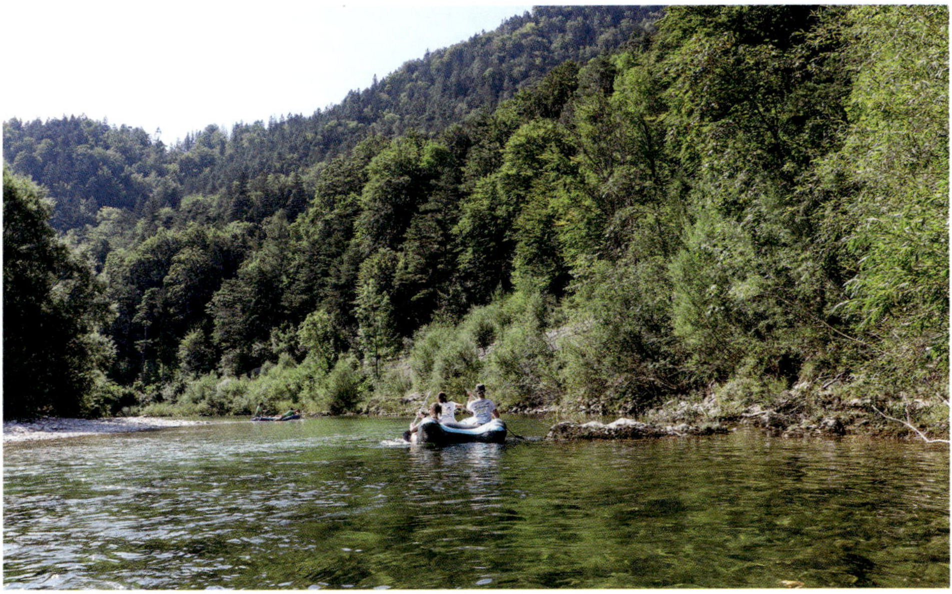

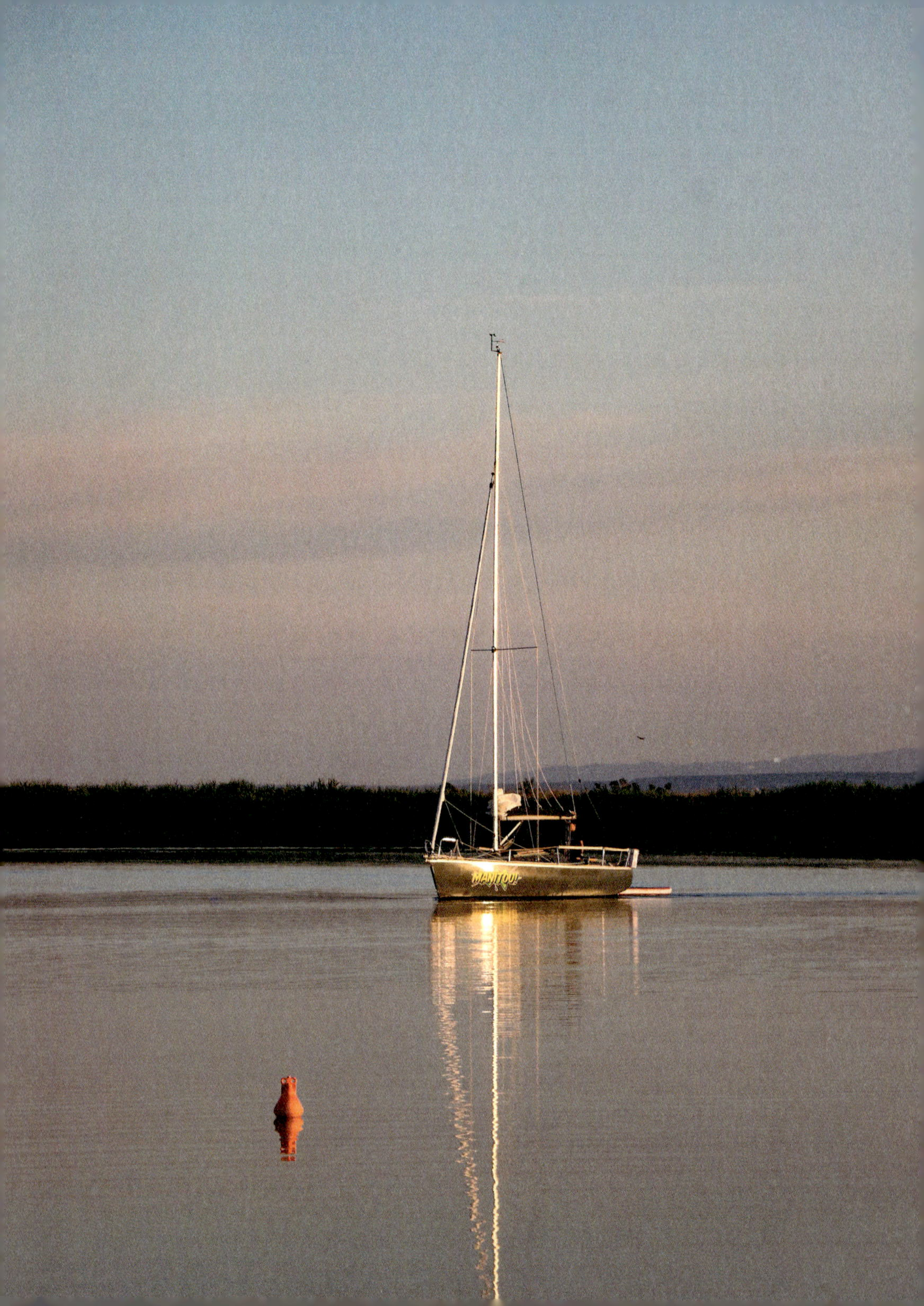
MANITOU!

47 Neusiedler See

„Das Meer der Wiener“ ist Mitteleuopas größter See ohne natürlichen Abfluss und öffentlich einfach mit der Bahn zu erreichen. Als einer der wenigen Steppenseen erhält er sein Wasser zu neunzig Prozent aus Niederschlägen, er ist mit einer Wassertiefe von durchschnittlich eineinhalb Metern und 300 Sonnentagen im Jahr ein sehr warmes Badegewässer. Das milde Pannonische Klima und wenig Niederschlag führen schon seit einiger Zeit zu einem auch für den Neusiedler See außergewöhnlich niedrigen Wasserstand, immer wieder ist er vom Austrocknen bedroht.

Es gab schone viele Überlegungen, über eine künstliche Zufuhr von Donau- oder Raabwasser den Wasserstand zu erhöhen oder wenigsten zu erhalten. Experten sind sich uneinig, ob dadurch das einzigartige Naturjuwel nicht eher zerstört als erhalten und eine Verlandung nicht noch beschleunigt wird. Immerhin ist er Teil des Nationalparks Neusiedler See – Seewinkel und wurde zum UNESCO-Welterbe ernannt. Der See ist bereits mehrmals ausgetrocknet, zum letzten Mal in den Jahren 1865 bis 1871.

Der momentan rund 285 Quadratkilometer große See mit schlammigem Grund ist 36 Kilometer lang, sieben Kilometer an der schmalsten und 15 Kilometer an der breitesten Stelle. Eingesäumt vom breiten Schilfgürtel ist er Lebensraum für eine einzigartige Fauna und Flora und nach dem Donaudelta das größte zusammenhängende Schilfgebiet Europas. Der Vergleich mit dem Meer stimmt zumindest in diesem Punkt, der Neusiedler See ist leicht salzhaltig. Verantwortlich dafür sind gelöste Salze und Mineralwasser unter dem Seegrund.

Mehr als 350 Vogelarten sind hier heimisch, viele Zugvögel machen am See Rast, er ist ein europäischer Hotspot für Birdwatcher und Hobbyornithologen in den letzten Jahrzehnten geworden. Die Steppenlandschaft ist einzigartig und das Landschaftsbild kleinteilig, Weinanbauflächen stehen neben Salzlacken, neben Feuchtwiesen grasen Graurinder oder Wasserbüffel. Dazwischen gibt es Seezugänge und Tourismus, aber leider wenige wilde Badeplätze.

MIT DEM RAD:
Neusiedler See Radweg (B10)

SCHWIMMFAKTOR: *****

KLEINKINDGERECHT: *****

WASSERTEMPERATUR SOMMER: warm, bis zu 27 Grad

Links: In der Abenddämmerung spielt das Licht am Meer der Wiener alle Stückeln

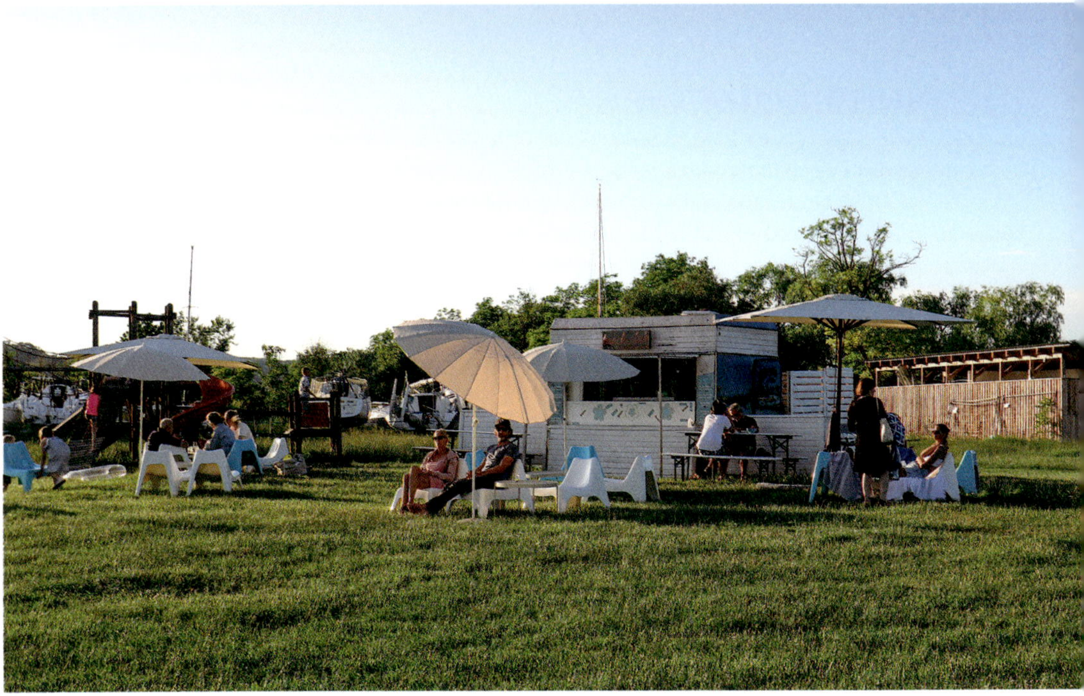

Beach Club auf der Badewiese beim Joiser Hafen

47a Badewiese Jois

BADEWIESE JOIS

ADRESSE: 7093 Jois, Yachthafen 1

GPS: 47.941380, 16.796835

ÖFFENTLICH: Zug/Jois, 30-Minuten-Weg zur Badewiese oder mit Mietrad vom Bahnhof

MIT DEM AUTO: großer Parkplatz vor der Badewiese

SCHWIMMFAKTOR: ****

KLEINKINDGERECHT: *****

HUNDE ERLAUBT: nicht auf der Wiese

Die Badewiese beim Joiser Hafen liegt nicht direkt am See, die Bucht ist durch einen Kanal mit dem Neusiedler See verbunden. Eingebettet zwischen Inselwelt Jois und dem privaten Yachthafen ist die Liegewiese eine familiäre Alternative ohne Drehkreuz zu den aufgeregten und lauten Bädern rund um den See.

Die überschaubare Grünfläche mit Spielplatz und Imbissstand hat einen schmalen Seezugang zwischen dem breiten Schilfgürtel. Ruhig und unaufgeregt kann man hier einen gemütlichen Badetag verbringen, mit Blick auf den Yachthafen oder die architektonisch ansprechenden Seevillen aus Holz. Beim Schwimmen in den Kanälen zwischen den Seehäusern lässt sich das Wohnprojekt am besten besichtigen.

Der Untergrund ist beim Einstieg ins Wasser anfangs noch kieselig, aber auch hier ist der See nicht besonders tief und bald bohren sich die Zehen in schlammig-weichen Boden. Erwachsene Schwimmer müssten nicht schwimmen können, sondern könnten auch zu Fuß durch die Seevillen-

Kanäle stapfen. Dass das Wasser des Sees trüb ist und eine braune Farbe hat, darf nicht stören, ist ja nicht ungewöhnlich am seichten Neusiedler See.

Und wer ist hier im Wasser? Alle bis auf Vierbeiner, Hunde sind hier nicht erlaubt. Ein bunter Mix aus Einheimischen und sogenannten „Zuagrasten"; Jugendliche, Pensionisten, schnöselige Damen, die sich aus ihren Designerkleidern schälen, Familien oder verliebte Pärchen, die es sich mit einer Flasche Rotwein auf ihrer Picknickdecke bequem machen. An Sommerwochenenden kommen viele Gäste wegen des Steckerlfischs und der Burger vom Rind aus dem Seewinkel beim Kiosk namens Beach Club vorbei.

Der Kiosk ist eine ziemlich coole Location. Aus den Boxen dringt trendige Alternativpopmusik. Man sitzt bequem in bunten Plastikstühlen, die auf der Wiese verteilt sind, trinkt Aperol Spritz, isst eine Kleinigkeit. Der Beach Club verleiht Sonnenschirme, schattige Bäume sind Mangelware. Ja, so lässt es sich lange am See sitzen und auf den Sonnenuntergang warten, der hier wirklich großartig ist, und die kleinen und großen Schiffe, die den Hafen ansteuern, in ein goldenes Licht taucht.

Wer ein richtiges Restaurant besuchen möchte, kann das nebenan bei der überaus beliebten Seejungfrau mit schöner Seeterrasse und mediterraner Küche tun. Am besten vorreservieren, an schönen Sommertagen ist das Lokal natürlich gut gebucht. Aber zögern Sie nicht, spontan zu fragen, die Belegschaft wird immer ein Plätzchen aufzutreiben versuchen.

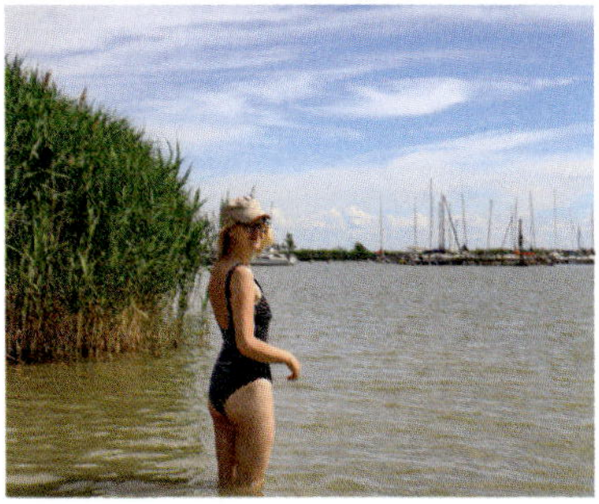

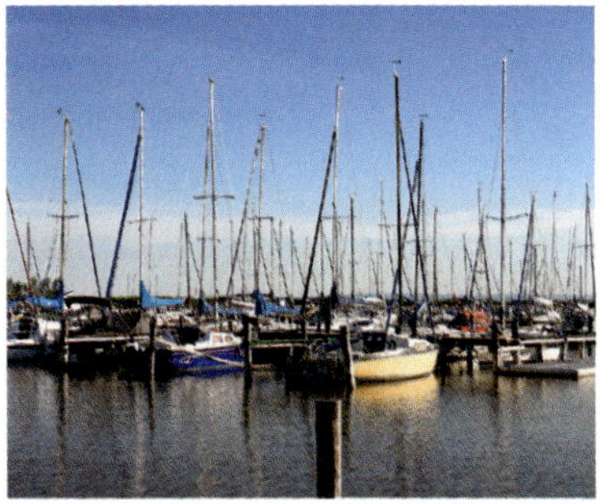

Ganz oben: Der Zugang zum Wasser ist und bleibt wie überall am Neusiedler See seicht
oben: Am Yachthafen Jois

GASTRONOMIE: Beach Club, Tel. +43 699 14612666, Badewiese.Jois; Restaurant Seejungfrau, Yachthafen 1, Tel. +43 650 4200743, seejungfrau.org

SANITÄRANLAGE: auf der Rückseite des Restaurants Seejungfrau

UMKLEIDEKABINEN: nein

47b Neuer Strand Breitenbrunn

Einen unbeschwerten Sommertag mit Sonnenbaden inklusive den Komfort eines Schwimmbades – ohne dafür Eintritt zu zahlen - verbringt man hier allemal. Auf der weitläufigen Liegewiese sind Holzliegen aufgestellt, die durchaus stylisch aussehen, aber nicht besonders bequem sind. Schmucke Schilfschirme erfreuen das Auge, Marsala Curry Pannonia aus der Küche des Restaurants Libelle den Gaumen. Eine Greißlerei versorgt die Besucher*innen mit Säften und Bioprodukten der Region, eine Strandbar mit

NEUER STRAND BREITENBRUNN

ADRESSE: 7091 Breitenbrunn, Seebad www.neuerstrand.at

GPS: 47.917241, 16.764697

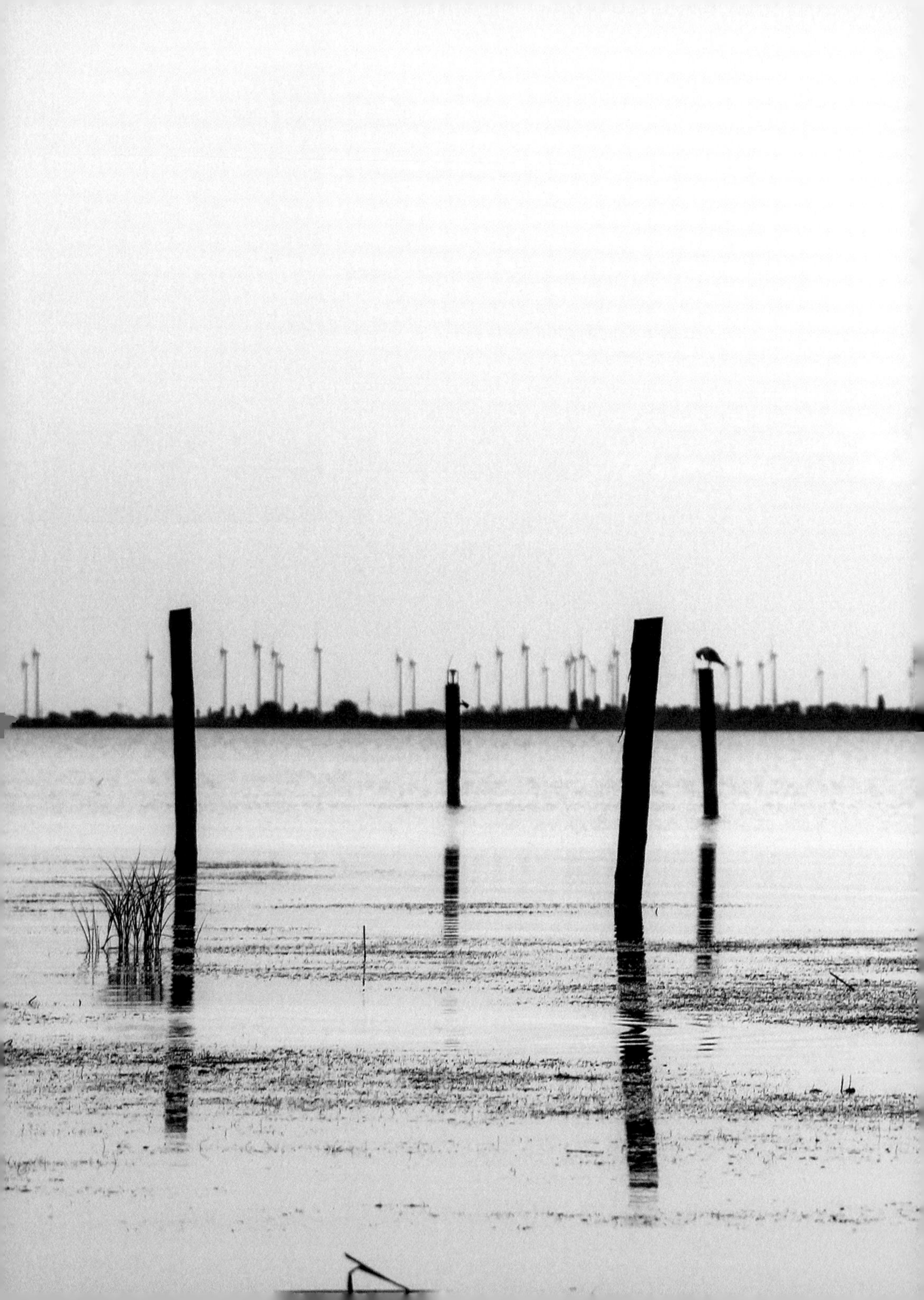

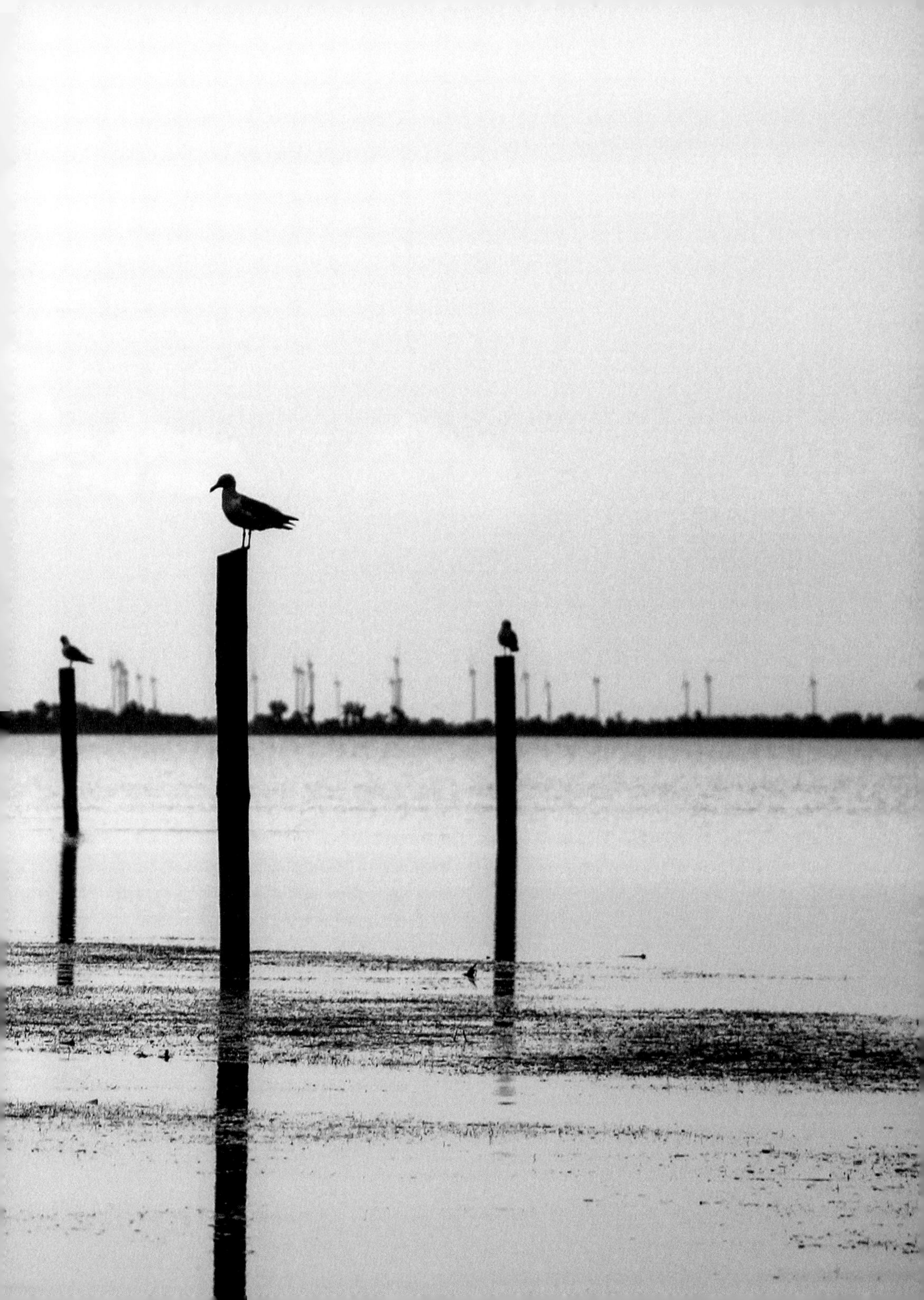

ÖFFENTLICH: Zug nach Breitenbrunn, 4 Kilometer bis zum Strand, Fahrrad mitnehmen

MIT DEM AUTO: gebührenpflichter großer Parkplatz vor dem Areal

SCHWIMMFAKTOR: ***

KLEINKINDGERECHT: *****

HUNDE ERLAUBT: nein

GASTRONOMIE: Restaurant Libelle, Tel. 43 2683 33100300 Strandbar, Greißlerei

SANITÄRANLAGE: ebenerdig unter dem Lokal Libelle

UMKLEIDEKABINEN: nein

WASSERSPORT:
Surfschule Fritz & Kids, Tel. +43 660 7077618, surfschule-fritz-and-kids.at; Westcoastkiters Windwerk, Wingsurfen und SUP, windwerk.center; LSC – Lakeside Sailing Club www.lakeside-sailing.at

SEEZUGANG PURBACH

ADRESSE: 7083 Purbach am Neusiedler See, Türkenhain 2

GPS: 47.900990, 16.746101

ÖFFENTLICH: Zug nach Purbach

MIT DEM AUTO: genügend Parkplätze beim Solarbad und Bootshafen

WEG ZUR BADESTELLE: 45 Minuten zu Fuß

SCHWIMMFAKTOR: ***

KLEINKINDGERECHT: ***

HUNDE ERLAUBT: ja

Cocktails für den noch schöneren Sonnenuntergang. Die Sanitäranlagen sind gepflegt.

Vielleicht ein bisschen Wellenreiten? In der Surf- und der Kiteschule gleich daneben ist das möglich. Oder doch lieber Rudern oder Volleyball spielen? Alles da!

Zugegeben, das alles hat mit Wildbaden wenig zu tun, außerdem bezahlt man zwölf Euro für das Tagesparkticket. Aber so viele kostenlose Badeplätze finden sich auf der österreichischen Seite am Neusiedler See nicht, daher sei der Neue Strand Breitenbrunn angeführt. Isst man im Restaurant Libelle, bekommt man übrigens ein Gratisticket. Jeden Mittwoch wird bei der Strandbar der Griller angeheizt, wo dann Spanferkel und Steckerlfisch braten.

Entschleunigung ist hier trotzdem garantiert!

47c Seezugang Purbach

Es gibt wahrscheinlich komfortablere Badeplätze am Neusiedler See, aber wildere und einsamere wohl kaum. Der Weg Türkenhain führt vom kleinen Boots- und Segelhafen gut drei Kilometer bis zum Ufer des Neusiedler Sees. Die Strecke zwischen Kanal und Schilfgürtel lässt sich nur zu Fuß oder mit dem Fahrrad zurücklegen.

Endlich angekommen am kleinen Badeplatz mit Wiese, ruht man sich erst einmal auf den aufgestellten hübschen Holzbänken aus. Der Strand ist angenehm kieselig. In Purbach dürfen – wie ansonsten fast nirgends am Neusiedler See – Hunde ins Wasser. Wer Abkühlung sucht, muss beim Einstieg mit einem Schlammbad bis zu den Knien rechnen. Ab dem frühen Abend treiben sich hier viele lästige Gelsen herum, der See ist währenddessen die Ruhe selbst, die Stimmung magisch und einzigartig. Der Blick reicht weit, fast nur Wasser und Himmel sind zu sehen. Der reizvolle Neusiedler See ähnelt hier der Lagune in Grado und die Möwen sind die Supermodels und posieren auf den Holzpfählen.

All jenen, die eine schnelle Abkühlung ohne kilometerlangen Anmarsch möchten, sei der kleine Teich bei der Hafenbucht, schräg gegenüber dem Schwimmbad, ans Herz gelegt. Eine Liegewiese mit Spielplatz, Kiosk, Holzstegen und breiten Holztreppen warten auf Gäste.

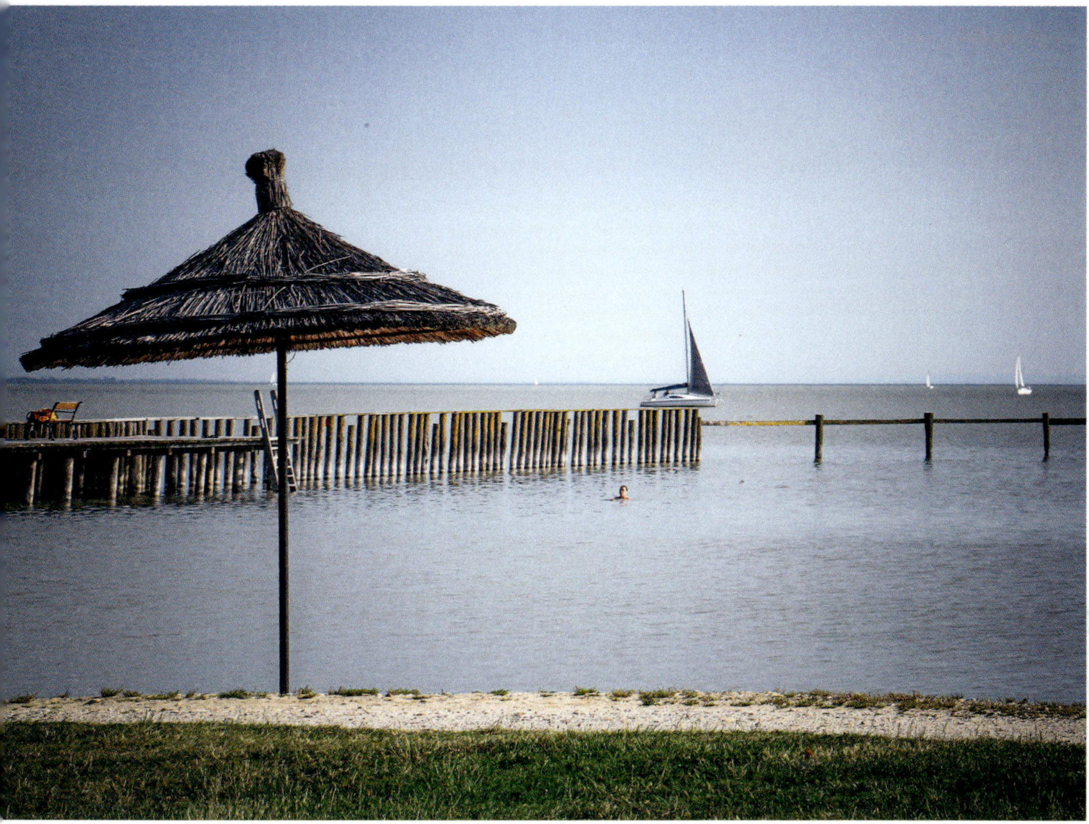

Neuer Strand Breitenbrunn mit herzigen Schilfschirmen

Vordere Seite: In Purbach erinnert der See an die Lagune von Grado

Purbach liegt am Nordwestufer und ist eine der zehn Gemeinden mit Seezugang. Bekannt ist der Ort aber vor allem wegen seiner schönen Kellergasse. Die aus Lehm errichteten Winzerkeller wurden im Jahre 1850 aus einer Not heraus angelegt, da die ehemals tiefer liegenden Winzerkeller im Dorf regelmäßig überflutet wurden. Für das etwas höher gelegene Kellerviertel kam das Material vom nahen Leithagebirge. Sieht man genauer hin, entdeckt man in den Kalksteinblöcken Fossilien. Rund fünfzig Keller sind noch erhalten. Gepresst wird dort nichts mehr, sie dienen heute als Lager, Verkost- oder Heurigenlokale.

Das Restaurant Gut Purbach sei noch den Gourmets unter den Wildbadern ans Herz gelegt. Haubenkoch Max Stiegl bietet originelle pannonische Küche und so manches Genussabenteuer.

GASTRONOMIE: Kiosk beim Kleinen Teich bei der Hafenbucht;
Gut Purbach, 7083 Purbach, Hauptgasse 64, Tel. +43 2683 56086, gutpurbach.at

BOOTSVERLEIH: Elektro- und Tretboote im Hafen, Tel. +43 2683 5538

SANITÄRANLAGE: mobile Toilette zwischen Kinderspielplatz und Kiosk

UMKLEIDEKABINEN: nein

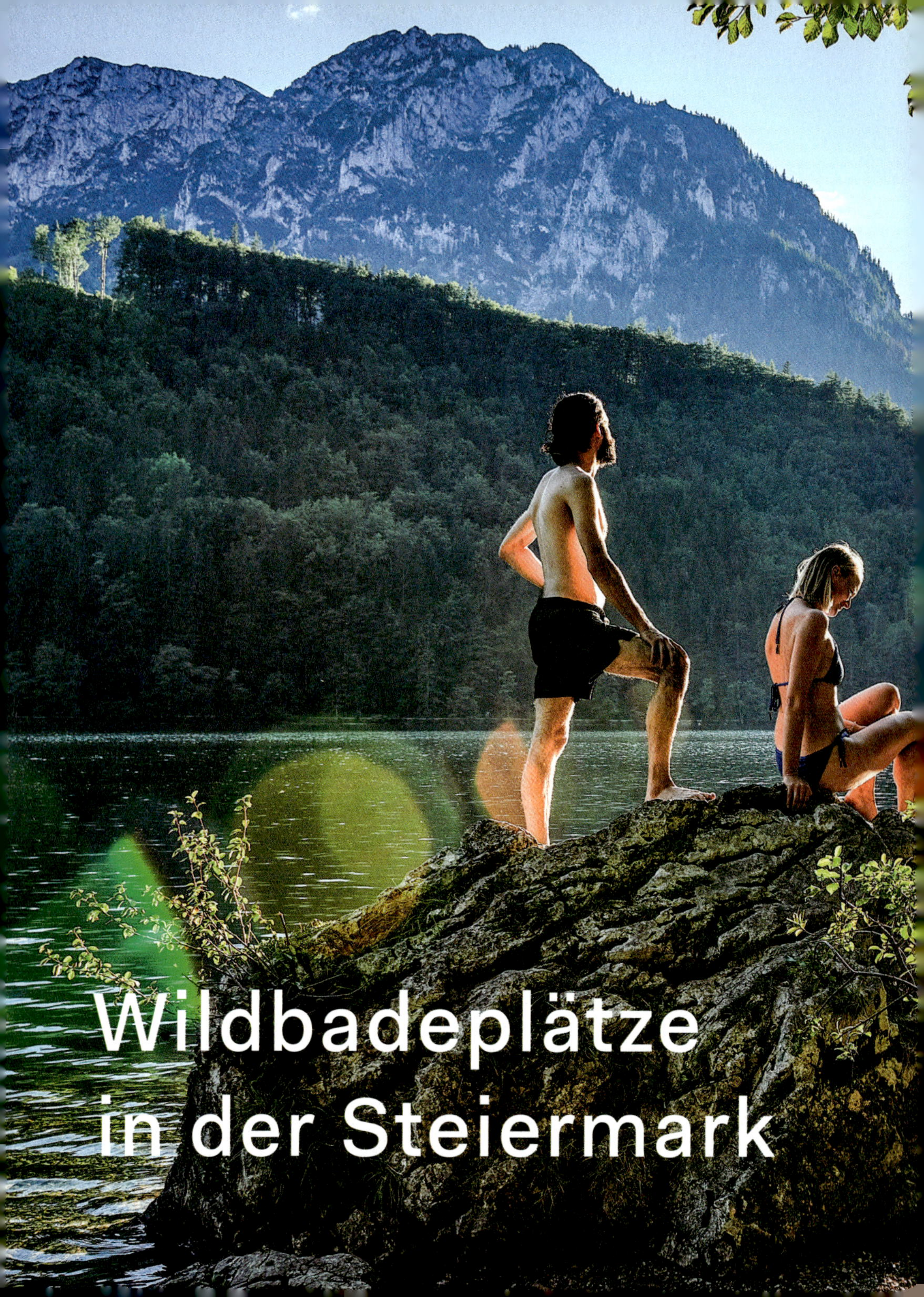

Wildbadeplätze in der Steiermark

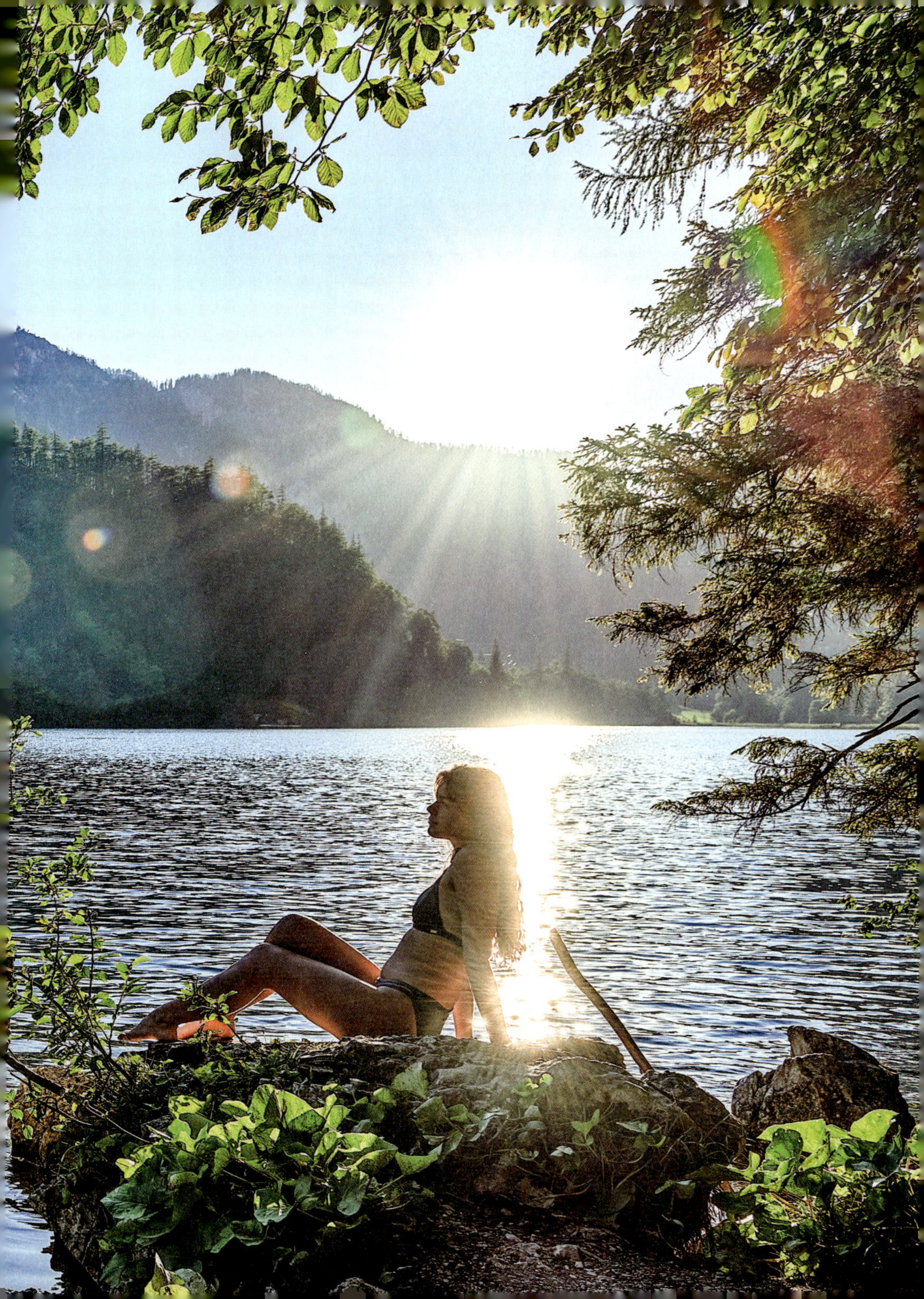

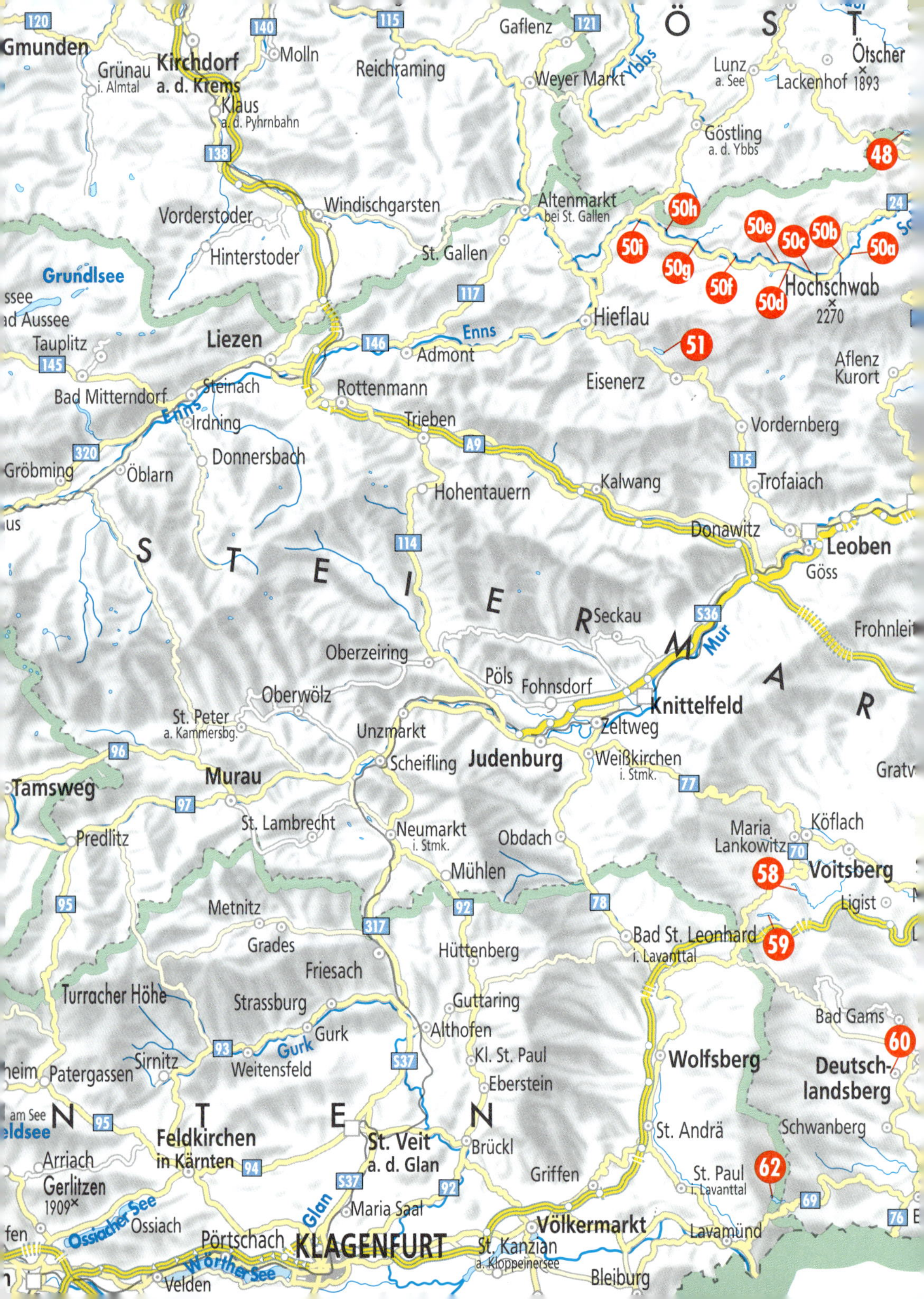

Gmunden
Grünau i. Almtal
Kirchdorf a. d. Krems
Molln
Reichraming
Gaflenz
Weyer Markt
Ybbs
Ö S T
Lunz a. See
Ötscher 1893
Lackenhof
Klaus a. d. Pyhrnbahn
Göstling a. d. Ybbs
48
Windischgarsten
Vorderstoder
Hinterstoder
Altenmarkt bei St. Gallen
50h
50i
50g
50e
50c
50b
50a
50f
50d
Hochschwab 2270
St. Gallen
Grundlsee
Bad Aussee
Tauplitz
Liezen
Enns
Admont
Hieflau
51
Steinach
Bad Mitterndorf
Irdning
Rottenmann
Eisenerz
Aflenz Kurort
Trieben
Vordernberg
Donnersbach
Gröbming
Öblarn
Hohentauern
Kalwang
Trofaiach
Donawitz
Leoben
Göss
S T E I E R M A R K
Seckau
Mur
Frohnleiten
Oberzeiring
Pöls
Fohnsdorf
Knittelfeld
Oberwölz
St. Peter a. Kammersbg.
Unzmarkt
Zeltweg
Judenburg
Scheifling
Weißkirchen i. Stmk.
Tamsweg
Murau
Gratwein
St. Lambrecht
Predlitz
Neumarkt i. Stmk.
Obdach
Maria Lankowitz
Köflach
Mühlen
58
Voitsberg
Ligist
Metnitz
Grades
Hüttenberg
Bad St. Leonhard i. Lavanttal
59
Friesach
Turracher Höhe
Strassburg
Guttaring
Bad Gams
Gurk
Althofen
60
Sirnitz
Weitensfeld
Kl. St. Paul
Wolfsberg
Deutschlandsberg
Patergassen
Eberstein
K N T E N
St. Andrä
Schwanberg
Feldkirchen in Kärnten
St. Veit a. d. Glan
Brückl
Arriach
Griffen
St. Paul i. Lavanttal
62
Gerlitzen 1909
Glan
Maria Saal
Ossiacher See
Ossiach
Pörtschach
KLAGENFURT
Völkermarkt
Lavamünd
St. Kanzian a. Klopeinersee
Wörther See
Velden
Bleiburg
120
140
115
121
138
24
117
146
145
A9
320
115
114
S36
96
97
77
70
95
92
78
317
93
S37
95
94
S37
92
69
76

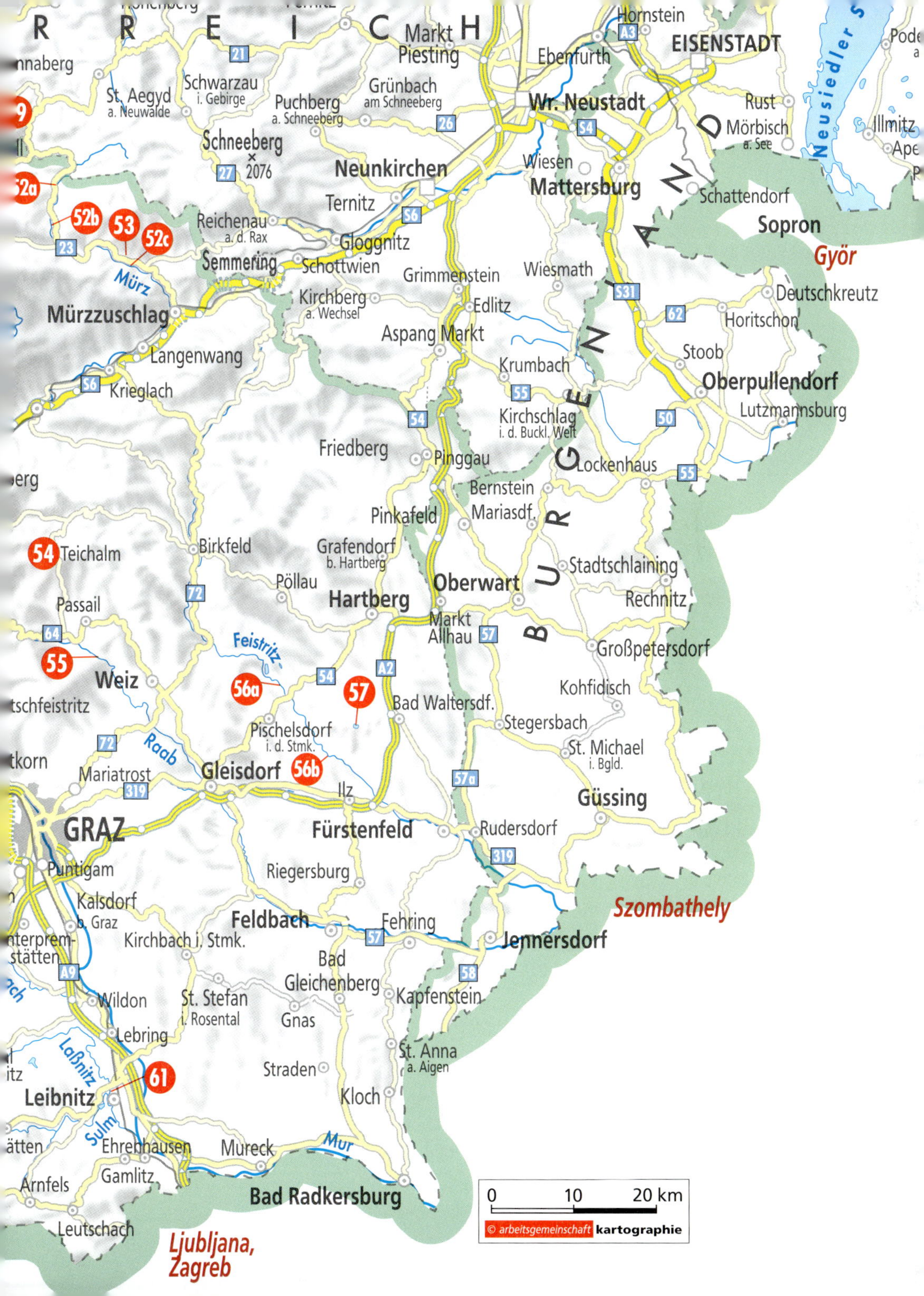

Ö S T E R R E I C H
Markt Piesting
Hornstein
EISENSTADT
Neusiedler See
Ebenfurth
Schwarzau i. Gebirge
St. Aegyd a. Neuwalde
Puchberg a. Schneeberg
Grünbach am Schneeberg
Wr. Neustadt
Rust
Mörbisch a. See
Illmitz
Schneeberg 2076
Neunkirchen
Wiesen
Mattersburg
Schattendorf
Ternitz
Reichenau a. d. Rax
Gloggnitz
Sopron
Győr
Semmering
Schottwien
Grimmenstein
Wiesmath
Mürz
Mürzzuschlag
Kirchberg a. Wechsel
Edlitz
Deutschkreutz
Horitschon
Aspang Markt
Langenwang
Krumbach
Stoob
Krieglach
Oberpullendorf
Kirchschlag i. d. Buckl. Welt
Lutzmannsburg
Friedberg
Pinggau
Lockenhaus
Bernstein
Mariasdf.
Pinkafeld
Teichalm
Birkfeld
Grafendorf b. Hartberg
Stadtschlaining
Pöllau
Oberwart
Rechnitz
Hartberg
Passail
Markt Allhau
Großpetersdorf
Feistritz
Weiz
Kohfidisch
Bad Waltersdf.
Stegersbach
Pischelsdorf i. d. Stmk.
St. Michael i. Bgld.
Raab
Mariatrost
Gleisdorf
Ilz
Güssing
GRAZ
Fürstenfeld
Rudersdorf
Puntigam
Riegersburg
Kalsdorf b. Graz
Szombathely
Feldbach
Fehring
Kirchbach i. Stmk.
Jennersdorf
Bad Gleichenberg
Kapfenstein
Wildon
St. Stefan i. Rosental
Gnas
Lebring
Laßnitz
St. Anna a. Aigen
Straden
Leibnitz
Kloch
Sulm
Mur
Ehrenhausen
Mureck
Gamlitz
Arnfels
Bad Radkersburg
Leutschach
Ljubljana, Zagreb
B U R G E N L A N D
52a
52b
53
52c
54
55
56a
56b
57
61
0 10 20 km
© arbeitsgemeinschaft kartographie

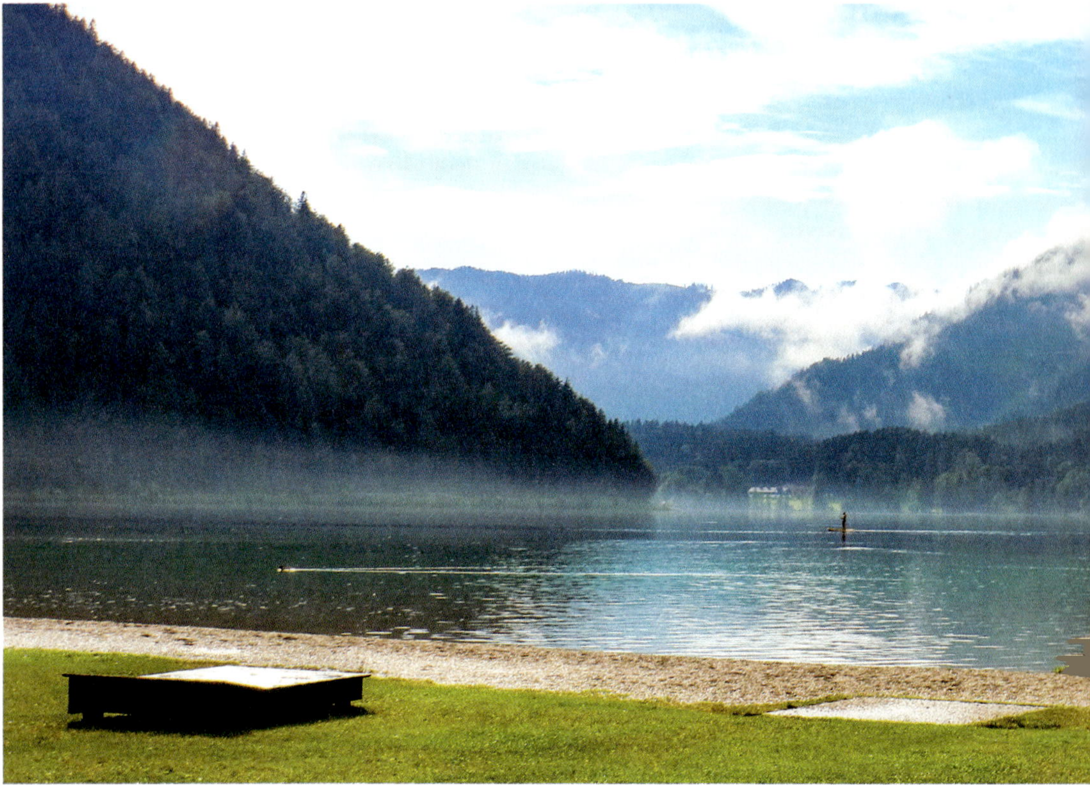

48 Erlaufsee

INFO: www.erlaufsee.eu/index.php/erlaufsee

GPS: 47.790910, 15.279546

ÖFFENTLICH: Mariazellerbahn, ab Mitterbach Regionalbus 197

MIT DEM RAD: eigener Radweg von Mariazell bis zum Erlaufsee

MIT DEM AUTO: gebührenpflichtige Parkplätze direkt an der Erlaufseestraße

SCHWIMMFAKTOR: *****

Vier Kilometer nordöstlich des Wallfahrtsortes Mariazell liegt der Erlaufsee; er hat Trinkwasserqualität. Mitten durch den See fließt nicht nur der Oberlauf der Großen Erlauf, sondern verläuft auch die Grenze zwischen Niederösterreich und der Steiermark.

Auf 827 Metern Höhe gelegen, klettert die Wassertemperatur niemals über 22 Grad, 19 Grad sind auch im Hochsommer nicht ungewöhnlich, nach regenreichen Phasen können es auch nur 15 Grad sein. Die tiefste Stelle des Sees misst 38 Meter, die mittlere Tiefe immerhin noch 21 Meter.

An manchen Tagen zeigt der 1,5 Kilometer lange und 500 Meter breite See helle und dunkle Flecken. Eine schaurige Legende steckt dahinter: Ein eifersüchtiger Müller habe seine lebenslustige Frau darin ertränkt, anschlie-

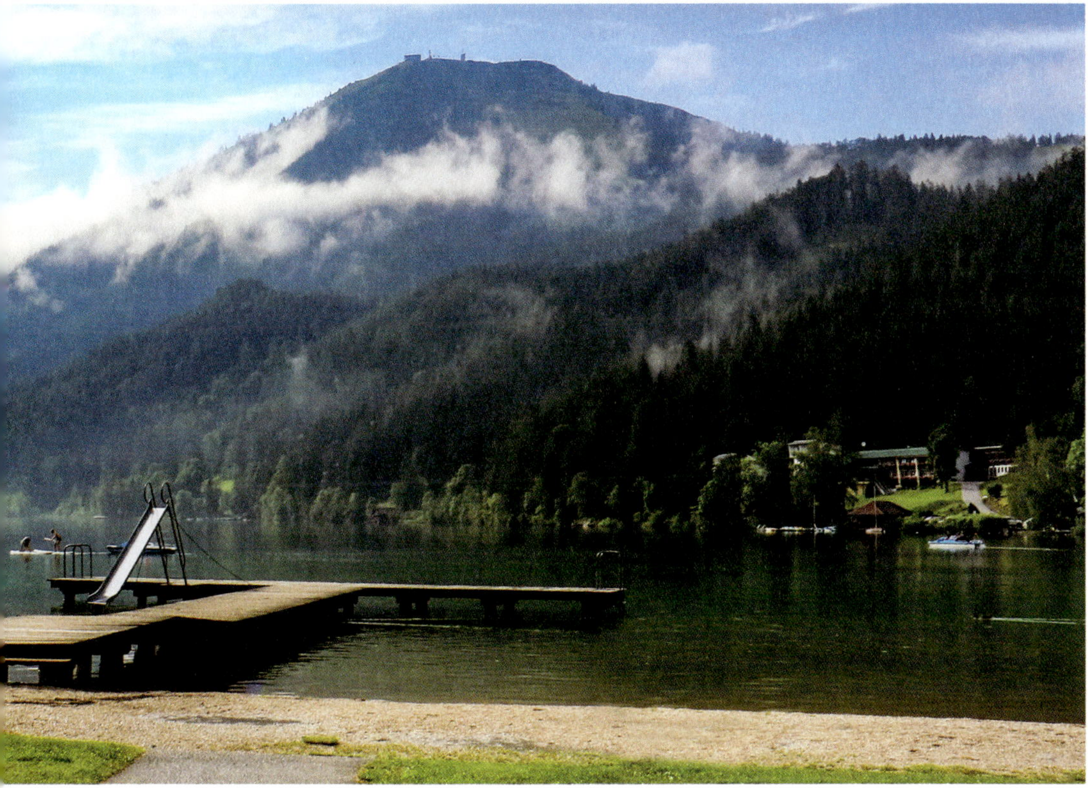

Nebelschwaden kriechen langsam über den Erlaufsee

ßend soll er sich selbst gerichtet haben. Die hellen Stellen zeugen von ihr, die dunklen von ihm. Der Ostteil des Sees leuchtet verführerisch türkis, der westliche Teil ist dunkel, ganz ohne Schauergeschichte, hervorgerufen durch Seepflanzen.

Der See ist nahezu unverbaut, ein fünf Kilometer langer Rundwanderweg führt um ihn herum. Am Südufer neben der Erlaufseestraße befindet sich ein natürlicher Kiesbadestrand mit großzügiger Liegewiese, Stegen, einer Wasserrutsche und einem Spielplatz. Bis zum Steg mit der Rutsche und dahinter ist das Wasser relativ seicht, gut geeignet für Familien mit Kleinkindern. In diesem Teil des Geländes sind Hunde nicht erlaubt – es gibt im westlichen Teil des Sees einen separaten Bereich für Besucher mit Hunden.

Der Badebereich ist frei zugänglich und kostenlos, es stehen ausreichend Parkplätze direkt am Südufer an der

KLEINKINDGERECHT: *****

HUNDE ERLAUBT: eigener Badestrand im westlichen Teil

GASTRONOMIE:
Café See-Buffet Herrenhaus, 8630 St. Sebastian, Erlaufseestraße 73, Tel. + 43 676 5915647, herrenhaus-see.at; Strandbuffet, Erlaufseestraße 74, Tel. +43 676 9362399, erlaufsee-strandbuffet.at

CAMPING: Campingplatz Erlaufsee, +43 664 60644400, www.camping-erlaufsee.at

TAUCHSCHULEN:
Harry's Tauchschule, www.tauchschule.co.at

BOOTSVERLEIH: Strandbuffet

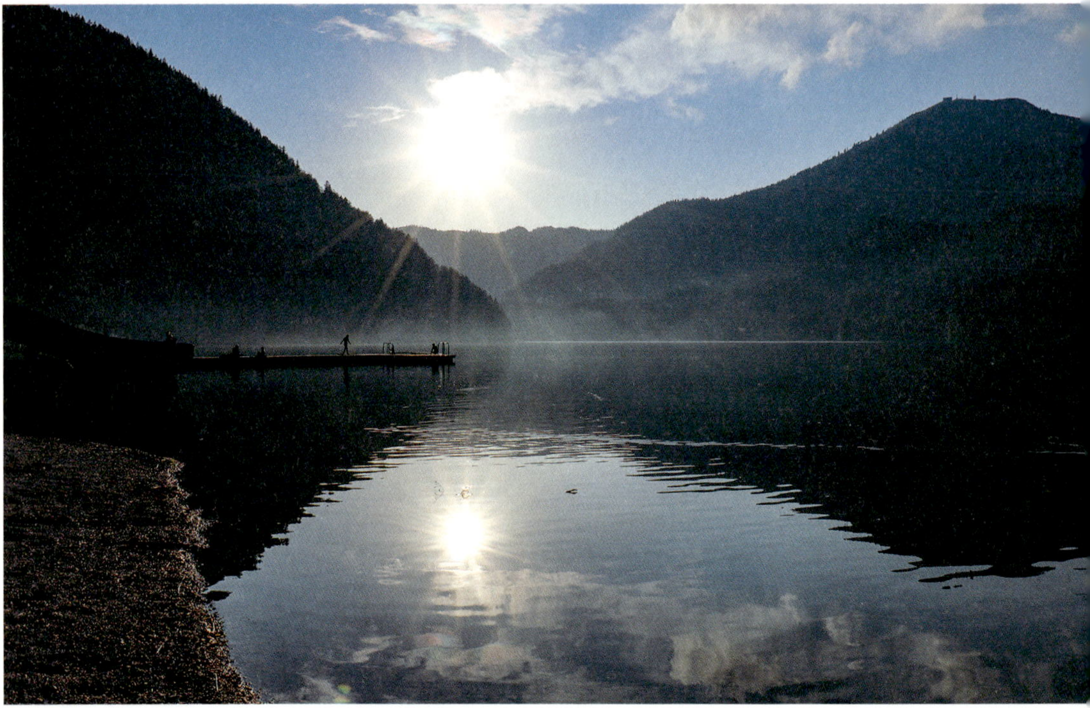

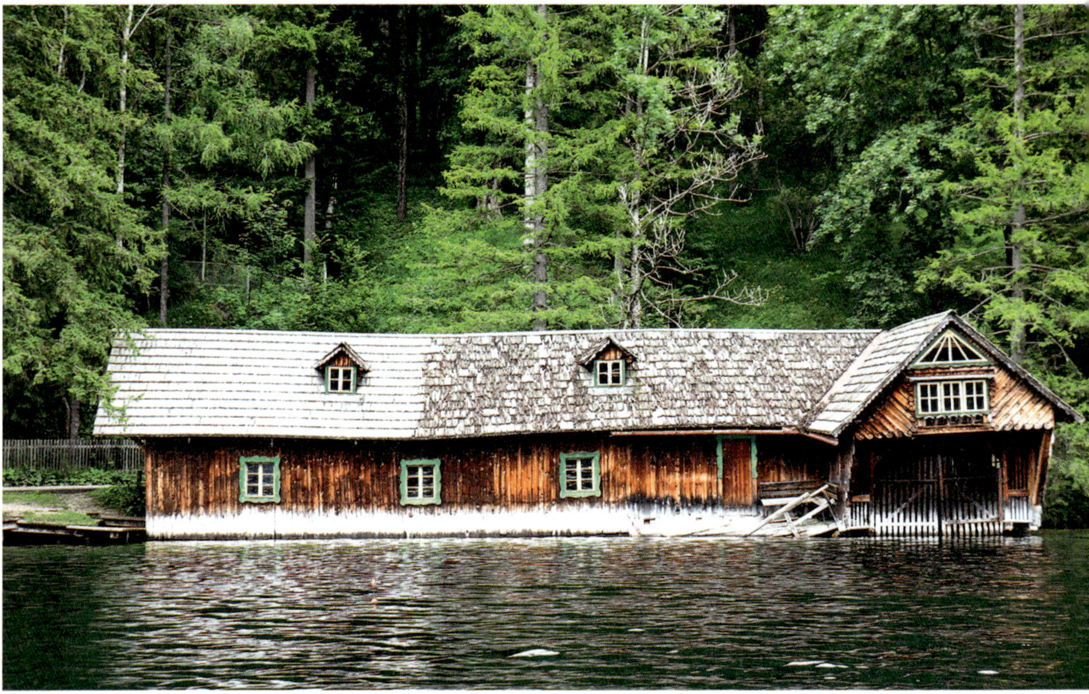

Ganz oben: Umrahmt von Berggipfeln sinkt die Sonne in den See

Oben: Altes Bootshaus auf der niederösterreichischen Seite

Erlaufstraße oder im Wald oberhalb des Freizeitgeländes zur Verfügung, in der Saison wird eine Parkgebühr eingehoben.

Das Strandbuffet Erlaufsee ist der Platzhirsch und lockt mit selbstgemachtem Eis, Burger, Steak-Toast oder Seesaibling, dem Fisch aus der Mariazeller Gegend. Zum Buffetbetrieb gehört ein Bootsverleih mit stilgerechtem Bootshaus, der Elektro-, Ruder- und Tretboote sowie SUP-Boards vermietet. Das Herrenhaus gegenüber an der Bundesstraße beherbergt einen Café- und Restaurantbetrieb mit regionaler Hausmannskost und Fischspezialitäten.

Bei Harry's Tauchschule am Südwestufer tun sich für Taucher*innen faszinierende Unterwasserwelten im kristallklaren Wasser auf, in einer Tiefe von 18 Metern können sie sogar eine „Rakete" finden. Ein Campingplatz und der Hochseilgarten Bujaka Skyline liegen im Wald gegenüber dem Südufer, ein Ausflugsschiff schippert tagsüber Ausflügler über den See. Das Fischvorkommen des Erlaufsees ist reichhaltig, in ihm tummeln sich unter anderem Forellen, Saiblinge, Hechte, Welse und Karpfen, ein Anglerparadies also.

Das nördliche Seeufer ist Natura-2000-Gebiet und gehört zum Europaschutzgebiet Ötscher-Dürrenstein. EU-Richtlinien untersagen jegliche Beeinträchtigung des Lebensraums für Fauna, Flora und Habitaten. Die Möglichkeiten, in den See zu gelangen, sind hier an einer Hand abzuzählen und es herrscht nahezu überall Parkverbot, die Stege sind Fischern vorbehalten oder privat. Dafür ist es hier weit ruhiger und einsamer als am Südufer. Man kommt am besten zu Fuß, der Rundweg um den See ist wunderschön und zahlt sich auf jeden Fall aus. Auch als Joggingrunde empfehlenswert.

Am frühen Abend, wenn die Sonne im Wasser versinkt und der Nebel bereits über den See zu kriechen beginnt, ist der Erlaufsee am bestechendsten. Stundenlang könnte man am Steg sitzen, dem Sonnenuntergang zusehen und vielleicht noch einmal baden. Es gibt kaum etwas Romantischeres, als in der Dämmerung zu schwimmen.

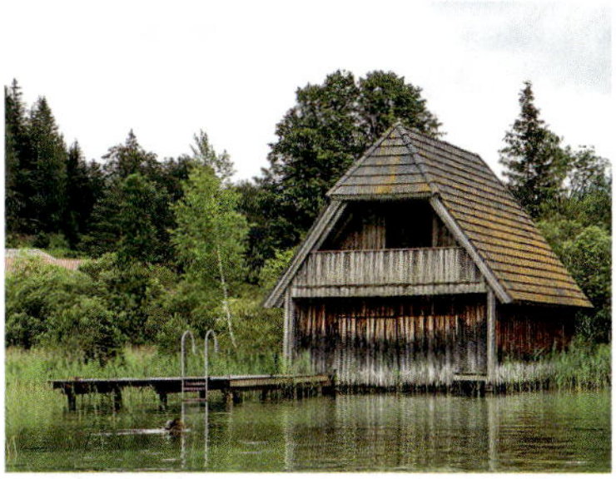

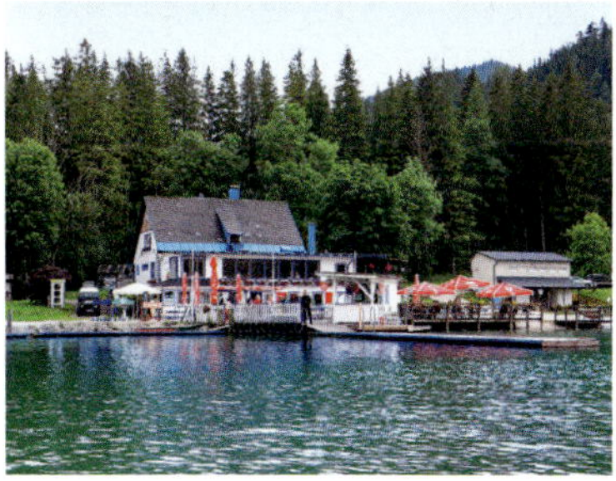

Ganz oben: Beschauliche Holzhütte mit Steg

Oben: Der Platzhirsch, das Restaurant Strandbuffet mit Bootsverleih

SANITÄRANLAGE UND UMKLEIDEKABINEN: ja

WASSERTEMPERATUR SOMMER: um die 21 Grad

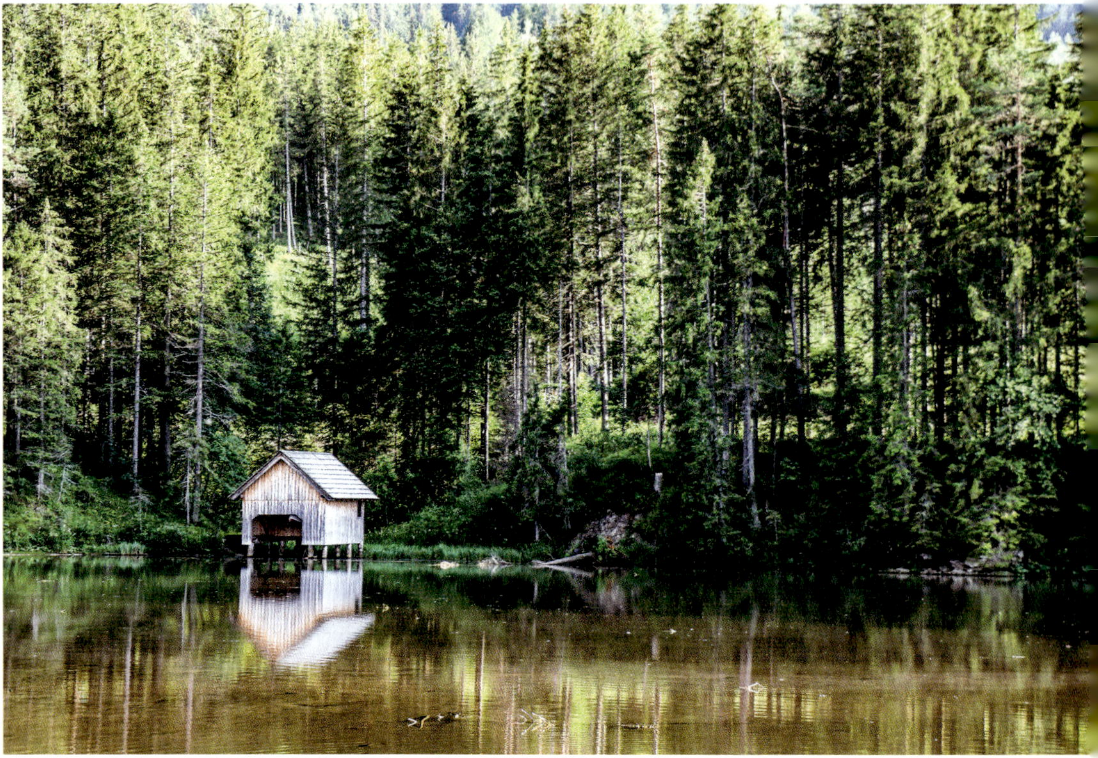

Der Stausee war ein Geschenk von Margret Krupp an ihren jagdbegeisterten Mann

ADRESSE: 8630 Mariazell, Walster

GPS: kleiner Parkplatz mit Wildbadeplatz im Wald: 47.807601, 15.369912

Hubertuskapelle: 47.809057, 15.371477

Bruder-Klaus-Kirche: 47.808664, 15.366143

49 Hubertussee

Der Hubertussee liegt in der Walstern zwischen Mariazell und Ulreichsberg an der niederösterreichisch-steirischen Grenze. Seine Entstehung verdankt der See der deutschen Industriellenfamilie Krupp, die im Jahre 1906 anlässlich der silbernen Hochzeit des Ehepaares den Stausee anlegte. Er war ein Geschenk von Margret Krupp an ihren jagdbegeisterten Mann, benannt nach dem heiligen Hubertus, dem Schutzpatron der Jäger.

Der See hat keinen offiziellen Badestrand, keine Liegewiese, keine Toiletten, keinen einzigen öffentlichen Steg. Es fehlt jegliche Plansch-Infrastruktur. Er ist abgeschieden, wild-romantisch, etwas wärmer als der Erlaufsee, aber immer noch kühl und nicht überlaufen.

Auf der Süd- und auf der Nordseite lassen sich eher einsame Badestellen ausmachen. Das Wasser schimmert grün, alte Holzhäuser (viele unter Denkmalschutz), hohe

Bäume und der angrenzende Wald spiegeln sich im Wasser. Der idyllische See liegt eingebettet im hügeligen Fadental an der Pilgerroute nach Mariazell, Bänke am Wasser laden zum Innehalten ein, schmale Pfade führen zum See hinab.

Zum Einkehren eignet sich das Gasthaus Reininger, besser bekannt als Gasthaus „Zur Wuchtlwirtin", nicht mehr am See, sondern an der Weißen Walster unweit des Nordufers. Die flaumigen Buchteln mit Marillenmarmelade und Vanillesauce sind ein Gedicht. Es steht auch gängige Hausmannskost wie Wiener Schnitzel, Kalbsbeuschel und Speckbrot auf der Speisekarte. Hier befindet sich auch ein kleiner Parkplatz, es gibt aber so gut wie keinen Handyempfang am Hubertussee (nur A1 verfügbar).

Ein Wohlfühlweg führt über zwei Kilometer am Nordufer den See entlang. Es herrscht zwar kein Fahrverbot, die Straße ist aber einspurig und nur mit geringer Geschwindigkeit befahrbar. Die nahegelegene Hubertuskapelle bietet eine hervorragende Aussicht auf den See und seine Badestellen.

Eine architektonisch außergewöhnliche Kirche, gewidmet dem Friedenspatron Bruder Klaus, ist das Highlight. Sie wird gerne von Hochzeitspaaren für Trauungen gewählt, ihre Fenster sind kunstvoll gestaltet und erzählen vom Leben des Schweizer Eremiten.

Nach einem kleinen Tunnel befindet sich am Ende des Weges eine alte Steinbrücke mit Staumauer und Margareten-Statue. Die Gehzeit um den ganzen See beträgt ungefähr eineinhalb Stunden.

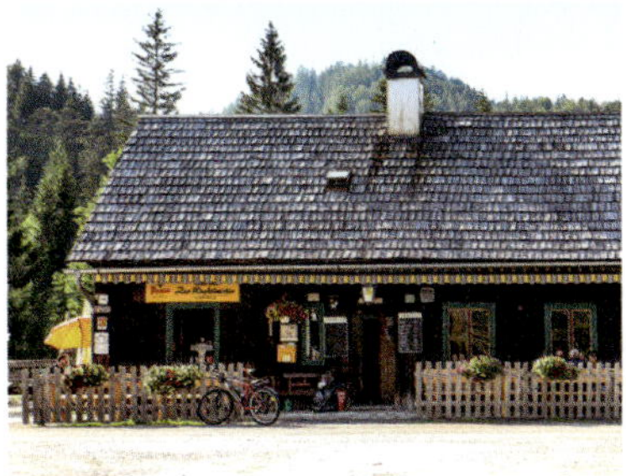

Im Gasthaus „Zur Wuchtlwirtin" stehen Buchteln und Speckbrot auf der Karte

ÖFFENTLICH: von Mariazell Postamt, Anrufbus 194, mariazell.at/downloads/Prospekte/fahrplanheft-16.pdf

MIT DEM RAD: Hubertusseerunde, über Mitterbach und Schindelgraben zurück über den Rechengraben

MIT DEM AUTO: B21, nach Rechengraben und Walster Straße, Parkplätze an der Seeklause, beim Gasthaus Reininger und der Hubertuskapelle

SCHWIMMFAKTOR: ****

KLEINKINDGERECHT: ***

HUNDE ERLAUBT: mit Leine

GASTRONOMIE: Gasthaus „Zur Wuchtlwirtin" (Gasthaus Reininger), Walstern 18, Tel. +43 3882 2235, wuchtlwirtin.at

AUSFLUGSZIEL: Bruder-Klaus-Kirche, Walstern 3

SANITÄRANLAGE UND UMKLEIDEKABINEN: nein

WASSERTEMPERATUR SOMMER: angenehm frisch, um die 22 Grad

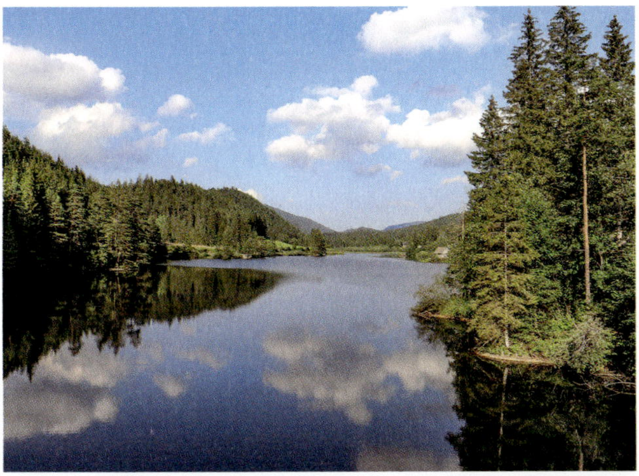

Ein beliebtes Fotomotiv: Landschaft und Himmel spiegeln sich im See

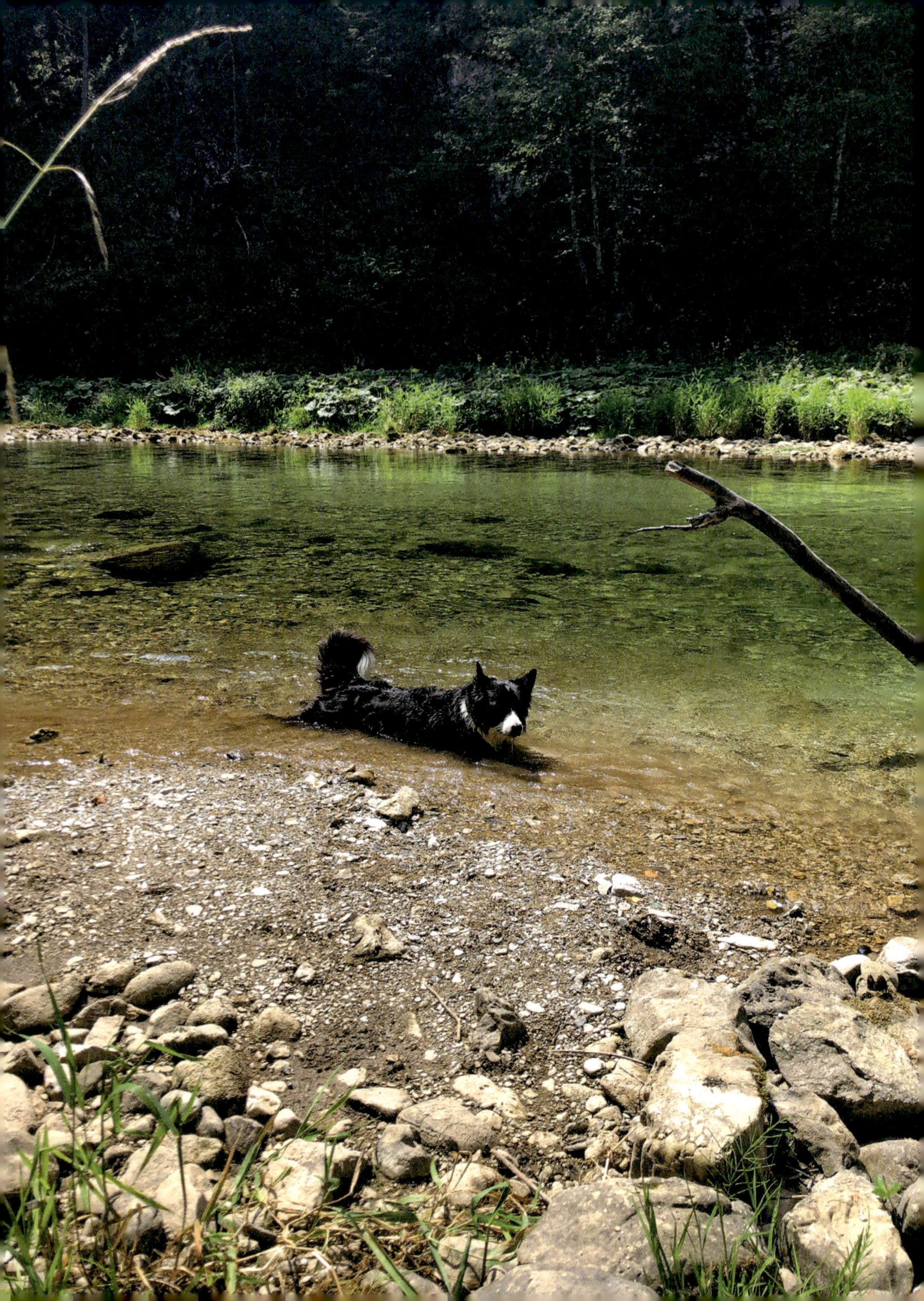

50 Salza

Die Salza ist wohl ausnahmslos jedem, der hierzulande je eine Raftingtour unternommen hat, ein Begriff. Es ist das Wildwasser-Eldorado Österreichs. Was nicht verwundert! Einer der letzten unverbauten Flüsse fließt hier smaragdgrün durch die Steirische Eisenwurzen. Im Frühling ist der Wasserstand meist hoch und die zu erreichenden Geschwindigkeiten lassen jedes Wassersportlerherz höherschlagen und das Adrenalin raufschnellen.

Immer wieder wird die Salza mit der Karibik verglichen. Solange man nur ins Wasser schaut, mag diese Analogie stimmig sein. Sobald man aber eine Zehe ins verführerische Wasser steckt, wird unmissverständlich klar, man befindet sich in den Alpen. Wer nun kaltes, klares Wasser nicht scheut, findet in der Salza eine Menge reizvoller Wildbademöglichkeiten.

Von Mariazell kommend windet sich die Hochschwabstraße (B 24) kurvenreich durch die ungezähmte Landschaft. Die Wildalpen zählen zu den am geringsten besiedelten Orten Österreichs. Zwischen Greith und Weichselboden etwa findet sich kein einziges Gebäude in Sichtdistanz. Bloß landschaftlich wunderschöne, schroff aufragende Felswände und dichter Wald, wohin das Auge schaut.

50a Weichselboden, Klausgraben

Erst ab Weichselboden fängt die Zivilisation wieder an. Wobei die Ortschaft mit 35 Einwohnern, einer Kirche, einem Bildstock und der Barbarakirche wirklich überschaubar ist.

Ein Parkplatz mit mobilem WC befindet sich gleich am Ortseingang. Wo die Pirkerquelle in die Salza fließt und das Wasser seicht ist, sind wir auch schon richtig. Die breiten Schotterbänke sind einfach über die Böschung erreichbar. Der nahe Wald verspricht Schatten, das Badevergnügen ist einsamer Natur. Hier ist weit weniger los als in der Nähe der Wasserlochklamm.

Wer es noch abgeschiedener mag, spaziert die Salza entlang durch den Klausgraben in Richtung Greith. Zur Zeit ist leider nur die halbe Strecke begehbar. Unter Höhenangst

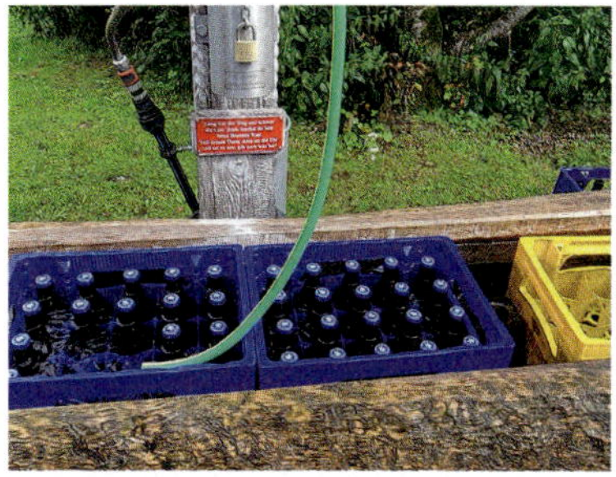

Eingekühlte Biere warten auf durstige Wanderer in Weichselboden

Links: Herrliche Bademöglichkeiten nicht nur für Hunde entlang der Salza im Klausgraben

ADRESSE: Wildalpen, Weichselboden bis Erzhalden

ÖFFENTLICH: ab Eisenerz Rufbus 920 und 922, bis Hieflau Regionalbus 910, ab Hieflau Rufbus 922

MIT DEM AUTO: B24, immer wieder Parkplätze an der Salza

SCHWIMMFAKTOR: ***

KLEINKINDGERECHT: ***

HUNDE ERLAUBT: ja

WASSERTEMPERATUR SOMMER: kalt, um die 15 Grad

WEICHSELBODEN

ADRESSE: 8632 Weichselboden

GPS: 47.669578, 15.17085

MIT DEM AUTO: Hochschwabstraße, kleiner Parkplatz beim Ortseingang

SANITÄRANLAGE: mobile Toilette

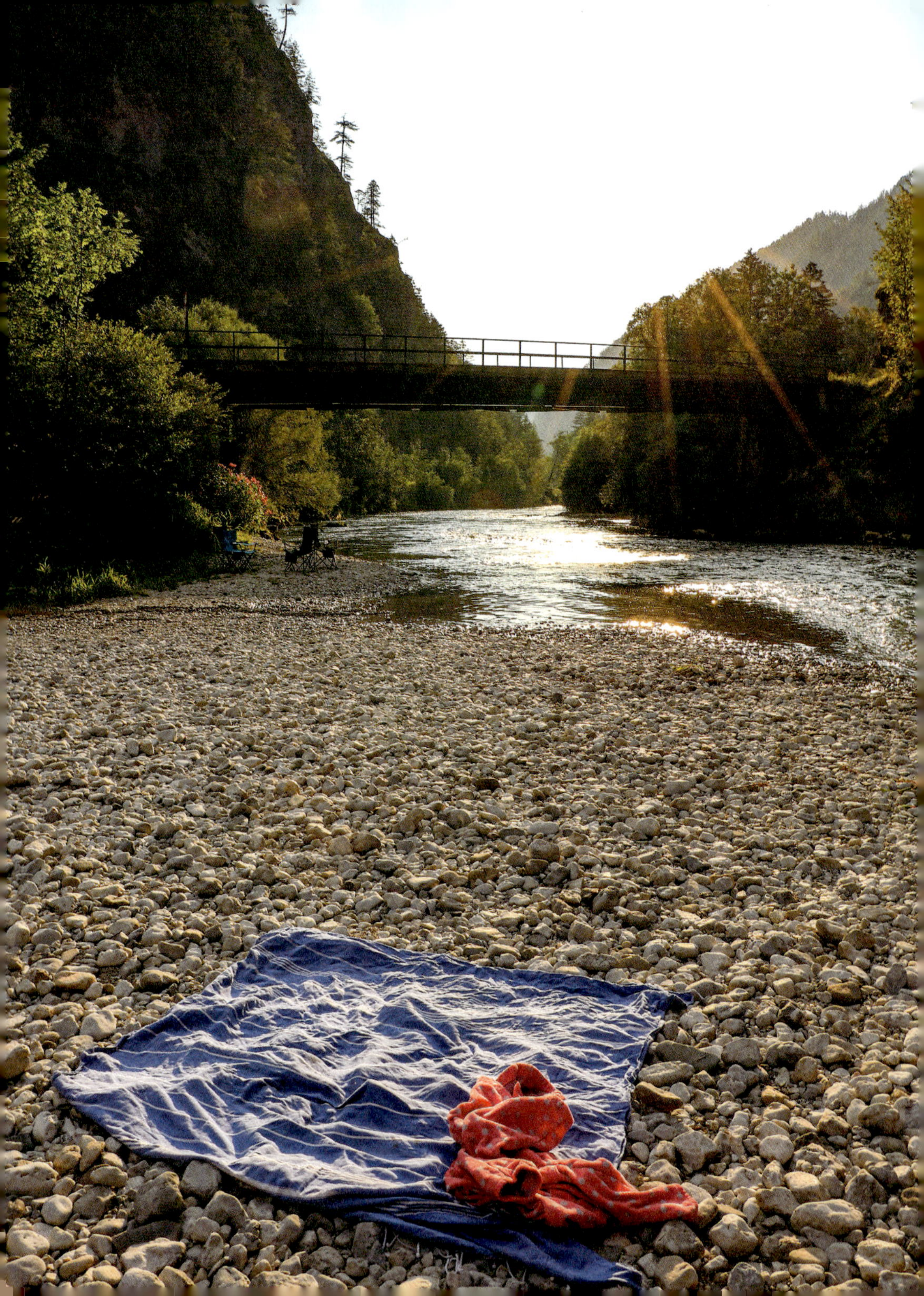

sollte man allerdings nicht leiden. Die Weg führt zum Teil am Stahlseil entlang auf einen engen Pfad am Felsen. Aber die Anstrengung lohnt sich. Unzählige Rast- und Badeplätze am Wasser, keine Motorengeräusche und ein herrliches Bergpanorama sind garantiert.

50b Prescenyklause, 50c Gschöder, 50d Bärnbach

Die besten Wildbademöglichkeiten sind in der Nähe oder unmittelbar bei den Einstiegsstellen für Raftingboote Die Zugänge für Wassersportler bitte nicht blockieren, hier ist bei schönem Wetter immer viel los, zum Beispiel in der Nähe der Prescenyklause am Beginn des Rückstaus. Die Klause selbst ist ein seltenes Beispiel für eine massive Steinklause und wurde einst zur Flößerei verwendet. Sie steht unter Denkmalschutz, wurde, von außen nicht zu erkennen, im Inneren adaptiert und wird heute noch als Kraftwerk zur Stromerzeugung genutzt.

Viele weitere kleine und größere Schotterbänke und Salza-Zugänge liegen an der Straße bis zur Gemeinde Wildalpen, unter anderem in Gschöder oder in Bärnbach bei der Brücke Spannringweg, bevor die Bundesstraße durch einen kleinen Tunnel führt.

PRESCENYKLAUSE, GSCHÖDER, BÄRNBACH

GPS: Prescenyklause 47.665000, 15.161111

Gschöder: 47.647174, 15.10708

Bärnbach: 47.659264, 15.076128

MIT DEM AUTO:
Hochschwabstraße

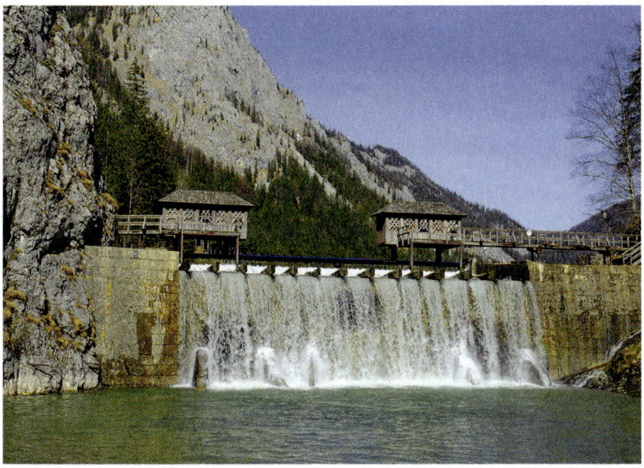

Ganz links: Wildbadeplatz in Bärnbach

Links: Prescenyklause nahe Weichselboden

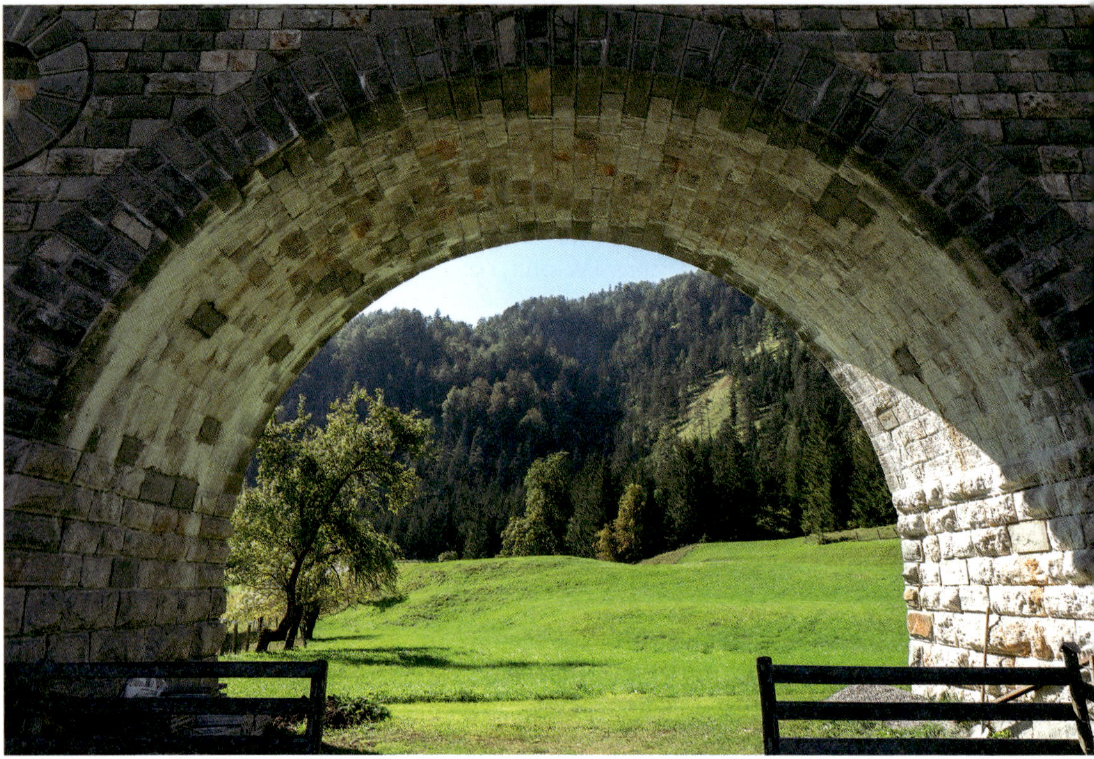

Aquädukt der Wiener Hochquellenwasserleitung

BRUNNTAL

GPS: 47.658167, 15.051324

BRUNNSEE: Am Eingang des Brunntales befindet sich eine kleine Kapelle, davor linker Hand eine Forststraße ins Brunntal, See: 47.657568, 15.041820

CAMPING: Nachbagauer, 8924 Wildalpen, Brunn 88, Tel. +43 664 6389602, camping-nachbagauer.at

Der Wildbadeplatz in Bärnbach hat breite Kiesbänke zum Picknicken. Gegenüber, beim angrenzenden Wald, ist das Wasser tief genug, um ein paar Schwimmzüge zu absolvieren. Bei Sonnenuntergang unbeschreiblich schöne Lichtreflexionen auf dem Wasser. Die Salza schlängelt sich hier idyllisch durch das Salzatal, das Panorama macht einen beinahe sprachlos.

50e Brunntal

Im Brunntal gleich in der Nähe des Brunnsees liegt ein Bootseinstieg mit Abkühlmöglichkeit in die Salza. Eine Wanderung durch das Tal und um den Brunnsee drängt sich hier geradezu auf. Wobei das Wasser des Sees leider nur das Auge erfreuen darf. Das Schwimmen im Brunnsee ist verboten, da er im Naturschutzgebiet liegt und keinen Zufluss hat.

50f Wildalpen

Der Name ist im obersteirischen Ort Programm. Er liegt am Nordfuß des Hochschwabs und auf der anderen Seite zwischen den Südhängen von Hochkar und Kräuterin. Von hier wird über die II. Wiener Hochquellenwasserleitung die Hauptstadt Wien mit Trinkwasser versorgt. Das Dorf hat sich ganz und gar dem Abenteuer Wassersport verschrieben, inklusive Wildwasserzentrum der Naturfreunde Österreichs und dem Museum HochQuellenWasser. Mehrere Geschäfte verleihen Raftingboote, Kajaks oder Kanus und viele Bootstouren und Wanderungen finden im kleinen Ort ihren Ausklang in einem der Gasthäuser, Beherbergungsbetriebe oder am Campingplatz.

Nicht unerwähnt bleiben darf an der Stelle das kleine Freibad in der Nähe des Gasthauses Krug in den Hinterwildalpen. Fährt man beim Wassersportzentrum vorbei, entlang des Säusenbachs, anschließend den Hinterwildalpenweg in Richtung Gasthaus Krug liegt nach sechs Kilometern versteckt das Waldbad. Es ist rund zehn Gehminuten vom Gasthaus entfernt und kaum größer als mancher Privatpool; eine Liegewiese, Waldschattenplätze und eine Kinderrutsche stehen für echtes Freibadfeeling bereit. Bei freiem Eintritt geöffnet von Juni bis September.

An kälteren Tagen könnte man nach einem frischen Bad in der kühlen Salza in der Waldsauna Wildalpen reservieren. Ein Minihallenbad, eine kleine Saunalandschaft inklusive Tauchbecken im angrenzenden Gebirgsbach gehören zur Badeanlage.

50g Fachwerk

In Fachwerk, wo der Lassingbach in die Salza mündet, liegt ein schöner Badeplatz mit kostenpflichtigem Parkplatz. Direkt bei der Kajak-Anlegestelle oder noch besser gegenüber auf dem kleinen Schotterstrand (Wanderroute in Richtung Hochkar spazieren, die kleine Holzbrücke über den Lassingbach nehmen und nach links zur Salza abbiegen) faulenzt man in der Sonne und schaut dem geschäftigen Treiben der Wassersportler zu. Vielleicht bekommt man im Mekka der Wildwassersportarten ja auch Lust, die Bade-

WILDALPEN

ADRESSE: 8924 Wildalpen

GPS: 47.664854, 14.987731

GASTRONOMIE: mehrere Gasthäuser und ein Hotel-Restaurant im Ort

CAMPING: Camping Wildalpen, Hopfgarten 298, Tel. +43 3636 342, camping-wildalpen.at

WASSERSPORT: Wildwasserzentrum Wildalpen, kanusport.naturfreunde.at/wildwasserzentrum-wildalpen/

WALDBAD: Hinterwildalpenweg: 47.645672, 14.939311

WALDSAUNA & KLEINHALLENBAD: Winterhöh 733 Reservierung nur online über die Website des Tourismusverbandes Gesäuse

FACHWERK

GPS: 47.684739, 14.927349

MIT DEM AUTO: Hochschwabstraße, in den Rotwaldweg einbiegen, kostenpflichtiger Parkplatz

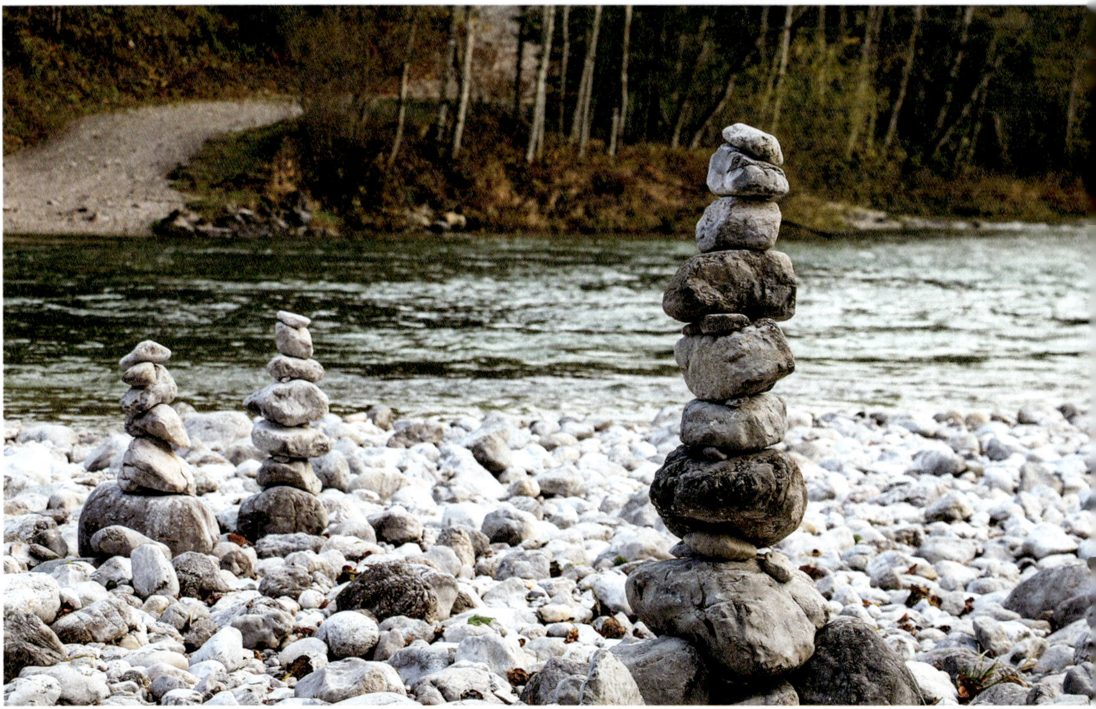

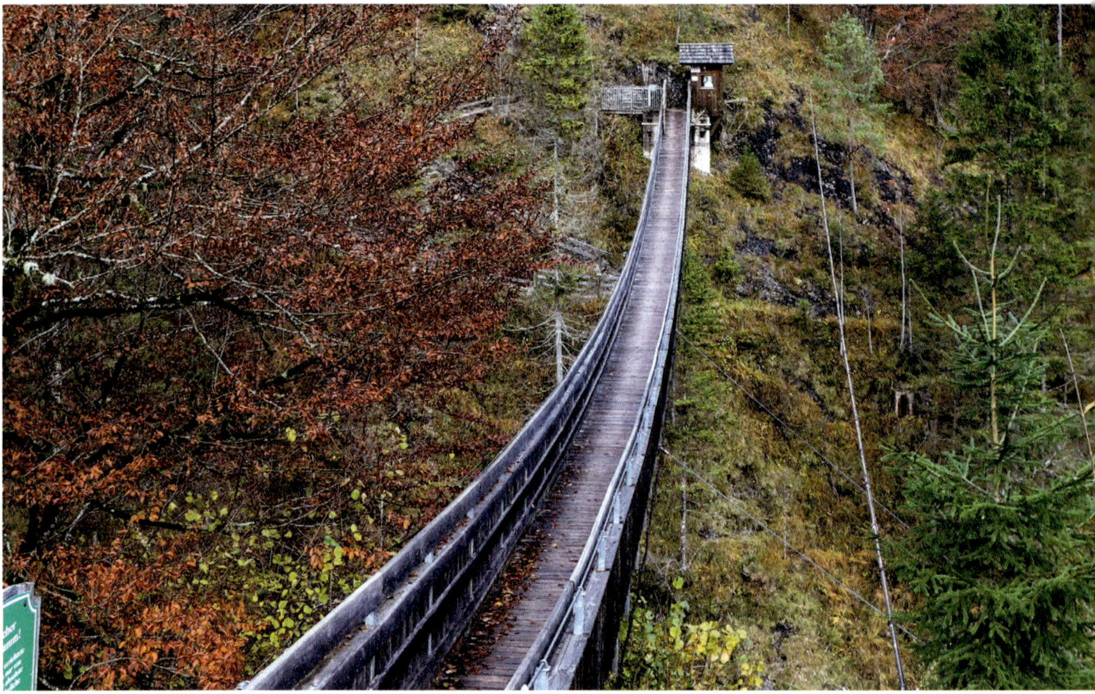

Ganz oben: Wunderschöne Schotterbänke entlang der unverbauten Salza; oben: Die Hängebrücke bei der Wasserlochklamm, über die man in schwindelerregender Höhe die Salza quert

hose oder den Bikini gegen den Neoprenanzug inklusive Schwimmweste zu tauschen, um im naturbelassenen Gebirgsfluss eine Fahrt im Kajak oder Kanu auszuprobieren.

50h Wasserlochklamm

Vor der Wasserlochklamm befindet sich noch die Bootsanlagestelle Petrus 1, mit sehr steinigem Ufer. Am kleinen Parkplatz steht zum Rasten und Stärken ein Tisch mit Bänken.

Einer der beliebtesten Wildbadeplätze liegt gleich nach dem Eingang der Wasserlochklamm. Unweit der Hängebrücke befindet sich ein schöner Strand mit größeren Steinen zum Sonnen. Allerdings zahlt man Eintritt für die Klamm und somit auch für den Wildbadeplatz. Bei der Gelegenheit sollte man die Klamm aber auf keinen Fall links liegen lassen und sie auch besichtigen. Festes Schuhwerk ist unbedingt notwendig, schwindelfrei sollte man auch sein, nur so können die einzigartigen Ausblicke von der hohen Hängebrücke auch genossen werden. Ein Fotomotiv nach dem anderen tut sich da vor den Augen auf. Wer kann, kommt unter der Woche, am Wochenende ist sehr viel los.

WASSERLOCHKLAMM

ADRESSE: 8923 Palfau 69

GPS: Petrus 1:
47.687656, 14.886036

Wasserlochklamm:
47.697520, 14.873697

MIT DEM AUTO: Hochschwabstraße, großer Parkplatz bei der Wasserlochklamm

GASTRONOMIE: Wasserlochschenke, 8923 Palfau 72, Tel. +43 3638 322, wasserlochschenke.at

50i Erzhalden

Steil geht der Weg vom Parkplatz bei der Salzabrücke in Erzhalden zum Fluss hinunter, wo auch der Mendlingbach in die Salza fließt. Hier macht der Fluss einen Bogen nach links Richtung Palfau. Mehrere kleine Strände aus Kies und Schotter, am Rand ein märchenhafter Wald à la Hänsel und Gretel, große Wackelsteine zum Raufkraxeln und Abhängen und noch eine romantische Mühle am Mendlingbach runden das idyllische Bild am Wasser ab.

Zum Abschluss noch ein Ausflugstipp: Gleich in der Nähe, Richtung Göstling, ist die Erlebniswelt Mendlingtal. Der 3,5 Kilometer lange Themenweg mit Triftanlage, kleinen Talbecken, Schluchten, verschlungenen Bachläufen, ehemaliger Holzknechtsiedlung samt Hammerherrenhaus – wo kulinarisch Bodenständiges serviert wird – führt durchs Mendlingtal in Göstling an der Ybbs.

ERZHALDEN

ADRESSE: 8923 Palfau 40, Kreuzung Hochschwabstraße

GPS: 47.712282, 14.832140

MIT DEM AUTO: Hochschwabstraße, großer Parkplatz (kostenpflichtig)

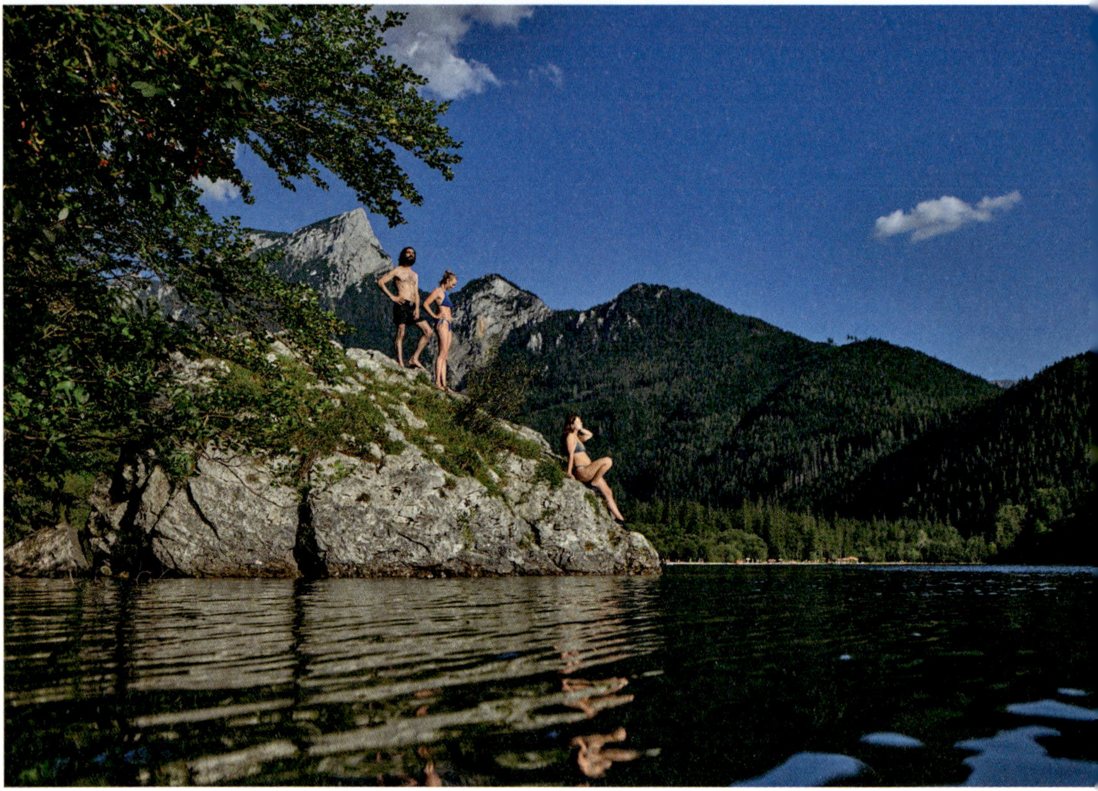

51 Leopoldsteiner See

ADRESSE: 8790 Eisenerz, Seestraße 9

GPS: 47.571831, 14.852201

ÖFFENTLICH: Ab Leoben Regionalbus 820, 20-Minuten-Fußweg oder Anrufbus 925

MIT DEM RAD: mehrere Mountainbiketouren zum See

MIT DEM AUTO: B115, Eisenerzbundesstraße, Seestraße, zwei Parkplätze

WEGZEIT ZUR BADESTELLE: 15 Minuten zum Oststrand

Als „ein steirischer Gebirgssee ohne Makel" präsentiert sich der Leopoldsteiner See, unverbaut und naturbelassen, umrahmt von steilen Felsen, die sich an der smaragdgrünen Wasseroberfläche ebenso wie die Bäume aus den angrenzenden Wäldern spiegeln. Benannt nach dem nahegelegenen Schloss Leopoldstein liegt er am Fuße der Seemauer in der westlichen Hochschwabgruppe.

Mit seiner bestechenden Bergkulisse, seinem breiten, kieseligen Naturbadestrand am Ostufer und kristallklarem Wasser wurde er schon einmal zum schönsten See der Steiermark gekürt. Kein Wunder! Die Färbung trügt nicht, Quellen in Trinkwasserqualität speisen den See. Der Bergsee ist kalt. Mehr als zwanzig Grad erreicht er nie, ausgedehnte Schwimmrunden ohne Neoprenanzug sind kaum eine Herausforderung.

Vier Kilometer von Eisenerz entfernt liegt das Juwel auf 628 Metern Seehöhe. Einer Sage nach soll in der Nähe des Sees ein Wassermann gefangen worden sein. Um seine Freilassung zu erkaufen, zeigte er seinen Widersachern ein Eisenerzvorkommen, den nur wenige Kilometer entfernten Erzberg.

Zuallererst ist der Leopoldsteiner See ein beliebtes Ausflugsziel und Ausgangspunkt für viele Wanderungen in der Region. Die Zufahrt ist gut ausgewiesen und führt vorbei am Schloss Leopoldstein. Von der Handelsakademie Eisenerz als Schülerinternat und darüber hinaus als Jugendsporthaus genutzt, sind die Gemäuer ein echter Blickfang mit markantem Wehrturm und lose angeordneten Haupt- und Nebengebäuden nach dem Vorbild bayrischer Königsschlösser. Zwei gebührenpflichtige Parkplätze (ein öffentlicher in der Nähe des Schlosses und einer direkt beim Restaurant) reichen für alle Badehungrigen und Erholungsuchenden an heißen Wochenenden nicht aus. Das Parken entlang des linken Fahrbahnrandes an der Seestraße in Richtung See sollte tunlichst unterlassen werden, da sich die Liegenschaft in Privatbesitz befindet. Ansonsten riskiert man eine Strafe.

Vom Restaurant Leopoldsteinersee kann man entweder auf der linken (nachmittags die Sonnenseite) oder

SCHWIMMFAKTOR: *****

KLEINKINDGERECHT: ***

HUNDE ERLAUBT: mit Leine

GASTRONOMIE: Restaurant Leopoldsteinersee und Seestüberl Ostufer, Seestraße 13, Tel. + 43 3848 3135, Tel. + 43 664 8200642, www.leopoldsteinersee.at

BOOTSVERLEIH: auf der rechten Seite Richtung Ostufer

SANITÄRANLAGE: beim Restaurant sowie mobile Toiletten beim Seestüberl

UMKLEIDEKABINEN: nein

WASSERTEMPERATUR SOMMER: höchstens 20 Grad

Links und unten: Das kalte Wasser ist nichts für schwache Nerven, sehr wohl aber etwas für den Endorphinrausch

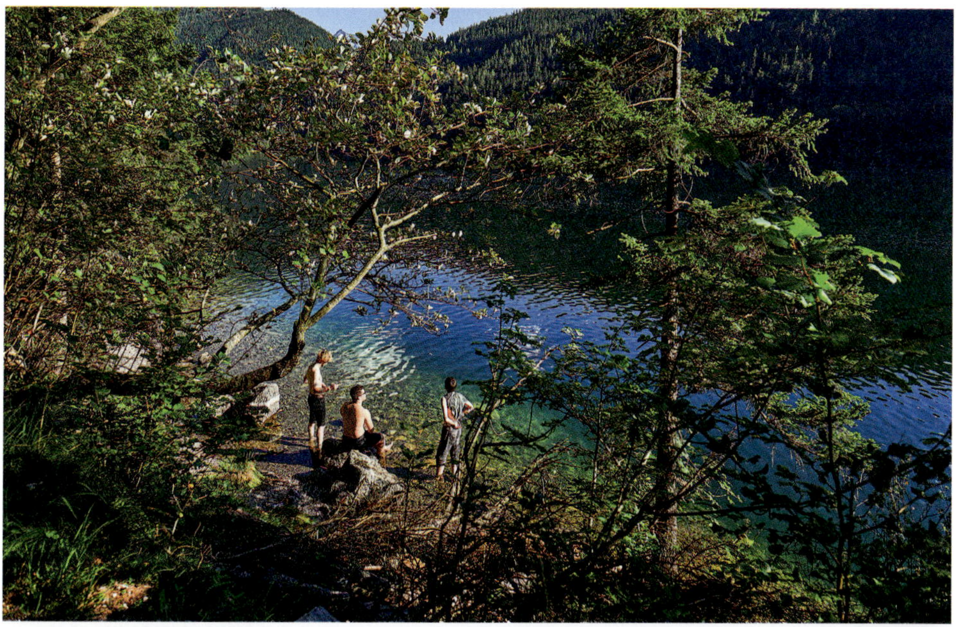

rechten Seite (schattiger Waldweg) zum Ostufer wandern. Insgesamt beträgt die Seeumrundung drei Kilometer, der schon von weitem lockende Badestrand ist nach einem zwanzigminütigen Spaziergang erreicht.

Die linke Seite ist zwar die längere, aber sicher auch die beeindruckendere. Der schmale Weg führt zu vielen kleine Felsen und Buchten, die zum Baden und Rasten locken. Besonders anziehend ist ein größerer Felsen knapp vor dem Strand. Man hat richtig Glück, wenn er gerade frei ist und man ihn selbst erklimmen kann. Von hier aus hat man einen magischen Blick auf den See und die Felswände. Wer einen Sprung ins kalte Wasser wagt, sollte dies bitte nur auf der linken Seite tun. Ein kleines Plateau des Felsens ragt vorne seicht und unterirdisch ins Wasser hinein.

Der Strand am Ostufer ist breit, kieselig und liegt in der prallen Sonne. Nach Schattenplätzen sucht man am besten am Rand des Niederwaldes. Hier ist das Wasser flach, der Untergrund sandig-schottrig, an manchen Stellen auch schlammig. Die Tiefe des Sees beträgt bis zu 31 Meter, Tauchen ist aber verboten.

Das Seestüberl Ostufer versorgt die Gäste mit Getränken, Eis darf natürlich auch nicht fehlen. Kredenzt werden kleine Imbisse wie Würsteln oder Brot mit dem nicht allseits bekannten Steirerkas. Verwendet wird die Ennstaler Version aus saurer Magermilch, von klumpigbröseliger Konsistenz, pikant-würzig im Geschmack.

Im Wald, in der Nähe des Imbissstandes, stehen mobile Toiletten, Trinkwasser kann man sich aus den Wasserzuläufen zum See holen. Ein Holzsteg führt in der Nähe des Stüberls ins Wasser.

Beim Bootsverleih auf der rechten Seite des Ostufers können sogar Fahrten im Wassertaxi für Menschen mit Handicap oder besonders Bequeme zum Strand gebucht werden. Für Sportliche, denen der Rundwanderweg wiederum zu wenig Herausforderung bietet, sei eine Tour am Kaiser-Franz-Josef-Klettersteig ans Herz gelegt. Auf alle Fälle sollte, wer Zeit hat, das Abendglühen am See abwarten. Sehr romantisch!

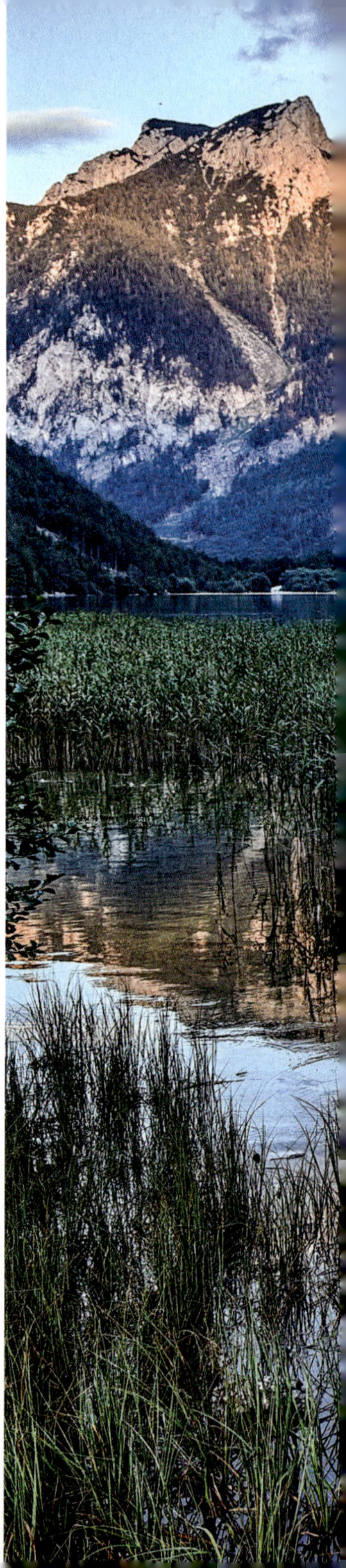

Auch bei Sonnenuntergang beeindruckend: der See und die bestechende Bergkulisse

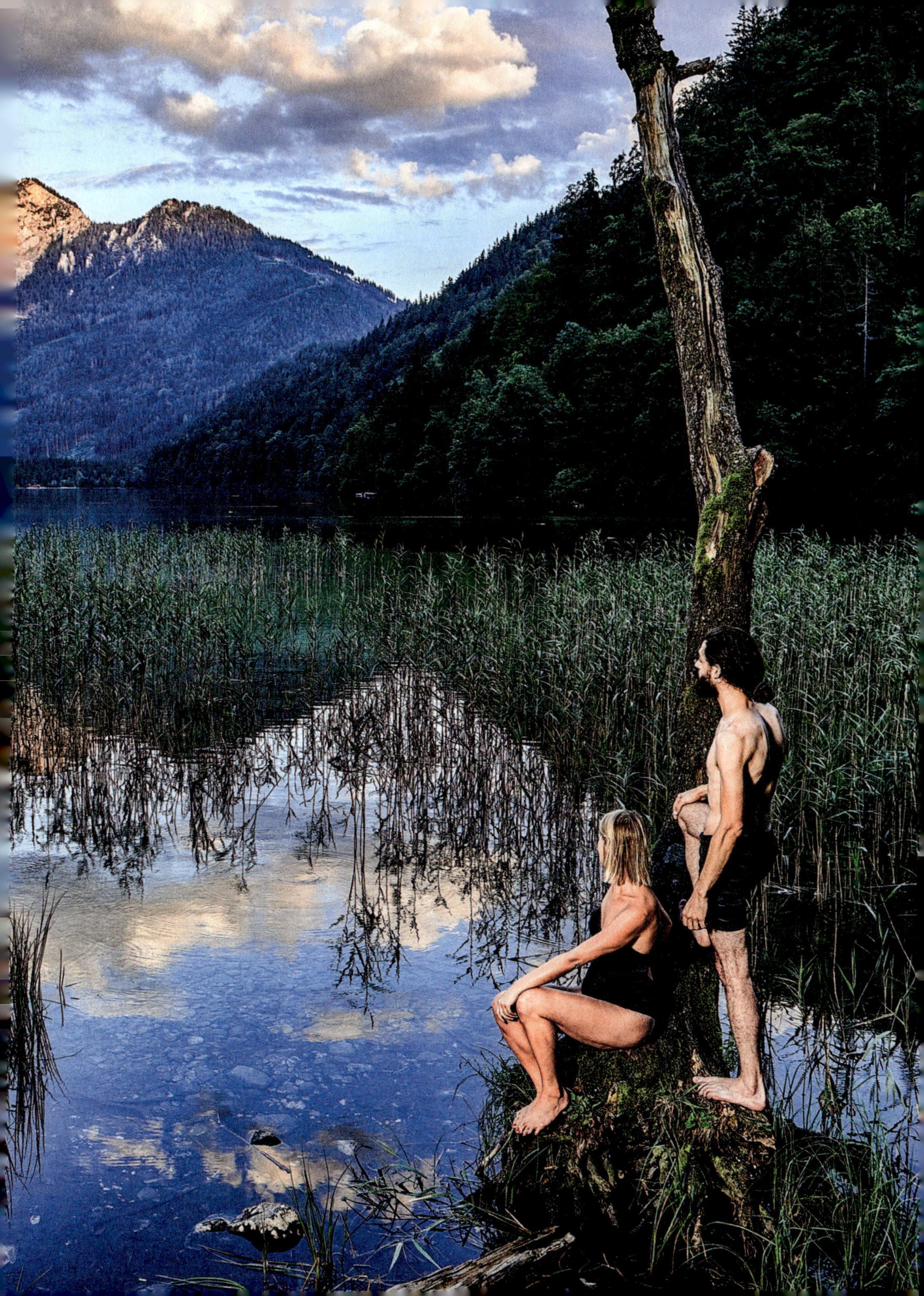

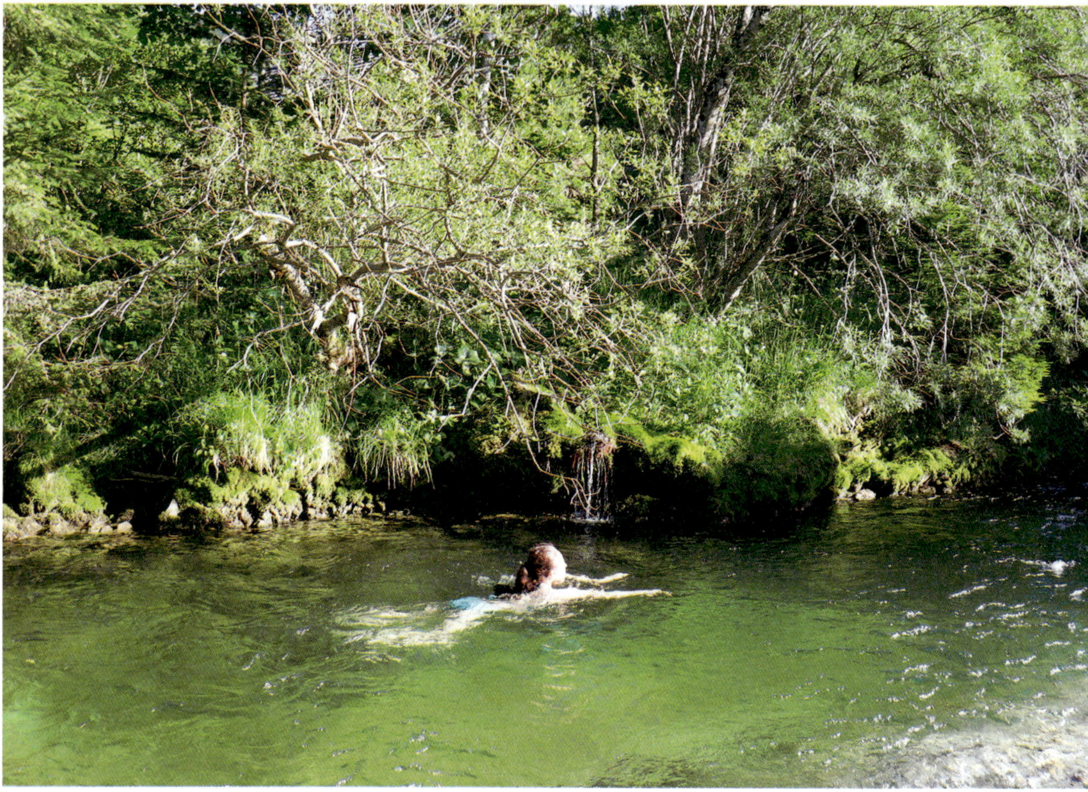

Die Mürz in Frein ist streckenweise tief genug, um in ihr zu schwimmen

Rechts: Großzügige Schotterbänke

BADESTELLEN: zwischen Frein und Kapellen

ÖFFENTLICH: ab Mürzzuschlag Regionalbus 195

MIT DEM RAD: Mürztalradweg R5

MIT DEM AUTO: Lahnsattel Bundesstraße (B23)

SCHWIMMFAKTOR: ***

KLEINKINDGERECHT: ****

HUNDE ERLAUBT: ja

GASTRONOMIE: Freinerhof, 8694 Frein an der Mürz 2, Tel. +43 385 8102, freinerhof.at

52 Mürz

Die beiden Quellflüsse, aus denen die Mürz sich speist, entspringen nördlich der Schneealpe, die Stille Mürz in Niederösterreich, die Kalte Mürz im Neuwald an der steirisch-niederösterreichischen Landesgrenze. Bis zum Naturdenkmal, dem Wasserfall „Zum toten Weib“, führt das Wildwasser rund zwei Kilometer durch die kurze, enge Schlucht mit senkrechten Felswänden das Flussbett entlang. Diese Strecke eignet sich aufgrund der Hochwasserstufen weniger zum Durchwandern, geübte Wildwassersportler erkunden die Schlucht bis Mitte Juni vom Kajak aus. Neben der Mürz verläuft bis zum Tunnel und dem Wasserfall noch die alte, teilweise vom Grün überwucherte Bundesstraße.

Bleibt nach einem kühlen Bad noch Zeit und ist die Entdeckerlust noch nicht gestillt, bietet sich ein Spaziergang zum Wasserfall „Zum toten Weib“, eine Wanderung in der Roßlochklamm oder die Schauberger Triftanlage entlang bis zum Stausee in Neuberg an der Mürz an.

52a Frein Richtung Scheiterboden

Wir befinden uns im Naturpark Mürzer Oberland, bei der Ortschaft Frein. In den 1970er-Jahren soll Schauspieler und Sänger Peter Alexander in der Mürz regelmäßig fischen gewesen sein, erzählen die Bewohner von Frein an der Mürz gerne. Heute ist es immer noch ein beliebtes Revier für Fliegenfischer, das vom Verband der Österreichischen Arbeiter-Fischerei-Vereine schonend bewirtschaftet wird.

Dort, wo der Freiner Bach in die Mürz mündet, gegenüber dem Gasthof Freinerhof, liegt die erste Wildbadestelle. Von der Lahnsattel-Bundesstraße über eine kleine Brücke Richtung Kaltenbach befindet sich ein kleiner Parkplatz. Ein nicht asphaltiertes, kurzes Wegstück führt zum Fluss. Dort erwarten die Wildbadenden großzügige Schotterbänke, je nach Wasserstand verhält sich die Strömung, sie kann auch für Erwachsene stark sein. An ihren tiefsten Stellen ergeben sie kleine Becken, hier sind ein paar Schwimmzüge möglich. Aber nur für geeichte Schwimmer, die Mürz ist eiskalt, 15 Grad sind auch im Sommer eine durchaus durchschnittliche Wassertemperatur. Wasserschuhe sind auch wegen der spitzen Steine zu empfehlen.

LOHNENDE AUSFLUGSZIELE:
Wasserfall „Zum toten Weib“: 47.730469, 15.486154

Roßlochklamm: B23, beim Scheiterboden abbiegen; Schauberger Triftanlage, Startpunkt: Fuhrmann Holzbrücke bei Krampen

SANITÄRANLAGE UND UMKLEIDEKABINEN: nein

WASSERTEMPERATUR SOMMER: um die 15 Grad

FREIN RICHTUNG SCHEITERBODEN

GPS: Frein: 47.741416, 15.485497 (kleiner Parkplatz)

Richtung Scheiterboden: 47.721268, 15.482239

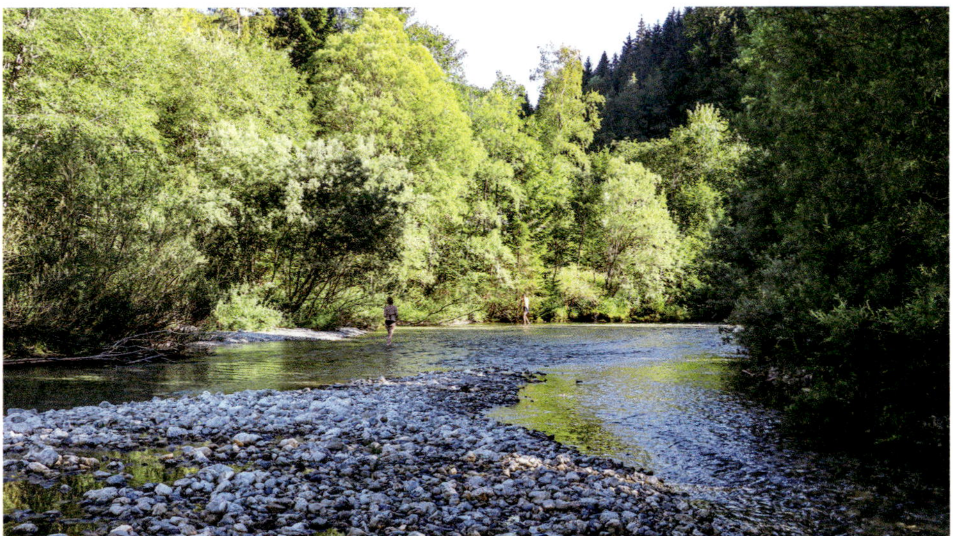

SCHUSTERWALD

GPS: 47.680111, 15.488472

HEUMANN-DUMPF, KAPELLEN

GPS: 47.649812, 15.616573

MIT DEM AUTO:
47.653946, 15.615543
abbiegen zum Sportplatz

Zwischen Frein und Mürzsteg gibt es einige gut erreichbare weitere Wildbadeplätze. Richtung Scheiterboden befindet sich eine erfrischende Badestelle mit Parkplatz und direktem Zugang von der Bundesstraße.

52b Schusterwald

Eine weitere Badestelle liegt in der letzten Kurve vor Mürzsteg im Schusterwald, wo die Mürz eine spektakuläre Felswand umfließt. Sie ist leicht zugänglich, ein kleiner Treppelweg durch das Gebüsch führt vom Parkplatz zum Fluss. Auf einem Wiesenstreifen stehen ein Tisch und eine Bank für eine Rast zur Verfügung, der Schotterstrand ist sehr einladend, vielleicht der schönste Badeplatz an der Mürz. Das Wasser ist wie überall in der Klamm glasklar, die Mürz erinnert hier aufgrund ihrer Farbe und Formation sehr an die Schwarza im Höllental, ist aber weniger bekannt und nicht so überlaufen.

52c Heumann-Dumpf, Kapellen

Eine weitere Schotterbank an der Mürz befindet sich in Kapellen. Fünf Gehminuten vom Sportplatz entfernt und bei Einheimischen und Auswärtigen gleichermaßen beliebt.

Die Mürz ist überall glasklar und es gibt viel zu entdecken

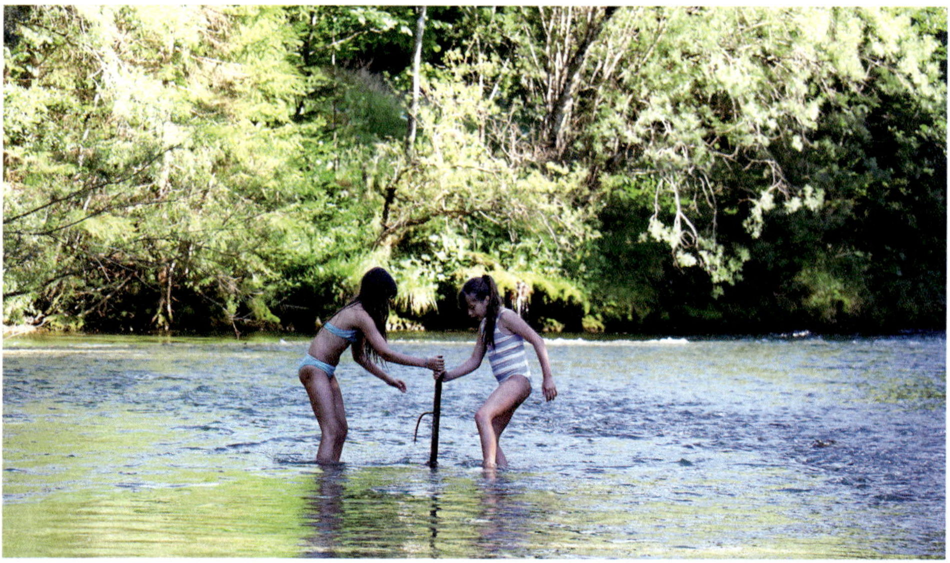

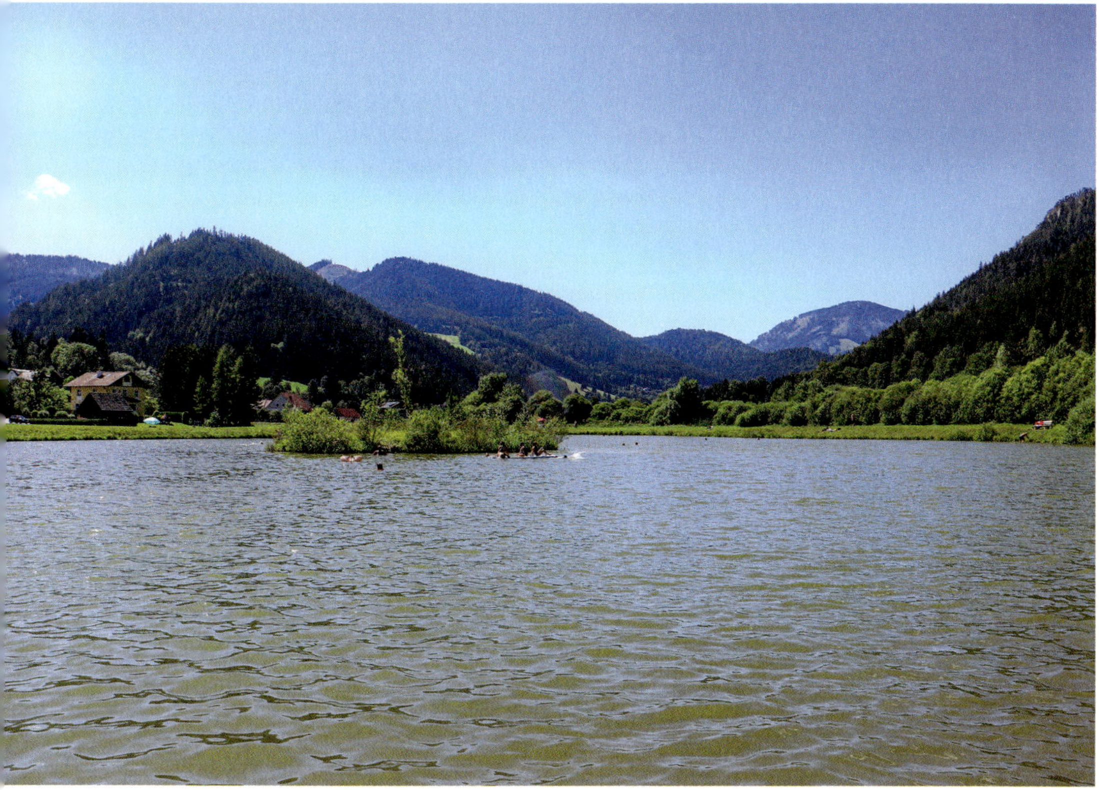

Zwischen saftigen Wiesen, Weiden, Wäldern und blauen Bergen liegt der grüne Teich

53 Teichanlage Urani

In Neuberg am Fuße der Schneealm lockt die Teichanlage Urani Wasserratten und Erholungsuchende gleichermaßen. Auf einer Seehöhe von 730 Metern, eingebettet in Wiesen, Weiden, Wälder und Berge, liegt der grün schimmernde Fischteich. Das Wasser ist je nach Niederschlagsmenge und Außentemperatur im Hochsommer im 20-Grad-Bereich, beim ausgedehnten Schwimmen wird einem jedoch schnell wärmer.

Die Teichanlage ist großzügig angelegt, gestutzte Grünflächen, zwei Brücken, ein schöner, großer Holzsteg und genügend Parkplätze. Es ist ausreichend Platz, man muss nicht Handtuch an Handtuch liegen, einzig die Schattenplätze sind am Wochenende rar. Kinder lieben den riesigen Spielplatz in der Nähe des Gasthauses mit Klettergerüsten, Jugendliche die zwei Beachvolleyballplätze und

ADRESSE: 8692 Neuberg an der Mürz, Lichtenbach 1

ÖFFENTLICH: ab Mürzzuschlag Regionalbus 195

MIT DEM RAD: Mürztalradweg R5

MIT DEM AUTO: großer Parkplatz bei der Teichanlage

SCHWIMMFAKTOR: *****

KLEINKINDGERECHT: ****

HUNDE ERLAUBT: nicht im Badebereich

GASTRONOMIE: Teichwirt, Tel. +43 3857 20555, teichwirt-urani.at

SANITÄRANLAGE UND UMKLEIDEKABINEN: ja

WASSERTEMPERATUR SOMMER: um die 20 Grad

den Tischtennistisch. Da der Teich im Naturpark Mürzer Oberland am Mürztalradweg R5 liegt, gibt es eine Ladestation für E-Bikes, sanitäre Anlagen sind vorhanden.

Eine wirkliche Besonderheit der Teichanlage ist ihre Rollstuhltauglichkeit. Der Weg um den Teich herum ist asphaltiert, und in einem Teil des Teiches wurde eine spezielle Rampe installiert, die es Rollstuhlfahrern ermöglicht, den Teich zu nutzen.

Von Holzstegen oder der charmanten Holzbrücke lässt es sich in den bis zu drei Meter tiefen Teich springen, am Ufer ist der Einstieg seicht und kleinkindtauglich.

Der privat geführte und auch außerhalb der Badesaison bei Anglern sehr beliebte Teich gehört zum Teichwirt Urani, der Eintritt ist frei. Die Portionen im Gasthaus sind groß, das Personal ausgesprochen freundlich, gekocht wird mit Zutaten aus der Region und die Terrasse ist an Sommerwochenende immer „g'steckt" voll. Es gibt aber auch ein Selbstbedienungsbuffet, um Getränke, kleine Snacks und Eis zu holen. Wer gekommen ist, um über Nacht zu bleiben, kann sich beim Teichwirt ein Zimmer mieten, im Badebereich sind Hunde nicht erlaubt.

Wasserkanäle, über die charmante Holzbrücken führen, verbinden die Teichanlage

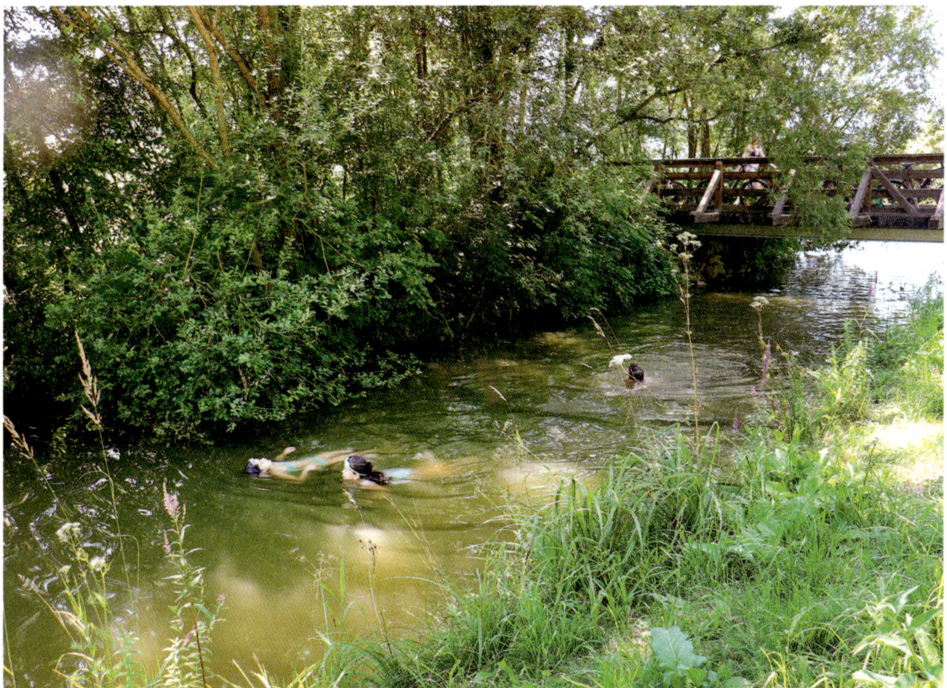

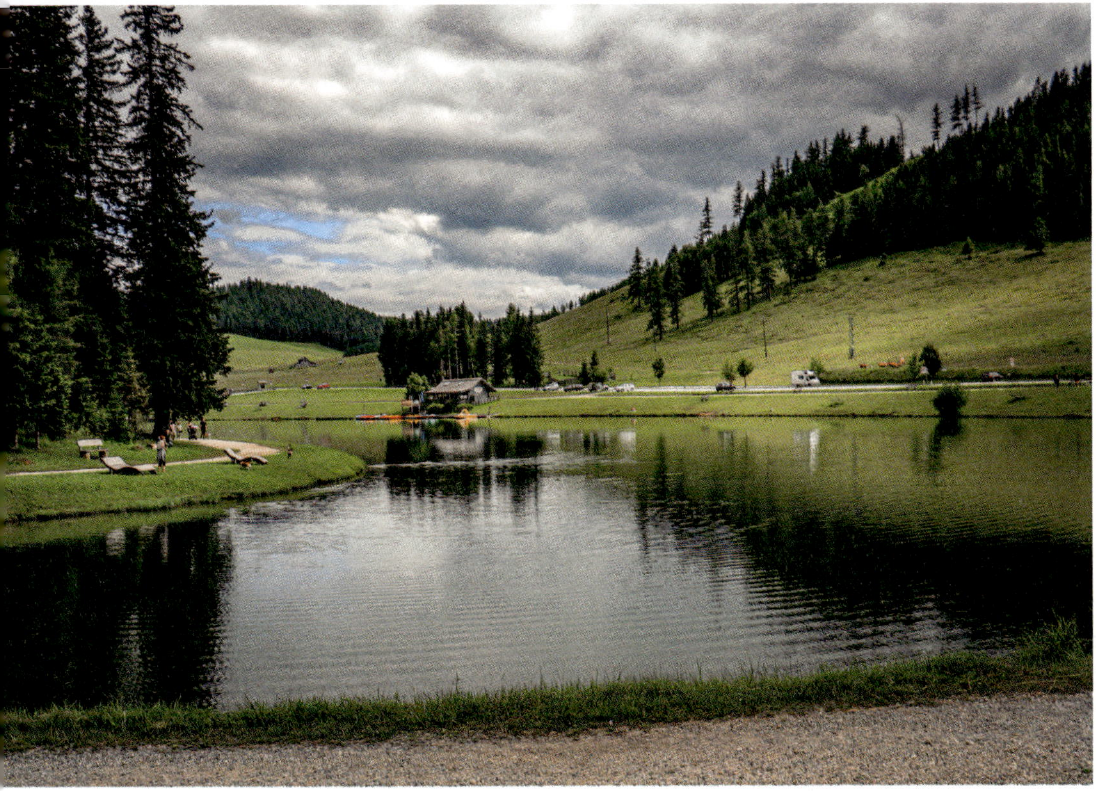

Auch im Sommer nicht überlaufen: Teichalmsee

54 Teichalmsee

Das Hotel Teichwirt, der Platzhirsch auf der Teichalm, schreibt auf seiner Homepage „Im See kann man gerne schwimmen", warnt aber im gleichen Atemzug „im Sommer ist er aber maximal 22 Grad warm". Der Teichalmsee ist daher auf der gleichnamigen Alm vor allem ein beliebtes Ausflugsziel und weniger ein Badesee. Er liegt auf 1.200 Meter Seehöhe und nimmt eine Fläche von fünf Hektar ein. Die meisten Besucher umrunden den kleinen Moorsee und genießen die schöne Bergkulisse, in die er eingebettet ist. Er ist Ausgangspunkt für Wanderungen oder zieht Tretboot-Ausflügler an.

Die Sommertage werden aber auch in der Steiermark immer heißer und kalte Bergseen zur Abkühlung somit immer interessanter. Der Teichalmsee ist aber als Badesee noch nicht so überlaufen.

ADRESSE: 8163 Teichalm

ÖFFENTLICH: Regionalbusse 205, 216 und 167

MIT DEM RAD: R8, R11, viele Touren auf almenland.at

MIT DEM AUTO: Parkplätze rund um den See

SCHWIMMFAKTOR: *****

KLEINKINDGERECHT: ***

HUNDE ERLAUBT: ja

GASTRONOMIE: Almgasthof Teichwirt, Teichalm 41, Tel. +43 03179 7169, teichwirt.at

Latschenhütte, Teichalm 134, Tel. +43 3179 7127, latschenhuette.at

SANITÄRANLAGE: beim Lift

WASSERTEMPERATUR SOMMER: bis zu 22 Grad

Schon vor 200 Jahren gab es an der Stelle einen kleinen Teich, der aber verlandete. Unzählige Sagen ranken sich um ihn. In den 1970ern wurde er wieder als Hochwasser-Rückhaltebecken für die Bärenschutzklamm errichtet. Dem „See", der eigentlich ein Teich ist, wird alle vier Jahre das Wasser abgelassen, damit er nicht wieder verlandet.

Den meisten Besuchern ist er zum Reinspringen zu frisch, sie sonnen sich lieber nahe am Ufer oder kühlen ihre vom Wandern heiß gelaufenen Füße darin. Auch wirkt der kleine Moorsee an manchen Tagen durch das mitgeführte Material, das durch den Mixnitzbach in den See gelangt, trüb. Davon darf man sich eingefleischter Wildbader oder -baderin nicht abhalten lassen.

Gastronomisch ist der See gut erschlossen. Der Almgasthof Teichwirt tischt regionale Forellen, Mehlspeisen und Schnäpse auf, wie man es sich von einem alteingesessenen Gasthaus erwartet. Das Personal ist aufmerksam, die Küche gutbürgerlich und der Gastgarten wunderbar.

Wer gleich hier bleiben möchte: Das angeschlossene Hotel ist liebevoll renoviert.

Der Platzhirsch am Teichalmsee: Almgasthof Teichwirt

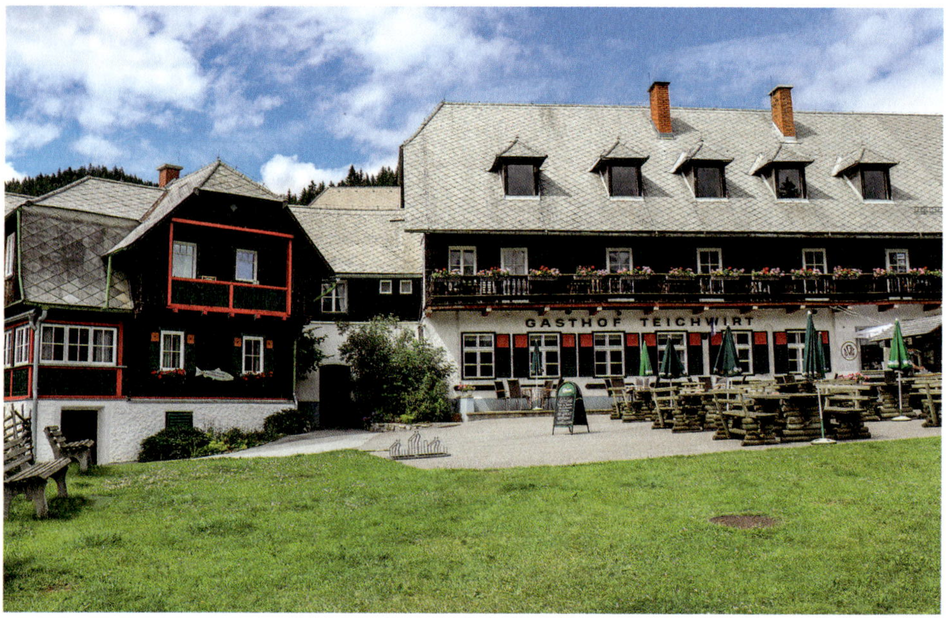

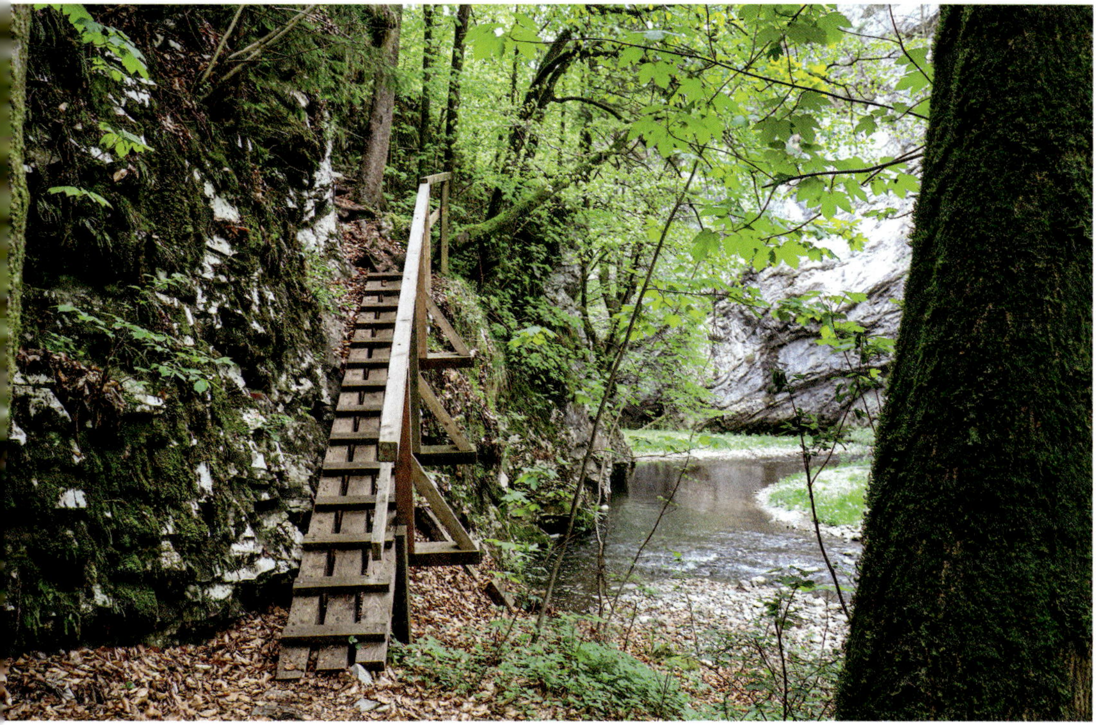

55 Große Raabklamm

Die Große Raabklamm ist nicht nur seit 2006 Natura-2000-Schutzgebiet der EU, sondern gemeinsam mit der Kleinen Raabklamm auch die längste Klamm Europas. 17 Kilometer verläuft sie meistens direkt entlang der Flussstrecke. Die Raab, leider sonst überall begradigt und reguliert, wirkt hier noch naturbelassen und unverbaut. Zwar ist das Wasser nirgends so tief, dass man richtig schwimmen könnte, aber die Raab – wie sie so durch ausgespülte Steilhänge rauscht – sorgt mit ihrem Bergwasser gerade im Hochsommer für eine willkommene Erfrischung.

Einstiege in das schluchtartige Tal sind in Arzberg, wo sich ein großer Parkplatz befindet, oder beim stillgelegten Gasthaus Jägerwirt in Mortantsch.

In Arzberg grenzt die Raabklamm an den „Naturpark Almenland" und folgt von Anfang an dem Fluss, vorbei an bizarren Felsformationen des nördlichen Kalk-Teils, über Stege, Holzleitern und felsige Einlagen mit Seilsiche-

ADRESSE: Ehemaliges Gasthaus Jägerwirt, 8160 Mortantsch 28 oder 8162 Passail, Arzberg Ortszentrum

ÖFFENTLICH: Mortantsch: Regionalbus 201

MIT DEM AUTO: Arzberg Ortszentrum, Parkplatz: 47.248311, 15.516774

Mortantsch: Parkplatz Gasthaus Jägerwirt: 47.204455, 15.574855

SCHWIMMFAKTOR: *

KLEINKINDGERECHT: ****

HUNDE ERLAUBT: mit Leine

GASTRONOMIE: Gasthaus Zum Kirchenwirt, 8162 Passail, Arzberg 20, Tel. +43 3179 27510

SANITÄRANLAGE: mobile Toilette beim Parkplatz des ehemaligen Gasthauses Jägerwirt

WASSERTEMPERATUR SOMMER: kalt

rungen. Die Tour durch die Große Raabklamm ist teils anstrengend und führt in alpines Gelände. Gutes Schuhwerk ist daher unbedingt erforderlich. Die Kleine Raabklamm hingegen ist weniger kräfteraubend und erstreckt sich von Mortantsch über Oberdorf bis nach Mitterdorf an der Raab.

Aber wer muss gleich die ganzen zehn Kilometer bis nach Mortantsch wandern, um sich abzukühlen? Die gutbeschilderte Klamm ist immerhin mit einer Gehzeit von drei bis vier Stunden angegeben. An einem Sommertag kann man sich ebenso gut ausschließlich im oder am eisig kalten Wasser aufhalten.

Startet man von Mortantsch, marschiert man vom ehemaligen Jägerwirt, der leider nicht mehr als Gasthaus geführt wird, in Richtung Arzberg, passiert den Hofleitensteg, das Kraftwerk der Energie Steiermark, geht bergauf in den Wald, vorbei an einer saftig-grünen Wiese mit Holzbank, wieder im Wald einen gerölligen Weg bergab, bis man auf die Raab trifft. Das Ganze dauert schon eine halbe Stunde. Jetzt muss nur noch die Böschung, die den Wanderweg vom Fluss trennt, bezwungen werden. Und schon ist man an einem herrlichen Planschplatz mit eiskaltem Wasser.

Verglichen mit dem Einstieg in Arzberg, wo die Ufer kieseliger und flacher sind, ist der Fluss in Mortantsch wilder und streckenweise tiefer. Hat es genug geregnet, kann man sogar untertauchen und sich anschließend auf den großen Steinen in der Sonne trocknen lassen, während man dem Rauschen des Flusses lauscht und mit ein wenig Glück einer Wasseramsel beim Tauchen zusieht.

Im Sommer eine Erfrischung abseits der Massen

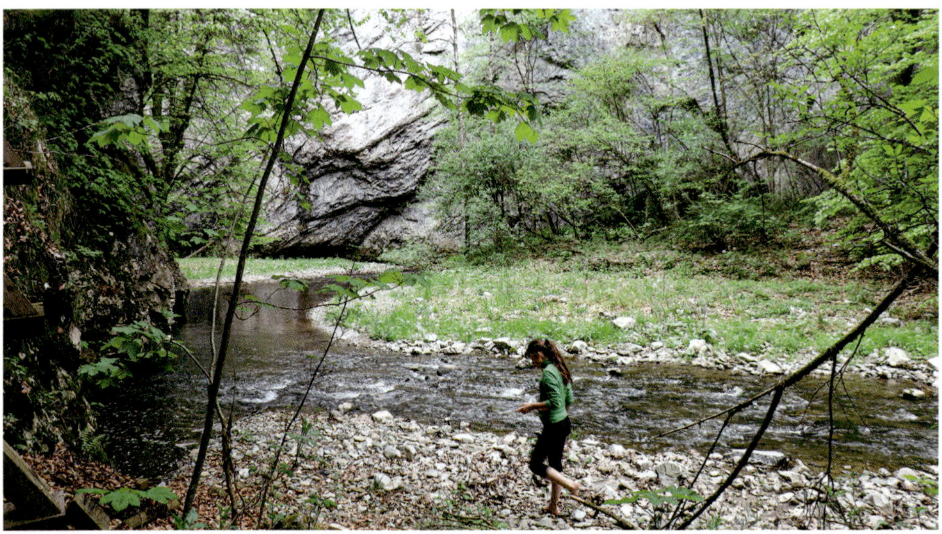

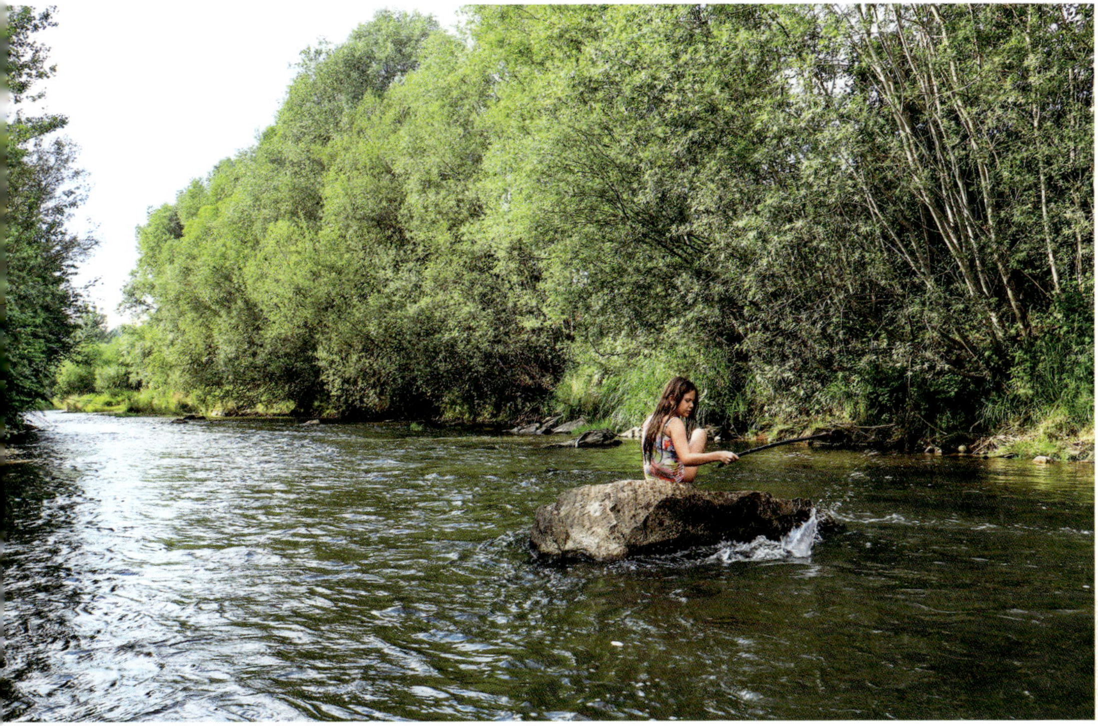

Die Feistritz durchfließt 85 Kilometer lang das Steirische Hügelland

56 Feistritz

Die Feistritz entspringt am Feistritzsattel, durchfließt viele steirische Gemeinden wie Birkfeld, Stubenberg oder Fürstenfeld, bildet mehrere Klammlandschaften wie die Freienbergklamm, die Stubenbergklamm oder die Feistritzklamm, um dann durch das steirische Hügelland im Unterlauf an der steirisch-burgenländischen Grenze in die Lafnitz zu münden. Der Feistritztal-Radweg ermöglicht es auf einer Länge von 85 Kilometern dem Flussverlauf von Ratten bis Fürstenfeld zu folgen.

MIT DEM RAD: Feistritzradweg R8

SCHWIMMFAKTOR: **

KLEINKINDGERECHT: *****

HUNDE ERLAUBT: ja

SANITÄRANLAGE, UMKLEIDEKABINEN: nein

WASSERTEMPERATUR SOMMER: kalt

56a St. Johann bei Herberstein

Hier tritt die Feistritz endgültig aus dem Bergland seines Oberlaufs ins freie, breite Tal. Der Badeplatz wird schon seit Jahrzehnten von der lokalen Bevölkerung genutzt, obwohl sich seine Lage durch das aktive Wasserkraftwerk

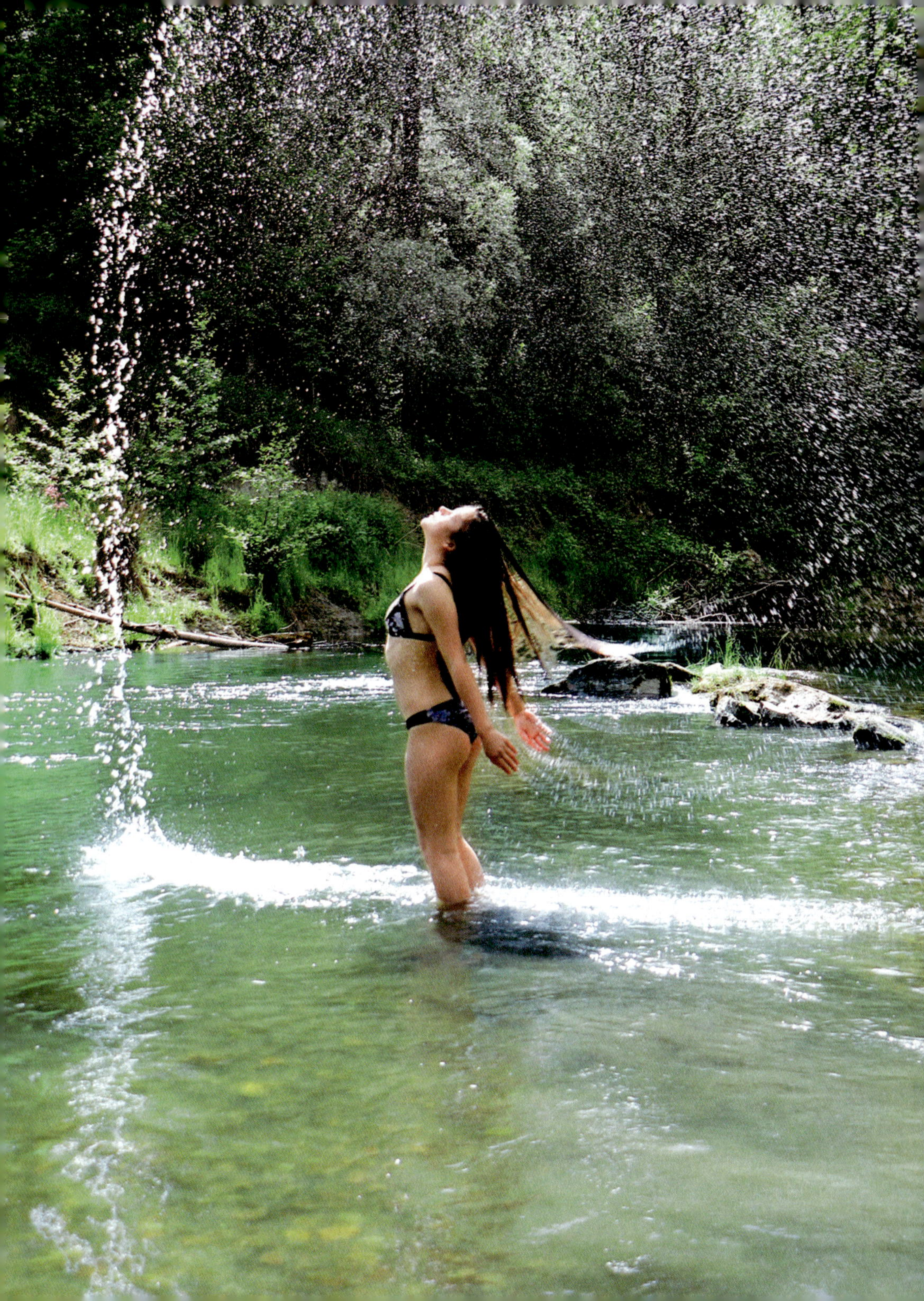

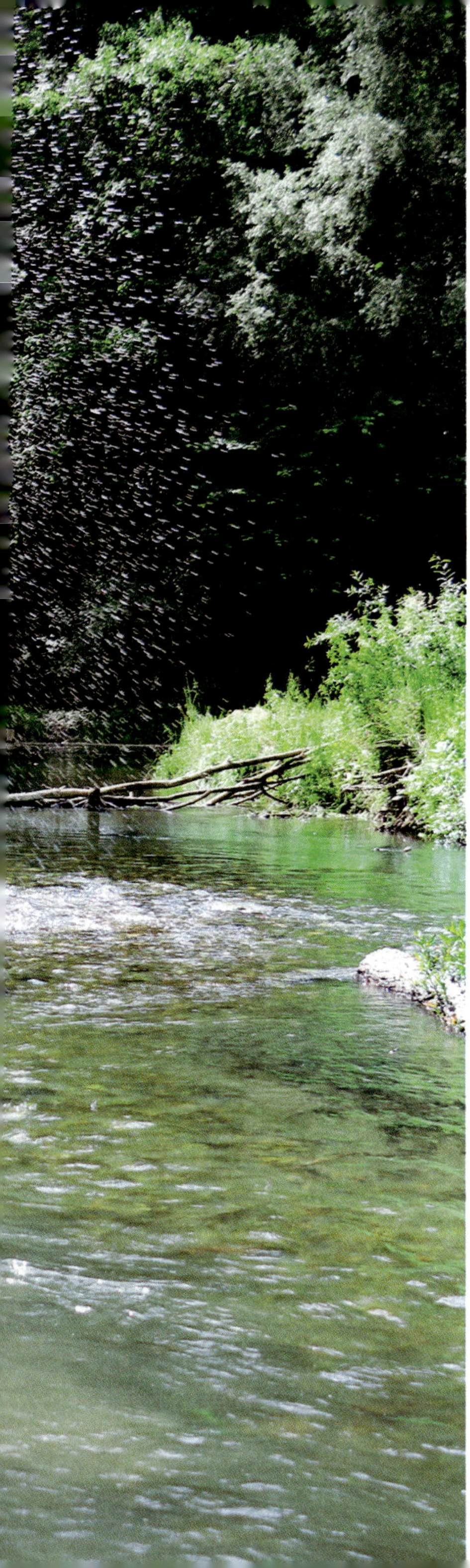

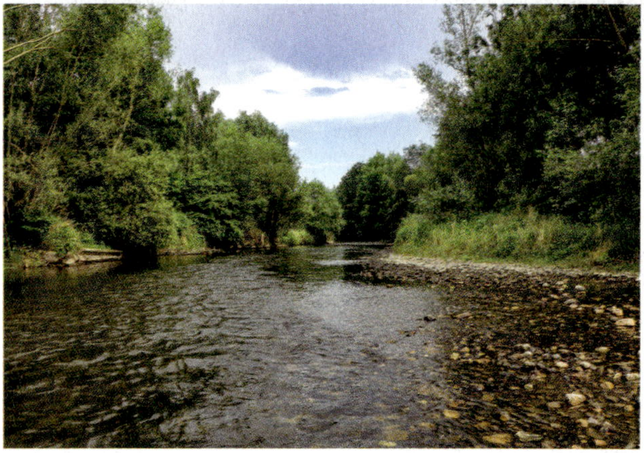

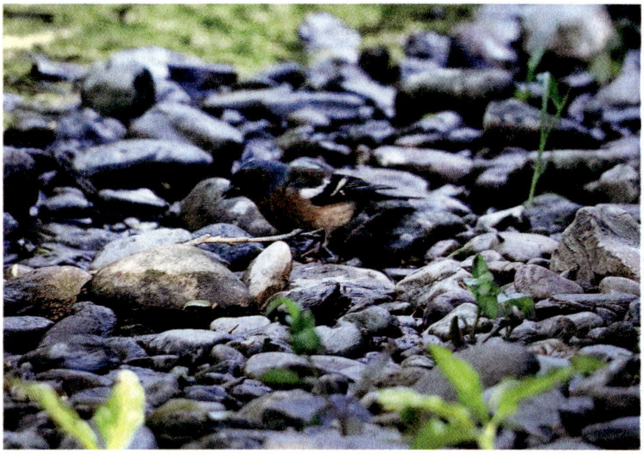

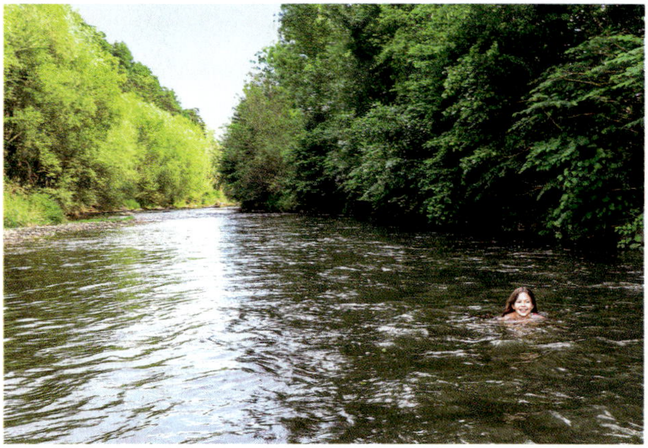

Links und ganz oben: Badeplatz in Großsteinbach: Von den Ortsbewohner*innen wird er „Karibik" genannt

Mitte: Ein Buchfink auf Nahrungssuche an der Feistritz

Oben: Nach starken Niederschlägen ist die Feistritz stellenweise tief genug, um ein paar Züge zu schwimmen

ST. JOHANN BEI HERBERSTEIN

ADRESSE: 8222 St. Johann bei Herberstein

GPS: kleine Wiese: 47.211237, 15.826100

ÖFFENTLICH: Regionalbusse 337/St. Johann bei Herberstein, Dörfl

MIT DEM AUTO: Parkplatz Gasthaus Prettenhofer oder unter dem Kraftwerk

GASTRONOMIE: Gasthof Bachwirt Prettenhofer, 8222 St. Johann, Herberstein 51, Tel. +43 3113 2262, bachwirt-prettenhofer.at

AUSFLUGSZIEL: Tierpark und Schloss, 8223 Buchberg bei Herberstein, Buchberg 50, tierwelt-herberstein.at

flussabwärts verlagert hat. Vom Parkplatz des Gasthauses Prettenhofer folgt man dem angegebenen Kneipp-Anlagen-Weg durch das kleine Kraftwerk zum Fluss. Man kann aber auch circa 300 Meter weiter unten über eine kleine Wiese mit Holzbänken in die Feistritz einsteigen. Durch die Stauung ist der Flussanfang sehr seicht und eignet sich zum Kneippen, sogar eine kleine Insel ist entstanden. Allemal ein schöner Start, um flussabwärts zu wandern. Nach starken Niederschlägen ist die Feistritz im Sommer tief genug, um stellenweise ein paar Züge zu schwimmen oder sich mit der Strömung zumindest mittreiben zu lassen.

Auf der gegenüberliegenden Seite des Gasthauses Bachwirt, eines traditionellen gutbürgerlichen Landgasthauses, führt der Feistritzradweg im Schatten zwischen Wald und Feistritz stromaufwärts den Fluss entlang. Dieser Weg wird auch von Spaziergängern und Hundehaltern gerne benützt. Wer Lust auf einen Ausflug hat, könnte einen Abstecher in den Tierpark Herberstein machen. Eingebettet im oststeirischen Hügelland, gleich beim Stubenbergsee und dem pittoresken Schloss Herberstein samt Kräutergärten, liegt die gleichnamige Tierwelt nur wenige Minuten entfernt.

56b Großsteinbach

GROSSSTEINBACH

ADRESSE: 8265 Großsteinbach

GPS: Steirische Karibik: 47.132516, 15.891819,

Kleine Brücke: 47.132724, 15.903456

Den Badeplatz 1 in Großsteinbach erreicht man am besten über den Feistritzradweg, wobei man bei der kleinen Brücke in Großsteinbach an der Kreuzung Piri Weg/Watschen Weg sein Rad abstellen muss. Zum Fluss kommt man hier nur noch zu Fuß. Auf dem nicht-asphaltierten Pfad ist ausschließlich Anrainerverkehr erlaubt.

Vorbei an großen, flachen Äckern, wo großteils Kürbisse zur Gewinnung des „schwarzen Goldes der Steiermark“ angebaut werden, kommt man zu der nur Einheimischen bekannte Wildbadestelle, die in der Region liebevoll „Karibik“ genannt wird.

Der Zugang zum Badeplatz ist gemäht, der Ort komplett naturbelassen und beschaulich. Kleine Schotterbänke, umgestürzte Baumstämme zum Platznehmen, einmal seichtere, dann wieder tiefere Stellen, wo sich sogar ein Unter-

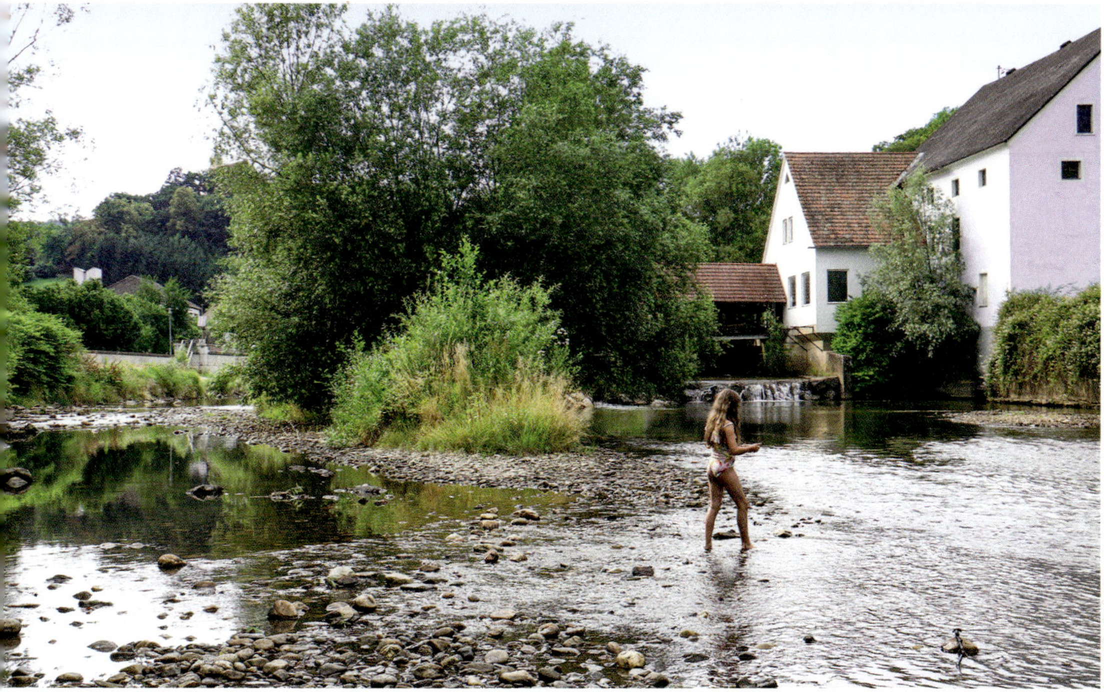

Beim Badeplatz in St. Johann bei Herberstein ist ein idealer Einstieg, um flussabwärts zu wandern

tauchen ausgeht. Badeschuhe sind sinnvoll. Das Wasser ist eiskalt, die starke Strömung überrascht. Auf Steininseln – großen, flachen Steinen im Wasser – kann man sich ausstrecken und aufwärmen. Blaue Libellen jagen an endlosen Sommertagen hier über den Fluss, der geheimnisvoll türkisgrün dahinplätschert.

Was beim Wildbaden ja immer gilt, muss hier nochmals erwähnt werden: Der Müll wird wieder eingepackt und mitgenommen. Hier gibt es weder Mülleimer noch ein Sackerl fürs Gackerl.

Nicht weit entfernt stößt man auf eine weitere Badestelle, die diesmal ganz ohne schillernden Namen auskommt. Sie liegt unter einer kleinen Brücke direkt am Feistritztalradweg. Rechts neben der Brücke ist der Zugang zum Fluss. Der ist vielleicht nicht ganz so schön wie die steirische „Karibik", dafür aber schattig und mit winzigem Schotterstrand. Hierher kommen auch Spaziergeher*innen mit Hunden, um sich gemeinsam abzukühlen. Das Wasser ist seichter, strömungsärmer und daher auch für kleine Kinder bestens geeignet, um darin zu planschen.

ÖFFENTLICH:
Regionalbus 331

MIT DEM AUTO: Badeplatz 1: L403 Großsteinbach bis Watschen Weg, dann zu Fuß; Badeplatz 2: gegenüber dem Fischteich (Zwischenwasserweg/Ecke Prahmweg) parken

WEGZEIT ZUR BADESTELLE:
zwanzig Minuten zum Badeplatz 1

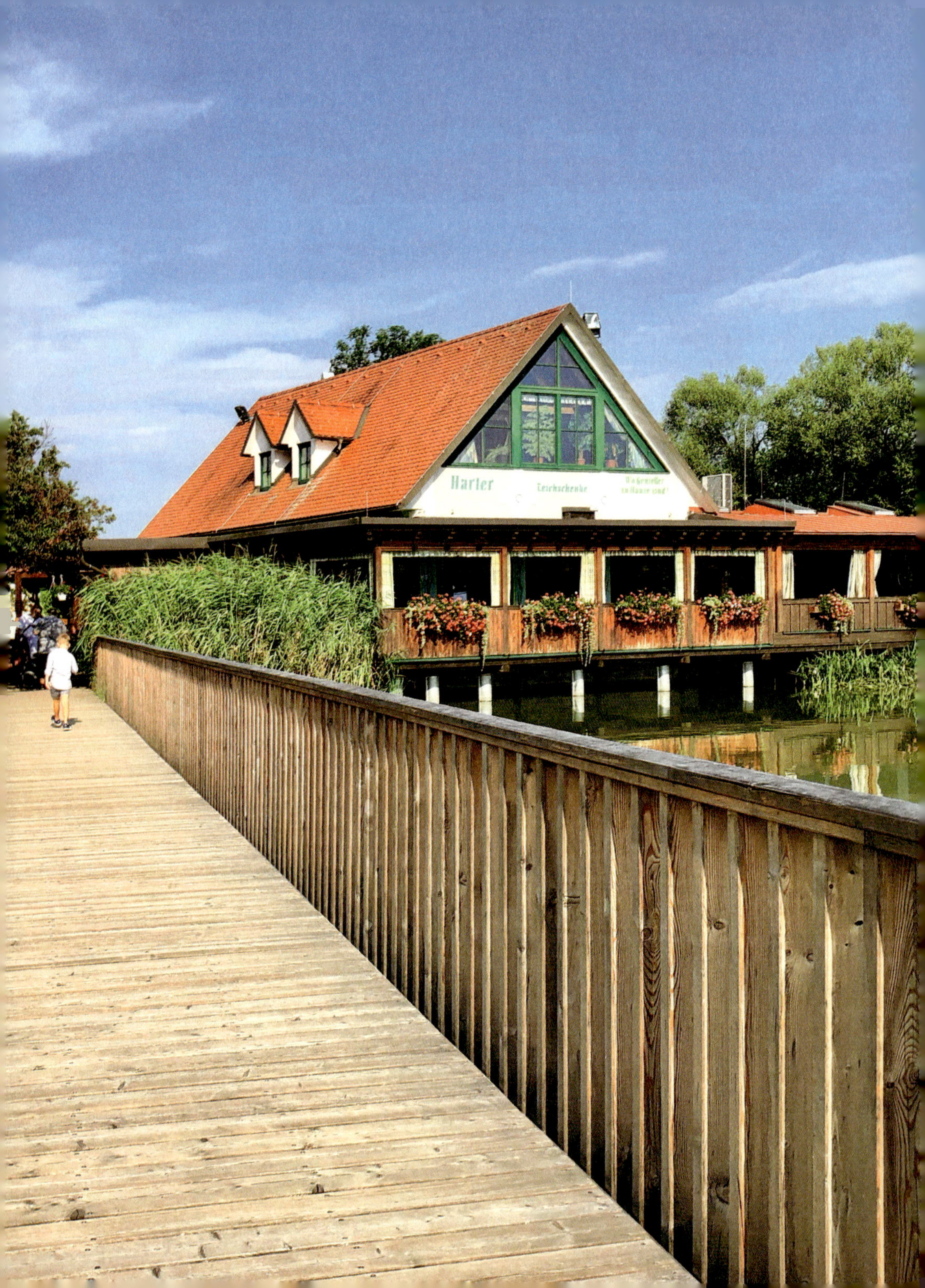
Harter

57 Naturteich Großhart

Anfang des 16. Jahrhunderts wurde der 14 Hektar große Teich von Graf von Herberstein in Großhart als Fischzuchtteich angelegt. Im Jahre 1954 kaufte die Gemeinde den Teich und baute ihn im Jahre 1976 als Fischereiteich aus. Der Harter Teich ist nicht nur Anglerparadies, sondern auch Natur- sowie Vogelschutzgebiet und wird ausschließlich von Regenwasser gespeist. Zum Fischbestand gehören Karpfen, Amor, Hecht, Zander und Wels. Die darf aber nur angeln, wer eine Lizenz hat, und die vergibt die Gemeinde oder der Teichaufseher.

In der wärmeren Zeit wird der Fischteich aber auch zum Schwimmteich, dann dürfen die Badetücher ausgerollt werden. Allerdings nur auf der Insel, die über eine schöne, solide Holzbrücke beim Eingang der Harter Teichschenke erreichbar ist. Die Insel ist mit hohen Bäumen bepflanzt, Holzstege animieren zum Paketsprung, zur sogenannten „Arschbombe", wie ihn wohl die meisten Kinder nennen. Umkleidekabinen, WC-Anlagen, ein Spielplatz oder ein Beachvolleyballplatz sind vorhanden.

Das Wasser des bis zu vier Meter tiefen Teichs erreicht im Sommer angenehme Temperaturen, der Teichgrund ist allerdings sehr schlammig. Im Fichtenwald nebenan wird ein Jugendcamp mit zwanzig Baumhütten in Pfahlbauweise betrieben. Wer sporteln will, hat eine große Auswahl: Sautrogrennen, Streetball, Beachvolleyball, Fußball, Tischtennis, Badminton, Hockey sowie eine Skateanlage und eine Mountainbikestrecke stehen zur Verfügung. Die Gewässeranlage liegt am Harter Teichradweg, der vom Ortszentrum Bad Waltersdorf durch das Safental eben zum Naturteich Großhart führt.

Das Gasthaus ist ab März geöffnet und wird als Heuriger betrieben. Serviert werden steirische Buschenschankjause oder selbstgemachte Erdäpfelwurst. Bei Einheimischen enorm beliebt, wird es gerne für Familienfeiern gebucht, aber auch von Bussen mit Tagesausflüglern frequentiert.

ADRESSE: 8272 Großhart 180

GPS: 47.164342, 15.939406

ÖFFENTLICH: Regionalbus 331

MIT DEM RAD: R33, Harter Teichradweg

MIT DEM AUTO: von Großhart über Brünnweg, dann Teichstraße, großer Parkplatz vor der Teichschenke

WEG ZUR BADESTELLE: über eine Holzbrücke von der Teichschenke auf die Insel

SCHWIMMFAKTOR: *****

KLEINKINDGERECHT: ****

HUNDE ERLAUBT: nein

GASTRONOMIE:
Harter Teichschenke,
Tel. +43 664 2320683,
www.harter-teichschenke.at

CAMPING: Jugendcamp Pfahlbauweise

SANITÄRANLAGE UND UMKLEIDEKABINEN: ja

WASSERTEMPERATUR SOMMER: warm, bis zu 25 Grad

Links: Die Holzbrücke, die zur Insel führt, wurde runderneuert

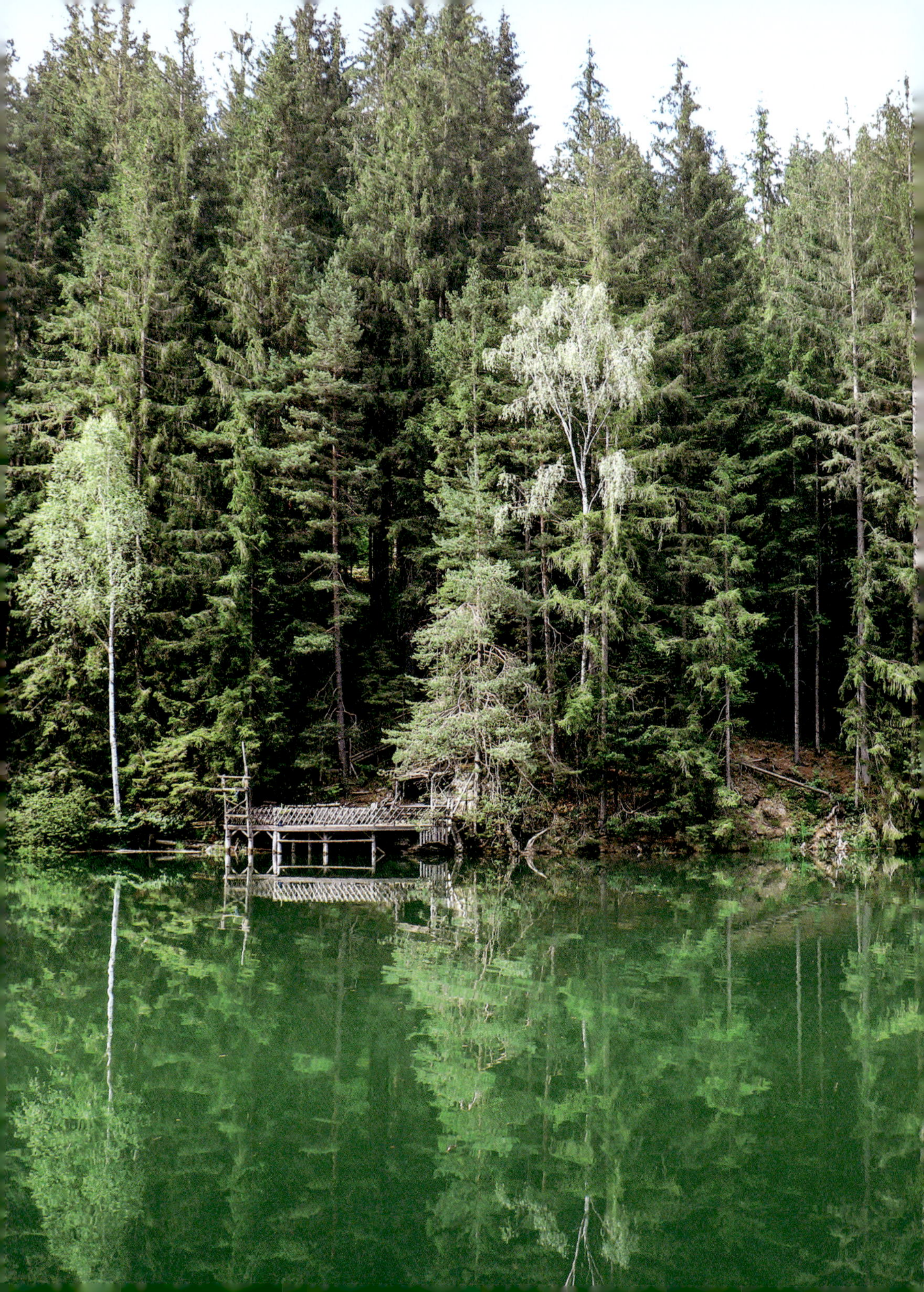

58 Hirzmann-Stausee

Das Zentrum des fjordartigen Stausees ist eine öffentliche Steganlage mit angrenzender Liegewiese unterhalb des Buffets „Seeblick zur Ströhbernen Brücke". Der Name bezieht sich auf eine unter Denkmalschutz stehende, ehemals strohbedeckte Überführung. Die heutige Brücke stammt aus dem Jahr 1816 und musste bei Errichtung der Hirzmannsperre an den nahegelegenen Guggibach verlegt werden. Bei der letzten Renovierung im Jahre 2014 wurde die klassische Strohdeckung aufgrund des fehlenden Angebots in Österreich durch eine Deckung aus Schilf ersetzt.

Das Buffet bietet neben einem einmaligen Ausblick von der Terrasse auf den Stausee und traditionellen Gerichten, selbstgeräucherte Forellen und hervorragende selbstgemachte Mehlspeisen. Hier werden auch Ruder-, Tretboote und Kajaks verliehen, Fischerkarten verkauft und Camping angeboten. Gerade wochenends schadet es nicht, die Boote vorher zu reservieren, manchmal herrscht schon ein ziemliches „G'riss" um die Kajaks.

Wem auf der öffentlichen Steganlage zu viel los ist, der kann links und rechts den Waldweg nutzen, um eine ruhigere Stelle mit Seezugang zu finden. Der Wanderweg ist leider kein Rundweg mehr. Gesperrt ist der Teil des linken Seeufers (in Fließrichtung) zwischen der Großen Seebrücke und der Staumauer. Am Weg liegen immer wieder große Steine im Wasser und es gibt Zugänge zum Stausee, die sich zum Baden und Sonnenliegen eignen. Allerdings sind viele kleine Holzstege und Plätze privat und nicht für die Öffentlichkeit zugänglich, was sehr schade ist. Ausblicke hat man trotzdem, der Nadelwald präsentiert sich märchenhaft und Schwammerljäger werden verführt sein, ein bisschen im Unterholz nach Beute zu spähen.

Der flächenmäßig drittgrößte Stausee der Steiermark ist ein Speicherstausee mit zwei Talsperren. Das Wasser ist dunkelgrün und frisch, wir sind auf einer Seehöhe von über 700 Metern. Nach Regenperioden darf man sich allerdings an Treibholz und Pflanzenteilen auf der Wasseroberfläche nicht stoßen. Hunde sind bei der Steganlage und Liegewiese nicht erlaubt, jedoch wird der Wanderweg im Wald gerne von Hundebesitzern zum Abkühlen benutzt.

ADRESSE: 8583 Edelschrott, Seestraße 137

GPS: 47.008648, 15.058200

ÖFFENTLICH: ab Leibnitz Regionalbus 605

MIT DEM AUTO: kleiner Parkplatz beim Buffet Seeblick: 47.009512, 15.058112

und beim Herzog Bergweg: 47.008129, 15.057930

SCHWIMMFAKTOR: *****

KLEINKINDGERECHT: ***

HUNDE ERLAUBT: überall, außer beim öffentlichen Badesteg

GASTRONOMIE: Buffet „Seeblick zur Ströhbernen Brücke", Seestraße 137, Tel. +43 664 4659936

CAMPING UND SANITÄRANLAGEN: beim Buffet

UMKLEIDEKABINEN: nein

WASSERTEMPERATUR SOMMER: zwischen 19 und 24 Grad

Links: Private Holzstege säumen den Stausee

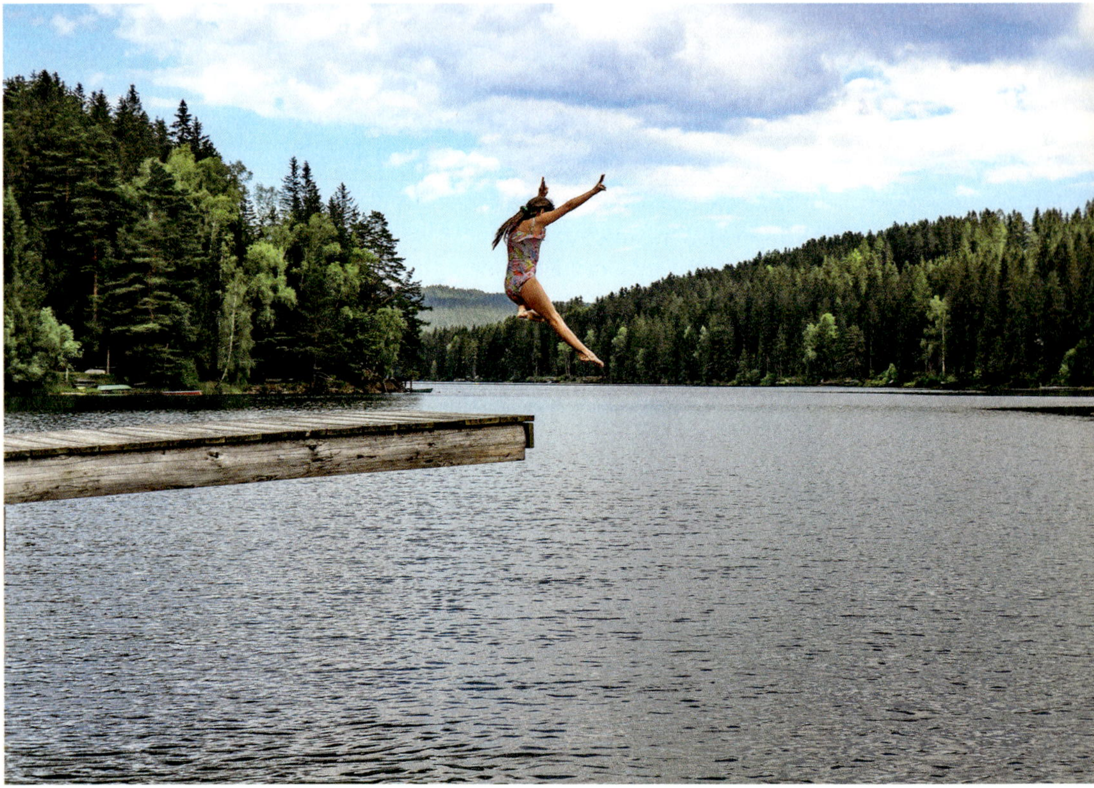

Ins Wasser springen vom Holzsteg bei der Liegewiese See-Treff

59 Packer Stausee

ADRESSE: Hirschegg-Pack

GPS: Hoiswirt Seeblick: 46.973262, 15.038262

Campingplatz Packer Stausee: 46.976864, 15.006446

ÖFFENTLICH: Regionalbus 720 und 722

MIT DEM RAD: Packer Radweg (R29)

Als blauer Farbtupfer, eingebettet in eine grüne Mulde, präsentiert sich dieser weststeirische See. In den 1930er-Jahren wurden eine Schwergewichtsmauer zur Stromgewinnung und der Stausee im Hirschegg-Packer-Gebiet errichtet. Durch den Bau erfuhr das bis dahin unberührte Almtal eine vollkommene Veränderung. Eine Straße wurde zur Sperre errichtet und bis nach Modriach ausgebaut, einige Mühlen und Sägewerke entlang des Packer Baches abgerissen. Auch das Gasthaus Albrechtwirt musste der riesigen Staumauer weichen.

Nadelwälder umschließen den sechzig Hektar großen Stausee, die acht Kilometer lange Umrundung ist in zwei Stunden zu schaffen. Er zieht viele Wanderer und Spaziergeher an. Obwohl der Stausee auf 867 Metern Seehöhe großzügig angelegt ist, sind doch die Möglichkeiten, am See zu parken, sehr begrenzt. Heiße Sommerwochenenden können da schnell zur Herausforderung für Erholungsuchende werden, denn da herrscht Hochbetrieb. Viele Zugänge am See sind in Privatbesitz und die Straße ist schmal. Wenn möglich, sollte man unter der Woche kommen, um den Ausflug stressfrei genießen zu können.

Die erste Badestelle liegt im Osten, unweit der Autobahnabfahrt beim Hoiswirt's Seeblick an der Herzogberg-Stausee-Straße. Vor Ort: Ein kleines Buffet mit Liegewiese, Seezugang, Bootsverleih und Parkplätzen gegenüber.

Das beliebte Gasthaus Seewirt (kleiner Parkplatz), in der Nähe der Staumauer gelegen, bietet zwar keine Bade-, aber eine Einkehrmöglichkeit mit traditionell österreichischer Küche und einen schönen Seeblick von der Holzterrasse aus.

Gleich beim Seetreff Kormann Maria am Ostufer befindet sich der größte öffentliche Strand inklusive zwei Liegewiesen mit Holzstegen, Beachvolleyballplatz, Boots-

MIT DEM AUTO: entlang der Straße am Nordufer, beim Campingplatz und der Badewiese (sind schnell voll)

SCHWIMMFAKTOR: *****

KLEINKINDGERECHT: *****

HUNDE ERLAUBT: ja, außer bei der Liegewiese See-Treff

GASTRONOMIE: Hoiswirt's Seeblick, 8583 Edelschrott, Herzogberg-Stausee-Straße 394; Gasthaus Seewirt, 8583 Pack, Packer Stausee 104, Tel. +43 3146 8123; Seetreff Kormann Maria, 8583 Pack, Stauseewinkelweg 205

Der Seewirt nahe der Staumauer bietet neben Seeblick österreichische Küche

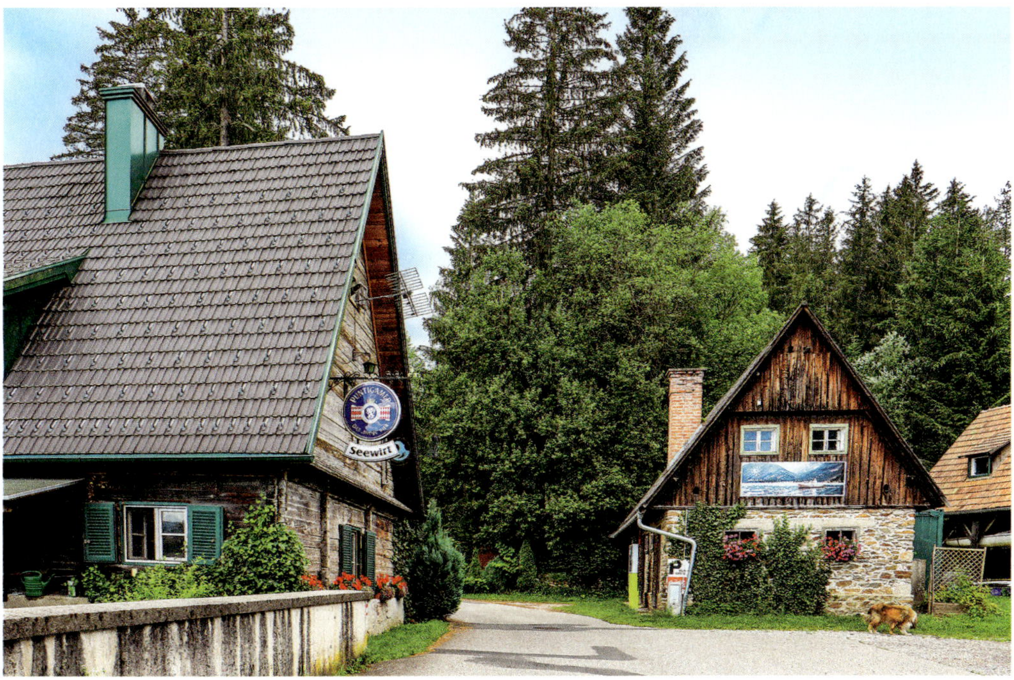

CAMPING: Campingplatz Packer Stausee, Pack 102, 8583 Pack, Tel. +43 664 1612143

SANITÄRANLAGE: ja

WASSERTEMPERATUR SOMMER: 20 bis 24 Grad

verleih, sanitären Einrichtungen, Campingplatz und kleinem Parkplatz. Hier ist auch am meisten los, Hunde dürfen nicht auf die Badewiese.

Das Wasser im Packer Stausee ist sauber und dank der Höhenlage auch im Hochsommer eine Erfrischung. Der Untergrund ist geschottert und steinig, durch seine stattliche Größe ist der Stausee ein Eldorado für ausdauernde Schwimmer. Fischen und eine Bandbreite an verschiedensten Wassersportarten wie Segeln, Surfen oder Rudern ist möglich. Gefischt werden Forelle, Äsche, Saibling.

Ein acht Kilometer langer Rundweg führt um den Stausee. Wer es schattig mag, findet Liegeplätze im Nadelwald

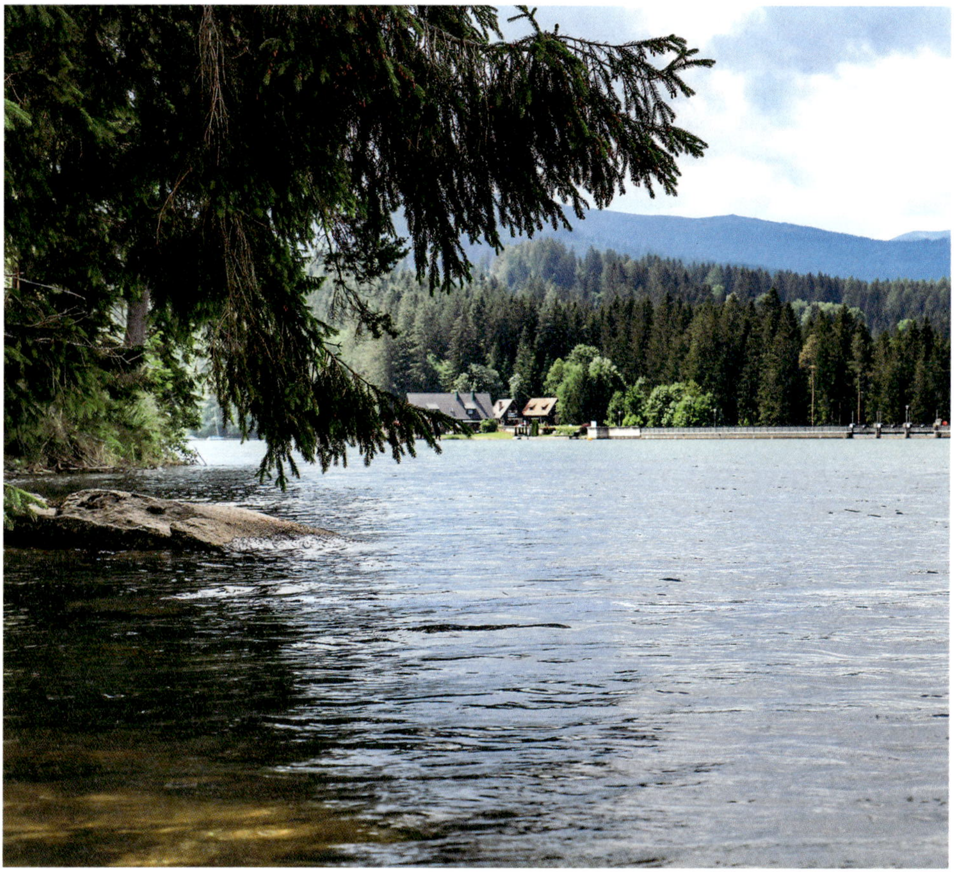

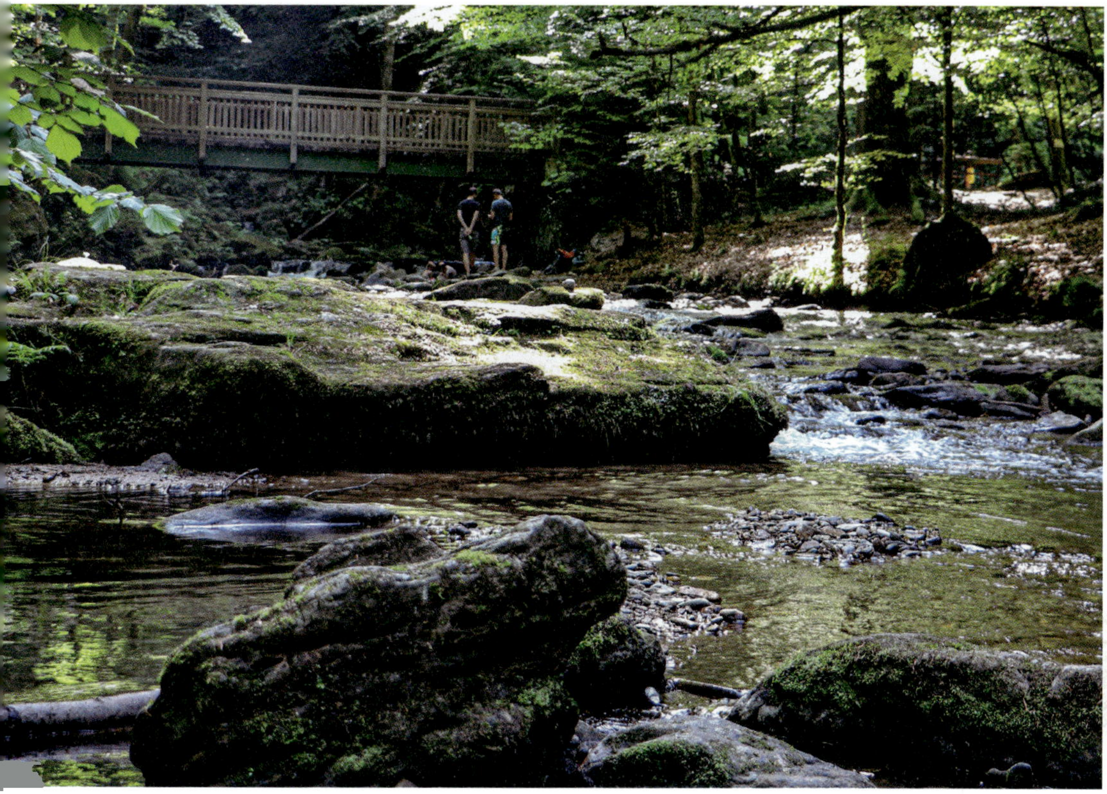

Abenteuerspielplatz Laßnitz

60 Laßnitzklause

Die Klause in Deutschlandsberg ist ein wildromantisches Felstal westlich der Stadt, durch das die Laßnitz fließt. Am Ostabfall der Koralpe lassen sich herrlich Hundstage, also extreme Hitzetage, verbringen. Die Klause hat eine Länge von 1,5 Kilometer und verläuft parallel zum Wasserverlauf der Laßnitz. Der einfachste Wanderweg führt durch den Wald. Wir waren an einem Samstag im Juni hier, die meisten anderen Besucher waren Familien aus der Gegend und Hundehalter.

Viele Stellen erlauben einen Zugang zum Fluss. Eine der schönsten befindet sich bei einer Staustufe, wodurch sich ein kleiner, rauschender Wasserfall ergibt, der sich in ein kleines Becken ergießt. Für ein Handtuch ist an der Stelle Platz. Sitzt man hier, hört und spürt man die Kraft

ADRESSE: 8530 Deutschlandsberg, Ende Glashüttenstraße

ÖFFENTLICH: Regionalbus 760

MIT DEM RAD: Radlpaßstraße

MIT DEM AUTO:
großer Parkplatz
46.810674, 15.202495

SCHWIMMFAKTOR: **

KLEINKINDGERECHT: *****

HUNDE ERLAUBT: ja

GASTRONOMIE:
Zur Fischerhütte bei der Klause, Lassnitztal Straße, 8530 Trahütten, Tel. + 43 664 5449253

SANITÄRANLAGE UND UMKLEIDEKABINEN: ja

WASSERTEMPERATUR SOMMER: kalt

des Wassers. Mit etwas Glück lässt sich auch katzensilberglimmernder Schiefer finden. Am weiteren Weg wird der Flußlauf gemächlicher.

Die Klause ist ein echter Abenteuerspielplatz und ein Kindereldorado. Das Wasser ist zwar kalt, aber auch sehr seicht. Bei unserem Besuch wagten sich ausschließlich Kinder und Hunde ins Wasser.

Folgt man dem Weg, passiert man die Einsiedelei - die nie bewohnt war – und kommt zum Schloss Deutschlandsberg. Man kann sich aber auch wie wir für den anderen Fußweg zur Fischerhütte entscheiden. Beide Wanderungen dauern rund eine Stunde. Wegen eines Erdrutsches ist die Tour von der Einsiedelei bis zur Preinmühle nach wie vor gesperrt.

Der Weg verläuft nun etwas steiler im Wald und später noch rund zwei Kilometer auf einer Schotterstraße entlang. In der Hütte angekommen, warten wohlverdiente Spezialitäten aus dem angrenzenden Fischteich und der eigenen Viehzucht.

Ein wahrlich ruhiges Plätzchen, wo sich Forellen im Teich beobachten lassen und das Handy in der Tasche bleiben muss, weil es keinen Empfang gibt.

Plant man am Wochenende zur Mittagszeit zu kommen, empfiehlt sich eine Reservierung!

Eine kleine Staustufe sorgt für ein erfrischendes Wasserbecken

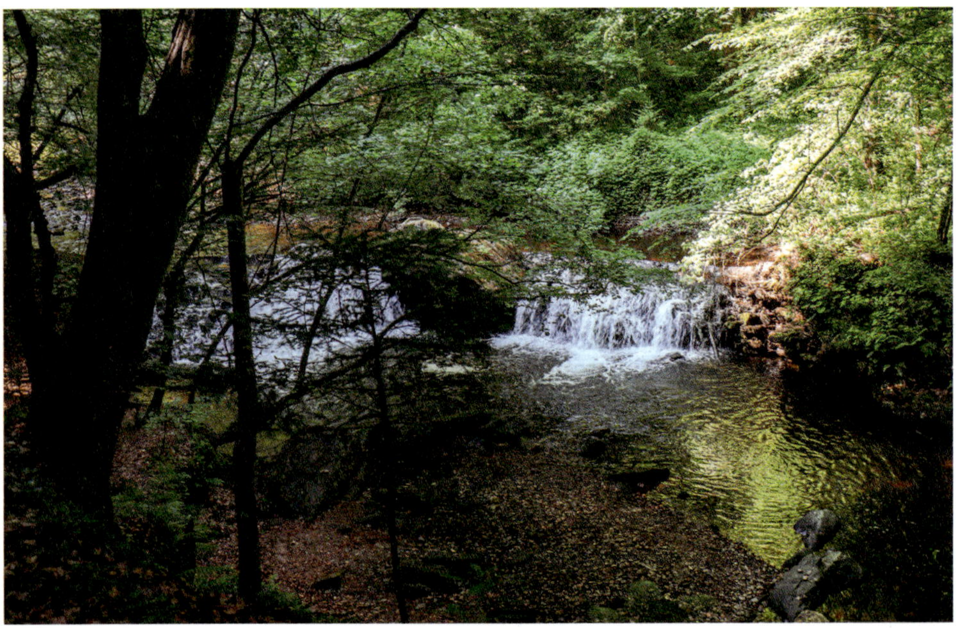

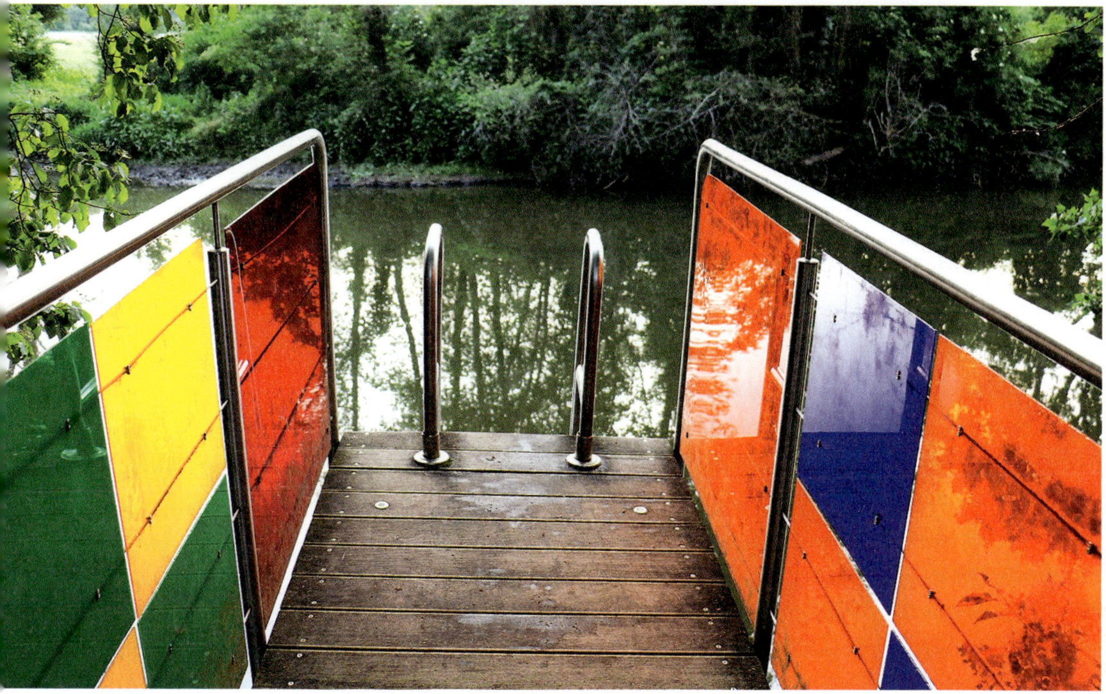

Die stilvolle, bunte Sprungrampe im ältesten Flussbad der Steiermark

61 Sulmbad Zur Steinernen Wehr

Die einstige Kuhweide wurde schon als Badeplatz genutzt, bevor im Jahre 1929 Franz Pratter sen. das Flussbad offiziell eröffnete. Schon von Beginn an waren die Einheimischen davon begeistert, bis heute ist es gut besucht und wird bereits in dritter Generation geführt.

Früher gab es einen Wasserturm mit Rutsche, das Wasser musste aber händisch von den jungen Gästen nach oben gepumpt werden. Belohnt wurden die fleißigen Helfer mit einem Schmalzbrot und einem Krügerl Süßmost. Heute prunkt eine stilvolle, bunte Sprungrampe im ältesten Flussbad der Steiermark.

Rechts am Ufer, vor dem Eingang zum Bad, springen Draufgänger*innen von einer Weide in die Sulm. Auf einem dicken Ast genagelte Bretter erleichtern das Klettern am Baum, um besser in die Flussmitte zu gelangen. Denn nur hier ist das Wasser tief genug, um sicher einen Sprung

ADRESSE: 8430 Kaindorf an der Sulm, Sportplatzweg 2

GPS: 46.791190, 15.529244

ÖFFENTLICH: ab Leibnitz Regionalbus 605, 614/Kaindorf/ Sulm Abzweigung Staribacher

MIT DEM RAD: Sulmtalradweg R1

MIT DEM AUTO: B74, Sulmtalstraße von Leibnitz nach Gleinstätten, zum Sportplatzweg links abbiegen, Parkplatz vor dem Bad und an der Zufahrtsstraße

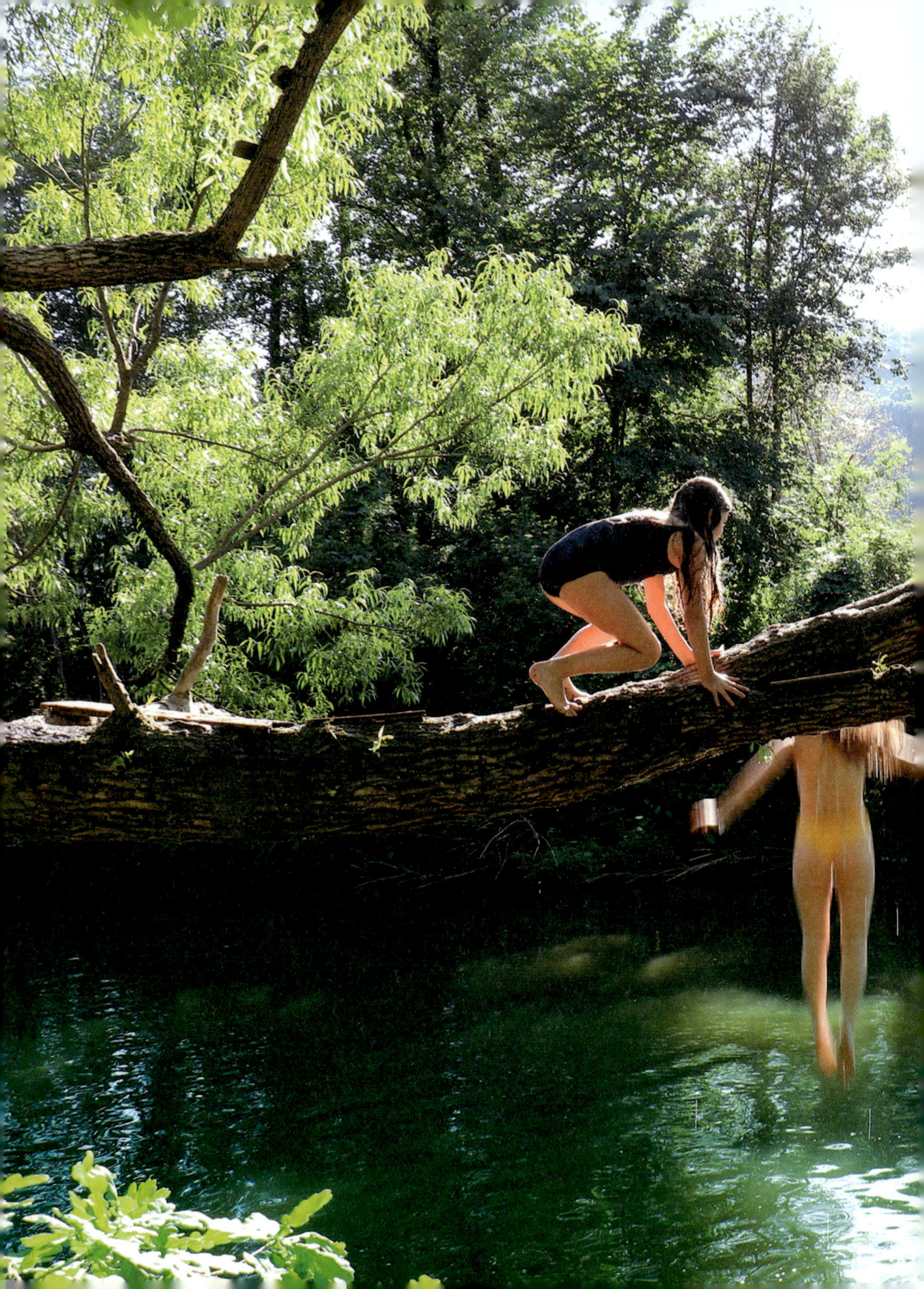

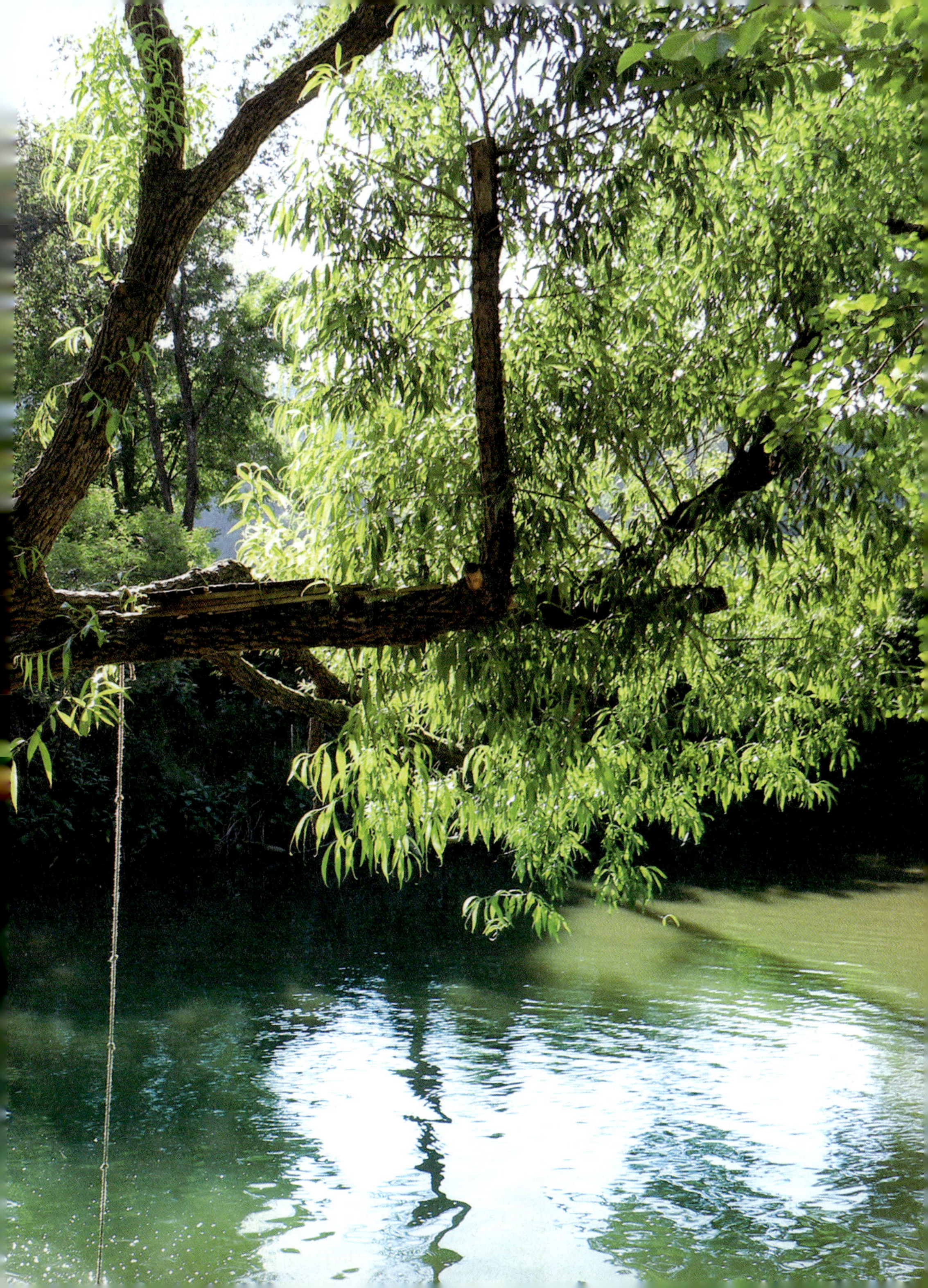

MIT DEM AUTO: B74, Sulmtalstraße von Leibnitz nach Gleinstätten, zum Sportplatzweg links abbiegen, Parkplatz vor dem Bad und an der Zufahrtsstraße

SCHWIMMFAKTOR: *****

KLEINKINDGERECHT: *****

HUNDE ERLAUBT: mit Leine

GASTRONOMIE: Badebuffet Zur Steinernen Wehr, Sportplatzstraße 2, Tel. + 43 664 1819807

CAMPING: direkt neben dem Buffet kleiner Campingplatz

WASSERSPORT: movingwater.at

SANITÄRANLAGE UND UMKLEIDEKABINEN: ja

WASSERTEMPERATUR SOMMER: kalt

aus drei bis vier Metern Höhe in den Fluss zu wagen. Von den Ästen hängen Stricke ins Wasser, so dass man sich wie Tarzan ins Wasser abseilen kann.

Schlägt man auf der Liegewiese des Sulmbads sein Quartier auf, muss Eintritt beim Seniorchef bezahlt werden. Je später der Nachmittag, umso kulanter die Preisgestaltung. Es zahlt sich aus, die Liegewiese ist sehr gepflegt und der Blick von hier auf den Fluss mit seinen Schotterinseln, riesigen Steinen, kleinen Wasserfällen und der Steinernen Wehr entschleunigend. Für Schatten sorgt der angrenzende Wald. Die Toilettenanlagen wurden 2009 renoviert, die hölzernen Umkleidekabinen sind noch original, Tischtennistische, viele Holzbänke und Tische stehen den Besuchern zur Verfügung.

Die Familie führt ein kulinarisch vielfältiges Badebuffet mit beliebten Schwimmbadklassikern wie Schnitzelsemmel und Pommes, aber auch Spaghetti aglio e olio und Currys, ausgesuchten Qualitätsweinen, Edelbränden aus der Region, offenem Bier und selbstverständlich Eis am Stiel.

Die von der Steinernen Wehr aufgestaute Sulm fließt gemächlich und hat Schwimmtiefe. Durch die beim Damm eingelassenen Wasserdurchlässe wird die Sulm zwar stellenweise kurz zum rauschenden Bach, um gleich danach in ein seichtes Schwimmbecken mit Kiesstrand zu münden, das besonders kleinen Kindern viel Planschfreude bereitet. Wasserschuhe sind ein Vorteil, um im Wasser zu waten und vom Fluss aus die Umgebung zu entdecken.

Das Rauschen des Gewässers wirkt meditativ, auch wenn viel los ist, wird es nie unangenehm laut. Das Areal ist weitläufig. Wem auf der Wiese zu viel Badepublikum ist, auf den warten ruhige Plätzchen im Wald. Dort wird auch nackt gebadet. Das Publikum ist jung, setzt sich aus natursuchenden und urbanen Städtern aus dem nicht weit entfernten Graz und Familien mit kleinen Kindern zusammen. Hunde sind erlaubt, müssen aber angeleint bleiben. Zum Badeareal gehört ein kleiner Campingplatz, auf dem man günstig bis zu drei Tage in Folge campen darf.

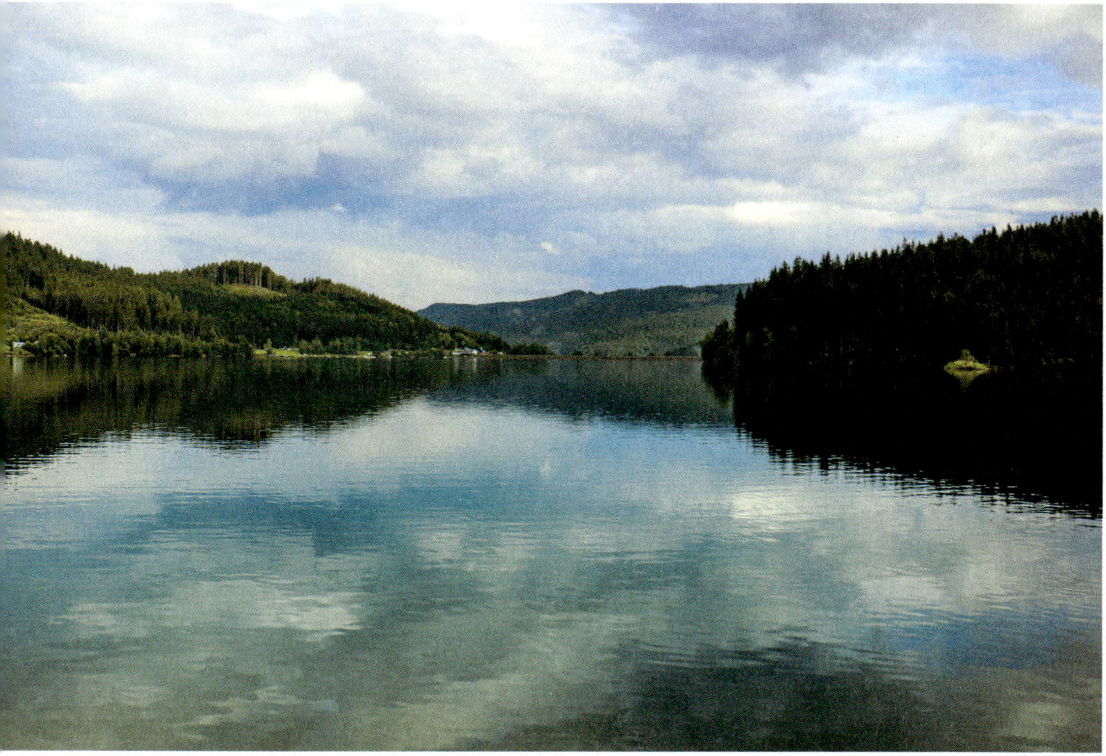

Der fjordartige Bergsee Soboth im Dreiländereck Kärnten–Slowenien–Steiermark

62 Stausee Soboth

Länglich wie ein Fjord schmiegt sich der durch zwei Bäche der südlichen Koralpe gespeiste Bergsee in die mit Fichten bewaldete Landschaft. Ähnlichkeiten mit den Seenlandschaften in Kanada oder Alaska sind durchaus vorhanden. Der drei Kilometer lange und bis zu achtzig Meter tiefe See liegt im Dreiländereck Kärnten–Slowenien–Steiermark.

Direkt auf der Staumauer befindet sich das Seecafé Soboth mit schöner Terrasse und grandiosem Blick auf den gesamten See. Gleich am Anfang der Seestraße liegen ein breiter Holzsteg, großzügige Grasflächen, ein kleines, abgetrenntes, seichtes Becken für kleine Nichtschwimmer, ein Bootsverleih, sanitäre Einrichtungen und ein großer Parkplatz.

Obwohl auf 1080 Metern Seehöhe gelegen, erreicht die Temperatur des Wassers im Hochsommer über zwanzig

ADRESSE: 8554 Soboth 3

ÖFFENTLICH:
von Leibnitz Regionalbusse

MIT DEM RAD: kein eigener Radweg, aber schöne Mountainbiketouren in der Nähe wie die Dreieckalm-Tour

MIT DEM AUTO:
B69, bis Seerast Soboth, in die Seestraße einbiegen, genügend Parkplätze und Parktaschen bis St. Vinzent

SCHWIMMFAKTOR: *****

KLEINKINDGERECHT: ***

HUNDE ERLAUBT: ja

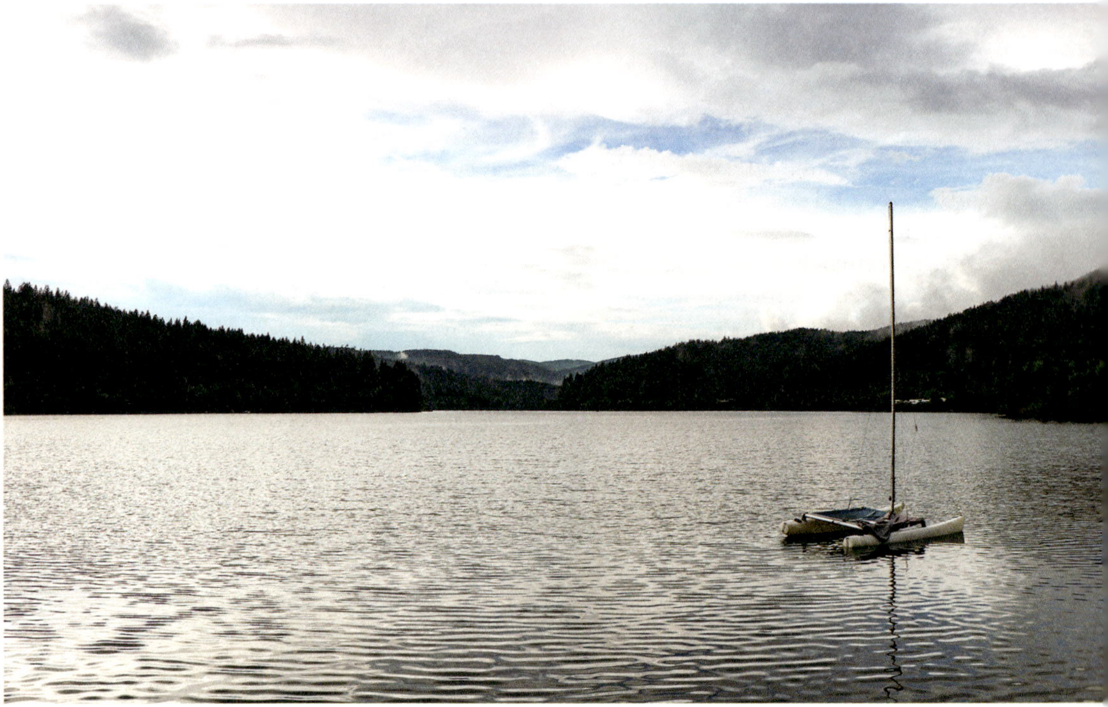

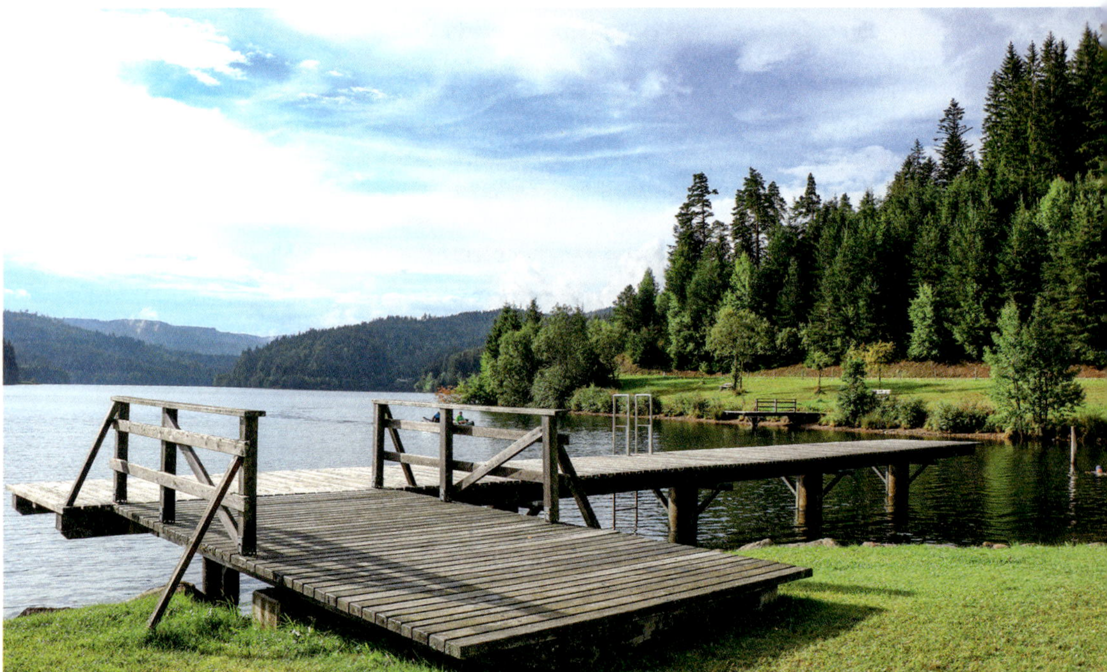

Nur nach einem Sommergewitter liegen Steganlage und Wiese einsam und verlassen da

Grad. Das Baden ist am ganzen See erlaubt. Der Untergrund ist geschottert, allerdings sind die Ufer steil abfallend.

Die hervorragende Wasserqualität, Wassersportmöglichkeiten und seine Größe locken im Sommer viele Besucher*innen an. Wer es da ein bisschen ruhiger haben möchte, fährt einfach die Seestraße entlang in Richtung der Kirche St. Vinzent, Gemeinde Lavamünd, und sucht sich einen einsameren Platz am Stausee. Hier befinden sich unzählige kleine Badebuchten, überschaubare Wiesenplätze und Parkmöglichkeiten bis zur Wallfahrtskirche. Leider wird die kleine Straße auch gerne von begeisterten Motorradfahrern benutzt, was die Ruhe stören kann.

Nach 1,3 Kilometern am Weg nach St. Vinzent liegt beim Freizeitzentrum der Sobother Seetreff inklusive schönem Campingplatz mit Zeltwiese. Es ist alles vorhanden, was das Übernachten in freier Natur angenehm macht: ein Buffet mit kleinen Imbissen und selbstgemachten Mehlspeisen, Liegewiese, freier Zugang zum See, Sanitärgebäude und Solarduschen.

Auf der Uferbegleitstraße sind Flanier- und Laufstrecken angelegt. Es ist leider nicht möglich, den See zu umrunden. Auf der nördlichen Seite gibt es keinen Wanderweg durch das steile, bewaldete Gebiet. Man kann aber mit einem Boot auf die andere Seite des Sees fahren und von den Klippen dort ins Wasser springen. Eine gute Speckjause bekommt man in Charlys Hütte, die letzte Imbissstation in Richtung St. Vinzent.

Der Stausee ist ein begehrtes Tauchgebiet, eine Steilwand befindet sich beim Freizeitzentrum. Die Maximaltiefe beim Staudamm und die Sichtweite betragen bis zu zwanzig Meter. Beliebte Tauchziele sind der große Bohrer und die gesprengte Brücke.

Der Ort Soboth trägt den Titel Wanderdorf. Außer am Stausee lässt sich auch herrlich entlang des Feistritzbaches spazieren. Er geht über Felssteine, umgestürzte Baumstämme und unterschiedlich tiefe Wasserstellen.

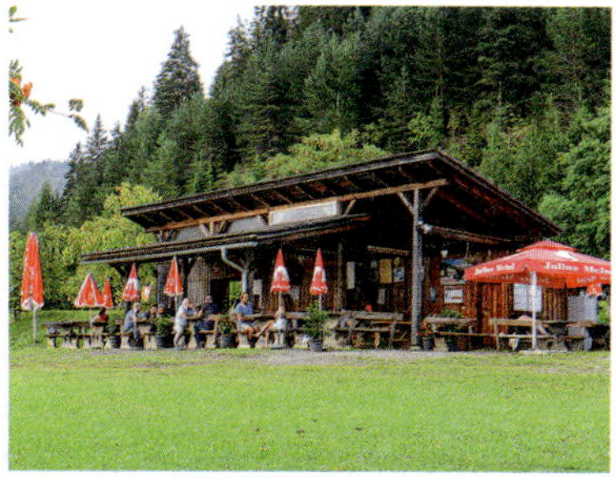

Beim Sobother Seetreff gibt es selbstgemachte Mehlspeisen und regionale Spezialitäten von Bauern der Umgebung

GASTRONOMIE: Zwatricks Restaurant – Café – Wein, Soboth 3, Tel. + 43 664 1339246;
Sobother Seetreff, 8554 Soboth, Tel. +43 676 5350047, sobother-seetreff.at;
Jausenstation Charly's Hütte, 9473 St. Vinzenz 385, Tel. +43 664 3504139

CAMPING: beim Sobother Seetreff

BOOTSVERLEIH: Tretbootverleih Hermann Kremser, Beginn des Stausees

TAUCHEN:
Anmeldung beim Tauchtreff, Tel. +43 664 3025021

SANITÄRANLAGE UND UMKLEIDEKABINEN: bei der öffentlichen Liegewiese in der Nähe des Staudamms und beim Sobother Seetreff

WASSERTEMPERATUR SOMMER: bis zu 22 Grad im Hochsommer

Danke

an unsere Familien, die uns auf unseren Wildbadereisen begleiteten, ihre Freizeitgestaltung in den letzten zwei Sommern nach uns ausrichteten und viel Verständnis dafür aufbrachten, dass wir dauernd an unserem Herzensprojekt arbeiteten.

Besonders unseren Badenixen und Wassermännern Maya, Stella und Harald Horvath, Lilia und Gregor Rašek, Cornelia Gleichweit, Alejandro José Dávila, Helena Erzeg, Mario, Leo und Pia Greller, Anna Asamer, Tanja Stelzhammer sowie Gerhard Köller und seiner Tochter Sarah möchten wir danken, weil sie auch noch so kaltes Wasser nicht scheuten und so manches Kunststück vor der Kamera zeigten.

Dem Falter Verlag wollen wir für die angenehme Zusammenarbeit danken und dass er unserem Buch eine verlegerische Heimat bot. Im Speziellen bei unseren Kolleg*innen Raphael Moser, Dirk Merbach, Andi Rosenthal, Reini Hackl, Nadine Weiner und Barbara Blaha für ihre grafische Unterstützung und Beratung, Susanne Schwameis, die uns mit Rat und Tat bei inhaltlichen Fragen zur Seite stand, Helmut Gutbrunner fürs Lektorat und Siegmar Schlager, der unserem Projekt von Beginn an mit Wohlwollen gegenüberstand.

Nicht zuletzt gilt unser Dank Christopher Mavrič, der unser schönes Titelfoto beisteuerte und noch weitere Wildbadeplätze im Buch fotografierte.